기출이
답이다

하나은행
필기전형

6개년 기출복원문제 + 기출유형분석 + 무료NCS특강

시대에듀

2024 최신판 시대에듀 기출이 답이다
하나은행 필기전형 6개년 기출 + 무료NCS특강

Always **with you**

사람의 인연은 길에서 우연하게 만나거나 함께 살아가는 것만을 의미하지는 않습니다.
책을 펴내는 출판사와 그 책을 읽는 독자의 만남도 소중한 인연입니다.
시대에듀는 항상 독자의 마음을 헤아리기 위해 노력하고 있습니다. 늘 독자와 함께하겠습니다.

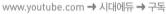

머리말 PREFACE

하나은행은 1971년 한국 최초의 순수 민간금융기관인 한국투자금융으로부터 출발하여 자주와 자율의 정신을 바탕으로 우리나라 금융업계를 선도했다. 이후 1991년 하나은행으로 새로운 전환을 맞이하고 종합금융그룹으로서 꾸준한 성장세를 이어왔으며, 2015년 외환은행과 합병하여 세계기준에 걸맞은 글로벌 금융그룹으로 자리 잡기 위한 노력을 이어가고 있다.

하나은행은 인재를 채용하기 위해 필기전형을 시행하여 지원자가 업무에 필요한 역량을 갖추고 있는지 평가한다. 신입행원 필기전형은 개인별 온라인 인성검사 외 NCS와 디지털상식으로 구성되어 있다.

이에 시대에듀에서는 하나은행 필기전형을 준비하는 수험생들이 시험에 효과적으로 대비할 수 있도록 다음과 같은 특징을 가진 본서를 출간하게 되었다.

도서의 특징

❶ 기출유형 뜯어보기를 수록하여 출제영역별 유형분석과 풀이전략을 학습하도록 하였다.

❷ 2024~2019년 시행된 하나은행 6개년 기출복원문제를 수록하여 최근 출제유형을 한눈에 파악하도록 하였다.

❸ 2023~2022년 시행된 주요 금융권 NCS 기출복원문제를 수록하여 변화하는 출제경향에 완벽히 대비하도록 하였다.

끝으로 본서가 하나은행 필기전형을 준비하는 여러분 모두에게 합격의 기쁨을 전달하기를 진심으로 기원한다.

SDC(Sidae Data Center) 씀

하나은행 이야기

◇ **미션**

> 함께 성장하며 행복을 나누는 금융
> Growing Together, Sharing Happiness

◇ **2030 비전**

> 하나로 연결된 모두의 금융
> All Connected in Hana Finance

◇ **전략목표**

O.N.E value 2030

Our value ▶	손님을 우선하는 하나만의 가치를 실현
New value ▶	지속가능경영 실현으로 새로운 가치를 제공
Extra value ▶	변화에 적극적으로 대응하여 더 나은 가치를 창출

◇ 핵심가치

POWER on INTEGRITY

PASSION	열정
OPENNESS	열린마음
WITH CUSTOMER	손님우선
EXCELLENCE	전문성
RESPECT	존중과 배려
INTEGRITY	정직과 성실

◇ 필수덕목

INTEGRITY

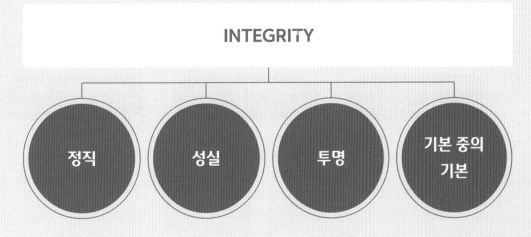

정직 성실 투명 기본 중의 기본

하나은행 이야기

◇ **주요테마**

C-O-N-NE-C-T

Closer to customers ➡ 미래 생태계 구축

One lifelong partnership ➡ 손님 쉯 생애 관리 금융 제공

Next generation CIB ➡ 테크 기반 기업 손님 확대

NEw perspectives on value ➡ ESG경영

Cultivate investment capabilities ➡ 투자 기반 역량 확보

Transmit tech DNA ➡ 데이터, 디지털역량, 혁신조직 등 빅테크 向 DNA 내재화

◇ **인재상**

Hana People on Integrity
<온기>, <용기>, <동기>의 마음으로 하나가 된다.

사람에 대한 온기 Humanity	미래에 대한 용기 First Mover	성장에 대한 동기 Growth Mind
▸ 직원은 동료와 도움을 함께 주고받는다. ▸ 리더는 서로를 이해하며 협업을 조율한다.	▸ 직원은 빠르게 실행하고 변화를 시도한다. ▸ 리더는 변화 방향을 가이드 하며 먼저 행동한다.	▸ 직원은 성장을 계획하고 실천한다. ▸ 리더는 성장을 이끌고 지원한다.

◇ **CI**

하나은행의 CI는 창업정신인 자주, 자율, 진취를 기반으로 신뢰받는 은행, 앞서가는 은행, 글로벌 은행, 손님과 함께 하는 은행을 모티브로 하고 있다. 하나은행의 심볼마크는 손님을 환영하는 자세를 역동적으로 표현함과 함께 세계로 뻗어가는 하나인의 진취적인 기상을 형상화하였다.

◇ **CONCEPT**

Leader
국내뿐만 아니라 세계적인 선도은행

Human-Touch
손님의 행복을 실현하는 은행

Trust
손님에게 신뢰를 주는 은행

Dynamic
역동적으로 선진 금융기법을 도입하고 성장 · 발전하는 은행

Global
세계적인 선진 금융기업

신입행원 채용 안내

◇ 지원방법

하나은행 채용 사이트에 온라인 입사지원서 제출(hanabank.recruiter.co.kr)

◇ 지원자격

❶ 학력/전공/성별/연령 제한 없음

❷ TOEIC, TOEIC Speaking, TOEFL iBT 또는 OPIc(영어) 성적 中 1개 이상 제출 가능한 자

※ 어학성적은 지원서 제출 마감일 기준 유효기간이 남아 있는 성적만 인정함
※ 단, TOEFL iBT의 경우 My Best Scores는 인정하지 않음

❸ 신입행원 연수 정상 참여 및 연수 종료 즉시 계속 근무 가능한 자

❹ 해외여행에 결격사유가 없는 자(남성의 경우 기준 병역을 마쳤거나 면제된 자)

❺ 기타 당행 내규상 채용에 결격사유가 없는 자

❻ 입사지원 시 선택한 지역에서 계속 근무를 희망하는 자 中 해당 지역 소재 고등학교 졸업(예정)자 또는 대학교 졸업(예정)자

> ### 지역인재 채용 지역구분
>
> 1. 부산/대구/울산 및 영남지역　　2. 대전/세종 및 충청지역
> 3. 광주 및 호남지역　　　　　　　4. 강원지역
> 5. 제주지역
>
> ※ 사이버대학 또는 독학사를 통한 학사학위 취득(예정)자는 졸업한 고등학교 소재 지역으로 판단함
> ※ 검정고시를 통한 고등학교 졸업 학력 보유자는 재학 이력이 있는 고등학교 소재 지역을 인정하지 않고 졸업(예정) 대학교 소재지 기준으로 판단함
> ※ 석사학위 이상 보유자도 졸업 고등학교 또는 졸업 대학교를 기준으로 지원 가능 지역을 판단함
> ※ 지역별 중복 지원 불가함(입사 지원 시 1~5 지역 중 1개 지역만 선택 가능)

◇ 채용절차

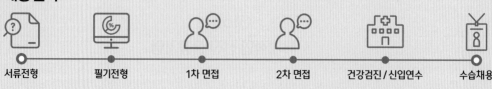

서류전형　　필기전형　　1차 면접　　2차 면접　　건강검진 / 신입연수　　수습채용

◇ 채용일정

채용공고	접수기간	서류발표	필기전형	필기발표
2024.02.23	2024.02.23~03.11	2024.03.22	2024.03.30	2024.04.08
2023.08.31	2023.08.31~09.20	2023.09.26	2023.10.07	2023.10.17
2023.01.27	2023.01.27~02.06	2023.02.13	2023.02.18	2023.02.23
2022.09.16	2022.09.16~10.04	2022.10.17	2022.10.23	2022.11.01
2021.05.20	2021.05.20~05.27	2021.06.11	2021.06.26	2021.07.02

◇ 필기전형

방식	P.B.T(Paper Based Test)
시간	90분(10:00~11:30)
구성	NCS(의사소통 · 수리 · 문제해결) 70문항 + 디지털상식 10문항 = 총 80문항

※ 상기 필기전형의 방식 및 시간과 구성은 2024년 상반기 채용공고를 기준으로 합니다.

◇ 출제경향

의사소통능력	• 매우 긴 지문으로 출제되어 상대적으로 높은 난도였다. • ESG, 핀테크 트렌드 등과 함께 경제 관련 지문이 다수 출제되었다.
수리능력	• 출제영역 중 가장 큰 비율을 차지하였다. • 자료해석보다 방정식을 활용하는 응용수리 문제의 출제비중이 높았다.
문제해결능력	• 문제의 난이도가 높지는 않았으나, 풀이 시간이 오래 걸리는 문제가 다수 출제되었다. • 요금이나 조건 등을 표로 주고 금액을 구하는 계산 문제가 다양하게 출제되었다.
디지털상식	• 직전 시험 대비 10문제 감소하여 총 10문제가 출제되었다. • ADsP 수준의 매우 고난도로 출제되었다.

❖ 자세한 채용절차는 직무별 채용방침에 따라 변경될 수 있으니 반드시 채용공고를 확인하기 바랍니다.

주요 금융권 적중 문제

의사소통능력 ▶ 어법 · 맞춤법

39 다음 중 밑줄 친 부분의 띄어쓰기가 모두 적절한 것은?

① 최선의 세계를 만들기 위해서는 <u>무엇 보다</u> 이 세계에 있는 모든 대상이 지닌 성질을 정확하게 <u>인식해야 만</u> 한다.

② 일과 여가 <u>두가지를</u> 어떻게 <u>조화시키느냐하는</u> 문제는 항상 인류의 관심대상이 되어 왔다.

③ <u>내로라하는</u> 영화배우 중 내 고향 출신도 상당수 된다. 그래서 자연스럽게 영화배우를 꿈꿨고, <u>그러다 보니</u> 영화는 내 생활의 일부가 되었다.

④ 실기시험은 까다롭게 <u>심사하는만큼</u> 준비를 철저히 해야 한다. <u>한 달 간</u> 실전처럼 연습하면서 시험에 대비하자.

수리능력 ▶ 거리 · 속력 · 시간

`Hard`

06 길이 258m인 터널을 완전히 통과하는 데 18초 걸리는 A열차가 있다. 이 열차가 길이 144m인 터널을 완전히 건너는 데 걸리는 시간이 16초인 B열차와 서로 마주보는 방향으로 달려 완전히 지나는 데 걸린 시간이 9초였다. B열차의 길이가 80m라면 A열차의 길이는?

① 320m

② 330m

③ 340m

④ 350m

문제해결능력 ▶ 문제처리

※ 다음은 호텔별 연회장 대여 현황에 대한 자료이다. 이를 보고 이어지는 질문에 답하시오. [3~4]

<호텔별 연회장 대여 현황>

건물	연회장	대여료	수용 가능 인원	회사로부터 거리	비고
A호텔	연꽃실	140만 원	200명	6km	2시간 이상 대여 시 추가비용 40만 원
B호텔	백합실	150만 원	300명	2.5km	1시간 초과 대여 불가능
C호텔	매화실	150만 원	200명	4km	이동수단 제공
	튤립실	180만 원	300명	4km	이동수단 제공
D호텔	장미실	150만 원	250명	4km	-

`Easy`

03 총무팀에 근무하고 있는 이대리는 김부장에게 다음과 같은 지시를 받았다. 이대리가 연회장 예약을 위해 지불해야 하는 예약금은?

다음 주에 있을 회사창립 20주년 기념행사를 위해 준비해야 할 것들 알려줄게요. 먼저 다음 주 금요일 오후 6시부터 8시까지 사용 가능한 연회장 리스트를 뽑아서 행사에 적합한 연회장을 예약해 주세요. 연회장 대여를 위한 예산은 160만 원이고, 회사에서의 거리가 가까워야 임직원들이 이동하기에 좋을 것 같아요. 행사 참석 인원은 240명이고, 이동수단을 제공해준다면 우선적으로 고려하도록 하세요. 예약금은 대여료의 10%라고 하니 예약 완료하고 지불하도록 하세요.

① 14만 원

② 15만 원

KB국민은행

의사소통능력 ▶ 내용일치

04 다음은 K은행의 국군희망준비적금 특약 안내문의 일부이다. 이에 대한 내용으로 적절하지 않은 것은?

〈K은행 국군희망준비적금 특약〉

제1조 적용범위
"K은행 국군희망준비적금(이하 '이 적금'이라 합니다)" 거래는 이 특약을 적용하며, 이 특약에서 정하지 않은 사항은 예금거래 기본약관 및 적립식 예금약관을 적용합니다.

제2조 가입대상
이 적금의 가입대상은 실명의 개인인 군 의무복무병(현역병, 상근예비역, 훈련병) 및 대체복무자로 하며, 1인 1계좌만 가능합니다.

제3조 예금과목
이 적금의 예금과목은 정기적금으로 합니다

수리능력 ▶ 자료변환

Easy

02 다음은 가계 금융자산에 관한 국가별 비교 자료이다. 이 자료를 변환한 그래프로 옳지 않은 것은?

〈각국의 연도별 가계 금융자산 비율〉

연도 국가	2017년	2018년	2019년	2020년	2021년	2022년
A	0.24	0.22	0.21	0.19	0.17	0.16
B	0.44	0.45	0.48	0.41	0.40	0.45
C	0.39	0.36	0.34	0.29	0.28	0.25
D	0.25	0.28	0.26	0.25	0.22	0.21

※ 가계 총자산은 가계 금융자산과 가계 비금융자산으로 이루어지며, 가계 금융자산 비율은 가계 총자산 대비 가계 금융자산이 차지하는 비율임

직무심화지식 ▶ 금융영업

08 B씨와 그의 동료들은 다음과 같은 〈조건〉으로 조합 예탁금·적금 상품에 가입 후 납입하였다. 납부해야 할 세금이 가장 많은 사람부터 적은 사람 순으로 바르게 나열한 것은?(단, 조합 적금은 모두 비과세 저축용 상품으로 가정한다)

조건
- A씨 : 집 근처에 C은행이 있고 해외에서 근무하며, 출금금 5만 원을 납입하고 출금금통장을 만들었다. 2020년 2월 1일부터 2년 동안 매월 1일에 20만 원씩 납입하는 조합 적금에 가입했다.
- B씨 : 기존 조합원의 자격을 가지고 있으며 출자금통장을 보유하고 있다. 2020년 1월부터 1년 동안 매월 1일에 10만 원씩 납입하는 조합 적금에 가입했다.
- C씨 : 농사를 짓고 있으며 근처 B은행에서 출자금 3만 원을 내고 출자금통장을 만들었다. 2021년 1월부터 1년 동안 매월 1일에 40만 원씩 납입하는 조합 적금에 가입했다.

① A－B－C   ② A－C－B

③ B－C－A   ④ C－B－A

지역농협 6급

의사소통능력 ▶ 나열하기

17 다음 문장을 논리적 순서대로 바르게 나열한 것은?

(가) 상품의 가격은 기본적으로 수요와 공급의 힘으로 결정된다. 시장에 참여하고 있는 경제 주체들은 자신이 가진 정보를 기초로 하여 수요와 공급을 결정한다.

(나) 이런 경우에는 상품의 가격이 우리의 상식으로는 도저히 이해하기 힘든 수준까지 일시적으로 뛰어오르는 현상이 나타날 가능성이 있다. 이런 현상은 특히 투기의 대상이 되는 자산의 경우 자주 나타나는데, 우리는 이를 '거품 현상'이라고 부른다.

(다) 그러나 현실에서는 사람들이 서로 다른 정보를 갖고 시장에 참여하는 경우가 많다. 어떤 사람은 특정한 정보를 갖고 있는데 거래 상대방은 그 정보를 갖고 있지 못한 경우도 있다.

(라) 일반적으로 거품 현상이란 것은 어떤 상품 – 특히 자산 – 의 가격이 지속해서 급격히 상승하는 현상을 가리킨다. 이와 같은 지속적인 가격 상승이 일어나는 이유는 애초에 발생한 가격 상승이 추가적인 가격 상승의 기대로 이어져 투기 바람이 형성되기 때문이다.

(마) 이들이 똑같은 정보를 함께 갖고 있으며 이 정보가 아주 틀린 것이 아닌 한, 상품의 가격은 어떤 기본적인 수준에서 크게 벗어나지 않을 것이라고 예상할 수 있다.

수리능력 ▶ 기초연산

Easy
26 다음 식을 계산한 값으로 옳은 것은?

$$0.4545+5\times0.6475+0.3221$$

① 4.0541
② 4.0441
③ 4.0341
④ 4.0241
⑤ 4.0141

문제해결능력 ▶ 명제

46 N은행에 근무하는 직원 4명은 함께 5인승 택시를 타고 A지점으로 가고자 한다. 다음 〈조건〉에 따라 택시에 탑승할 때, 항상 참인 것은?

조건
• 직원은 각각 부장, 과장, 대리, 사원의 직책을 갖고 있다.
• 직원은 각각 흰색, 검은색, 노란색, 연두색 신발을 신었다.
• 직원은 각각 기획팀, 연구팀, 디자인팀, 홍보팀 소속이다.
• 대리와 사원은 옆으로 붙어 앉지 않는다.
• 과장 옆에는 직원이 앉지 않는다.
• 부장은 홍보팀이고 검은색 신발을 신었다.
• 디자인팀 직원은 조수석에 앉았고 노란색 신발을 신었다.
• 사원은 기획팀 소속이다.

① 택시 운전기사 바로 뒤에는 사원이 않는다.
② 부장은 조수석에 앉는다.
③ 과장은 노란색 신발을 신었다.
④ 부장 옆에는 과장이 앉는다.

MG새마을금고 지역본부

의사소통능력 ▶ 빈칸추론

Hard

11 다음은 신문기사를 읽고 직원들이 나눈 대화이다. 대화의 흐름상 빈칸에 들어갈 말로 가장 적절한 것은?

○○일보

○○일보 제1426호   ○○년 ○○월 ○일 안내전화 02-000-0000   www.sdxxx.com

금융 혁신 신상품 시험하는 '금융 규제 프리존' 도입한다.

금융 규제를 일체 배제한 이른바 '금융 규제 프리존' 도입이 검토된다.
'금융 규제 프리존'은 금융시장 참가자들이 규제부담 없이 새롭고 혁신적인 금융 상품과 비즈

금융위는 당국의 승인을 전제로 혁신적인 상품과 서비스 모델을 법 규제에서 벗어나 시험적으로 영업해볼 수 있는 공간을 제공할 방침이다. 이를 통해 소비자 편의를 높이고 금융업의 성장

수리능력 ▶ 경우의 수

03 10명의 각 나라 대표들이 모여 당구 경기를 진행하려고 한다. 경기 진행방식은 토너먼트 방식으로 다음과 같이 진행될 때, 만들어질 수 있는 대진표의 경우의 수는?

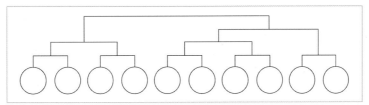

① 27,200가지   ② 27,560가지
③ 28,000가지   ④ 28,350가지

문제해결능력 ▶ 참 · 거짓

29 M금고 A지점에서 근무하고 있는 김대리, 이사원, 박사원, 유사원, 강대리 중 1명은 이번 워크숍에 참석하지 않았다. 이들 중 2명이 거짓말을 한다고 할 때, 다음 중 워크숍에 참석하지 않은 사람은?

강대리 : 나와 김대리는 워크숍에 참석했다. 나는 누가 워크숍에 참석하지 않았는지 알지 못한다.
박사원 : 유사원은 이번 워크숍에 참석하였다. 강대리님의 말은 모두 사실이다.
유사원 : 워크숍 불참자의 불참 사유를 세 사람이 들었다. 이사원은 워크숍에 참석했다.
김대리 : 나와 강대리만 워크숍 불참자의 불참 사유를 들었다. 이사원의 말은 모두 사실이다.
이사원 : 워크숍에 참석하지 않은 사람은 유사원이다. 유사원이 개인 사정으로 인해 워크숍에 참석하지 못한다고 강대리님에게 전했다.

① 강대리   ② 박사원
③ 김대리   ④ 이사원

도서 200% 활용하기

기출유형 뜯어보기

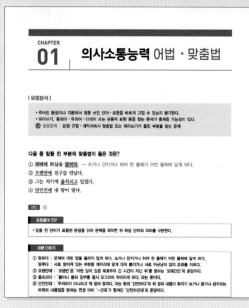

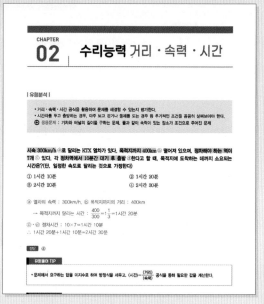

▶ 출제영역별 유형분석과 풀이전략을 수록하여 하나은행 필기전형을 완벽히 준비할 수 있도록 하였다.

6개년 기출복원문제

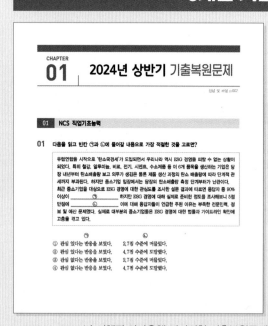

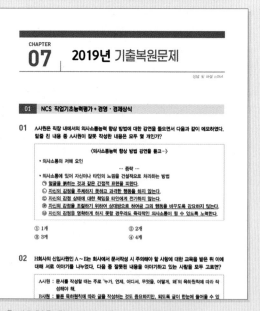

▶ 2024~2019년 시행된 하나은행 필기전형 기출복원문제로 출제유형을 한눈에 파악할 수 있도록 하였다.

주요 금융권 NCS 기출복원문제

CHAPTER 01 | 2023년 주요 금융권 NCS 기출복원문제

CHAPTER 02 | 2022년 주요 금융권 NCS 기출복원문제

▶ 2023~2022년 주요 금융권 NCS 기출복원문제로 변화하는 출제경향에 대비할 수 있도록 하였다.

정답 및 해설

CHAPTER 01 | 2024년 상반기 기출복원문제

CHAPTER 01 | 2023년 주요 금융권 NCS 기출복원문제

▶ 정답에 대한 꼼꼼한 해설과 오답분석을 통해 혼자서도 체계적인 학습이 가능하도록 하였다.

이 책의 차례

PART 1

기출유형 뜯어보기

01 | 의사소통능력 어법·맞춤법

| 유형분석 |

- 주어진 문장이나 지문에서 잘못 쓰인 단어·표현을 바르게 고칠 수 있는지 평가한다.
- 띄어쓰기, 동의어·유의어·다의어 또는 관용적 표현 등을 찾는 문제가 출제될 가능성이 있다.
- ⊕ 응용문제 : 은행 규정·계약서에서 맞춤법 또는 띄어쓰기가 틀린 부분을 찾는 문제

다음 중 밑줄 친 부분의 맞춤법이 옳은 것은?

① 과녁에 화살을 <u>맞히다</u>. → 쏘거나 던지거나 하여 한 물체가 어떤 물체에 닿게 하다.

② <u>오랫만에</u> 친구를 만났다.

③ 그는 저기에 <u>움치리고</u> 있었다.

④ <u>단언컨데</u> 내 말이 맞다.

정답 ①

유형풀이 TIP

- 밑줄 친 단어가 포함된 문장을 읽어 문맥을 파악한 뒤 해당 단어의 의미를 구분한다.

이론 더하기

① 맞히다 : 문제에 대한 답을 틀리지 않게 하다. 쏘거나 던지거나 하여 한 물체가 어떤 물체에 닿게 하다.
　 맞추다 : 서로 떨어져 있는 부분을 제자리에 맞게 대어 붙이거나 서로 어긋남이 없이 조화를 이루다.
② 오랜만에 : '오랜만'은 '어떤 일이 있은 때로부터 긴 시간이 지난 뒤'를 뜻하는 '오래간만'의 준말이다.
③ 움츠리다 : '몸이나 몸의 일부를 몹시 오그리어 작아지게 하다.'라는 뜻이다.
④ 단언컨대 : '주저하지 아니하고 딱 잘라 말하다.'라는 뜻의 '단언하다'와 뒤 절의 내용이 화자가 보거나 듣거나 생각하는
　 따위의 내용임을 밝히는 연결 어미 '~건대'가 합쳐진 '단언하건대'의 준말이다.

CHAPTER

01 | 의사소통능력 내용일치

| 유형분석 |

- 주어진 지문을 읽고 일치하는 / 일치하지 않는 선택지를 고르는 전형적인 독해 문제이다.
- 대체로 길고 복잡한 지문이 제시되는 경우가 많아 문제를 해결하는 데 시간이 많이 소요된다.
- ➕ 응용문제 : 은행 금융상품 약정을 읽고 이해하는 문제, 고객 문의에 적절한 답변을 선택하는 문제

다음 글의 내용으로 적절하지 않은 것은?

'갑'이라는 사람이 있다고 하자. ❶ 이때 사회가 갑에게 강제적 힘을 행사하는 것이 정당화되는 근거는 무엇일까? 그것은 갑이 다른 사람에게 미치는 해악을 방지하려는 데 있다. ❸ 특정 행위가 갑에게 도움이 될것이라든가, 이 행위가 갑을 더욱 행복하게 할 것이라든가 또는 이 행위가 현명하다든가 혹은 옳은 것이라든가 하는 이유를 들면서 갑에게 이 행위를 강제하는 것은 정당하지 않다. 이러한 이유는 갑에게 권고하거나이치를 이해시키거나 무엇인가를 간청하거나 할 때는 충분한 이유가 된다. 그러나 갑에게 강제를 가하는 이유 혹은 어떤 처벌을 가할 이유는 되지 않는다. 이와 같은 사회적 간섭이 정당화되기 위해서는 갑이 행하려는 행위가 다른 어떤 이에게 해악을 끼칠 것이라는 점이 충분히 예측되어야 한다. ❷ 한 사람이 행하고자하는 행위 중에서 그가 사회에 대해서 책임을 져야 할 유일한 부분은 다른 사람에게 관계되는 부분이다.

① 개인에 대한 사회의 간섭은 어떤 조건이 필요하다.
② 한 사람의 행위는 타인에 대한 행위와 자신에 대한 행위로 구분된다.
③ 사회가 타당하다고 판단하여 개인에게 어떤 행위를 강요하는 것은 옳지 않다.
④ 사회는 개인의 해악에 관심이 있지만, 그 해악을 방지할 강제성의 근거는 가지고 있지 않다.
    → 일곱 번째 문장에 따르면 개인(갑)의 행위가 타인에게 해악을 끼칠 것이 예측되면 사회적 간섭이 정당화된다.

정답 ④

유형풀이 TIP

- 먼저 선택지의 키워드를 체크한 후, 지문의 내용과 비교하며 내용의 일치 유무를 신속하게 판단한다.

01 | 의사소통능력 나열하기

| 유형분석 |

- 글의 논리적인 전개 구조를 파악할 수 있는지 평가한다.
- 글의 세부 내용보다 전반적인 흐름과 맥락에 집중하며 문제를 해결하는 것이 효율적이다.
- ⊕ 응용문제 : 첫 문단을 제시한 후 이어질 내용을 순서대로 나열하는 문제

다음 문장을 논리적 순서대로 바르게 나열한 것은?

(가) 사전에 아무런 정보도 없이 판매자의 일방적인 설명만 듣고 물건을 구입하면 후회할 수도 있다.
　　→ (나)를 뒷받침하며 결론을 강조

(나) 따라서 소비를 하기 전에 많은 정보를 수집하여 구입하려는 재화로부터 예상되는 편익을 정확하게 조사
　　하여야 한다. → 글의 결론

(다) 그러나 일상적으로 사용하는 일부 재화를 제외하고는 그 재화를 사용해 보기 전까지 효용을 제대로 알
　　수 없다. → (마)에 대한 반론

(라) 예를 들면 처음 가는 음식점에서 주문한 음식을 실제로 먹어 보기 전까지는 음식 맛이 어떤지 알 수
　　없다. → (다)에 대한 부연 설명

(마) 우리가 어떤 재화를 구입하는 이유는 그 재화를 사용함으로써 효용을 얻기 위함이다. → 글의 주제

① (가) – (나) – (라) – (다) – (마)
② (가) – (마) – (나) – (다) – (라)
③ (마) – (나) – (가) – (라) – (다)
④ (마) – (다) – (라) – (나) – (가)

정답 ④

유형풀이 TIP

- 각 문단에 위치한 지시어와 접속어를 살펴본다. 문두에 접속어가 오는 경우 글의 첫 번째 문단이 될 수 없다.
- 각 문단의 첫 문장과 마지막 문장에 집중하면서 글의 순서를 하나씩 맞춰 나간다.
- 선택지를 참고하여 문단의 순서를 생각해 보는 것도 시간을 단축하는 좋은 방법이 될 수 있다.

CHAPTER 01 | 의사소통능력 추론하기

| 유형분석 |

- 문맥을 통해 글에 명시적으로 드러나 있지 않은 내용을 유추할 수 있는지 평가한다.
- 일반적인 독해 문제와는 달리 선택지의 내용이 애매모호한 경우가 많으므로 꼼꼼히 살펴보아야 한다.
- ⊕ 응용문제 : 글 뒤에 이어질 내용을 찾는 문제, 글을 뒷받침할 수 있는 근거를 찾는 문제

다음 글의 합리주의 이론에 근거하여 추론할 수 있는 내용으로 적절하지 않은 것은?

> 어린이의 언어 습득을 설명하는 이론에는 두 가지가 있다. 하나는 경험주의적인 혹은 행동주의적인 이론이고, 다른 하나는 합리주의적인 이론이다.
> 경험주의 이론에 의하면 어린이가 언어를 습득하는 것은 어떤 선천적인 능력에 의한 것이 아니라 경험적인 훈련에 의해서 오로지 후천적으로만 이루어진다.
> 한편, 다른 이론에 따르면 어린이가 언어를 습득하는 것은 거의 전적으로 타고난 특수한 언어 학습 능력과 일반 언어 구조에 대한 추상적인 선험적 지식에 의한 것이다.

① 인간은 언어 습득 능력을 가지고 태어난다.

② 일정한 나이가 되면 모든 어린이가 예외 없이 언어를 통달하게 된다.

③ 많은 현실적 악조건에도 불구하고 어린이는 완전한 언어 능력을 갖출 수 있게 된다.

④ 어린이는 백지상태에서 출발하여 반복 연습과 시행착오, 교정에 의해서 언어라는 습관을 형성한다.

　　→ 반복 연습과 시행착오, 교정은 후천적인 경험적 훈련으로, 경험주의 이론에서 강조하는 것이다.

정답 ④

유형풀이 TIP

- 개인의 주관적인 판단이 개입되지 않도록 유의하며 문제를 해결해야 한다.
- 지문의 주제 · 중심 내용을 파악한 후 선택지의 키워드를 체크한다. 그러고 나서 지문에서 도출할 수 있는 내용을 선택지에서 찾아 소거해 나간다.

| 유형분석 |

- 거리·속력·시간 공식을 활용하여 문제를 해결할 수 있는지 평가한다.
- 시간차를 두고 출발하는 경우, 마주 보고 걷거나 둘레를 도는 경우 등 추가적인 조건을 꼼꼼히 살펴보아야 한다.
- ⊕ 응용문제 : 기차와 터널의 길이를 구하는 문제, 물과 같이 속력이 있는 장소가 조건으로 주어진 문제

시속 300km/h ⓐ로 달리는 KTX 열차가 있다. **목적지까지 400km** ⓑ 떨어져 있으며, **정차해야 하는 역이 7개** ⓒ 있다. 각 **정차역에서 10분간 대기 후 출발** ⓓ한다고 할 때, 목적지에 도착하는 데까지 소요되는 시간은?(단, 일정한 속도로 달리는 것으로 가정한다)

① 1시간 10분   ② 1시간 20분

③ 2시간 20분   ④ 2시간 30분

ⓐ 열차의 속력 : 300km/h, ⓑ 목적지까지의 거리 : 400km

  → 목적지까지 달리는 시간 : $\dfrac{400}{300}=1\dfrac{1}{3}=1$시간 20분

ⓒ·ⓓ 정차시간 : $10\times7=1$시간 10분

∴ 1시간 20분+1시간 10분=2시간 30분

정답 ④

유형풀이 TIP

- 문제에서 요구하는 답을 미지수로 하여 방정식을 세우고, (시간)$=\dfrac{(거리)}{(속력)}$ 공식을 통해 필요한 값을 계산한다.

이론 더하기

- (거리)$=$(속력)$\times$(시간), (속력)$=\dfrac{(거리)}{(시간)}$, (시간)$=\dfrac{(거리)}{(속력)}$

수리능력 농도

| 유형분석 |

- 농도 공식을 활용하여 문제를 해결할 수 있는지 평가한다.
- 소금물 대신 설탕물로 출제될 수 있으며, 정수나 분수뿐 아니라 비율 등 다양한 조건이 제시될 가능성이 있다.
- ⊕ 응용문제 : 증발된 소금물 문제, 농도가 다른 소금물 간 계산 문제

농도 8%의 소금물 400g ⓐ에 농도 3%의 소금물 ⓑ 몇 g을 넣으면 농도 5%의 소금물 ⓒ이 되는가?

① 600g

② 650g

③ 700g

④ 750g

ⓐ 농도 8%인 소금물 400g에 들어있는 소금의 양 : $\frac{8}{100} \times 400$g

ⓑ 농도 3%인 소금물의 양 : xg

  → 농도 3%인 소금물 xg에 들어있는 소금의 양 : $\frac{3}{100}x$g

ⓒ 농도 5%인 소금물 $(400+x)$g에 들어있는 소금의 양 : $\frac{5}{100}(400+x)$g

$$\frac{8}{100} \times 400 + \frac{3}{100}x = \frac{5}{100}(400+x)$$

$\therefore x = 600$

정답 ①

유형풀이 TIP

- 정수와 분수가 같이 제시되므로, 통분이나 약분을 통해 최대한 수를 간소화시켜 계산 실수를 줄일 수 있도록 한다.
- 항상 미지수를 정하고 그 값을 계산하여 답을 구해야 하는 것은 아니다. 문제에서 원하는 값은 정확한 미지수를 구하지 않아도 풀이 과정 속에서 제시되는 경우가 있으므로, 문제에서 묻는 것을 명확히 해야 한다.

이론 더하기

- (농도)$=\dfrac{\text{(용질의 양)}}{\text{(용액의 양)}} \times 100$, (소금물의 양)=(물의 양)+(소금의 양)

| 유형분석 |

- 합의 법칙과 곱의 법칙을 구분하여 활용할 수 있는지 평가한다.
- ⊕ 응용문제 : 벤 다이어그램을 활용한 문제

10명의 학생 중에서 1명의 회장ⓐ과 2명의 부회장ⓑ을 뽑는 경우의 수는?

① 320가지

② 330가지

③ 340가지

④ 360가지

ⓐ 10명의 학생 중에서 1명의 회장을 뽑는 경우의 수 : $_{10}C_1=10$가지

ⓑ 나머지 9명의 학생 중 2명의 부회장을 뽑는 경우의 수 : $_9C_2=\dfrac{9\times8}{2\times1}=36$가지

∴ $10\times36=360$가지

정답 ④

유형풀이 TIP

- 두 개 이상의 사건이 동시에 일어나는 연속적인 사건인 경우 곱의 법칙을 활용한다.

이론 더하기

1) 합의 법칙
   ① 서로 다른 경우의 수를 각각 독립적으로 선택할 때 전체 경우의 수를 계산하는 방법이다.
   ② '또는', '~이거나'라는 말이 나오면 합의 법칙을 사용한다.
   ③ 두 사건 A, B가 동시에 일어나지 않을 때, A가 일어나는 경우의 수를 p, B가 일어나는 경우의 수를 q라고 하면, 사건 A 또는 B가 일어나는 경우의 수는 $p+q$이다.
2) 곱의 법칙
   ① 서로 연속적인 사건이 발생할 때 각 사건이 일어날 확률을 곱하여 전체 경우의 수를 계산하는 방법이다.
   ② '그리고', '동시에'라는 말이 나오면 곱의 법칙을 사용한다.
   ③ A가 일어나는 경우의 수를 p, B가 일어나는 경우의 수를 q라고 하면, 사건 A와 B가 동시에 일어나는 경우의 수는 $p\times q$이다.

CHAPTER 02 | 수리능력 확률

| 유형분석 |

- 조건부 확률과 독립 사건을 구분하여 문제를 해결할 수 있는지 평가한다.
- ⊕ 응용문제 : 최단 경로 수 구하는 문제, 여사건 또는 조건부 확률 문제

남자 4명, 여자 4명으로 이루어진 팀에서 **2명의 팀장**ⓐ을 뽑으려고 한다. 이때 **팀장 2명이 모두 남자**ⓑ로만 구성될 확률은?

① $\dfrac{3}{14}$

② $\dfrac{2}{7}$

③ $\dfrac{5}{14}$

④ $\dfrac{3}{7}$

ⓐ 8명 중 팀장 2명을 뽑는 경우의 수 : $_8C_2=28$가지
ⓑ 남자 4명 중 팀장 2명을 뽑는 경우의 수 : $_4C_2=6$가지

∴ $\dfrac{6}{28}=\dfrac{3}{14}$

정답 ①

유형풀이 TIP

- 한 개의 사건이 다른 한 사건의 조건하에 일어날 경우 조건부 확률을 활용한다.

이론 더하기

1) 여사건 확률
   ① '적어도'라는 말이 나오면 주로 사용한다.
   ② 사건 A가 일어날 확률이 p일 때, 사건 A가 일어나지 않을 확률은 $(1-p)$이다.
2) 조건부 확률
   ① 확률이 0이 아닌 두 사건 A, B에 대하여 사건 A가 일어났다는 조건하에 사건 B가 일어날 확률로, A 중에서 B인 확률을 의미한다.
   ② $P(B \mid A)=\dfrac{P(A \cap B)}{P(A)}$ 또는 $P_A(B)$로 나타낸다.

| 유형분석 |

- 주어진 수치를 토대로 비율·증감폭·증감률·수익(손해)율 등을 계산할 수 있는지 평가한다.
- 경영·경제·산업 등 최신 이슈 관련 수치가 막대 그래프, 꺾은선 그래프 등 다양한 형태로 제시된다.
- ⊕ 응용문제 : 자료의 일부 수치가 비워진 문제, 표의 내용을 그래프로 변환하는 문제

다음은 지난해 주요 자영업 10가지 업종에 대한 자료이다. 이에 대한 설명으로 옳은 것은?(단, 변화율은 증감률의 절댓값으로 비교한다)

〈주요 자영업 업종별 지표〉

(단위 : 명, %)

구분	창업자 수	폐업자 수	월평균 매출액 증감률	월평균 대출액 증감률	월평균 고용인원
병원 및 의료서비스	1,828	556	❷ 6.5	12.8	15
변호사	284	123	1.8	1.2	4
학원	682	402	−3.7	5.8	8
음식점	❶ 3,784	1,902	1.3	11.2	6
PC방	335	183	❹ −8.4	1.1	2
여행사	❸ 243	184	−6.6	0.4	3
카페	❶ 5,740	3,820	2.4	❷ 15.4	5
숙박업	1,254	886	−0.7	7.8	2
소매업	❶ 2,592	1,384	❹ 0.5	4.8	3
농사	562	❸ 122	4.1	2.4	❸ 1
합계	17,304	9,562	−	−	−

① 창업자 수 상위 3위 업종의 창업자 수의 총합은 전체 창업자 수의 절반 이상이다.

$$\frac{5,740+3,784+2,592}{17,304} \times 100 ≒ 70\%$$

② 월평균 매출액 증가율이 가장 높은 업종은 월평균 대출액 증가율 또한 가장 높다.

병원 및 의료서비스(6.5%)   카페(15.4%)

③ 월평균 고용인원이 가장 적은 업종은 창업자 수와 폐업자 수도 가장 적다.

농사(1명)   여행사(243명)   농사(122명)

④ 월평균 매출액 변화율이 가장 높은 업종과 가장 낮은 업종의 변화율의 차이는 6.0%p이다.

PC방(−8.4%)   소매업(0.5%)   8.4−0.5=7.9%p

정답 ①

유형풀이 TIP

- 각 선택지의 진위 여부를 파악하는 문제이므로, 수치 계산이 필요 없는 선택지부터 소거해 나간다.
- 선택지별로 필요한 정보가 무엇인지 빠르게 파악하고, 자료에서 필요한 부분을 체크하여 계산해야 한다.

이론 더하기

- 백분율(%) : $\dfrac{(비교하는\ 양)}{(기준량)} \times 100$

- 증감률(%) : $\dfrac{(비교값)-(기준값)}{(기준값)} \times 100$

- 증감량 : (비교대상의 값 A)−(또 다른 비교대상의 값 B)

수리능력 금융상품 활용

| 유형분석 |

- 금융상품을 정확하게 이해하고 문제에서 요구하는 답을 도출해낼 수 있는지 평가한다.
- 단리식, 복리식, 이율, 우대금리, 중도해지, 만기해지 등 부가적인 조건에 유의해야 한다.
- ⊕ 응용문제 : 상품별 이자·만기액 등을 계산한 후 고객에게 가장 적합한 상품을 선택하는 문제

H은행은 적금 상품 '더 커지는 적금'을 새롭게 출시하였다. K씨는 이 적금의 모든 우대금리 조건을 만족하여 이번 달부터 이 상품에 가입하려고 한다. 만기 시 K씨가 얻을 수 있는 이자 금액은 얼마인가?

(단, $1.024^{\frac{1}{12}}=1.0019$로 계산하고, 금액은 백의 자리에서 반올림한다)

〈더 커지는 적금〉

- 가입기간 : 12개월
- 가입금액 : 매월 초 200,000원 납입
- 적용금리 : 기본금리(연 2.1%)+우대금리(최대 연 0.3%p)
  ⇒ 모든 우대금리 조건 만족 → 적용금리 : 2.1+0.3=2.4%
- 저축방법 : 정기적립식, 연복리식
- 우대금리 조건
  - H은행 입출금 통장 보유 시 : +0.1%p
  - 연 500만 원 이상의 H은행 예금상품 보유 시 : +0.1%p
  - 급여통장 지정 시 : +0.1%p
  - 이체 실적이 20만 원 이상 시 : +0.1%p

① 131,000원   ② 132,000원

③ 138,000원   ④ 141,000원

- n개월 후 연복리 이자 : (월납입금)$\times\dfrac{(1+r)^{\frac{n+1}{12}}-(1+r)^{\frac{1}{12}}}{(1+r)^{\frac{1}{12}}-1}$-(적립원금) (단, r : 적용금리)

- K씨의 연복리 적금 이자액 : $200,000\times\dfrac{(1.024)^{\frac{13}{12}}-(1.024)^{\frac{1}{12}}}{(1.024)^{\frac{1}{12}}-1}-200,000\times12$

$$=200,000\times1.0019\times\dfrac{1.024-1}{0.0019}-2,400,000$$

$$\fallingdotseq 2,531,000-2,400,000=131,000원$$

유형풀이 TIP

- 금융상품의 이자액을 묻는 문제이므로 주어진 이자지급방식과 이자율을 확인한 후 그에 맞는 계산 공식에 해당하는 값들을 대입하여 문제를 해결해야 한다.
- 금융상품의 단리·복리 등 공식을 반드시 숙지해 두어야 한다.

이론 더하기

1) 단리
   ① 개념 : 원금에만 이자가 발생
   ② 계산 : 이율이 $r\%$인 상품에 원금 a를 총 n번 이자가 붙는 동안 예치한 경우 $a(1+nr)$
2) 복리
   ① 개념 : 원금과 이자에 모두 이자가 발생
   ② 계산 : 이율이 $r\%$인 상품에 원금 a를 총 n번 이자가 붙는 동안 예치한 경우 $a(1+r)^n$
3) 이율
   ① $(월이율)=\dfrac{(연이율)}{12}$

   ② 계산
   원금 a원, 연이율 $r\%$, 예치기간 n개월일 때,
   - 월단리 예금의 원리금 합계 : $a\left(1+\dfrac{r}{12}n\right)$

   - 월복리 예금의 원리금 합계 : $a\left(1+\dfrac{r}{12}\right)^n$

4) 기간
   ① n개월$=\dfrac{n}{12}$년

   ② 계산
   원금 a원, 연이율 $r\%$, 예치기간 n개월일 때,
   - 연단리 예금의 원리금 합계 : $a\left(1+\dfrac{n}{12}r\right)$

   - 연복리 예금의 원리금 합계 : $a(1+r)^{\frac{n}{12}}$

5) 적금의 원리금 합계
   월초 a원, 연이율 $r\%$일 때,
   - 단리 적금의 n개월 후 원리금 합계 : $an+a\times\dfrac{n(n+1)}{2}\times\dfrac{r}{12}$

   - 월복리 적금의 n개월 후 원리금 합계 : $\dfrac{a\left(1+\dfrac{r}{12}\right)\left\{\left(1+\dfrac{r}{12}\right)^n-1\right\}}{\dfrac{r}{12}}$

   - 연복리 적금의 n개월 후 원리금 합계 : $\dfrac{a(1+r)\left\{(1+r)^{\frac{n}{12}}-1\right\}}{(1+r)^{\frac{1}{12}}-1}$

03 | 문제해결능력 명제

| 유형분석 |

- 연역추론을 활용해 주어진 문장을 치환하여 성립하지 않는 내용을 찾는 문제이다.
- ⊕ 응용문제 : 빈칸에 들어갈 명제를 찾는 문제

다음 명제가 모두 참일 때, 반드시 참인 것은?

• 마케팅 팀의 사원은 기획 역량이 있다.	대우 명제
마케팅 팀 ○ → 기획 역량 ○	기획 역량 × → 마케팅 팀 ×
• 마케팅 팀이 아닌 사원은 영업 역량이 없다.	
마케팅 팀 × → 영업 역량 ×	영업 역량 ○ → 마케팅 팀 ○
• 기획 역량이 없는 사원은 소통 역량이 없다.	
기획 역량 × → 소통 역량 ×	소통 역량 ○ → 기획 역량 ○

① 마케팅 팀의 사원은 영업 역량이 있다.
② 소통 역량이 있는 사원은 마케팅 팀이다.
③ 영업 역량을 가진 사원은 기획 역량이 있다. ⇒ 영업 역량 ○ → 마케팅 팀 ○ → 기획 역량 ○
④ 기획 역량이 있는 사원은 소통 역량이 있다.

정답 ③

유형풀이 TIP

- 주어진 명제가 모두 참이면 명제의 대우도 모두 참이 되므로, 명제와 대우 명제를 정리한 다음 선택지에 접근한다.
- 각 명제의 핵심 단어 또는 문구를 기호화하여 정리한 후 선택지와 비교하여 참 또는 거짓을 판단한다.

CHAPTER
03 | 문제해결능력 참·거짓

| 유형분석 |

- 주어진 문장을 토대로 논리적으로 추론하여 참 또는 거짓을 구분하는 문제이다.
- ⊕ 응용문제 : 거짓을 말하는 범인을 찾는 문제

다음 A ~ E 5명 중 단 **1명만 거짓**을 말하고 있을 때, 범인은 누구인가?

- A : C가 범인입니다.
- B : A는 거짓말을 하고 있습니다. ↴
  　　　　　　　　　　　　　　　　모순
- C : B는 거짓말을 하고 있습니다. ↗
  　⇒ 거짓인 경우 : B - 진실 → A - 거짓 → 1명만 거짓을 말한다는 조건에 위배
  　∴ C는 진실, B는 거짓을 말함
- D : 저는 범인이 아닙니다.
- E : A가 범인입니다.

① A, B
② A, C → 범인
③ B, C
④ C, D

정답 ②

유형풀이 TIP

- 모순이 되는 발언을 한 2명의 진술을 대조하며, 가능한 경우의 수를 모두 찾아 비교한다.
- 범인의 숫자가 맞는지, 진실 또는 거짓을 말한 인원수가 조건과 맞는지 등 주어진 조건과 비교하며 문제를 해결한다.

03 | 문제해결능력 문제처리

| 유형분석 |

- 주어진 상황과 정보를 종합적으로 활용하여 풀어가는 문제이다.
- 비용, 시간, 순서, 해석 등 다양한 주제를 다루고 있어 유형을 한 가지로 단일화하기 어렵다.

S통신, L통신, K통신 3사는 A ~ G카드와의 제휴를 통해 **전월에 일정 금액 이상 카드 사용 시 통신비를 할인**해주고 있다. 통신비의 최대 할인금액과 할인조건이 다음과 같을 때, 이에 대한 내용으로 옳은 것은?

〈제휴카드별 통신비 최대 할인금액 및 할인조건〉

구분	통신사	최대 할인금액	할인조건
A카드	S통신	20,000원	• 전월 카드 사용 100만 원 이상 시 2만 원 할인 • 전월 카드 사용 50만 원 이상 시 1만 원 할인
	L통신	9,000원	• 전월 카드 사용 30만 원 이상 시 할인
	K통신	8,000원	• 전월 카드 사용 30만 원 이상 시 할인
B카드	S통신	20,000원	• 전월 카드 사용 100만 원 이상 시 2만 원 할인 • 전월 카드 사용 50만 원 이상 시 1만 원 할인
	L통신	9,000원	• 전월 카드 사용 30만 원 이상 시 할인
	K통신	9,000원	• 전월 카드 사용 50만 원 이상 시 9천 원 할인 • 전월 카드 사용 30만 원 이상 시 6천 원 할인
C카드	S통신	❶ 22,000원	• 전월 카드 사용 100만 원 이상 시 2.2만 원 할인 • 전월 카드 사용 50만 원 이상 시 1만 원 할인 • 전월 카드 ❹ 1회 사용 시 5천 원 할인
D카드	L통신	❷ 9,000원	• 전월 카드 사용 ❷ 30만 원 이상 시 할인
	K통신	9,000원	• 전월 카드 사용 30만 원 이상 시 할인
E카드	K통신	8,000원	• 전월 카드 사용 30만 원 이상 시 할인
F카드	K통신	❸ 15,000원	• 전월 카드 사용 ❸ 50만 원 이상 시 할인
G카드	L통신	15,000원	• 전월 카드 사용 70만 원 이상 시 1.5만 원 할인 • 전월 카드 사용 ❷ 30만 원 이상 시 1만 원 할인

① S통신을 이용할 경우 가장 많은 통신비를 할인받을 수 있는 제휴카드는 A카드이다.

　　→ C카드 : 22,000원

② 전월에 33만 원을 사용했을 경우 L통신에 대한 할인금액은 G카드보다 D카드가 더 많다.

　　→ G카드 : 1만 원 > D카드 : 9천 원

③ 전월에 52만 원을 사용했을 경우 K통신에 대한 할인금액이 가장 많은 제휴카드는 F카드이다.

　　→ F카드 : 15,000원

④ S통신의 모든 제휴카드는 전월 실적이 50만 원 이상이어야 통신비 할인이 가능하다.

　　→ C카드 : 전월 카드 1회 사용 시 5천 원 할인

[정답] ③

유형풀이 TIP

• 문제에서 묻는 것을 정확히 파악한 후 필요한 상황과 정보를 찾아 이를 활용하여 문제를 해결한다.

• 선택지별로 필요한 정보가 무엇인지 빠르게 파악하고, 자료에서 필요한 부분을 체크하여 실수를 방지해야 한다.

| 유형분석 |

- 상황에 대한 환경분석 결과를 통해 주요 과제 또는 목표를 도출하는 문제이다.
- 주로 3C 분석 또는 SWOT 분석을 활용한 문제들이 출제되고 있으므로 해당 분석도구에 대한 사전 학습이 요구된다.

H금융기업에 지원하여 최종 면접을 앞둔 K씨는 성공적인 PT 면접을 위해 기업 관련 정보를 파악하고 그에 따른 효과적인 전략을 알아보고자 한다. K씨의 SWOT 분석 결과가 다음과 같을 때, 분석 결과에 대응하는 전략과 그 내용이 바르게 연결되지 않은 것은?

<table>
<tr><td colspan="2" align="center">〈SWOT 분석 결과〉</td></tr>
<tr><td align="center">강점(Strength)</td><td align="center">약점(Weakness)</td></tr>
<tr><td>
• 우수한 역량의 인적자원 보유
• 글로벌 네트워크 기반 다수의 해외 지점 보유
• 다년간 축적된 풍부한 거래 실적
</td><td>
• 고객 니즈 대응에 필요한 특정 분야별 전문성 미흡
• 핀테크 기업 증가에 따른 경영 리스크
</td></tr>
<tr><td align="center">기회(Opportunity)</td><td align="center">위협(Threat)</td></tr>
<tr><td>
• 융·복합화를 통한 정부의 일자리 창출 사업
• 해외 사업을 위한 협업 수요 확대
• 수요자 맞춤식 서비스 요구 증대
</td><td>
• 타사와의 경쟁 심화
• 정부의 정책적 지원 감소
• 금융기업에 대한 일부 부정적 인식 존재
</td></tr>
</table>

① SO전략 : 우수한 인적자원을 활용한 금융시스템의 융·복합 사업 추진
② WO전략 : 분야별 전문 인력 충원을 통한 고객 맞춤형 서비스 제공 확대
③ ST전략 : 글로벌 네트워크를 통한 해외 시장 진출 → SO전략
④ WT전략 : 리스크 관리를 통한 시장 우위 선점

유형풀이 TIP

- 강점(Strength)과 약점(Weakness)은 기업의 내부환경에 대한 요인이며, 기회(Opportunity)와 위협(Threat)은 기업의 외부환경에 대한 요인임을 염두에 두어야 한다.
- 문제에 제시된 분석 결과를 종합적으로 판단하여 각 선택지의 전략 과제와 일치 여부를 판단해야 한다.

이론 더하기

- SWOT 분석

  기업의 내부환경과 외부환경을 분석하여 강점(Strength), 약점(Weakness), 기회(Opportunity), 위협(Threat) 요인을 규정하고 이를 토대로 경영전략을 수립하는 기법으로, 미국의 경영컨설턴트인 알버트 험프리(Albert Humphrey)에 의해 고안되었다. SWOT 분석의 가장 큰 장점은 기업의 내·외부환경 변화를 동시에 파악할 수 있다는 것이다. 기업의 내부환경을 분석하여 강점과 약점을 찾아내며, 외부환경 분석을 통해서는 기회와 위협을 찾아낸다. SWOT 분석은 외부로부터의 기회는 최대한 살리고 위협은 회피하는 방향으로 자신의 강점은 최대한 활용하고 약점은 보완한다는 논리에 기초를 두고 있다. SWOT 분석에 의한 경영전략은 다음과 같이 정리할 수 있다.

Strength 강점 기업 내부환경에서의 강점	S	W	Weakness 약점 기업 내부환경에서의 약점
Opportunity 기회 기업 외부환경으로부터의 기회	O	T	Threat 위협 기업 외부환경으로부터의 위협

- 3C 분석

자사(Company)	고객(Customer)	경쟁사(Competitor)
• 자사의 핵심역량은 무엇인가? • 자사의 장단점은 무엇인가? • 자사의 다른 사업과 연계되는가?	• 주 고객군은 누구인가? • 그들은 무엇에 열광하는가? • 그들의 정보 습득/교환은 어디에서 일어나는가?	• 경쟁사는 어떤 회사가 있는가? • 경쟁사의 핵심역량은 무엇인가? • 잠재적인 경쟁사는 어디인가?

아이들이 답이 있는 질문을 하기 시작하면 그들이 성장하고 있음을 알 수 있다.

－존 J. 플롬프－

PART 2

기출복원문제

정답 및 해설 p.002

01 NCS 직업기초능력

01 다음을 읽고 빈칸 ㉠과 ㉡에 들어갈 내용으로 가장 적절한 것을 고르면?

> 유럽연합을 시작으로 '탄소국경세'가 도입되면서 우리나라 역시 ESG 경영을 피할 수 없는 상황이
> 되었다. 특히 철강, 알루미늄, 비료, 전기, 시멘트, 수소제품 등 이 6개 품목을 생산하는 기업은 당
> 장 내년부터 탄소배출량 보고 의무가 생김은 물론 제품 생산 과정의 탄소 배출량에 따라 단계적 관
> 세까지 부과된다. 하지만 중소기업 입장에서는 당장의 탄소배출량 측정 단계부터가 난관이다.
> 최근 중소기업을 대상으로 ESG 경영에 대한 관심도를 조사한 설문 결과에 따르면 응답자 중 90%
> 이상이 _____ ㉠ _____ 하지만 ESG 경영에 대해 실제로 준비한 정도를 조사해보니 5점
> 만점에 _____ ㉡ _____ 이에 대해 응답자들이 언급한 주된 이유는 부족한 전문인력, 정
> 보 및 예산 문제였다. 실제로 대부분의 중소기업들은 ESG 경영에 대한 법률과 가이드라인 확인에
> 고충을 겪고 있다.

	㉠	㉡
①	관심 있다는 반응을 보였다.	2.7점 수준에 머물렀다.
②	관심 있다는 반응을 보였다.	4.7점 수준에 도달했다.
③	관심 없다는 반응을 보였다.	2.7점 수준에 머물렀다.
④	관심 없다는 반응을 보였다.	4.7점 수준에 도달했다.

02 다음 〈보기〉의 단어 중 나머지와 가장 관련이 없는 단어는?

> **보기**
>
> 미투리   삭풍   설피   입동

① 미투리   ② 삭풍

③ 설피   ④ 입동

03 다음 글의 앞뒤 문맥을 고려할 때 이어질 문단을 논리적 순서대로 바르게 나열한 것은?

2021 ~ 2022년 핀테크 투자 급증에 따른 피로감과 금리 급등으로 인해 2023년 핀테크 투자는 전년 대비 반 토막이 났었다. 이로 인해 약 1년간 투자 휴식기를 거친 2024년 핀테크 투자는 다시금 확대 될 것이라는 분위기가 고조되고 있어 2024년 핀테크 트렌드에 귀추가 주목되고 있다.

(가) 여기서 뺄 수 없는 분야가 사이버 보안이다. 간편결제 방식의 발달 및 확대로 고객은 편의성과 시간 절약이라는 이점을 누릴 수 있지만, 이로 인한 사기 위험은 불가피하게 증가할 수밖에 없다. 실제로 지난 3년간 사기 거래는 2배 이상 증가했다는 통계 결과가 있다. 이 때문에 비대 면 거래에 따른 위변조 위험을 사전에 방지하기 위한 사이버 보안 수요 역시 증가할 것으로 보인다.

(나) 이에 대해 전문가들은 첫 번째로 결제 방식 변화에 주목하고 있다. 코로나19의 영향으로 비접 촉 선호가 확산되는 분위기에 더불어 우선 결제 기술의 발달로 인해 결제 방식이 접촉식에서 비접촉식으로 변화할 것이라는 전망이다.

(다) 또한 비접촉식 결제 방식에 더불어 크로스보더 결제 확대도 예측되고 있다. 크로스보더 결제란 다른 국가들 사이의 거래에서 발생하는 금융거래를 일컫는 말로, 기존에는 국가 간 결제 방식 이 달라 일부 제한이 있었다면, 최근에는 글로벌 표준화 시도가 구체화되고 있어 이에 맞게 크로스보더 결제 역시 확대될 것이라는 전망이다.

이처럼 2024년 핀테크 투자는 금리 하락과 더불어 새로운 산업이 다시금 발전할 수 있는 기회의 장이 열릴 것이라는 기대감이 커지고 있다.

① (가) – (나) – (다)
② (나) – (가) – (다)
③ (나) – (다) – (가)
④ (다) – (나) – (가)

04 다음 한글 문법 규칙을 참고할 때, 〈보기〉 중 띄어쓰기가 잘못된 문장은?

〈한글 문법 규칙〉

1. 조사는 앞말에 붙여 써야 한다.
2. 의존명사는 앞말과 띄어 써야 한다.
3. 단위를 나타내는 명사는 앞말과 띄어 쓰는 것이 원칙이나, 순서를 나타내거나 숫자와 함께 쓰이는 경우 붙여 쓸 수 있다.
4. 두 말을 이어주거나 열거할 때 쓰이는 '대', '및', '등'은 띄어 써야 한다.
5. 단음절로 된 단어가 연이어 나타날 때는 붙여 쓸 수 있다.
6. 보조 용언은 띄어 쓰는 것이 원칙이나, '(본용언)+(~아/~어/~여)+(보조용언)'인 경우 붙여 쓸 수 있다.
7. 성과 이름은, 성과 호는 붙여 쓰는 것이 원칙이나, 구분할 필요가 있을 때는 띄어 쓸 수 있다.

> **보기**
>
> ㄱ. 집에서만이라도 이말 저말 안 듣고 쉬고싶다.
> ㄴ. 이어달리기는 짝수반 대 홀수반으로 대결하며, 일학년에서 삼학년까지 학년별로 두 명씩 대표를 뽑는다.
> ㄷ. 식당의 한 손님이 비용을 지불하지 않고 추가 주문을 계속하자 사장이 직접 나와 그를 쫓아내버렸다.

① ㄱ
② ㄴ
③ ㄷ
④ 모두 맞음

05 다음 중 밑줄 친 한자어의 사용이 적절하지 않은 것은?

보건복지부는 포용적 사회보장의 기반 마련을 위해 복지 대상자를 중심에 두고 필요한 정보를 연계·통합한 '차세대 사회보장 정보시스템' ① <u>창안(創案)</u> 계획을 발표했다. 이에 포괄적 사회보장 지원을 원하는 국민은 누구나 '복지 멤버십'의 회원으로 등록할 수 있다. 등록 시 조사에 동의한 가구·소득·재산 정보를 토대로 사회 보장 급여·서비스의 지원기준에 맞춰 정보시스템이 우선 대상자를 ② <u>판정(判定)</u>한다. 임신·출산·입학·실직·퇴직·중대 질병·장애 발생·입원 등 경제 상황 변동에 따른 사회보장 정보를 제공한다. 보건복지부 관계자는 "안내를 받은 국민이 사회보장급여와 서비스를 편리하게 신청할 수 있도록 하여 복지 ③ <u>사각(四角)</u>지대를 해소하고, 정책개선 체감도를 높이고자 한다."고 말했다.
빅데이터를 활용한 시스템도 도입한다. 기존에 단전·단수 정보나 건강 보험료 체납 정보 등의 빅데이터 정보를 활용했지만, 앞으로는 단순 빈곤을 넘어 고립·관계 단절·정신적·인지적 문제가 있는 경우까지 발굴할 수 있는 방안을 연구하고, 이에 대한 사회적 논의를 신중히 진행할 예정이다. 이를 위해 정부는 보건복지콜센터 상담사나 민간 복지기관 ④ <u>종사(從事)</u>자 등 다양한 인적 안전망을 통해 들어오는 위기 정보를 체계적으로 관리하여 빅데이터 분석에 활용할 계획이다. 또 고용 위기 등 기초자치단체에서 지역 특성을 고려해 자체적으로 위기가구를 분석하고, 원룸·고시원·판자촌 등 주민등록 정보 관리가 어려운 지역은 위기 징표가 밀집된 곳의 위치 정보를 제공할 계획이다.

06 다음 글을 읽고 추론할 수 있는 내용으로 적절하지 않은 것은?

> 인간의 삶과 행위를 하나의 질서로 파악하고 개념과 논리를 통해 이해하고자 하는 시도는 소크라테스와 플라톤을 기점으로 시작된 가장 전통적인 방법론이라고 할 수 있다. 이는 결국 경험적이고 우연적인 요소를 배제하여 논리적 필연으로 인간을 규정하고자 한 것이다. 이에 반해 경험과 감각을 중시하고 욕구하는 실체로서의 인간을 파악하고자 한 이들이 소피스트들이다. 이 두 관점이 두 개의 큰 축으로 서구 지성사에 작용해 온 것은 사실이다.
>
> 하지만 이는 곧 소크라테스와 플라톤의 관점에서는 삶과 행위의 구체적이고 실제적인 일상이 무시된 채 본질적이고 이념적인 영역을 추구하였다는 것이며, 소피스트들의 관점에서는 고정적 실체로서의 도덕이나 정당화의 문제보다는 변화하는 실제적 행위만이 인정되었다는 이야기로 환원되어왔다. 그리고 이와 같은 문제를 제대로 파악한 것이 바로 고대 그리스의 웅변가이자 소피스트인 '이소크라테스'이다.
>
> 이소크라테스는 소피스트들에 대해서 그들의 교육이 도덕이나 시민적 덕성의 함양과는 무관하게 탐욕과 사리사욕을 위한 교육에 그치고 있다고 비판했으며, 동시에 영원불변하는 보편적 지식의 무용성을 주장했다. 그는 시의적절한 의견들을 통해 더 좋은 결과에 이를 수 있는 능력을 얻으려는 자가 바로 철학자라고 주장했다. 그렇기에 이소크라테스의 수사학은 플라톤의 이데아론은 물론 소피스트들의 무분별한 실용성을 지양하면서도, 동시에 삶과 행위의 문제를 이론적이고도 실제적으로 해석하는 것으로 평가할 수 있다.

① 이소크라테스의 주장에 따르면 플라톤의 이데아론은 과연 그것이 현실을 살아가는 이들에게 무슨 의미가 있는가에 대한 필연적인 물음에 맞닥뜨리게 된다.

② 소피스트들의 주장과 관점은 현대사회의 물질만능주의를 이해하기에 적절한 사례가 된다.

③ 소피스트와 이소크라테스는 영원불변하는 보편적 지식의 존재를 부정하며 구체적이고 실제적인 일상을 중요하게 여겼다.

④ 이소크라테스를 통해 절대적인 진리를 추구하지 않는 것이 반드시 비도덕적인 일로 환원된다고는 볼 수 없음을 확인할 수 있다.

다음 글의 표제와 부제로 가장 적절한 것은?

검무는 칼을 들고 춘다고 해서 '칼춤'이라고 부르기도 하며, '황창랑무(黃倡郎舞)'라고도 한다. 검무의 역사적 기록은 『동경잡기(東京雜記)』의 「풍속조(風俗條)」에 나타난다. 신라의 소년 황창랑은 나라를 위하여 백제 왕궁에 들어가 왕 앞에서 칼춤을 추다 왕을 죽이고 자신도 잡혀서 죽는다. 신라 사람들이 이러한 그의 충절을 추모하여 그의 모습을 본뜬 가면을 만들어 쓰고 그가 추던 춤을 따라 춘 것에서 검무가 시작되었다고 한다. 이처럼 민간에서 시작된 검무는 고려 시대를 거쳐 조선 시대로 이어지며, 궁중으로까지 전해진다. 이때 가면이 사라지는 형식적 변화가 함께 일어난다.

조선 시대 민간의 검무는 기생을 중심으로 전승되었으며, 재인들과 광대들의 판놀이로까지 이어졌다. 조선 후기에는 각 지방까지 전파되었는데, 진주검무와 통영검무가 그 대표적인 예이다. 한편 궁중의 검무는 주로 궁중의 연회 때에 추는 춤으로 전해졌으며, 후기에 정착된 순조 때의 형식이 중요 무형문화재로 지정되어 현재까지 보존되고 있다.

궁중에서 추어지던 검무의 구성은 다음과 같다. 전립을 쓰고 전복을 입은 4명의 무희가 쌍을 이루어 바닥에 놓여진 단검(短劍)을 어르는 동작부터 시작한다. 그 후 칼을 주우면서 춤이 이어지고, 화려한 춤사위로 검을 빠르게 돌리는 연풍대(筵風擡)로 마무리한다.

검무의 절정인 연풍대는 조선 시대 풍속화가 신윤복의 「쌍검대무(雙劍對舞)」에서 잘 드러난다. 그림 속의 두 무용수를 통해 춤의 회전 동작을 예상할 수 있다. 즉, 이 장면에는 오른쪽에 선 무희의 자세에서 시작해 왼쪽 무희의 자세로 회전하는 동작이 나타나 있다. 이렇게 무희들이 쌍을 이루어 좌우로 이동하면서 원을 그리며 팽이처럼 빙빙 도는 동작을 연풍대라 한다. 이 명칭은 대자리를 걷어 내는 바람처럼 날렵하게 움직이는 모습에서 비롯한 것이다.

오늘날의 검무는 검술의 정밀한 무예 동작보다 부드러운 곡선을 그리는 춤 형태로만 남아있다. 칼을 쓰는 살벌함은 사라졌지만 민첩하면서도 유연한 동작으로 그 아름다움을 표출하고 있는 것이다. 검무는 신라 시대부터 면면히 이어지는 고유한 문화이자 예술미가 살아 있는 몇 안 되는 소중한 우리의 전통 유산이다.

① 무예 동작과 아름다움의 조화 – 연풍대의 의미를 중심으로
② 신라 황창랑의 의기와 춤 – 검무의 유래와 발생을 중심으로
③ 무희의 칼끝에서 펼쳐지는 바람 – 검무의 예술적 가치를 중심으로
④ 역사 속에 흐르는 검빛·춤빛 – 검무의 변천 과정과 구성을 중심으로

08 다음 글에 대한 반론으로 가장 적절한 것은?

> 어떤 모델이든지 상품의 특성에 적합한 이미지를 갖는 인물이어야 광고 효과가 제대로 나타날 수 있다. 예를 들어, 자동차, 카메라, 공기 청정기, 치약과 같은 상품의 경우에는 자체의 성능이나 효능이 중요하므로 대체로 전문성과 신뢰성을 갖춘 모델이 적합하다. 이와 달리 상품이 주는 감성적인 느낌이 중요한 보석, 초콜릿, 여행 등과 같은 상품은 매력성과 친근성을 갖춘 모델이 잘 어울린다. 그런데 유명인이 그들의 이미지에 상관없이 여러 유형의 상품 광고에 출연하면 모델의 이미지와 상품의 특성이 어울리지 않는 경우가 많아 광고 효과가 나타나지 않을 수 있다.
>
> 유명인의 중복 출연이 소비자가 모델을 상품과 연결시켜 기억하기 어렵게 한다는 점도 광고 효과에 부정적인 영향을 미친다. 유명인의 이미지가 여러 상품으로 분산되면 광고 모델과 상품 간의 결합력이 약해질 것이다. 이는 유명인 광고 모델의 긍정적인 이미지를 광고 상품에 전이하여 얻을 수 있는 광고 효과를 기대하기 어렵게 만든다.
>
> 또한 유명인의 중복 광고 출연은 광고 메시지에 대한 신뢰를 구축하기 힘들다. 유명인 광고 모델이 여러 광고에 중복하여 출연하면, 그 모델이 경제적인 이익만을 추구한다는 이미지가 소비자에게 강하게 각인된다. 그러면 소비자들은 유명인 광고 모델의 진실성을 의심하게 되어 광고 메시지가 객관성을 결여하고 있다고 생각하게 될 것이다.
>
> 유명인 모델의 광고 효과를 높이기 위해서는 유명인이 자신과 잘 어울리는 한 상품의 광고에만 지속적으로 나오는 것이 좋다. 이렇게 할 경우 상품의 인지도가 높아지고, 상품을 기억하기 쉬워지며, 광고 메시지에 대한 신뢰도가 제고된다. 유명인의 유명세가 상품에 전이되고 소비자가 유명인이 진실하다고 믿게 되기 때문이다.

① 광고 효과를 높이기 위해서는 제품의 이미지와 맞는 모델을 골라야 한다.
② 사람들은 특정 인물이 광고에 출연한 것만으로 브랜드를 선택하는 경향이 있다.
③ 연예인이 여러 광고의 모델일 경우 소비자들은 광고 브랜드에 대한 신뢰를 잃게 된다.
④ 유명 연예인이 많은 광고에 출연하게 되면 소비자들은 모델과 상품 간의 연관성을 찾지 못한다.

다음 글에서 법학자 A의 견해로 가장 적절한 것은?

명예는 세 종류가 있다. 첫째는 인간으로서의 존엄성에 근거한 고유한 인격적 가치를 의미하는 내적 명예이며, 둘째는 실제 이 사람이 가진 사회적 · 경제적 지위에 대한 사회적 평판을 의미하는 외적 명예, 셋째는 인격적 가치에 대한 자신의 주관적 평가 내지는 감정으로서의 명예감정이다.

악성 댓글, 즉 악플에 의한 인터넷상의 명예훼손이 통상적 명예훼손보다 더 심하기 때문에 통상의 명예훼손행위에 비해서 인터넷상의 명예훼손행위를 가중해서 처벌해야 한다는 주장이 일고 있다. 이에 대해 법학자 A는 다음과 같이 주장하였다.

인터넷 기사 등에 악플이 달린다고 해서 즉시 악플 대상자의 인격적 가치에 대한 평가가 하락하는 것은 아니므로, 내적 명예가 그만큼 더 많이 침해되는 것으로 보기 어렵다. 또한, 만약 악플 대상자의 외적 명예가 침해되었다고 하더라도 이는 악플에 의한 것이 아니라 악플을 유발한 기사에 의한 것으로 보아야 한다. 오히려 악플로 인해 침해되는 것은 명예감정이라고 보는 것이 마땅하다. 다만 인터넷상의 명예훼손행위는 그 특성상 해당 악플의 내용이 인터넷 곳곳에 퍼져 있을 수 있어 명예감정의 훼손 정도가 피해자의 정보수집량에 좌우될 수 있다는 점을 간과해서는 안될 것이다. 구태여 자신에 대한 부정적 평가를 모을 필요가 없음에도 부지런히 수집 · 확인하여 명예감정의 훼손을 자초한 피해자에 대해서 국가가 보호해 줄 필요성이 없다는 점에서 명예감정을 보호해야 할 법익으로 삼기 어렵다. 따라서 인터넷상의 명예훼손이 통상적 명예훼손보다 더 심하다고 보기 어렵다.

① 기사가 아니라 악플로 인해서 악플 피해자의 외적 명예가 침해된다.

② 악플 피해자의 명예감정의 훼손 정도는 피해자의 정보수집 행동에 영향을 받는다.

③ 인터넷상의 명예훼손행위를 통상적 명예훼손행위에 비해 가중해서 처벌하여야 한다.

④ 인터넷상의 명예훼손행위의 가중처벌 여부의 판단에서 세 종류의 명예는 모두 보호하여야 할 법익이다.

※ 다음은 비-REM수면과 REM수면에 대한 글이다. 이어지는 질문에 답하시오. [10~11]

수면은 피로가 누적된 심신을 회복하기 위해 주기적으로 잠을 자는 상태를 의미한다. 수면은 '비-REM수면'과 급속한 안구 운동을 동반하는 'REM(Rapid Eye Movement)수면'이 교대로 나타난다. 일반적으로 비-REM수면 이후 REM수면이 진행된다. 비-REM수면은 4단계로 진행되면서 깊은 잠에 빠져들게 되는 수면이다. 이러한 수면의 양상은 수면 단계에 따라 달리 측정되는 뇌파로 살펴볼 수 있다. (가)

먼저 막 잠이 들기 시작하는 1단계 수면 상태에서 뇌는 '세타파'를 내보낸다. 세타파란 옅은 잠을 자는 상태에서 나타나는 뇌파로, 이때는 언제든 깰 수 있을 정도의 수면 상태이다. 이 단계는 각성 상태에서 수면으로 넘어가는 과도기적 상태로 뇌파가 각성 상태보다 서서히 느려진다.

2단계 수면에서는 세타파 사이사이에 '수면방추'와 'K-복합체'라는 독특한 뇌파의 모습이 보인다. 수면방추는 세타파 중간마다 마치 실이 감겨 있는 것처럼 촘촘한 파동의 모습인데, 분당 2~5번 정도 나타나며 수면을 유지시켜 주는 역할을 한다. K-복합체는 2단계 수면에서 나타나는데, 세타파 사이사이에 아래위로 갑자기 삐죽하게 솟아오르는 모습을 보인다. 실험에 의하면 K-복합체는 수면 중 갑작스러운 소음이 날 때 활성화된다. (나)

깊은 수면의 단계로 진행되면 뇌파 가운데 가장 느리고 진폭이 큰 '델타파'가 나타난다. 3단계와 4단계는 '델타파'의 비중에 따라 구별된다. 보통 델타파의 비중이 20~50%일 때는 3단계로, 50%를 넘어서 더 깊은 수면에 빠지는 상태가 되면 4단계로 본다. 때문에 4단계 수면은 '서파수면(Slow-wave-sleep)'으로도 알려져 있다. (다)

서파수면은 대뇌의 대사율과 혈류량이 각성 수준의 75%까지 감소되는 깊은 잠의 상태이고, REM수면은 잠에 빠져 있음에도 정신 활동이 이루어지는 상태이다. 때문에 서파수면 상태에 있는 사람을 깨우면 정신을 못 차리고 비틀거리며 혼란스러워 하고, REM수면 상태의 사람을 깨우면 금세 각성 상태로 돌아온다. (라)

자극에 반응을 하지 않을 정도의 비-REM수면은 온전한 휴식을 통해 진정한 심신의 회복을 가져다준다. 자면서도 정신 활동이 이루어지는 REM수면은 인간의 뇌의 활동이나 학습에도 도움을 준다. 비-REM수면이든 REM수면이든 문제가 생기면 인간의 활동은 영향을 받게 된다.

10 다음 중 윗글의 주된 내용 전개 방식으로 가장 적절한 것은?

① 현상의 과정을 단계별로 나누어 설명하고 있다.
② 현상에 대한 다양한 관점을 비교·분석하고 있다.
③ 구체적인 사례를 통해 관련 현상을 설명하고 있다.
④ 새로운 시각으로 현상을 분석하는 이론을 소개하고 있다.

11 다음 중 〈보기〉의 문장이 들어갈 위치로 가장 적절한 곳은?

> **보기**
>
> 이를 통해 이것은 사람이 잠에서 깨는 것을 방지해 주는 역할을 하여 깊은 수면을 유도함을 알 수 있다.

① (가) ② (나)
③ (다) ④ (라)

※ 다음은 H은행의 청년도약계좌의 상품설명서와 A씨의 가입 정보이다. 이어지는 질문에 답하시오. [12~13]

〈H은행 청년도약계좌〉

구분	내용		

가입대상	• 가입일 현재 만 19세 이상 만 34세 이하인 자(병적증명서를 통해 병역 의무를 이행한 기록이 확인되는 경우, 현재 연령에서 병역을 이행한 기간을 최대 6년 제외한다)
	• 개인소득이 다음 기준을 만족하는 자(단, 육아휴직급여, 육아휴직수당, 병사 봉급을 제외한 비과세소득을 제외한다)
	  – 직전년도 총급여액이 7,500만 원 이하인 자
	  – 직전 과세기간의 종합소득과세표준에 합산되는 종합소득금액이 6,300만 원 이하인 자
	• 가입일 현재 직전 과세기간의 가구소득이 직전년도 기준중위소득의 250% 이하인 자
	• 가입일이 속한 과세기간의 직전 3개 과세기간 중 1회 이상 금융소득종합과세대상자에 해당하지 않는 자		

가입기간	• 5년		
가입금액	• 1천 원 이상 70만 원 이하(1천 원 단위)		
적립한도	• 매월 1천 원 이상 70만 원 이하(1천 원 단위) • 연 840만 원 이하(가입일 기준으로 1년)		
이자지급방법	• 만기일시지급식, 단리식	적립방법	• 자유적립식
기본금리	• 연 4.5%(세전)		

구분	내용		
우대금리	• 최대 연 1.5%p(세전)		

우대항목	우대금리	내용
급여(가맹점대금) 이체	연 0.6%p	해당 예금 가입 후 만기 전전월말 기준, 본인 명의 H은행 입출금통장을 통해 36회 이상 급여 입금 또는 가맹점(결제) 대금 입금 실적 보유(건당 50만 원 이상, 월 1회 인정)
카드 결제	연 0.2%p	해당 예금 가입 후 만기 전전월말 기준, 본인 명의 H은행 입출금통장을 통해 36회 이상 월 10만 원 이상의 H은행 카드 결제 실적 보유(신용/체크카드)
목돈마련 응원	연 0.1%p	해당 예금 가입일로부터 직전 1년간 적금 또는 예금 상품을 미보유한 경우(청년희망적금, 청년내일저축계좌, 청년도약계좌, 주택청약종합저축 예외)
마케팅 동의	연 0.1%p	해당 예금 가입 전 H은행 상품, 서비스 마케팅 동의 항목을 모두 동의한 경우
소득 플러스	최대 연 0.5%p	해당 예금 가입신청 및 가입 후 1년 주기로 심사한 개인소득금액의 소득요건 충족* 횟수에 따라 우대금리 제공 1회 : 0.1%p, 2회 : 0.2%p, 3회 : 0.3%p, 4회 : 0.4%p, 5회 : 0.5%p

*소득요건 충족 기준 : 아래 요건 중 1가지 이상 충족
 – 총급여 2,400만 원 이하
 – 종합소득 1,600만 원 이하
 – 연말정산소득 1,600만 원 이하

구분	내용
비고	• 본 상품은 청년의 중장기 자산형성 지원을 위한 금융상품으로 비과세 혜택을 제공하는 적립식 상품이다. • 본 상품에 가입 후 만기 전에 나이를 초과하였어도, 중도해지하지 않았다면 가입일 당시 나이를 기준으로 금리를 적용한다.

> **〈A씨 청년도약계좌 가입 정보〉**
>
> - 가입일 기준 만 36세이다.
> - 부사관으로서 3년간 복무한 병역 의무 이행 기록이 있다.
> - 가입일 직전 과세기간의 종합소득과세표준 합산 종합소득금액은 연 6,000만 원이다.
> - 가입일 직전 과세기간의 가구소득이 직전년도 기준중위소득의 200%이며, 가입일 기준 전체 과세기간 동안 금융소득종합과세대상자에 해당된 기록이 존재하지 않았다.
> - 만기일까지 H은행 입출금통장에 월 150만 원 이상의 급여가 들어올 것이다.
> - 만기일까지 H은행 신용카드로 월 15만 원 이상 고정 지출이 있을 예정이다.
> - 가입일 기준 H은행의 K적금 상품에 가입 중이다.
> - H은행 상품·서비스 마케팅 동의 항목에 동의하지 않은 항목이 있다.
> - 가입일 당시 총급여는 연 2,300만 원이며, 매년 100만 원씩 증가할 예정이다.

12 A씨의 청년도약계좌 가입 정보를 근거로 할 때, 만기일에 적용받는 금리는 얼마인가?

① 연 4.5% 　　　　　　　　② 연 5.5%

③ 연 6% 　　　　　　　　　④ 가입할 수 없다.

13 A씨가 이달 초에 청년도약계좌에 가입하면서 500,000원을 납입한 후 매월 초 500,000원씩 납입할 때, 가입 정보에 따라 만기일에 A씨가 받을 수 있는 원리금은 얼마인가?

① 30,000,000원 　　　　　　② 33,431,250원

③ 34,193,750원 　　　　　　④ 34,575,000원

14 H씨는 가격이 250만 원인 컴퓨터를 이달 초에 먼저 50만 원을 지불하고 남은 금액은 12개월 할부로 구매하고자 한다. 이자는 월이율 0.5%로 1개월마다 복리로 적용할 때 남은 금액을 한 달 후부터 일정한 금액으로 갚는다면, 매달 얼마씩 갚아야 하는가?(단, $1.005^{12}=1.062$로 계산하고, 십 원 단위 이하는 반올림한다)

① 147,600원   ② 153,500원

③ 162,800원   ④ 171,300원

15 다음은 각 국가의 환율 및 미화환산율에 대한 자료이다. 이에 대한 설명으로 옳지 않은 것은?(단, 소수점 셋째 자리에서 반올림한다)

〈국가별 환율 및 미화환산율〉

구분	매매기준가(원)	구입 가격(원)	판매 가격(원)	미화환산율
미국(USD)	1,377	1,401.10	1,352.90	1.00
일본(100엔)	878.67	894.05	863.29	0.64
중국(CNY)	189.7	199.19	180.22	( )
영국(GBP)	1,721.94	1,755.86	1,688.02	1.25
호주(AUD)	( )	918.58	883.08	0.65

※ (구입 가격)=(매매기준가)×[1+(환전수수료)]
(판매 가격)=(매매기준가)×[1−(환전수수료)]

① 중국의 미화환산율은 0.14이다.

② 호주의 매매기준가는 895.05원이다.

③ 미국과 일본의 구입할 때의 환전수수료는 같다.

④ 판매할 때의 환전수수료가 가장 적은 국가는 중국이다.

16 다음은 확정급여형과 확정기여형 2가지의 퇴직연금제도에 대한 자료이다. A의 근무정보 및 예상투자수익률 등에 대한 정보가 〈보기〉와 같을 때, 퇴직연금제도별로 A가 수령할 것으로 예상되는 퇴직금 총액이 바르게 연결된 것은?

〈퇴직연금제도〉

○ 확정급여형(DB형)
 • 근로자가 받을 퇴직금 급여의 수준이 사전에 결정되어 있는 퇴직연금제도로서, 회사는 금융기관을 통해 근로자의 퇴직금을 운용하고 근로자는 정해진 퇴직금을 받는 제도이다.
 • (퇴직금)＝(직전 3개월의 평균임금)×(근속연수)

○ 확정기여형(DC형)
 • 회사가 부담해야 할 부담금 수준이 사전에 결정되어 있는 퇴직연금제도로서, 회사가 회사부담금을 금융기관에 납부하고, 회사부담금 및 근로자부담금을 근로자가 직접 운용해서 부담금(원금) 및 그 운용손익을 퇴직금으로 받는 제도이다.
 • $(\text{퇴직금})=\dfrac{(\text{연 임금총액})}{12}\times[1+(\text{운용수익률})]$

보기

• A는 퇴직하려는 회사에 2014년 1월 2일에 입사하였고, 2024년 1월 3일에 퇴직할 예정이다.
• A의 퇴직 직전 3개월의 평균임금은 900만 원이다.
• A의 월급은 매년 1월 1일에 50만 원씩 인상되었다.
• A의 예상 운용수익률은 매년 10%이다.
• 매년 회사의 퇴직금 부담률은 A의 당해 연도 평균월급의 50%이다.

	확정급여형	확정기여형
①	1억 원	7,425만 원
②	1억 원	6,750만 원
③	9,000만 원	7,425만 원
④	9,000만 원	6,750만 원

17 다음 그림과 같이 어떤 원기둥의 지름과 높이가 각각 10cm일 때, 이 원기둥의 부피는?

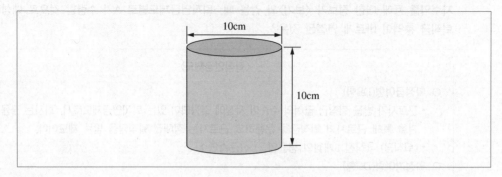

① $100\pi \, \text{cm}^3$

② $250\pi \, \text{cm}^3$

③ $500\pi \, \text{cm}^3$

④ $1,000\pi \, \text{cm}^3$

18 다음 그림과 같이 한 변의 길이가 a인 정사각형 A, 이 정사각형에 내접하는 가장 큰 원 B, 이 원에 내접하는 가장 큰 정사각형 C가 있다. 이때, 도형 A, B, C의 넓이의 합은?(단, $\pi = 3$으로 계산한다)

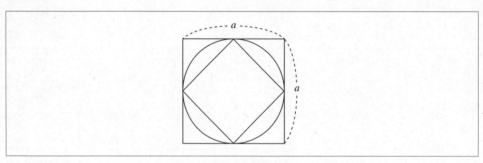

① $\dfrac{7}{4} a^2$

② $2a^2$

③ $\dfrac{9}{4} a^2$

④ $\dfrac{5}{2} a^2$

19 H은행의 마케팅부, 영업부, 영업지원부에서 2명씩 대표로 회의에 참석하기로 하였다. 원탁 테이블에 같은 부서 사람끼리 옆자리에 앉는다고 할 때, 6명이 앉을 수 있는 경우의 수는?

① 15가지   ② 16가지

③ 17가지   ④ 18가지

PART 2

기출복원문제

20 고등학생 8명이 래프팅을 하러 여행을 떠났다. 보트는 3명, 5명씩 두 팀으로 나눠 타기로 했다. 이때 8명 중 반장과 부반장은 서로 다른 팀이 된다고 할 때, 8명이 두 팀으로 나눠 타는 경우의 수는?(단, 반장과 부반장은 각각 1명이다)

① 15가지   ② 18가지

③ 30가지   ④ 32가지

21 50개 국가를 대상으로 다트 게임을 진행하고자 한다. 참여하는 팀은 한 국가당 한 팀이며, 토너먼트 방식으로 진행된다. 최종 우승팀이 정해질 때까지 진행되는 경기 수는?(단, 동점자는 없다)

① 49경기   ② 50경기

③ 55경기   ④ 60경기

22 서로 다른 2개의 주사위를 동시에 던질 때, 나오는 눈의 수의 곱이 4의 배수일 확률은?

① $\dfrac{5}{12}$ ② $\dfrac{1}{3}$

③ $\dfrac{2}{9}$ ④ $\dfrac{1}{6}$

23 혼자 컴퓨터 조립을 하는 데 A는 2시간, B는 3시간이 걸린다. 먼저 A가 혼자 컴퓨터를 조립하다가 중간에 일이 생겨 나머지를 B가 완성했더니 컴퓨터 조립에 걸린 시간은 총 2시간 15분이었다. 이때, A가 혼자 일한 시간은?

① 1시간 25분 ② 1시간 30분
③ 1시간 35분 ④ 1시간 40분

24 길이가 6km인 터널의 양쪽에서 150m 길이의 A열차와 200m 길이의 B열차가 동시에 진입하였다. B열차가 터널을 완전히 빠져나오는 시간이 A열차가 터널을 완전히 빠져나오는 시간보다 10초 더 짧았다. B열차가 A열차보다 분당 3km가 더 빠를 때, 터널 안에서 A열차가 B열차를 마주친 순간부터 B열차를 완전히 지나가는 데 필요한 시간은?

① 1초 ② 1.5초
③ 2초 ④ 2.5초

25 다음은 투자규모별 외국인 직접투자의 투자건수 비율과 투자금액 비율에 대한 자료이다. 투자규모 100만 달러 이상인 투자금액 비율과 투자규모 50만 달러 미만인 투자건수 비율을 순서대로 나열한 것은?

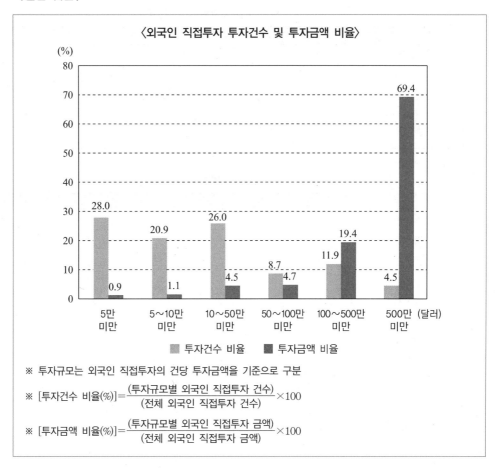

① 66.6%, 62.8%
② 77.7%, 68.6%
③ 88.8%, 74.9%
④ 88.8%, 76.2%

26 다음은 2023년과 2024년 지역별 택시비용에 대한 자료이다. 이에 대한 설명으로 적절하지 않은 것은?(단, 소수점 첫째 자리에서 반올림한다)

〈2023년 지역별 택시비용〉

구분	서울	대구	제주
기본거리	1.6km	1.8km	2.0km
기본요금	3,800원	3,100원	3,300원
거리요금	100m당 150원	100m당 120원	100m당 140원
심야 할증률	22~23시 : 20% 23~02시 : 40% 02~04시 : 20%	22~04시 : 30%	00~04시 : 20%

〈2024년 지역별 택시비용〉

구분	서울	대구	제주
기본거리	1.6km	1.8km	2.0km
기본요금	4,800원	4,000원	4,300원
거리요금	100m당 190원	100m당 170원	100m당 180원
심야 할증률	22~23시 : 20% 23~02시 : 40% 02~04시 : 20%	22~04시 : 30%	00~04시 : 20% (10km 이상 장거리 운행 시 총이동거리 100m당 10원 추가)

〈택시비용 계산 규칙〉

- 기본거리 이하는 기본요금만 부과된다.
- 기본거리를 초과하여 이동 시 초과한 거리만큼 거리요금이 추가된다(시간요금 생략).
- 총이용요금은 (기본요금)+(거리요금)으로 가정하며, 할증 요금은 총이용요금에 적용하여 계산한다.
- 1원 단위의 요금은 절상한다.

① 2023년 대비 2024년 기본요금 인상률이 가장 큰 지역은 제주이다.

② 서울에서 낮에 8km 거리를 택시를 타고 이동하는 경우 2024년 요금은 2023년 대비 약 27% 인상되었다.

③ 2024년 00시부터 01시 사이에 36km 거리를 택시를 타고 이동하는 경우 요금은 서울이 대구보다 17,440원 더 비싸다.

④ 2024년 제주에서 02시부터 03시 사이에 택시로 20km를 이동하는 경우 택시비용은 2023년 대비 12,840원 인상되었다.

27 다음은 H호텔의 객실 이용료에 대한 자료이다. 〈조건〉에 맞는 객실을 이용하려고 할 때, 지불해야 하는 총금액은?

구분		A객실	B객실	C객실
기준인원 / 최대인원		2인 / 4인	4인 / 6인	4인 / 6인
객실 크기		55m²	74m²	85m²
조식		미포함	기준인원만 포함	기준인원만 포함
개별 수영장	미온수	추가금액 없음	추가금액 없음	추가금액 없음
	온수	추가금액 1박당 30,000원	추가금액 1박당 50,000원	추가금액 1박당 70,000원
비고		2박 이상 이용 시 • 미온수 무료 • 온수 50% 할인	2박 이상 이용 시 • 미온수 무료 • 온수 50% 할인 • 객실요금 5% 할인	2박 이상 이용 시 • 미온수 무료 • 온수 50% 할인 • 객실요금 10% 할인
객실요금(1박)		250,000원	350,000원	500,000원

※ 기준인원에서 1인 추가 시 1박당 2만 원 추가요금 발생
　오후 1시 이후 퇴실 시 1박 객실요금의 50% 추가요금 발생
　개별 수영장 온도 : 미온수(27°C), 온수(32°C)

조건

• 5인이 머무를 수 있어야 한다.
• 객실 전체 크기는 80m² 이상이어야 한다.
• 30°C 이상의 개별 수영장 이용이 가능하여야 한다.
• 5월 20일 오후 4시에 입실하여 5월 22일 오후 5시에 퇴실한다.

① 1,235,000원　　　　　　② 1,260,000원
③ 1,270,000원　　　　　　④ 1,305,000원

다음은 세 강당 A ~ C의 사용료에 대한 자료이다. 〈조건〉에 맞는 강당을 이용하려고 할 때, 지불해야하는 총금액은?

〈강당 사용료〉

구분	A강당	B강당	C강당
대관시간	평일 및 주말 9 ~ 21시 (공휴일 사용 불가)	평일 및 공휴일 9 ~ 18시	평일 및 공휴일 9 ~ 20시
대관비용(일)	평일 : 400,000원 주말 : 500,000원	평일 : 450,000원 공휴일 : 600,000원	500,000원
냉난방비	시간당 20,000원	시간당 30,000원 (일 최대요금 200,000원)	시간당 30,000원 (일 최대요금 230,000원)
수용인원	200명	300명	250명
크기	400m^2	600m^2	500m^2
비고	행사 연습 목적 사용 시 대관비용 20% 할인	행사 연습 목적 사용 시 대관비용 20% 할인	행사 연습 목적 사용 시 대관비용 25% 할인

※ 5월 1일 근로자의 날은 공휴일이 아님

조건

• 5월 5일 토요일 어린이날 행사를 위해 대관하는 것으로, 5월 1일 화요일부터 5월 4일 금요일은 행사 준비 연습을 위해 대관한다.
• 본 행사는 9시부터 18시까지 진행되며, 5월 1일부터 3일까지의 연습은 9시부터 13시까지 진행되고, 5월 4일 연습은 9시부터 17시까지 진행된다.
• 행사 참석인원은 220명이며, 가능한 적은 금액으로 대관할 예정이다.
• 냉난방 시설은 행사 연습 및 행사 시간 동안 항상 가동한다.

① 2,800,000원　　　　　　② 2,820,000원
③ 2,870,000원　　　　　　④ 2,910,000원

29 H은행은 다음 달 행사를 위해 담당 역할을 배정하려고 한다. A ~ E 5명 중 1명만 거짓을 말할 때, 바르게 추론한 것은?

> • A : 저는 '홍보'를 담당하고 있고, C는 참을 말하고 있어요.
> • B : 저는 숫자를 다뤄야 하는 '예산'과는 거리가 멀어서, 이 역할은 피해서 배정받았죠.
> • C : 저는 친화력이 좋아서 '섭외'를 배정해 주셨어요.
> • D : 저는 '구매'를 담당하고, C는 '기획'을 담당하고 있어요.
> • E : 저는 '예산'을 담당하고 있어요.

① A는 홍보를 담당하고 있다.
② B는 예산을 담당한다.
③ C는 섭외를 담당하지 않는다.
④ D는 섭외를 담당한다.

30 A ~ E 5명은 점심 식사 후 제비뽑기를 통해 '꽝'을 뽑은 1명이 나머지 4명의 아이스크림을 모두 사주기로 하였다. 다음 대화에서 1명이 거짓말을 한다고 할 때, 아이스크림을 사야 할 사람은?

> • A : D는 거짓말을 하고 있지 않아.
> • B : '꽝'을 뽑은 사람은 C야.
> • C : B의 말이 사실이라면 D의 말은 거짓이야.
> • D : E의 말이 사실이라면 '꽝'을 뽑은 사람은 A야.
> • E : C는 빈 종이를 뽑았어.

① A   ② B
③ C   ④ D

31 윗마을에 사는 남자는 진실만 말하고 여자는 거짓만 말한다. 아랫마을에 사는 남자는 거짓만 말하고 여자는 진실만 말한다. 두 마을에 사는 사람들은 남자이거나 여자이다. 윗마을 사람 두 명과 아랫마을 사람 두 명이 다음과 같이 대화하고 있을 때, 반드시 참인 것은?

> • 갑 : 나는 아랫마을에 살아.
> • 을 : 나는 아랫마을에 살아. 갑은 남자야.
> • 병 : 을은 아랫마을에 살아. 을은 남자야.
> • 정 : 을은 윗마을에 살아. 병은 윗마을에 살아.

① 갑은 윗마을에 산다.
② 갑과 을은 같은 마을에 산다.
③ 을과 병은 다른 마을에 산다.
④ 이 대화에 참여하고 있는 사람들은 모두 여자이다.

32 다음 명제가 모두 참일 때, 반드시 참인 명제는?

> • 액션영화를 보면 팝콘을 먹는다.
> • 커피를 마시지 않으면 콜라를 마시지 않는다.
> • 콜라를 마시지 않으면 액션영화를 본다.
> • 팝콘을 먹으면 나쵸를 먹지 않는다.
> • 애니메이션을 보면 커피를 마시지 않는다.

① 커피를 마시면 액션영화를 본다.
② 나쵸를 먹으면 액션영화를 본다.
③ 애니메이션을 보면 팝콘을 먹는다.
④ 액션영화를 보면 애니메이션을 본다.

33 다음은 해외 출장이 잦은 해외사업팀 A ~ D사원 4명의 항공 마일리지 현황이다. 항상 참이 되지 않는 것은?

> • A사원의 항공 마일리지는 8,500점이다.
> • A사원의 항공 마일리지는 B사원보다 1,500점 많다.
> • C사원의 항공 마일리지는 B사원보다 많고 A사원보다 적다.
> • D사원의 항공 마일리지는 7,200점이다.

① A사원의 항공 마일리지가 가장 많다.
② B사원의 항공 마일리지는 4명 중 가장 적다.
③ C사원의 정확한 항공 마일리지는 알 수 없다.
④ 항공 마일리지가 많은 순서는 'A – D – C – B'이다.

34 H은행에 입행한 신입행원 A ~ E 5명은 각각 2개 항목의 물품을 신청하였다. 5명의 신입행원 중 2명의 진술이 거짓일 때, 다음 중 신청 행원과 신청 물품이 바르게 연결된 것은?

신입행원이 신청한 항목은 4개이며, 항목별 신청 행원의 수는 다음과 같다.
- 필기구 : 2명
- 의자 : 3명
- 복사용지 : 2명
- 사무용 전자제품 : 3명

- A : 나는 필기구를 신청하였고, E는 거짓말을 하고 있다.
- B : 나는 의자를 신청하지 않았고, D는 진실을 말하고 있다.
- C : 나는 의자를 신청하지 않았고, E는 진실을 말하고 있다.
- D : 나는 필기구와 사무용 전자제품을 신청하였다.
- E : 나는 복사용지를 신청하였고, B와 D는 거짓말을 하고 있다.

① A – 복사용지　　　　　　　　　　② B – 사무용 전자제품
③ C – 필기구　　　　　　　　　　　④ E – 필기구

35 다음은 A섬유회사에 대한 SWOT 분석 자료이다. 이에 따른 대응 전략으로 적절한 것을 〈보기〉에서 모두 고르면?

• 첨단 신소재 관련 특허 다수 보유	• 신규 생산 설비 투자 미흡 • 브랜드의 인지도 부족
S 강점	**W 약점**
O 기회	**T 위협**
• 고기능성 제품에 대한 수요 증가 • 정부 주도의 문화 콘텐츠 사업 지원	• 중저가 의류용 제품의 공급 과잉 • 저임금의 개발도상국과 경쟁 심화

보기
ㄱ. SO전략으로 첨단 신소재를 적용한 고기능성 제품을 개발한다.
ㄴ. ST전략으로 첨단 신소재 관련 특허를 개발도상국의 경쟁업체에 무상 이전한다.
ㄷ. WO전략으로 문화 콘텐츠와 디자인을 접목한 신규 브랜드 개발을 통해 적극적 마케팅을 한다.
ㄹ. WT전략으로 기존 설비에 대한 재투자를 통해 대량생산 체제로 전환한다.

① ㄱ, ㄴ　　　　　　　　　　　　　② ㄱ, ㄷ
③ ㄴ, ㄷ　　　　　　　　　　　　　④ ㄴ, ㄹ

01 다음 중 레그테크(Regtech)에 대한 설명으로 옳지 않은 것은?

① 금융사는 레그테크의 특징을 활용함으로써 업무 효율성 개선, 비용 절감, 전문성 확보 등의 효과를 기대할 수 있다.

② 레그테크는 4차 산업혁명 기술을 활용해 금융 관련 법적 규제를 준수할 수 있도록 지원하는 비대면·자동화·효율화 기술을 뜻한다.

③ 섭테크(Suptech)의 하위 개념인 레그테크는 금융위원회 등 감독당국 차원에서 금융기관을 효율적으로 감독·관리하는 기술을 말한다.

④ 감독당국과 금융사 사이의 양방향성, 데이터·프로토콜의 표준화 가능성, 자동화 등에 있어 레그테크가 컴플라이언스(Compliance)보다 우월하다.

02 다음 중 양자 컴퓨팅에 대한 설명으로 옳은 것을 〈보기〉에서 모두 고르면?

> **보기**
>
> ㄱ. 양자 컴퓨팅은 기존의 디지털 컴퓨터처럼 반도체를 기억 소자로 사용한다.
> ㄴ. 양자 컴퓨팅의 기본 단위는 큐비트이며, 2개의 큐비트를 사용하면 동시에 3가지의 상태를 표현할 수 있다.
> ㄷ. 양자 컴퓨팅은 중첩, 얽힘 등의 양자 현상을 활용한 병렬 연산이 가능하며, 정보 처리량과 속도가 매우 높다.
> ㄹ. 양자 정보 처리·저장 중에 발생하는 소음(Noise), 양자 에러 등에 취약하다는 점은 양자 컴퓨팅이 극복해야 할 한계로 지적된다.

① ㄱ, ㄴ   ② ㄱ, ㄹ

③ ㄴ, ㄷ   ④ ㄷ, ㄹ

03 다음 중 데이터 레이크(Data Lake)와 데이터 마트(Data Mart)에 대한 설명으로 옳지 않은 것은?

① 데이터 레이크는 확장성이 뛰어나고 대량의 데이터를 신속하게 저장할 수 있다.

② 데이터 레이크와 데이터 마트는 모두 사전에 정의된 스키마가 있다는 공통점이 있다.

③ 데이터 마트는 데이터 레이크에 비해 규모와 범위가 작으므로 데이터 거버넌스 구현과 데이터 품질 보장에 유리하다.

④ 데이터 레이크는 정형·반정형·비정형 원시 데이터를 모두 수용할 수 있으며, 범용 스토리지로 구축이 가능하기 때문에 시스템 비용 면에서도 유리하다.

04 다음 중 블록체인(Blockchain)에 대한 설명으로 옳지 않은 것은?

① 블록체인은 고리 모양으로 블록들을 연결하는 선형 데이터 구조를 이룬다.

② 블록체인은 거래 당사자들이 즉각적으로 거래를 완료할 수 있다는 장점이 있다.

③ 블록체인은 중앙 관리자, 중앙 저장소, 거래 중개소 등이 필요 없기에 관리 비용, 거래 비용을 크게 절약할 수 있다.

④ 블록체인에서 거래 정보를 위조하려면 블록체인 전체 참여자 중 과반수의 장부를 동시에 수정해야 하기 때문에 사실상 해킹이 불가능하다.

05 다음 중 데이터 웨어하우스(Data Warehouse)에 대한 설명으로 옳지 않은 것은?

① 미리 정의된 스키마(Schema)가 있으며, 정형·반정형·비정형 데이터 중에 정형 데이터를 저장한다.

② 특정 주제 중심, 과거 데이터 유지, 데이터 형태의 가변성, 내용 변경으로 인한 휘발성 등의 특징이 있다.

③ ETL(추출·변환·로드) 프로세스를 통해 데이터를 변환·통합하며, 효율적인 쿼리 및 분석 수행이 가능하다.

④ 중복 제거, 정렬, 요약, 검증 등 전처리(Pretreatment) 작업으로 정확성을 높임으로써 신뢰성을 제고할 수 있다.

06 다음 중 에지 컴퓨팅(Egde Computing)에 대한 설명으로 옳은 것을 〈보기〉에서 모두 고르면?

> **보기**
>
> ㄱ. 중앙 클라우드 서버와의 연결이 중단된 경우에도 안정적인 작동을 기대할 수 있다.
> ㄴ. 클라우드 컴퓨팅보다 데이터 처리 시간을 단축하고 응답 속도를 크게 높일 수 있다.
> ㄷ. 중앙 클라우드 서버로 데이터를 송신하는 데 따른 인터넷 사용량과 비용이 증가될 수 있다.
> ㄹ. 해커의 공격·위협 가능성이 증가할 수 있다는 취약점 때문에 개인정보 보호를 위해 별도의 강력한 보안 대책이 요구된다.

① ㄱ, ㄴ 　　　　　　　　② ㄱ, ㄹ
③ ㄴ, ㄷ 　　　　　　　　④ ㄷ, ㄹ

07 다음 중 빈칸 ㄱ ~ ㄹ에 들어갈 단어가 바르게 연결된 것은?

> DDoS는 크래커가 수많은 공격자를 _____ㄱ_____ 배치해 동시에 '서비스 거부 공격(Denial of Service)'을 함으로써 시스템이 더 이상 정상적으로 서비스를 제공할 수 없도록 만드는 해킹 방식을 뜻한다. 즉, 인터넷 사이트가 처리할 수 없는 큰 규모의 접속 통신량(트래픽)을 단시간에 일으켜 서비스 체계를 마비시키는 것이다.
>
> DDoS는 _____ㄴ_____을/를 이용해 불특정 다수의 컴퓨터를 좀비 컴퓨터로 만들어 한꺼번에 특정 사이트를 동시다발적으로 접속(공격)하게 함으로써 트래픽이 비정상적으로 늘어나 해당 사이트가 서비스를 거부하도록 만들어 결국 정상작동 불능 상태에 빠지게 한다. 이때 감염된 좀비 PC, 사물인터넷(IoT) 기기, 모바일 디바이스 등으로 구성된 네트워크를 _____ㄷ_____(이)라 한다.
>
> DDoS 공격 기법 가운데 하나인 _____ㄹ_____은/는 특정 서버·사이트를 대상으로 지속적인 트래픽을 유발함으로써 서버가 감당할 수 없을 만큼의 리소스를 발생시켜 결국 리소스가 모두 고갈되게 하는 방식이다. DDoS에 대응해 서버를 재시작하고 해커의 IP를 차단하는 일차적인 대처가 가능하지만, 이는 사후 방편일 뿐이므로 보다 근본적인 DDoS 예방책이 요구된다.

	ㄱ	ㄴ	ㄷ	ㄹ
①	집중	유사부호	봇넷(Botnet)	웹/DB 부하 공격 기법
②	집중	악성코드	텔넷(Telnet)	자원 소진 공격 기법
③	분산	악성코드	봇넷(Botnet)	자원 소진 공격 기법
④	분산	유사부호	텔넷(Telnet)	웹/DB 부하 공격 기법

08 다음 중 마이데이터(Mydata)의 특징으로 옳지 않은 것은?

① 금융정보를 제외한 정보가 대상이 된다.

② 특정 업체에 자신의 정보를 제공할 수 있다.

③ 개인의 정보 주권을 보장하는 것이 목적이다.

④ 여러 기관에 있는 자신의 정보를 한 번에 확인할 수 있다.

09 다음 글에 나타나는 현상을 설명하는 용어로 옳은 것은?

> 인공지능(AI)・빅데이터・핀테크 등 첨단 ICT(정보통신기술) 발달에 따른 혁신적 변화로 기존 산업 간, 온・오프라인 간 경계가 모호해지는 인공지능(AI)・빅데이터・핀테크 등 첨단 ICT(정보통신기술) 기술이 등장하면서 산업 간, 온・오프라인 간 경계선이 모호해지고 있다. 산업 간 경계가 허물어지면서 이전에 볼 수 없던 온라인과 오프라인의 경계의 붕괴로 등장한 우버(Uber)나 에어비앤비(Airbnb)가 등장이 대표적이다. 또한, 현대차그룹 광고대행사 이노션(Innocean)은 스마트 선글라스 '글라투스'를 개발했고 국내 최대 가구업체인 한샘은 구글 크롬캐스트가 내장돼 있는 '미러 TV'를 출시하며 전자제품 및 홈 IoT 시장으로 도전장을 내밀었다. 그리고 게임업체 빅3중 하나인 넷마블은 국내 1위 렌털기업 코웨이를 인수하며 사업을 다각화했다.
> 산업별 구분이 가능해 동종업계라는 말이 통용되던 시대는 지나가고 혁신적인 융복합 기술을 이용한 신사업들이 속출하는 4차 산업혁명 시대가 도달했다.

① 챗봇(Chat Bot) ② 랜덤워크(Random Walk)

③ 하이디어(High-idea) ④ 빅블러(Big Blur)

10 다음 중 마이크로 사이클(Micro Cycle)에 대한 설명으로 옳지 않은 것은?

① 동기 고정식은 마이크로 오퍼레이션의 동작 시간이 현저하게 차이 날 때 유리하다.

② 마이크로 오퍼레이션 중 수행 시간이 가장 긴 것을 정의한 방식이 동기 고정식이다.

③ 마이크로 오퍼레이션에 따라서 수행 시간을 다르게 하는 것을 동기 가변식이라 한다.

④ 한 개의 마이크로 오퍼레이션을 수행하는 데 걸리는 시간을 마이크로 사이클 타임(Micro Cycle Time)이라고 한다.

01 NCS 직업기초능력

01 K씨는 이번 겨울에 해외여행을 가고자 한다. 여행사에서 운영하는 여행패키지 상품의 가격이 다음과 같을 때, 〈조건〉에 따라 가장 저렴하게 이용할 수 있는 여행패키지 가격은?

〈여행패키지 상품별 비용〉

구분	출발일	도착일	가격	비고
A	12월 30일	1월 7일	1,800,000원	–
B	1월 4일	1월 30일	2,100,000원	M멤버십 보유 시 30% 할인 Z카드 이용 시 25% 할인
C	1월 15일	1월 22일	1,600,000원	Z카드 이용 시 20% 할인
D	1월 10일	1월 20일	1,750,000원	M멤버십 보유 시 20% 할인 Z카드 이용 시 10% 할인
E	1월 25일	2월 2일	1,500,000원	M멤버십 보유 시 20% 할인
F	1월 4일	1월 9일	1,500,000원	M멤버십 보유 시 5% 할인 Z카드 이용 시 10% 할인

※ 중·고등학생은 청소년, 만 5세 이상 및 초등학생은 어린이로 티켓 가격을 책정함

> **조건**
> • 출발일과 도착일 모두 1월 이내여야 한다.
> • 여행 기간은 15일 이내여야 한다.
> • K씨는 M멤버십을 갖고 있다.
> • K씨는 Z카드를 갖고 있지 않다.

① 1,500,000원
② 1,487,500원
③ 1,400,000원
④ 1,372,500원

02 학생 60명을 대상으로 좋아하는 구기종목을 조사한 결과가 〈보기〉와 같을 때, 야구와 농구를 좋아하고 축구를 싫어하는 학생 수의 최솟값과 최댓값은?

> **보기**
> • 축구를 좋아하는 학생은 50명, 야구를 좋아하는 학생은 20명, 농구를 좋아하는 학생은 30명이다.
> • 야구와 농구를 좋아하는 학생 수는 12명이다.
> • 야구만 좋아하는 학생 수와 농구만 좋아하는 학생 수는 같다.
> • 응답한 모든 학생은 축구, 야구, 농구 중 적어도 한 종목은 좋아한다.

	최소 학생 수	최대 학생 수
①	0명	10명
②	2명	10명
③	0명	12명
④	2명	12명

03 이차항의 계수가 a이고 꼭짓점 P의 좌표가 (p, q)인 어떤 이차함수 $y=f(x)$의 그래프가 다음과 같을 때, 함수 $f(x)$에 대한 설명으로 옳지 않은 것은?(단, $a \neq 0$이다)

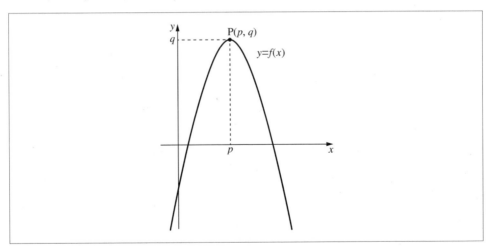

① a는 음수이다.
② x절편은 양수이다.
③ y절편의 값은 q이다.
④ 그래프는 $x=p$를 기준으로 대칭이다.

04 다음 그림과 같이 한 변의 길이가 18cm인 정육면체의 모든 면에 접하는 구의 부피는?

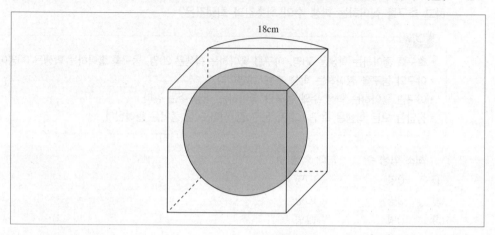

① $924\pi\,\text{cm}^3$
② $948\pi\,\text{cm}^3$
③ $972\pi\,\text{cm}^3$
④ $996\pi\,\text{cm}^3$

05 K과장이 300만 원을 유로화로 환전 후 독일로 출장을 다녀왔다. 각 나라의 환율이 다음과 같다면, K과장이 독일에서 1,500유로를 사용하고 남은 돈을 다시 원화로 환전했을 때 받게 되는 금액은? (단, 소수점 이하는 절사하고, 환율은 변하지 않았으며, 환전수수료는 없다고 가정한다)

〈각 나라의 환율〉

구분	미국	일본	독일	중국
환율	1,300원/달러	8.6원/엔	1,400원/유로	180원/위안

① 815,100원
② 846,700원
③ 865,300원
④ 898,800원

06 어떤 미생물이 다음과 같은 규칙으로 분열한다고 한다. 6월 7일에 미생물 3마리가 분열을 시작한다면, 이 미생물이 30억 마리가 되는 날은 언제인가?

〈기생충 개체 수 변화〉

(단위 : 마리)

구분	6월 7일	6월 10일	6월 13일	6월 16일	6월 19일
개체 수	3	30	300	3,000	30,000

① 7월 1일

② 7월 4일

③ 7월 7일

④ 7월 10일

07 A초등학교의 입학생 수가 다음과 같은 규칙을 보일 때, 2029년의 A초등학교 입학생 수는?

〈A초등학교 입학생 수 변화〉

(단위 : 명)

구분	2019년	2020년	2021년	2022년	2023년
입학생 수	196	182	168	154	140

① 70명

② 56명

③ 42명

④ 28명

08 A~I 9명이 2명, 3명, 4명씩 나누어 앉을 수 있는 경우의 수는?

① 1,240가지

② 1,260가지

③ 1,280가지

④ 1,300가지

09 10명이 앉을 수 있는 원형 탁자에 국문학과 2명, 영문학과 2명, 수학과 2명, 전자과 2명, 회화과 2명이 앉고자 한다. 과가 같은 학생끼리 마주 보도록 앉는 경우의 수는?

① 330가지

② 348가지

③ 366가지

④ 384가지

10 기온이 10°C일 때 소리의 속력은 337m/s이고, 35°C일 때 소리의 속력은 352m/s이다. 소리의 속력이 364m/s일 때 기온은?(단, 온도에 따른 소리의 속력 변화는 일정하다)

① 40°C

② 45°C

③ 50°C

④ 55°C

11 다음 글의 주제로 가장 적절한 것은?

시중은행 대출금리가 가파르게 증가하자 경매에 넘어간 부동산이 2010년대 하락장 수준으로 증가하고 있다. 이는 대출금리의 인상으로 인한 이자 부담 가중으로 주택담보대출을 상환하지 못하는 경우와 이로 인한 부동산 경기 침체로 집값이 하락해 세입자의 보증금을 상환하지 못하는 경우가 대부분이다.

법원에 따르면 임의경매가 신청된 부동산은 2014년 10월 이후 최대치를, 강제경매가 신청된 부동산은 2020년 3월 이후 가장 많은 수치를 보이고 있다. 특히 이들 대부분은 집값 급등 시기에 대출을 받아 내 집을 마련한 이른바 '영끌족'이다. 하지만 이들이 계속된 고금리에 이자를 부담하기 어려워 집을 처분하려고 해도, 부동산 경기 침체로 인해 집을 사려는 사람이 없어 처분조차도 어려운 상황이다.

실제로 서울부동산정보광장에 따르면 지난 4월 3,000건을 상회하던 거래량이 지난달인 10월에는 1,923건으로 하락한 반면, 매물은 늘어나는데 거래가 줄면서 계속 매물이 쌓여 현재 매물은 올해 초 대비 50% 이상 증가했다.

① 대출금리 인상으로 무너지는 내 집 마련
② 대출금리 인상으로 집을 사지 못하는 사람들
③ 대출금리 인상으로 인해 늘어난 부동산 선택지
④ 대출금리 인상으로 활발해진 부동산 경매시장

12 다음 글의 빈칸에 들어갈 단어로 가장 적절한 것은?

선형경제가 제품을 생산하고 사용하고 폐기하는 1차원적인 형식이라면, 순환경제는 제품을 생산하고 사용하고 사용한 제품을 다시 제조과정을 거쳐 제품을 생산하고 이를 다시 사용하는 것과 같은 과정으로, 자원을 계속하여 순환시키는 도넛 형식의 경제를 말한다.

전문가들은 이러한 순환경제는 기후 변화 대응 및 탄소 중립 차원을 넘어서 미래 성장 동력 확보 차원을 위해서 반드시 구축하여야하는 환경이라고 강조하며, 이를 통해 산업발달과 경제성장이 야기한 환경적인 문제점들을 해결하고 희소자원의 고갈을 막을 수 있을 뿐만 아니라, 독립적인 경제 생태계를 이룩할 수 있다고 전했다.

이를 위해 우리 기업들은 규제에 대응하기보다는 _____ 친환경 순환경제가 이루어질 수 있도록 대체재를 개발하는 등 자원 절약과 재활용에 초점을 두어야 한다. 즉, 순환경제를 통해 어떻게 금전적 가치를 얻느냐하는 것이 아닌 이미 금전적 가치를 가져다주고 있는 기존의 선형경제를 어떻게 순환경제로 변화시키는가에 집중해야 하는 것이다.

① 단속적인   ② 발전적인
③ 지속적인   ④ 대체 가능한

13 다음 글의 내용으로 적절하지 않은 것은?

연방준비제도(이하 연준)가 고용 증대에 주안점을 둔 정책을 입안한다 해도, 정책이 분배에 미치는 영향을 고려하지 않는다면 그 정책은 거품과 불평등만 부풀릴 것이다. 기술 산업의 거품 붕괴로 인한 경기 침체에 대응하여 2000년대 초에 연준이 시행한 저금리 정책이 이를 잘 보여준다.

특정한 상황에서는 금리 변동이 투자와 소비의 변화를 통해 경기와 고용에 영향을 줄 수 있다. 하지만 다른 수단이 훨씬 더 효과적인 상황도 많다. 가령 부동산 거품에 대한 대응책으로는 금리 인상보다 주택 담보 대출에 대한 규제가 더 합리적이다. 생산적 투자를 위축시키지 않으면서 부동산 거품을 가라앉힐 수 있기 때문이다.

경기 침체기라 하더라도, 금리 인하는 은행의 비용을 줄여주는 것 말고는 경기 회복에 별다른 도움이 되지 않을 수 있다. 대부분의 부문에서 설비 가동률이 낮은 상황이라면, 대출 금리가 낮아져도 생산적인 투자가 별로 증대하지 않는다. 2000년대 초가 바로 그런 상황이었기 때문에, 당시의 저금리 정책은 생산적인 투자 증가 대신에 주택 시장의 거품만 초래한 것이다.

금리 인하는 국공채에 투자했던 퇴직자들의 소득을 감소시켰다. 또한 노년층에서 정부로, 정부에서 금융업으로 부의 대규모 이동이 이루어져 불평등이 심화되었다. 이에 따라 금리 인하는 다양한 경로로 소비를 위축시켰다. 은퇴 후의 소득을 확보하기 위해, 혹은 자녀의 학자금을 확보하기 위해 사람들은 저축을 늘렸다. 연준은 금리 인하가 주가 상승으로 이어질 것이므로 소비가 늘어날 것이라고 주장했다. 하지만 2000년대 초 연준의 금리 인하 이후 주가 상승에 따라 발생한 이득은 대체로 부유층에 집중되었으므로 대대적인 소비 증가로 이어지지 않았다.

2000년대 초 고용 증대를 기대하고 시행한 연준의 저금리 정책은 노동을 자본으로 대체하는 투자를 증대시켰다. 인위적인 저금리로 자본 비용이 낮아지자 이런 기회를 이용하려는 유인이 생겨났다. 노동력이 풍부한 상황인데도 노동을 절약하는 방향의 혁신이 강화되었고, 미숙련 노동자들의 실업률이 높은 상황인데도 가게들은 계산원을 해고하고 자동화 기계를 들여놓았다. 경기가 회복되더라도 실업률이 떨어지지 않는 구조가 만들어진 것이다.

① 2000년대 초 연준의 금리 인하로 국공채에 투자한 퇴직자의 소득이 줄어들어 금융업으로부터 정부로 부가 이동하였다.

② 2000년대 초 연준은 고용 증대를 기대하고 금리를 인하했지만, 결과적으로 고용 증대가 더 어려워지도록 만들었다.

③ 2000년대 초 기술 산업 거품의 붕괴로 인한 경기 침체기에 설비 가동률은 대부분의 부문에서 낮은 상태였다.

④ 2000년대 초 연준이 금리 인하 정책을 시행한 후 주택 가격과 주식 가격은 상승하였다.

14 다음 글의 내용으로 가장 적절한 것은?

중국에서는 기원전 8 ~ 7세기 이후 주나라에서부터 청동전이 유통되었다. 이후 진시황이 중국을 통일하면서 화폐를 통일해 가운데 네모난 구멍이 뚫린 원형 청동 엽전이 등장했고, 이후 중국 통화의 주축으로 자리 잡았다. 하지만 엽전은 가치가 낮고 금화와 은화는 아직 주조되지 않았기 때문에 고액 거래를 위해서는 지폐가 필요했다. 결국 11세기경 송나라에서 최초의 법정 지폐인 교자(交子)가 발행되었다. 13세기 원나라에서는 강력한 국가 권력을 통해 엽전을 억제하고 교초(交鈔)라는 지폐를 유일한 공식 통화로 삼아 재정 문제를 해결했다.

아시아와 유럽에서 지폐의 등장과 발달 과정은 달랐다. 우선 유럽에서는 금화가 비교적 자유롭게 사용되어 대중들 사이에서 널리 유통되었다. 반면에 아시아의 통치자들은 금의 아름다움과 금이 상징하는 권력을 즐겼다는 점에서는 서구인들과 같았지만, 비천한 사람들이 화폐로 사용하기에는 금이 너무 소중하다고 여겼다. 대중들 사이에서 유통되도록 금을 방출하면 권력이 약화된다고 본 것이다. 대신에 일찍부터 지폐가 널리 통용되었다.

마르코 폴로는 쿠빌라이 칸이 모든 거래를 지폐로 이루어지게 하는 것을 보고 깊은 인상을 받았다. 사실상 종잇조각에 불과한 지폐가 그렇게 널리 통용되었던 이유는 무엇 때문일까? 칸이 만든 지폐에 찍힌 그의 도장은 금이나 은과 같은 권위가 있었다. 이것은 지폐의 가치를 확립하고 유지하는 데 국가 권력이 핵심 요소라는 사실을 보여준다.

유럽의 지폐는 그 초기 형태가 민간에서 발행한 어음이었으나, 아시아의 지폐는 처음부터 국가가 발행권을 갖고 있었다. 금속 주화와는 달리 내재적 가치가 없는 지폐가 화폐로 받아들여지고 사용되기 위해서는 신뢰가 필수적이다. 중국은 강력한 왕권이 이 신뢰를 담보할 수 있었지만, 유럽에서 지폐가 사람들의 신뢰를 얻기까지는 그보다 오랜 시간과 성숙된 환경이 필요했다. 유럽의 왕들은 종이에 마음대로 숫자를 적어 놓고 화폐로 사용하라고 강제할 수 없었다. 그래서 서로 잘 아는 일부 동업자들끼리 신뢰를 바탕으로 자체 지폐를 만들어 사용해야 했다. 하지만 민간에서 발행한 지폐는 신뢰 확보가 쉽지 않아 주기적으로 금융 위기를 초래했다. 정부가 나서기까지는 오랜 시간이 걸렸고, 17 ~ 18세기에 지폐의 법정화와 중앙은행의 설립이 이루어졌다. 중앙은행은 금을 보관하고 이를 바탕으로 금 태환(兌換)을 보장하는 증서를 발행해 화폐로 사용하기 시작했고, 그것이 오늘날의 지폐로 이어졌다.

① 유럽에서 금화의 대중적 확산은 지폐가 널리 통용되는 결정적인 계기가 되었다.
② 중국에서 청동으로 만든 최초의 화폐는 네모난 구멍이 뚫린 원형 엽전의 형태였다.
③ 유럽에서는 민간 거래의 신뢰를 기반으로 지폐가 중국에 비해 일찍부터 통용되었다.
④ 중국에서 지폐 거래의 신뢰를 확보할 수 있었던 것은 강력한 국가 권력이 있었기 때문이다.

15 다음 기사를 읽고 이해한 내용으로 가장 적절한 것은?

내진설계란 건축물을 설계할 때에 건축물이 지진에 견딜 수 있도록 설계하는 것을 총칭하는데 이는 크게 기본내진구조 설계, 면진구조 설계, 제진구조 설계 등 세 가지가 있다. 이 가운데 기본내진구조 설계는 지진으로부터 발생하는 지반의 진동에도 건축물이 파괴되지 않도록 강한, 혹은 강화된 건축자재를 사용하거나 건축물 내부의 기둥과 기둥 사이에 내진벽과 같은 부재*를 설치하여 건축물을 설계하는 것을 가리킨다. 기본내진구조 설계로 지어진 건물은 튼튼한 구조 덕분에 지진이 나더라도 완전 붕괴를 면할 수 있다는 장점이 있다. 그러나 외벽이나 기둥 등 건축물을 지탱하는 구조물들이 지진의 충격을 고스란히 건축물의 내부에까지 전달하기 때문에 건축물 내부의 전기시설이나 통신설비, 가스관, 수도관 등의 파손을 막기 어려워 지진발생 시 이차사고를 막기 어렵다는 단점이 있다.

둘째로 면진구조 설계는 건축물과 지반을 부분적으로 격리시켜 건축물의 고유 진동주기를 길게 변화시키고 그것을 통하여 건축물이 받는 지진 에너지를 줄이는 방법이다. 어떤 물체에 강제적인 힘을 가한 후 이를 해제하면 그 물체는 원상태로 되돌아가려는 복원력과 제자리에 있고자 하는 관성력의 상호작용으로 인하여 일정한 주기로 진동을 하게 되는데, 이처럼 물체가 외부의 힘에 반응하며 진동할 때 따르는 주기를 물체의 고유주기라고 한다. 면진구조 설계는 이 물체의 고유주기가 물체의 재료와 구조, 혹은 형상에 따라 달라진다는 점을 이용하여 지반과 건축물 사이에 액상(液狀)에 가까운 물질이나 탄성이 높은 구슬 같은 물질들을 넣어 건축물의 고유주기를 원래의 것보다 더 길게 바꾸는 방법이다. 앞에서 살펴본 기본내진구조 설계가 '흔들리지 않게 짓는 방법'에 가깝다면 면진구조 설계는 '천천히 흔들리도록 짓는 방법'에 가깝다고 할 수 있는 것이다. 하지만 면진구조 설계로 지어진 고층빌딩들이 밀집해 있는 대도시에 강진이 발생하게 되면 어떻게 될까? 여러 건물들이 크게 흔들리다가 서로 충돌하거나 건물들의 진동으로 발생하는 새로운 에너지에 의하여 붕괴할 가능성이 있다. 즉, 이 면진구조 설계는 그 적용범위에 한계가 있다는 단점이 있다.

제진구조 설계는 면진구조 설계가 지니고 있는 장점을 활용하면서도 바로 이러한 단점을 극복하기 위하여 개발된 것으로서, 이른바 '댐퍼(Damper)'라고 불리는 감쇠장치를 사용하여 지진발생 시 건축물의 진동을 줄이는 설계방식이다. 이 감쇠장치의 역할을 이해하기 위해서는 급정차나 급출발하는 버스 안의 승객을 떠올리면 된다. 승객들의 몸이 버스의 앞, 혹은 뒤 방향으로 급하게 쏠릴 때 누군가 반대편에서 승객들의 몸을 잡아준다면 승객들은 앞뒤로 많이 진동하지 않고 바로 설 수 있게 될 것이다. 바로 이처럼 건축물이 기울어지는 방향과 반대 방향에서 건축물을 잡아주어 건축물의 진동 에너지를 줄이고, 그것을 통하여 건축물의 붕괴를 막는 장치가 감쇠장치인 것이다.

*부재(部材) : 기둥이나 보처럼 건축물의 뼈대를 형성하는 데 쓰이는 막대모양의 재료

① 물체의 고유주기는 물체가 내부의 힘에 반응하여 진동할 때 따르는 주기를 말한다.
② 면진구조 설계는 기본내진구조 설계와 달리 흔들리지 않게 짓는 방법에 가깝다고 볼 수 있다.
③ 기본내진구조 설계의 경우, 건축물을 지탱하는 구조물들이 지진의 충격을 전달하는 것을 방지한다.
④ 감쇠장치는 건축물이 기울어지는 방향의 반대 방향에서 건축물을 잡아주는 기능을 수행한다.

16 다음 제시된 문단을 논리적 순서대로 바르게 나열한 것은?

> (가) 회전문의 축은 중심에 있다. 축을 중심으로 통상 네 짝의 문이 계속 돌게 되어 있다. 마치 계속 열려 있는 듯한 착각을 일으키지만, 사실은 네 짝의 문이 계속 안 또는 밖을 차단하도록 만든 것이다. 실질적으로는 열려 있는 순간 없이 계속 닫혀 있는 셈이다.
>
> (나) 문은 열림과 닫힘을 위해 존재한다. 이 본연의 기능을 하지 못한다는 점에서 계속 닫혀 있는 문이 무의미하듯이, 계속 열려 있는 문 또한 그 존재 가치와 의미가 없다. 그런데 현대 사회의 문은 대부분의 경우 닫힌 구조로 사람들을 맞고 있다. 따라서 사람들을 환대하는 것이 아니라 박대하고 있다고 할 수 있다. 그 대표적인 예가 회전문이다. 가만히 회전문의 구조와 그 기능을 머릿속에 그려보라. 그것이 어떤 식으로 열리고 닫히는지 알고는 놀랄 것이다.
>
> (다) 회전문은 인간이 만들고 실용화한 문 가운데 가장 문명적이고 발전된 형태로 보일지 모르지만, 사실상 열림을 가장한 닫힘의 연속이기 때문에 오히려 가장 야만적이며 미개한 형태의 문이다.
>
> (라) 또한 회전문을 이용하는 사람들은 회전문의 구조와 운동 메커니즘에 맞추어야 실수 없이 문을 통과해 안으로 들어가거나 밖으로 나올 수 있다. 어린아이, 허약한 사람, 또는 민첩하지 못한 노인은 쉽게 그것에 맞출 수 없다. 더구나 휠체어를 탄 사람이라면 더 말할 나위도 없다. 이들에게 회전문은 문이 아니다. 실질적으로 닫혀 있는 기능만 하는 문은 문이 아니기 때문이다.

① (가) – (나) – (라) – (다)
② (가) – (라) – (나) – (다)
③ (나) – (가) – (라) – (다)
④ (나) – (다) – (라) – (가)

※ 다음 글에 가장 어울리는 사자성어를 고르시오. [17~18]

17

얼마 전 H은행에 입행한 A는 최근 들어 고민이 생겼다. B부장이 개인적인 용도로 법인 카드를 사용한다는 사실을 알게 되었기 때문이다. A는 이에 대해 상부에 보고하기 전에 B부장과 먼저 이야기를 나누고 싶지만, B부장에게 미운털을 살까 걱정이다. A는 자신의 동기이자, B부장이 자주 칭찬하는 C에게 이 사안에 대해 의견을 물어봤고, C는 B부장의 법인 카드 오용을 이미 알고 있었다는 이야기를 듣게 되었다. C는 B부장이 카드를 사용하는 금액이 그렇게 큰 것도 아니며, 괜히 상사의 잘못을 들추었다가는 입사한 지 얼마 되지 않은 A가 괜한 해를 입을 수 있으니 넘어가는 것이 좋겠다고 말했다. 또한, B부장이 본인을 좋게 바라보는 이유는 본인이 B부장에게 좋은 말만 하기 때문이라며, A에게도 조금 더 유연하게 회사 생활을 할 것을 조언했다. 집에 돌아와서도 고민이 되는 A는 이 일을 친구에게 털어놓았다. 친구는 어디에서든 자신의 가치관을 굽혀 누군가에게 아첨하는 것은 부끄러운 일이라고 대답했다.

① 당랑거철(螳螂拒轍)   ② 곡학아세(曲學阿世)
③ 각골난망(刻骨難忘)   ④ 격세지감(隔世之感)

18

A대리는 이번 팀 프로젝트에서 처음으로 팀장을 맡게 되었고, 어떻게 하면 팀원들과 좋은 분위기에서 최선의 결과물을 낼 수 있을지 고민하고 있다. A대리는 고민 끝에 평소 회사 내에서 신임이 두터운 B부장에게 조언을 구했다. B부장은 팀원들에게 많이 물어보라는 아주 간단한 답변을 내놓았다. A대리는 팀장으로서 팀을 이끌어야 하는데 팀원들에게 자주 묻는 것은 리더십이 부족한 것이 아닌지 의문이 들었다. B부장은 A대리의 속마음을 알아챘는지 대답을 이었다. 아랫사람에게 물어보는 것은 부끄러운 것이 아니며, 지위가 낮은 사람에게서 오히려 좋은 의견이 나올 수 있다는 것이었다. 따라서 정말로 좋은 결과물을 얻고자 한다면 직급에 상관없이 의견을 묻고 배우고자 하는 태도를 항상 지니는 것이 팀장으로서의 중요한 태도라는 말도 함께 덧붙였다.

① 복경호우(福輕乎羽)   ② 구화지문(口禍之門)
③ 객반위주(客反爲主)   ④ 불치하문(不恥下問)

19 다음 중 밑줄 친 어휘를 맞춤법에 맞게 고친 것은?

① <u>번번히</u> 지기만 하다 보니 게임이 재미없어졌다. → 번번이

② 방문 <u>횟수</u>가 늘어날수록 얼굴에 생기가 돌기 시작했다. → 회수

③ <u>널따란</u> 마당에 낙엽이 수북이 쌓여있다. → 넓다란

④ <u>왠지</u> 예감이 좋지 않아 발걸음을 재게 놀렸다. → 웬지

20 다음 중 밑줄 친 부분의 맞춤법이 옳지 않은 것은?

> 재정 <u>추계</u>는 국민연금 재정수지 상태를 점검하고 제도발전 방향을 논의하기 위해 5년마다 실시하는 법정 제도로, 1998년 도입되어 <u>그간</u> 2018년까지 4차례 수행되어 왔다. 재정 추계를 수행하기 위해서는 보험료 수입과 지출의 흐름이 <u>전제</u>되어야 한다. 이를 산출하기 위해서는 투입되는 주요 변수에 대한 가정이 필요하다. 대표적인 가정 변수로는 인구 가정, 임금, 금리 등과 같은 거시경제변수와 기금운용<u>수익율</u> 그리고 제도변수가 있다.

① 추계 ② 그간

③ 전제 ④ 수익율

21 김대리는 이번 휴가에 여행을 갈 장소를 고르고 있다. 각 관광 코스에 대한 정보가 다음과 같을 때, 〈조건〉에 따라 김대리가 선택하기에 가장 적절한 관광 코스는?

<관광 코스 정보>

구분	A코스	B코스	C코스	D코스
기간	3박 4일	2박 3일	4박 5일	4박 5일
비용	245,000원	175,000원	401,000원	332,000원
경유지	3곳	2곳	5곳	5곳
참여인원	25명	18명	31명	28명
할인	K카드로 결제 시 5% 할인	-	I카드로 결제 시 귀가셔틀버스 무료 제공	I카드로 결제 시 10% 할인
비고	공항 내 수화물 보관서비스 제공	-	경유지별 수화물 운송서비스 제공	-

조건

• 휴가기간에 맞추어 4일 이상 관광하되 5일을 초과하지 않아야 한다.
• 비용은 결제금액이 30만 원을 초과하지 않아야 한다.
• 모든 비용은 I카드로 결제한다.
• 참여인원이 30명을 넘지 않는 코스를 선호한다.
• 되도록 경유지가 많은 코스를 고른다.

① A코스
② B코스
③ C코스
④ D코스

22 총무팀이 출장을 위해 탑승할 열차의 좌석을 〈조건〉에 따라 배치할 때, 각 좌석에 앉을 직원이 바르게 연결된 것은?

〈좌석표〉

앞

		복도		
A	●		B	●
C	D		E	●
●	F		●	●

창가 (좌측) / 창가 (우측)

뒤

※ '●' 표시는 총무팀 외 인원이 이미 예매한 자리이므로 착석이 불가능함

조건

- 출장을 가는 직원은 김팀장, 박차장, 오과장, 최과장, 이대리, 성대리로 구성되어 있다.
- 같은 직급끼리는 이웃하여 앉지 않는다.
- 팀장은 가장 뒤에 있는 좌석에 앉는다.
- 과장은 창가 쪽 자리에만 앉는다.
- 최과장은 대리 직급 옆에 앉는다.
- 박차장은 성대리보다 앞에 앉는다.
- 이대리는 D좌석에 앉는다.

① A – 최과장   ② B – 오과장
③ C – 박차장   ④ E – 성대리

23 김대리는 현재 소비습관에 따른 혜택 금액이 가장 큰 신용카드를 새로 신청하고자 한다. 김대리의 결제부문별 결제정보 및 신용카드별 혜택이 다음과 같을 때, 김대리가 신청하기에 가장 적절한 신용카드는?

〈김대리 결제정보〉

구분	결제금액	비고
외식	540,000원	T사 페이 결제 350,000원
쇼핑	290,000원	N사 페이 결제 150,000원
공과금	150,000원	자동이체
문화생활	95,000원	–
유류비	135,000원	–
총결제액	1,210,000원	1개 신용카드로 전체 금액을 결제함

〈신용카드별 혜택〉

구분	A카드	B카드	C카드	D카드
할인 부문	외식	쇼핑	공과금	유류비
이용실적별 할인 혜택	– 50만 원 이상 : 할인 부문 결제액의 10% 할인 – 100만 원 이상 : 할인 부문 결제액의 15% 할인			총결제액의 3% 할인
추가 혜택정보	페이 결제분에 대한 할인은 미적용	N사 페이 결제 시 5% 추가 할인	자동이체 설정 시 3% 추가 할인	–
월간 할인한도	28,000원	25,000원	–	30,000원

※ 이용실적은 총결제액을 기준으로 산정함

① A카드
③ C카드
② B카드
④ D카드

24 H은행 인사팀 직원인 K씨는 사내 설문조사를 통해 요즘 사람들이 연봉보다는 일과 삶의 균형을 더 중요시하고 직무의 전문성을 높이고 싶어 한다는 결과를 도출했다. 다음 중 설문조사 결과와 H은행 임직원의 근무여건을 참고한 인사제도 변경 방안으로 가장 적절한 것은?

〈임직원 근무여건〉

구분	주당 근무 일수(평균)	주당 근무시간(평균)	직무교육 여부	퇴사율
정규직	6일	52시간 이상	○	17%
비정규직 1	5일	40시간 이상	○	12%
비정규직 2	5일	20시간 이상	×	25%

① 정규직의 연봉을 7% 인상한다.
② 정규직을 비정규직으로 전환한다.
③ 비정규직 1의 직무교육을 비정규직 2와 같이 조정한다.
④ 정규직의 주당 근무시간을 비정규직 1과 같이 조정하고 비정규직 2의 직무교육을 시행한다.

25 다음 SWOT 분석 결과를 참고하여 섬유 산업이 발전할 수 있는 방안으로 적절한 것을 〈보기〉에서 모두 고르면?

• 빠른 제품 개발 시스템	• 기능 인력 부족 심화 • 인건비 상승
S 강점	**W 약점**
O 기회	**T 위협**
• 한류의 영향으로 한국 제품 선호 • 국내 기업의 첨단 소재 개발 성공	• 외국산 저가 제품 공세 강화 • 선진국의 기술 보호주의

보기

ㄱ. 한류 배우를 모델로 브랜드 홍보 전략을 추진한다.
ㄴ. 단순 노동 집약적인 소품종 대량 생산 체제를 갖춘다.
ㄷ. 소비자 기호를 빠르게 분석하여 제품 생산에 반영한다.
ㄹ. 선진국의 원천 기술을 이용한 기능성 섬유를 생산한다.

① ㄱ, ㄴ
② ㄱ, ㄷ
③ ㄴ, ㄷ
④ ㄴ, ㄹ

26 A공사에 근무하는 김대리는 국내 자율주행자동차 산업에 대한 SWOT 분석 결과에 따라 국내 자율주행자동차 산업 발달을 위한 방안을 고안하는 중이다. 김대리가 SWOT 분석에 의한 경영전략에 따라 판단할 때, 이에 대한 내용으로 적절하지 않은 것을 〈보기〉에서 모두 고르면?

〈국내 자율주행자동차 산업에 대한 SWOT 분석 결과〉

구분	분석 결과
강점(Strength)	• 민간 자율주행기술 R&D지원을 위한 대규모 예산 확보 • 국내외에서 우수한 평가를 받는 국내 자동차기업 존재
약점(Weakness)	• 국내 민간기업의 자율주행기술 투자 미비 • 기술적 안전성 확보 미비
기회(Opportunity)	• 국가의 지속적 자율주행자동차 R&D 지원법안 본회의 통과 • 완성도 있는 자율주행기술을 갖춘 외국 기업들의 등장
위협(Threat)	• 자율주행차에 대한 국민들의 심리적 거부감 • 자율주행차에 대한 국가의 과도한 규제

〈SWOT 분석에 의한 경영전략〉

- SO전략 : 기회를 이용해 강점을 활용하는 전략
- ST전략 : 강점을 활용하여 위협을 최소화하거나 극복하는 전략
- WO전략 : 기회를 활용하여 약점을 보완하는 전략
- WT전략 : 약점을 최소화하고 위협을 회피하는 전략

보기

ㄱ. 자율주행기술 수준이 우수한 외국 기업과의 기술이전협약을 통해 국내 우수 자동차기업들의 자율주행기술 연구 및 상용화 수준을 향상시키려는 전략은 SO전략에 해당한다.

ㄴ. 민간의 자율주행기술 R&D를 적극 지원하여 자율주행기술의 안전성을 높이려는 전략은 ST전략에 해당한다.

ㄷ. 자율주행자동차 R&D를 지원하는 법률을 토대로 국내 기업의 기술개발을 적극 지원하여 안전성을 확보하려는 전략은 WO전략에 해당한다.

ㄹ. 자율주행기술개발에 대한 국내기업의 투자가 부족하므로 국가기관이 주도하여 기술개발을 추진하는 전략은 WT전략에 해당한다.

① ㄱ, ㄴ   ② ㄱ, ㄷ

③ ㄴ, ㄷ   ④ ㄴ, ㄹ

27 H은행 행원 A~G 7명은 일주일에 2명씩 돌아가며 당직을 선다. 다음의 〈조건〉을 따를 때, 이번 주에 반드시 당직을 서는 행원의 조합으로 가장 적절한 것은?

> **조건**
> • A가 당직을 서면 B와 F도 당직을 선다.
> • C나 A가 당직을 서지 않으면 E는 당직을 선다.
> • G가 당직을 서면 E와 D는 당직을 서지 않는다.
> • F가 당직을 서면 G도 당직을 선다.
> • D는 이번 주에 당직을 선다.

① D, A
② D, C
③ D, E
④ D, F

28 H은행 N지점에 근무하고 있는 A~E 5명의 행원 중 1명이 오늘 지각하였고, 이들은 다음과 같이 진술하였다. 이들 중 1명의 진술이 거짓일 때, 지각한 사람은?

> • A : 지각한 사람은 E이다.
> • C : B는 지각하지 않았다.
> • E : A의 말은 거짓말이다.
> • B : 나는 지각하지 않았다.
> • D : 내가 지각했다.

① A
② B
③ C
④ D

29 김대리, 박과장, 최부장 중 1명은 점심으로 짬뽕을 먹었다. 다음 진술 중 2개의 진술만 참이고 나머지는 모두 거짓일 때, 짬뽕을 먹은 사람과 참인 진술을 바르게 연결한 것은?(단, 중국집에서만 짬뽕을 먹을 수 있고, 중국 음식은 짬뽕뿐이다)

> • 김대리 : 박과장이 짬뽕을 먹었다. … ㉠
>   나는 최부장과 중국집에 갔다. … ㉡
>   나는 중국 음식을 먹지 않았다. … ㉢
> • 박과장 : 김대리와 최부장은 중국집에 가지 않았다. … ㉣
>   나는 점심으로 짬뽕을 먹었다. … ㉤
>   김대리가 중국 음식을 먹지 않았다는 것은 거짓말이다. … ㉥
> • 최부장 : 나와 김대리는 중국집에 가지 않았다. … ㉦
>   김대리가 점심으로 짬뽕을 먹었다. … ㉧
>   박과장의 마지막 말은 사실이다. … ㉨

① 김대리, ㉡ㆍ㉥
② 박과장, ㉠ㆍ㉤
③ 최부장, ㉡ㆍ㉢
④ 최부장, ㉡ㆍ㉦

01 다음 중 빅데이터의 공통적 속성인 3V에 해당하지 않는 것은?

① Volume   ② Velocity

③ Variety   ④ Visualization

02 다음 중 특정 인프라에 종속되지 않는 개방형 클라우드 플랫폼으로, 한국 정부가 개발한 클라우드 플랫폼의 이름은?

① SAP   ② PaaS-Ta

③ SaaS-Ta   ④ Open PaaS

03 다음 중 일종의 악성코드로 시스템에 침투해 사용할 수 없도록 암호화하여 금전을 요구하는 악성 프로그램은?

① 랜섬웨어(Ransomware)   ② 다크 데이터(Dark Data)

③ 셰어웨어(Shareware)   ④ 키 로거(Key Logger)

04 다음 중 인공지능 프로그램이 다양한 데이터를 통해 스스로 학습할 수 있도록 인공신경망을 기반으로 하는 기술은?

① 딥 러닝   ② 압축

③ 딥 마인드   ④ 빅데이터

05 다음 나머지 셋과 의미가 가장 다른 하나는?

① 가상세계   ② 가상현실

③ 사이버공간   ④ 증강현실

06 다음 중 로보어드바이저(Robo-Advisor)에 대한 설명으로 옳지 않은 것은?

① 로봇(Robot)과 투자전문가(Advisor)의 합성어다.

② 인간의 판단을 확인하고 검수하는 역할을 한다.

③ 국내에서는 'DNA'라는 회사에서 최초로 로보어드바이저 기술을 개발했다.

④ 인간 프라이빗 뱅커(PB)를 대신하여 모바일 기기나 PC를 통해 포트폴리오 관리를 수행하는 온라인 자산관리 서비스를 말한다.

07 다음 중 로봇의 보험 상담 업무 대행, 블록체인을 이용한 안전 결제 시스템 등 IT 기술을 활용한 혁신적 보험 서비스를 의미하는 용어는?

① 사이버테크   ② I - 테크

③ 블랙테크   ④ 인슈어테크

08 다음 중 제로 트러스트 모델에 대한 설명으로 옳은 것을 모두 고르면?

> ㄱ. 0(Zero)과 신뢰하다(Trust)의 합성어로, 아무도 신뢰하지 않는다는 뜻이다.
>
> ㄴ. 네트워크 설계의 방향은 외부에서 내부로 설정한다.
>
> ㄷ. IT 보안 문제가 내부에서 발생함에 따라 새롭게 만들어진 IT 보안 모델이다.
>
> ㄹ. MFA(Multi-Factor Authentication), IAM(Identity and Access Management) 등의 기술을 통해 구현할 수 있다.

① ㄱ, ㄹ   ② ㄴ, ㄷ

③ ㄱ, ㄴ, ㄷ   ④ ㄱ, ㄷ, ㄹ

09 데이터 3법은 개인정보보호에 관한 법이 소관 부처별로 나뉘어 있기 때문에 생기는 불필요한 중복 규제를 없애 4차 산업 혁명의 도래에 맞춰 개인과 기업이 정보를 활용할 수 있는 폭을 넓히자는 취지로 마련되었다. 다음 중 데이터 3법에 해당되는 것을 바르게 나열한 것은?

① 개인정보보호법, 정보통신망법, 신용정보법

② 개인정보보호법, 신용정보법, 컴퓨터프로그램보호법

③ 정보통신망법, 신용정보법, 컴퓨터프로그램보호법

④ 정보통신망법, 신용정보법, 사회보호법

10 다음 중 자율주행자동차를 구현하기 위해 필수적인 기술로 적절하지 않은 것은?

① BSD   ② HDA

③ LDWS   ④ 스마트 그리드

11 다음 중 반도체가 아니라 원자를 기억소자로 활용하는 컴퓨터는?

① 에지 컴퓨팅   ② 양자 컴퓨터

③ 바이오 컴퓨터   ④ 하이브리드 컴퓨터

12 다음 중 구글이 2023년 출시한 인공지능 챗봇의 이름은?

① 왓슨   ② 테이
③ 클로바   ④ 바드

13 다음 중 IT 용어와 그에 대한 설명이 옳지 않은 것은?

① 망 중립성 : 인터넷망의 사용에 차별을 두지 않는 것을 말한다.
② 블록체인 : 제3자의 거래를 승인해 주는 보안 방식을 말한다.
③ 스마트팩토리 : 시장의 여건에 따라 생산을 달리하는 공장을 말한다.
④ 쿠키 : 네트워크 전송을 위해 일정 단위로 나눈 데이터를 말한다.

14 다음 중 언플러그드 컴퓨팅(Unplugged Computing)에 대한 설명으로 가장 적절한 것은?

① 컴퓨터를 활용하지 않으면서 컴퓨터의 원리를 교육하는 것을 말한다.
② 컴퓨터의 활용하지 않으면서 컴퓨터 프로그램을 개발하는 것을 말한다.
③ 컴퓨터 접속장치를 전원에 연결하지 않은 상태로 사용하는 것을 말한다.
④ 컴퓨터 전원플러그 없이도 무선으로 충전이 가능하여 사용할 수 있는 컴퓨터를 말한다.

15 다음 중 공공장소에서 무인·자동화를 통해 주변 정보 안내나 버스 시간 안내 등 일반 대중들이 쉽게 이용할 수 있는 무인 정보단말기 또는 이를 활용한 마케팅은?

① ATM   ② 비콘
③ NFC   ④ 키오스크

정답 및 해설 p.025

01 NCS 직업기초능력

※ 다음 글의 내용으로 적절하지 않은 것을 고르시오. [1~3]

01

많은 사람들은 소비에 대한 경제적 결정을 내리기 전에 가격과 품질을 고려한다. 하지만 이러한 결정은 때로 소비자가 인식하지 못한 다른 요소에 의해 영향을 받는다. 바로 마케팅과 광고의 효과이다. 광고는 제품이나 서비스에 대한 정보를 전달하는 데 사용되는 매개체로 소비자의 구매 결정에 큰 영향을 끼친다.

마케팅 회사들은 광고를 통해 제품을 매력적으로 보이도록 디자인하고 여러 가지 특징들을 강조하여 소비자들이 해당 제품을 원하도록 만든다. 예를 들어 소비자가 직면한 문제에 대해 자사의 제품이 효과적인 해결책이라고 제시하거나 유니크한 디자인, 고급 소재 등을 사용한다고 강조하는 것이다. 이렇게 광고는 소비자들에게 제품에 대한 긍정적인 이미지를 형성하게 하여 구매 욕구를 자극해 제품의 판매량을 증가시킨다.

그러므로 현명한 소비를 하기 위해서는 광고에 의해 형성된 이미지에 속지 않고 실제 제품의 가치와 품질을 충분히 검토해야 한다. 소비를 함에 있어 광고에만 의존한다면 실제로는 자신에게 필요하지 않은 제품이나 서비스를 마치 꼭 필요한 것처럼 착각하여 제품이나 서비스를 구매하게 될 수도 있다. 따라서 경제적인 결정을 내리기 전에 광고 외에도 가격, 품질, 필요성 등 다양한 요소를 종합적으로 고려해야 한다.

① 판매자는 광고를 통해 자사 제품의 긍정적인 이미지를 만들어 낼 수 있다.
② 광고는 현명한 소비를 함에 있어서 전혀 도움이 되지 않는다.
③ 자신에게 꼭 필요한 물건인지 파악하는 것은 현명하게 소비하는 것이다.
④ 광고는 소비자의 구매 결정에 큰 영향을 미친다.

02

1890년 독점 및 거래제한 행위에 대한 규제를 명시한 셔먼법이 제정됐다. 셔먼은 반독점법 제정이 소비자의 이익 보호와 함께 소생산자들의 탈집중화된 경제 보호라는 목적이 있다는 점을 강조했다. 그는 독점적 기업결합 집단인 트러스트가 독점을 통한 인위적인 가격 상승으로 소비자를 기만한다고 보았다. 더 나아가 트러스트가 사적 권력을 강화해 민주주의에 위협이 된다고 비판했다. 이런 비판의 사상적 배경이 된 것은 시민 자치를 중시하는 공화주의 전통이었다.

이후 반독점 운동에서 브랜다이스가 영향력 있는 인물로 부상했다. 그는 독점 규제를 통해 소비자의 이익이 아니라 독립적 소생산자의 경제를 보호하고자 했다. 반독점법의 취지는 거대한 경제 권력의 영향으로부터 독립적 소생산자들을 보호함으로써 자치를 지켜내는 데 있다는 것이다. 이런 생각에는 공화주의 전통이 반영되어 있었다. 브랜다이스는 거대한 트러스트에 집중된 부와 권력이 시민 자치를 위협한다고 보았다. 이 점에서 그는 반독점법이 소생산자의 이익 자체를 도모하는 것보다는 경제와 권력의 집중을 막는 데 초점을 맞추어야 한다고 주장했다.

반독점법이 강력하게 집행된 것은 1930년대 후반에 이르러서였다. 1938년 아놀드가 법무부 반독점국의 책임자로 임명되었다. 아놀드는 소생산자의 자치와 탈집중화된 경제의 보호가 대량 생산 시대에 맞지 않는 감상적인 생각이라고 치부하고, 시민 자치권을 근거로 하는 반독점 주장을 거부했다. 그는 독점 규제의 목적이 권력 집중에 대한 싸움이 아니라 경제적 효율성의 향상에 맞춰져야 한다고 주장했다. 독점 규제를 통해 생산과 분배의 효율성을 증가시키고 그 혜택을 소비자에게 돌려주는 것이 핵심 문제라는 것이다. 이 점에서 반독점법의 목적이 소비자 가격을 낮춰 소비자 복지를 증진시키는 데 있다고 보았다. 그는 사람들이 반독점법을 지지하는 이유도 대기업에 대한 반감이나 분노 때문이 아니라, '돼지갈비, 빵, 안경, 약, 배관공사 등의 가격'에 대한 관심 때문이라고 강조했다. 이 시기 아놀드의 견해가 널리 받아들여진 것도 소비자 복지에 대한 당시 사람들의 관심사를 반영했기 때문으로 볼 수 있다. 이런 점에서 소비자 복지에 근거한 반독점 정책은 안정된 법적·정치적 제도로서의 지위를 갖게 되었다.

① 아놀드는 독점 규제의 목적에 대한 브랜다이스의 견해에 비판적이었다.
② 셔먼과 아놀드는 소비자 이익을 보호한다는 점에서 반독점법을 지지했다.
③ 반독점 주장의 주된 근거는 1930년대 후반 시민 자치권에서 소비자 복지로 옮겨 갔다.
④ 브랜다이스는 독립적 소생산자와 소비자의 이익을 보호하여 시민 자치를 지키고자 했다.

03

물가 상승률은 일반적으로 가격 수준의 상승 속도를 나타내며 소비자 물가지수(CPI)와 같은 지표를 사용하여 측정된다. 물가 상승률이 높아지면 소비재와 서비스의 가격이 상승하고, 돈의 구매력이 감소한다. 이는 소비자들이 더 많은 돈을 지출하여 물가 상승에 따른 가격 상승을 감수해야 함을 의미한다.

물가 상승률은 경제에 다양한 영향을 미친다. 먼저 소비자들의 구매력이 저하되므로 가계소득의 실질 가치가 줄어든다. 이는 소비 지출의 감소와 경기 둔화를 초래할 수 있다. 또한 물가 상승률은 기업의 의사결정에도 영향을 준다. 높은 물가 상승률은 이자율의 상승과 함께 대출 조건을 악화시키므로 기업은 생산 비용 상승과 이로 인한 이윤 감소에 직면하게 되는 것이다.

정부와 중앙은행은 물가 상승률을 통제하기 위해 다양한 금융 정책을 사용하며 대표적으로 세금 조정, 통화량 조절, 금리 조정 등이 있다. 물가 상승률은 경제 활동에 큰 영향을 주는 중요한 요소이므로 정부, 기업, 투자자 및 개인은 이를 주의 깊게 모니터링하고 경제 전망을 평가하는 데 활용해야 한다. 또한 소비자의 구매력과 경기 상황에 직·간접적인 영향을 주므로 경제 주체들은 물가 상승률의 변동에 대응하기 위하여 적절한 전략을 수립해야 한다.

① 지나친 물가 상승은 소비 심리를 위축시킨다.
② 정부와 중앙은행이 실행하는 금융 정책의 목적은 물가 안정성을 유지하는 것이다.
③ 중앙은행의 금리 조정으로 지나친 물가 상승을 진정시킬 수 있다.
④ 소비재와 서비스의 가격이 상승하므로 기업의 입장에서는 물가 상승률이 커질수록 이득이다.

04 다음 글의 내용으로 적절한 것을 〈보기〉에서 모두 고르면?

인류 역사상 불공정거래 문제가 나타난 것은 먼 옛날부터이다. 자급자족경제에서 벗어나 물물교환이 이루어지고 상업이 시작된 시점부터 불공정거래 문제가 나타났고, 법을 만들어 이를 규율하기 시작하였다. 불공정거래 문제가 법적으로 다루어진 것으로 알려진 최초의 사건은 기원전 4세기 아테네에서 발생한 곡물 중간상 사건이다. 기원전 388년 겨울, 곡물 수입 항로가 스파르타로부터 위협을 받게 되자 곡물 중간상들의 물량 확보 경쟁이 치열해졌고 입찰가격은 급등하였다. 이에 모든 곡물 중간상이 담합하여 동일한 가격으로 응찰함으로써 곡물 매입가격을 크게 하락시켰고, 이를 다시 높은 가격에 판매하였다. 이로 인해 그들은 아테네 법원에 형사상 소추되어 유죄 판결을 받았다. 당시 아테네는 곡물 중간상들이 담합하여 일정 비율 이상의 이윤을 붙일 수 없도록 성문법으로 규정하고 있었으며, 해당 규정 위반 시 사형에 처해졌다.

곡물의 공정거래를 규율하는 고대 아테네의 성문법은 로마로 계승되어 더욱 발전되었다. 그리고 로마의 공정거래 관련법은 13세기부터 15세기까지 이탈리아의 우루비노와 피렌체, 독일의 뉘른베르크 등의 도시국가와 프랑스 등 중세 유럽 각국의 공정거래 관련법 제정에까지 영향을 미쳤다. 영국에서도 로마의 공정거래 관련법의 영향을 받아 1353년에 에드워드 3세의 공정거래 관련법이 만들어졌다.

보기
ㄱ. 인류 역사상 불공정거래 문제는 자급자족경제 시기부터 나타났다.
ㄴ. 기원전 4세기 아테네의 공정거래 관련법에 규정된 최고형은 벌금형이었다.
ㄷ. 로마의 공정거래 관련법은 영국 에드워드 3세의 공정거래 관련법 제정에 영향을 미쳤다.
ㄹ. 기원전 4세기 아테네 곡물 중간상 사건은 곡물 중간상들이 곡물을 1년 이상 유통하지 않음으로 인해 발생하였다.

① ㄱ   ② ㄷ
③ ㄱ, ㄴ   ④ ㄷ, ㄹ

『논어』 가운데 해석상 가장 많은 논란을 일으킨 구절은 '극기복례(克己復禮)'이다. 이 구절을 달리 해석하는 A학파와 B학파는 문장의 구절을 구분하는 것부터 다른 견해를 가지고 있다. A학파는 '극기' 와 '복례'를 하나의 독립된 구절로 구분한다. 그들에 따르면, '극'과 '복'은 서술어이고, '기'와 '예'는 목적어이다. 이에 반해 B학파는 '극'을 서술어로 보고 '기복례'는 목적어구로 본다. 두 학파가 동일 한 구절을 이와 같이 서로 다르게 구분하는 이유는 '극'과 '기' 그리고 '예'에 대한 이해가 다르기 때문이다.

A학파는 천리(天理)가 선천적으로 마음에 내재해 있다는 심성론에 따라 이 구절을 해석한다. 그들 은 '극'은 '싸워서 이기다.'로, '복'은 '회복하다.'로 이해한다. 그리고 '기'는 '몸으로 인한 개인적 욕 망'으로, '예'는 '천리에 따라 행위하는 것'으로 규정한다. 따라서 '극기'는 '몸의 개인적 욕망을 극복 하다.'로 해석하고, '복례'는 '천리에 따라 행위하는 본래 모습을 회복하다.'로 해석한다.

이와 달리 B학파는 심성론에 따라 해석하지 않고 예를 중심으로 해석한다. 이들은 '극'을 '능숙하 다.'로, '기'는 '몸'으로 이해한다. 또 '복'을 '한 번 했던 동작을 거듭하여 실천하다.'로 풀이한다. 그 리고 예에 대한 인식도 달라서 '예'를 천리가 아닌 '본받아야 할 행위'로 이해한다. 예를 들면, 제사 에 참여하여 어른들의 행위를 모방하면서 자신의 역할을 수행하는 것이 이에 해당한다. 따라서 이들 의 해석에 따르면, '기복례'는 '몸이 본받아야 할 행위를 거듭 실행함'이 되고, '극'과 연결하여 해석 하면 '몸이 본받아야 할 행위를 거듭 실행하여 능숙하게 되다.'가 된다.

두 학파가 동일한 구절을 달리 해석하는 또 다른 이유는 그들이 지향하는 철학적 관심이 다르기 때 문이다. A학파는 '극기'를 '사욕의 제거'로 해석하면서, 용례상으로나 구문론상으로 "왜 꼭 그렇게 해석해야만 하는가?"라는 질문에 답하는 대신 자신들의 철학적 체계에 따른 해석을 고수한다. 그들 의 관심은 악의 문제를 어떻게 설명할 것인가라는 문제에 집중되고 있다. B학파는 '극기복례'에 사 용된 문자 하나하나의 용례를 추적하여 A학파의 해석이 『논어』가 만들어졌을 당시의 유가 사상과 거리가 있다는 것을 밝히려 한다. 그들은 욕망의 제거가 아닌 '모범적 행위의 창안'이라는 맥락에서 유가의 정통성을 찾으려 한다.

① A학파는 '기'를 극복의 대상으로 삼고, 천리를 행위의 기준으로 삼을 것이다.

② A학파에 의하면 '예'의 실천은 태어날 때부터 마음에 갖추고 있는 원리에 따라 이루어질 것이다.

③ B학파는 마음의 본래 모습을 회복함으로써 악을 제거하려 할 것이다.

④ B학파는 '기'를 숙련 행위의 주체로 이해하며, 선인의 행위를 모범으로 삼을 것이다.

06 다음 문장을 읽고, 이어질 문단을 논리적 순서대로 바르게 나열한 것은?

> 케인스 학파에서는 시장에서 임금이나 물가 등의 가격 변수가 완전히 탄력적으로 작용하지는 않기 때문에 경기적 실업은 자연스럽게 해소될 수 없다고 주장한다.

> (가) 그래서 경기 침체에 의해 물가가 하락하더라도 화폐환상현상으로 인해 노동자들은 명목임금의 하락을 받아들이지 않게 되고, 결국 명목임금은 경기적 실업이 발생하기 이전의 수준과 비슷하게 유지된다. 이는 기업에서 노동의 수요량을 늘리지 못하는 결과로 이어지게 되고 실업은 지속된다. 따라서 케인스 학파에서는 정부가 정책을 통해 노동의 수요를 늘리는 등의 경기적 실업을 감소시킬 수 있는 적극적인 역할을 해야 한다고 주장한다.
>
> (나) 이에 대해 케인스 학파에서는 여러 가지 이유를 제시하는데 그중 하나가 화폐환상현상이다. 화폐환상현상이란 경기 침체로 인해 물가가 하락하고 이에 영향을 받아 명목임금이 하락하였을 때의 실질임금이 명목임금의 하락 이전과 동일하다는 것을 노동자가 인식하지 못하는 현상을 의미한다.
>
> (다) 즉, 명목임금이 변하지 않은 상태에서 경기 침체로 인한 물가 하락으로 실질임금이 상승하더라도, 고전학파에서 말하는 것처럼 명목임금이 탄력적으로 하락하는 현상은 일어나기 어렵다고 본 것이다.

① (가) – (나) – (다)
② (가) – (다) – (나)
③ (다) – (가) – (나)
④ (다) – (나) – (가)

※ 다음 글을 읽고 이어지는 질문에 답하시오. [7~8]

갑 : 사람이 운전하지 않고 자동차 스스로 운전을 하는 세상이 조만간 현실이 될 거야. 운전 실수로 수많은 사람이 목숨을 잃는 비극은 이제 종말을 맞게 될까?

을 : 기술이 가능하다는 것과 그 기술이 상용화되는 것은 별개의 문제지. 현재까지 자동차 운전이란 인간이 하는 자발적인 행위라고 할 수 있고, 바로 그 때문에 실수로 교통사고를 낸 사람에게 그 사고에 대한 책임을 물을 수 있는 것 아니겠어? 자율주행자동차가 사고를 낸다고 할 때 그 책임을 누구에게 물을 수 있지?

갑 : 모든 기계가 그렇듯 오작동이 있을 수 있지. 만약 오작동으로 인해서 사고가 났는데 그 사고가 제조사의 잘못된 설계 때문이라면 제조사가 그 사고에 대한 책임을 지는 것이 당연하잖아. 자율주행자동차에 대해서도 똑같이 생각하면 되지 않을까?

을 : 그런데 문제는 자율주행자동차를 설계하는 과정에서 어떤 것을 잘못이라고 볼 것인지 하는 거야. ⓘ이런 상황을 생각해 봐. 달리고 있는 자율주행자동차 앞에 갑자기 아이 2명이 뛰어들었는데 거리가 너무 가까워서 자동차가 아이들 앞에 멈출 수는 없어. 자동차가 직진을 하면 교통 법규는 준수하겠지만 아이들은 목숨을 잃게 되지. 아이들 목숨을 구하기 위해서 교통 법규를 무시하고 왼쪽으로 가면, 자동차는 마주 오는 오토바이와 충돌하여 오토바이에 탄 사람 1명을 죽게 만들어. 오른쪽으로 가면 교통 법규는 준수하겠지만 정차 중인 트럭과 충돌하여 자율주행자동차 안에 타고 있는 탑승자가 모두 죽게 돼. 자동차가 취할 수 있는 다른 선택은 없고 각 경우에서 언급된 인명 피해 말고 다른 인명 피해는 없다고 할 때, 어떤 결정을 하도록 설계하는 것이 옳다고 할 수 있을까?

갑 : 그건 어느 쪽이 옳다고 단정할 수 없는 문제이기 때문에 오히려 쉬운 문제라고 할 수 있지. 그런 상황에서 최선의 선택은 없으므로 어느 쪽으로 설계하더라도 괜찮다는 거야. 예를 들어, ⓒ다음 규칙을 어떤 우선순위로 적용할 것인지를 합의하기만 하면 되는 거지. 규칙 1, 자율주행자동차에 탄 탑승자를 보호하라. 규칙 2, 인명 피해를 최소화하라. 규칙 3, 교통 법규를 준수하라. '규칙 1 – 2 – 3'의 우선순위를 따르게 한다면, 규칙 1을 가장 먼저 지키고, 그다음 규칙 2, 그다음 규칙 3을 지키는 것이지. 어떤 순위가 더 윤리적으로 옳은지에 대해 사회적으로 합의만 된다면 그에 맞춰 설계한 자율주행자동차를 받아들일 수 있을 거야.

병 : 지금 당장 도로를 다니는 자동차가 모두 자율주행을 한다면, 훨씬 사고가 줄어들겠지. 자동차끼리 서로 정보를 주고받을 테니 자동차 사고가 일어나더라도 인명 피해를 크게 줄일 수 있을 거야. 하지만 문제는 교통 환경이 그런 완전 자율주행 상태로 가기 전에 사람들이 직접 운전하는 자동차와 자율주행자동차가 도로에 뒤섞여 있는 상태를 먼저 맞게 된다는 거야. 이런 상황에서 발생할 수 있는 문제를 해결하도록 자율주행자동차를 설계하는 일은 자율주행자동차만 도로를 누비는 환경에 적합한 자율주행자동차를 설계하는 일보다 훨씬 어렵지. 쉬운 문제를 만나기 전에 어려운 문제를 만나게 되는, 이른바 '문지방' 문제가 있는 거야. 그런데 ⓒ자율주행자동차를 대하는 사람들의 이율배반적 태도는 이 문지방 문제를 해결하는 데 더 많은 시간이 걸리게 만들어. 이 때문에 완전 자율주행 상태를 실현하기는 매우 어렵다고 봐야지.

07 ⊙에서 ⓒ을 고려하여 만들어진 자율주행자동차가 오른쪽으로 방향을 바꿔 트럭과 충돌하는 사건이 일어났다면, 이 사건이 일어날 수 있는 경우에 해당하는 것은?

① 자율주행자동차에는 1명이 탑승하고 있었고, 우선순위는 규칙 3-1-2이다.
② 자율주행자동차에는 2명이 탑승하고 있었고, 우선순위는 규칙 3-2-1이다.
③ 자율주행자동차에는 1명이 탑승하고 있었고, 우선순위는 규칙 2-3-1이다.
④ 자율주행자동차에는 2명이 탑승하고 있었고, 우선순위는 규칙 2-3-1이다.

08 다음 사실이 ⓒ을 강화할 때, 빈칸에 들어갈 물음으로 가장 적절한 것은?

> 광범위한 설문 조사 결과 대다수 사람들은 가급적 가까운 미래에 인명 피해를 최소화하도록 설계된 자율주행자동차가 도로에 많아지는 것을 선호하는 것으로 나타났다. 하지만 _____ _____라는 질문을 받으면, 대다수의 사람들은 '아니다.'라고 대답했다.

① 자율주행자동차가 낸 교통사고에 대한 책임은 그 자동차에 탑승한 사람에게 있는가?
② 자동차 탑승자의 인명을 희생하더라도 보다 많은 사람의 목숨을 구하도록 설계된 자동차를 살 의향이 있는가?
③ 인명 피해를 최소화하도록 설계된 자율주행자동차보다 탑승자의 인명을 최우선으로 지키도록 설계된 자율주행자동차를 선호하는가?
④ 탑승자의 인명을 최우선으로 지키도록 설계된 자율주행자동차보다 교통 법규를 최우선으로 준수하도록 설계된 자율주행자동차를 선호하는가?

※ 다음 글을 읽고 이어지는 질문에 답하시오. [9~10]

'GDP(국내총생산)'는 국민경제 전체의 생산 수준을 파악할 수 있는 지표로, 한 나라 안에서 일정 기간 새로 생산된 최종 생산물의 가치를 모두 합산한 것이다. GDP를 계산할 때는 총생산물의 가치에서 중간 생산물의 가치를 빼며, 그 결과는 최종 생산물 가치의 총합과 동일하다. 다만, GDP를 산출할 때는 그해에 새로 생산된 재화와 서비스 중 화폐로 매매된 것만 계산에 포함하고, 화폐로 매매되지 않은 것은 포함하지 않는다. 그런데 상품 판매 가격은 물가 변동에 따라 오르내리기 때문에 GDP를 집계 당시의 상품 판매 가격으로 산출하면 그 결과는 물가 변동의 영향을 그대로 받는다. 올해에 작년과 똑같은 수준으로 재화를 생산하고 판매했더라도 올해 물가 변동에 따라 상품 판매 가격이 크게 올랐다면 올해 GDP는 가격 상승분만큼 부풀려져 작년 GDP보다 커진다. 이런 까닭으로 올해 GDP가 작년 GDP보다 커졌다 하더라도 생산 수준이 작년보다 실질적으로 올랐다고 볼 수는 없다. 심지어 GDP가 작년보다 커졌더라도 실질적으로 생산 수준이 떨어졌을 수도 있다.

그래서 실질적인 생산 수준을 판단할 수 있는 GDP를 산출할 필요가 있다. 그렇게 하려면 먼저 어느 해를 기준 시점으로 정해 놓고, 산출하고자 하는 해의 가격을 기준 시점의 물가 수준으로 환산해 GDP를 산출하면 된다. 기준 시점의 물가 수준으로 환산해 산출한 GDP를 '실질 GDP'라고 하고, 기준 시점의 물가 수준으로 환산하지 않은 GDP를 실질 GDP와 구분하기 위해 '명목 GDP'라고 부르기도 한다. 예를 들어 기준 시점을 1995년으로 하여 2000년의 실질 GDP를 생각해 보자. 1995년에는 물가 수준이 100, 명목 GDP는 3천 원이었으며, 2000년 물가 수준은 200, 명목 GDP는 6천 원이라고 가정하자. 이 경우 명목 GDP는 3천 원에서 6천 원으로 늘었지만, 물가 수준 역시 두 배로 올랐으므로 결국 실질 GDP는 동일하다.

경제가 실질적으로 얼마나 성장했는지 알려면 실질 GDP의 추이를 보는 것이 효과적이므로 실질 GDP는 경제성장률을 나타내는 공식 경제지표로 활용되고 있다. 금년도의 경제성장률은 아래와 같은 식으로 산출할 수 있다.

$$[경제성장률(\%)] = \frac{(금년도\ 실질\ GDP) - (전년도\ 실질\ GDP)}{(전년도\ 실질\ GDP)} \times 100$$

GDP만큼 중요한 경제지표에는 'GNI(국민총소득)'라는 것도 있다. GNI는 GDP에 외국과 거래하는 교역 조건의 변화로 생기는 실질적 무역 손익을 합산해 집계한다. 그렇다면 ㉠GDP가 있는데도 GNI를 따로 만들어 쓰는 이유는 무엇일까? 만약 수입 상품 단가가 수출 상품 단가보다 올라 대외 교역 조건이 나빠지면 전보다 많은 재화를 생산·수출하고도 제품·부품 수입 비용이 증가하여 무역 손실이 발생할 수도 있다. 이때 GDP는 무역 손실에 따른 실질 소득의 감소를 제대로 반영하지 못하기 때문에 GNI가 필요한 것이다. 결국 GDP가 국민경제의 크기와 생산 능력을 나타내는 데 중점을 두는 지표라면, GNI는 국민경제의 소득 수준과 소비 능력을 나타내는 데 중점을 두는 지표라고 할 수 있다.

09 다음 중 윗글의 내용으로 적절하지 않은 것은?

① GDP는 최종 생산물 가치의 총합으로 계산할 수 있다.

② 화폐로 매매되지 않은 것은 GDP 계산에 넣지 않는다.

③ 새로 생산된 재화와 서비스만이 GDP 계산의 대상이 된다.

④ GDP는 총생산물 가치에 중간 생산물 가치를 더하여 산출한다.

10 다음 중 윗글의 밑줄 친 ㉠에 대한 대답으로 가장 적절한 것은?

① 생산한 재화의 총량을 정확히 측정하기 위해

② 생산한 재화의 수출량을 정확히 측정하기 위해

③ 국가 간의 물가 수준의 차이를 정확히 재기 위해

④ 무역 손익에 따른 실질 소득의 증감을 정확히 재기 위해

11 A고객은 H은행 정기예금을 만기 납입했다. 정기예금의 조건이 다음과 같을 때, A고객이 만기 시 수령할 이자는 얼마인가?(단, 소수점 첫째 자리에서 반올림한다)

▲ 상품명 : H은행 정기예금
▲ 가입자 : 본인
▲ 계약기간 : 6개월
▲ 저축방법 : 거치식
▲ 저축금액 : 1,000만 원
▲ 이자지급방식 : 만기일시지급, 단리식
▲ 기본금리 : 연 0.1%
▲ 우대금리 : 최대 연 0.3%p
▲ 기타사항 : 우대금리를 최대로 받는다.

① 10,000원　　　　　　　　　　② 15,000원
③ 18,000원　　　　　　　　　　④ 20,000원

12 H는 이달 초에 50만 원을 주고 100만 원짜리 노트북을 구입하였으며, 나머지 금액은 매월 갚기로 하였다. 월이율 1%에 1개월마다 복리로 계산하고, 36회에 걸쳐 이달 말부터 매월 말에 일정한 금액을 갚아야 한다고 할 때, 매월 갚아야 하는 금액은?(단, $1.01^{36}=1.4$로 계산한다)

① 17,500원　　　　　　　　　　② 18,000원
③ 18,500원　　　　　　　　　　④ 19,000원

13 K씨는 저가항공을 이용하여 비수기에 제주도 출장을 가려고 한다. 1인 기준으로 작년에 비해 비행기 왕복 요금은 20% 내렸고, 1박 숙박비는 15% 올라서 올해의 비행기 왕복 요금과 1박 숙박비 합계는 작년보다 10% 증가한 금액인 308,000원이라고 한다. 이때, 1인 기준으로 올해의 비행기 왕복 요금은?

① 31,000원　　　　　　　　　　② 32,000원

③ 33,000원　　　　　　　　　　④ 34,000원

14 다음은 A∼D사의 연간 매출액에 대한 자료이다. 빈칸에 들어갈 수로 옳은 것은?

<A∼D사의 연간 매출액>

(단위 : 백억 원)

구분		2017년	2018년	2019년	2020년	2021년	2022년
A사	매출액	300	350	400	450	500	550
	순이익	9	10.5	12	13.5	15	16.5
B사	매출액	200	250	200	250	200	250
	순이익	4	7.5	4	7.5	4	7.5
C사	매출액	250	350	300	400	350	450
	순이익	5	10.5	12	20		31.5
D사	매출액	350	300	250	200	150	100
	순이익	7	6	5	4	3	2

※ (순이익)＝(매출액)×(이익률)

① 21　　　　　　　　　　② 23

③ 25　　　　　　　　　　④ 27

15 다음은 이민자 체류실태 및 고용현황에 대한 자료이다. 이에 대한 설명으로 옳지 않은 것을 〈보기〉에서 모두 고르면?

〈이민자 체류실태 및 고용현황〉

(단위 : 천 명, %)

구분		15세 이상 외국인	경제활동인구	취업자	실업자	경제활동 참가율	고용률	실업률
2020년	합계	1,255	896	852	44	71.4	67.9	4.9
	남성	701	592	568	24	84.4	81	4.1
	여성	554	304	284	20	54.8	51.3	6.5
2021년	합계	1,373	986	938	48	71.8	68.3	4.9
	남성	767	653	626	26	85.1	81.7	4
	여성	606	333	312	22	55	51.4	6.5
2022년	합계	1,425	1,005	962	43	70.5	67.6	4.2
	남성	788	659	638	21	83.7	81	3.2
	여성	637	346	324	22	54.3	50.9	6.3

※ (비경제활동인구수)=(15세 이상 외국인 수)-(경제활동인구수)

보기

ㄱ. 2021년 대비 2022년 경제활동인구는 약 1.9% 증가했다.
ㄴ. 남성과 여성 모두 실업자 수는 2020년부터 2022년까지 꾸준하게 감소했다.
ㄷ. 2021년 전체 비경제활동인구는 2022년보다 적다.
ㄹ. 2020년 대비 2022년 전체 고용률은 0.3%p 감소했으며, 실업률은 변함없다.

① ㄱ, ㄴ   ② ㄱ, ㄷ
③ ㄴ, ㄹ   ④ ㄷ, ㄹ

16 카드게임을 하기 위해 A ~ F 6명이 원형 테이블에 앉고자 한다. 제시된 〈조건〉에 따라 이들의 좌석을 배치하고자 할 때, 다음 중 F와 이웃하여 앉는 사람은?(단, 좌우 방향은 원탁을 바라보고 앉은 상태를 기준으로 한다)

조건

• B는 C와 이웃하여 앉는다.
• A는 E와 마주보고 앉는다.
• C의 오른쪽에는 E가 앉는다.
• F는 A와 이웃하여 앉지 않는다.

① B, C   ② B, D
③ C, E   ④ D, E

17 올해 H은행에 입행한 신입행원 갑~기 6명에 대한 정보와 이들이 배치될 부서에 대한 정보가 다음과 같을 때, 각 부서에 배치될 신입행원이 잘못 연결된 것은?

- 신입행원들은 서로 다른 부서에 배치되며, 배치되지 않는 신입행원은 없다.
- 신입행원들의 정보가 부서별 요구사항을 충족할 시 해당 부서에 배치된다.
- 신입행원들에 대한 정보는 다음과 같다.

직원명	전공	학위	인턴 경험	업무 역량		
				데이터분석	재무분석	제2외국어
갑	경영	학사	1회	×	×	○
을	인문	석사	–	○	×	×
병	공학	학사	1회	×	○	×
정	사회	학사	2회	×	○	○
무	공학	학사	–	○	×	×
기	경영	박사	–	×	○	×

- 부서별 신입행원 요구사항은 다음과 같다.

부서명	요구사항
총무부	경영 전공자, 인턴 경험 보유
투자전략부	재무분석 가능, 석사 이상
인사부	인턴 등 조직 경험 1회 이상
대외협력부	제2외국어 가능자
품질관리부	석사 이상, 데이터분석 역량 보유
기술개발부	데이터분석 가능자

	부서	신입행원
①	투자전략부	기
②	대외협력부	갑
③	품질관리부	을
④	기술개발부	무

18 A ~ H 8명은 함께 여행을 가기로 하였다. 제시된 〈조건〉에 따라 호텔의 방을 배정받는다고 할 때, 다음 설명 중 옳지 않은 것은?

조건

• A, B, C, D, E, F, G, H는 모두 하나씩 서로 다른 방을 배정받는다.
• 방이 상하로 이웃하고 있다는 것은 단면도상 방들이 위아래로 붙어있는 것을 의미한다.
• A, C, G는 호텔의 왼쪽 방을 배정받는다.
• B는 F의 위층 방을 배정받는다.
• A는 다리를 다쳐 가장 낮은 층을 배정받는다.
• F는 호텔의 오른쪽 방을 배정받는다.
• D는 G와 같은 층의 방을 배정받는다.
• 객실 번호가 적혀 있지 않은 곳은 이미 예약이 되어 방 배정이 불가능한 방이다.

〈호텔 단면도〉

	왼쪽	가운데	오른쪽
5층	501		503
4층	401		
3층			303
2층		202	203
1층	101	102	

① B와 F가 배정받은 방은 서로 상하로 이웃하고 있다.
② E는 호텔의 가운데에 위치한 방을 배정받는다.
③ C는 4층에 위치한 방을 배정받는다.
④ E는 H보다 높은 층을 배정받는다.

19 김대리는 건강관리를 위해 야채 및 과일을 포함한 일주일 치 식단을 구성하고자 한다. 다음 〈조건〉에 따라 식단을 구성할 때, 반드시 참인 명제는?

조건

• 바나나를 넣지 않으면 사과를 넣는다.
• 무순을 넣지 않으면 청경채를 넣지 않는다.
• 무순과 당근 중 하나만 넣는다.
• 청경채는 반드시 넣는다.
• 당근을 넣지 않으면 바나나를 넣지 않는다.
• 무순을 넣으면 배를 넣지 않는다.

① 무순과 바나나 중 하나만 식단에 포함된다.
② 사과와 청경채는 식단에 포함되지 않는다.
③ 배와 당근 모두 식단에 포함된다.
④ 무순은 식단에 포함되나, 사과는 포함되지 않는다.

20 H은행 인재연수부 김과장은 사내 연수 중 조별과제의 발표 일정을 수립하고자 한다. 다음 〈조건〉에 따라 각 조의 발표 날짜를 정한다고 할 때, B조가 발표할 날짜는?

> **조건**
> • 조별과제 발표를 수행할 조는 A조, B조, C조이다.
> • 조별과제의 발표는 연수 시간에 이루어지며, 연수는 매주 화요일부터 금요일까지 진행된다.
> • 달력에는 공휴일 및 창립기념일이 기록되어 있으며, 해당 일은 연수가 진행되지 않는다.
> • 각 조는 3일간 발표를 수행한다.
> • 조별 발표는 A조 → C조 → B조 순으로 진행되며, 각 조는 앞 순서 조의 마지막 발표일 이후, 가능한 한 가장 빠른 일자에 발표를 시작한다.
> • 특정 조의 발표가 끝난 날의 다음 날에는 어느 조도 발표를 할 수 없다.
> • 각 조의 발표는 3일간 연속하여 하는 것이 원칙이나, 마지막 날의 발표는 연속하지 않게 별도로 할 수 있다. 다만, 이 경우에도 가능한 한 가장 빠른 일자에 마지막 날의 발표를 하여야 한다.

〈5월 달력〉

일	월	화	수	목	금	토
		1	2	3	4 어린이날	5
					어린이날	6
7	8	9 A조 발표	10 A조 발표	11 A조 발표	12	13
14	15	16	17 창립기념일	18	19	20
21	22	23	24	25	26	27 석가탄신일
28	29 대체공휴일	30	31			

① 18 ~ 19, 22일
② 22 ~ 24일
③ 24 ~ 26일
④ 25 ~ 26, 30일

21 다음은 산업안전보건법 시행규칙의 일부이다. 빈칸에 들어갈 숫자를 순서대로 나열한 것은?

〈산업안전보건법 시행규칙〉

제197조(일반건강진단의 주기 등)

① 사업주는 상시 사용하는 근로자 중 사무직에 종사하는 근로자(공장 또는 공사현장과 같은 구역에 있지 않은 사무실에서 서무·인사·경리·판매·설계 등의 사무업무에 종사하는 근로자를 말하며, 판매업무 등에 직접 종사하는 근로자는 제외한다)에 대해서는 ___년에 1회 이상, 그 밖의 근로자에 대해서는 ___년에 1회 이상 일반건강진단을 실시해야 한다.

② 법 제129조에 따라 일반건강진단을 실시해야 할 사업주는 일반건강진단 실시 시기를 안전보건관리규정 또는 취업규칙에 규정하는 등 일반건강진단이 정기적으로 실시되도록 노력해야 한다.

① 1, 1

② 1, 2

③ 2, 1

④ 2, 2

---

22 다음 사례에서 설명하는 것은?

- S커피 앱의 사이렌 오더를 통해 음료와 디저트를 주문하면 금융기관을 거치지 않고도 결제가 가능하다.
- N포털사이트는 대안신용평가시스템(ACSS)을 통해 신용대출, 사업자대출 등의 금융서비스를 제공한다.
- T자동차 회사는 자체 시스템에 수집되는 실시간 정보를 바탕으로 차량 운전자의 사고 위험과 수리비용을 정확하게 예측하여 자체 보험을 제공한다.

① 임베디드 금융

② DIP 금융

③ 그림자 금융

④ 비소구 금융

---

23 일반적으로 빅데이터의 특징은 3V로 요약된다. 다음에서 설명하는 빅데이터의 특징에 해당하지 않는 것은?

- 빅데이터의 물리적 크기는 폭발적으로 증가한다
- 빅데이터는 실시간으로 생성되며 빠르게 변화·유통된다.
- 빅데이터는 정형, 반(半)정형, 비(非)정형 등 포맷·형식이 있다.

① 크기(Volume)

② 가변성(Variability)

③ 속도(Velocity)

④ 다양성(Variety)

24 다음 중 암호화 알고리즘에 대한 설명으로 옳지 않은 것은?

① 암호화 : 평문을 암호문으로 변환하는 과정

② 복호화 : 암호문을 평문으로 변환하는 과정

③ 암호문 : 해독 가능한 형태의 메시지

④ 양방향 암호화 : 암호화된 암호문을 복호화할 수 있는 기법

25 다음 중 원소들을 번호 순서나 사전 순서와 같이 일정한 순서대로 열거하는 알고리즘 가운데 평균적으로 $O(N^2)$의 시간이 소요되는 알고리즘은?

① 버블 정렬   ② 기수 정렬

③ 합병 정렬   ④ 힙 정렬

26 다음 중 은행가 알고리즘(Banker's Algorithm)에 대한 설명으로 옳지 않은 것은?

① 교착 상태 회피 알고리즘이다.

② 안정 상태를 유지할 수 있는 요구만을 수락한다.

③ 안정 상태일 때 다른 프로세스들이 자원을 해제할 때까지 대기한다.

④ 불안전 상태를 초래할 사용자의 요구는 나중에 만족될 수 있을 때까지 계속 거절한다.

27 다음 명령을 수행했을 때 출력되는 결괏값으로 옳은 것은?

```
#include 〈stdio.h〉

int main(void)
{
  int ary[3];
  int i;
  ary[0]=1; ary[1]=2; ary[2]=3;
  for (i=0; i<3; i++)
    printf("%d번째 주사위 번호 :%d ₩n", i+1, ary[i]);
  return 0;
}
```

① 1번째 주사위 번호 : 1   ② 0번째 주사위 번호 : 1
  2번째 주사위 번호 : 2   1번째 주사위 번호 : 2
  3번째 주사위 번호 : 3   2번째 주사위 번호 : 3

③ 0번째 주사위 번호 : 2   ④ 1번째 주사위 번호 : 3
  1번째 주사위 번호 : 3   2번째 주사위 번호 : 3
  2번째 주사위 번호 : 4   3번째 주사위 번호 : 3

28 다음 중 퀵 정렬에 대한 설명으로 옳지 않은 것은?

① 순환 알고리즘을 사용해야 하므로 스택 공간을 필요로 한다.
② 축(Pivot)의 개념이 등장하는 정렬 방법이다.
③ 평균 시간 복잡도는 O(N log N)이다.
④ 외부 정렬 기법이다.

29 다음 중 대규모로 저장된 데이터 안에서 체계적이고 자동적으로 통계적 규칙이나 패턴을 찾아내는 것을 의미하는 용어는?

① 데이터 마이닝

② 웹 마이닝

③ 오피니언 마이닝

④ 소셜 마이닝

30 다음 중 Union에 대한 설명으로 옳지 않은 것은?

① 각 컬럼명은 같아야 한다.

② 데이터 타입이 같아야 한다.

③ 2개 이상의 쿼리를 합쳐 하나의 쿼리로 만들어주는 역할을 한다.

④ Union All과의 차이점은 중복을 허락하는 것이다.

01 다음 중 비유동부채에 해당하지 않는 것은?

① 임대보증금   ② 장기차입금

③ 이연법인세부채   ④ 미지급비용

02 다음 중 현금 및 현금성자산에 해당하는 것은?

① 외상매출금   ② 선하증권

③ 우편환증서   ④ 단기매매증권

03 다음 중 통화공급 모형의 외생변수에 해당하지 않는 것은?

① 이자율   ② 본원통화

③ 지급준비율   ④ 현금예금비율

04 다음 〈조건〉에 따라 당좌차월을 계산하면 얼마인가?

> **조건**
> • H은행 현금예치 : 5,000,000원
> • H은행과 당좌차월계약 한도 : 8,000,000원
> • 상품구매 : 2,000,000원(수표를 발행하여 지급)
> • 장비구매 : 3,000,000원(수표를 발행하여 지급)

① 1,000,000원   ② 2,000,000원
③ 3,000,000원   ④ 4,000,000원

05 다음 중 중국의 회계관리 시스템에 대한 설명으로 옳지 않은 것은?

① 중국의 회계법은 중국 회계 관련 법규 중 가장 상위 단계의 법률이다.
② 중국기업의 회계기간은 모두 12월 1일부터 12월 31일까지로 정해져 있다.
③ 중국기업의 재무회계보고서는 반드시 인민화폐로 기장하여야 한다.
④ 중국기업 및 중국 내 외국인기업은 반드시 중문으로 회계기록을 작성하여야 한다.

06 다음 중 이자율과 화폐수요의 관계에 대한 설명으로 옳지 않은 것은?

① 케인스 학파는 이자율이 화폐의 수요와 공급에 의해 결정된다고 주장하였다.
② 화폐의 공급이 고정되어 있는 상태에서 소득이 증가할 경우 이자율은 하락한다.
③ 총화폐수요를 결정하는 세 가지 요소는 이자율, 물가수준, 실질국민소득이다.
④ 이자율이 상승하면 화폐의 상대적 수익률이 낮아지게 되어 화폐수요가 감소한다.

07 다음 중 재무회계와 관리회계의 차이점을 비교한 내용으로 옳지 않은 것은?

		재무회계	관리회계
①	이용자	투자자(외부인)	경영자(내부인)
②	사용목적	재무제표 작성	기업 의사결정
③	전달정보	과거, 현재, 미래정보	과거정보
④	정보성격	객관성, 정확성	적시성

08 다음 중 케인스 학파에서 주장하는 이론으로 옳지 않은 것은?

① 화폐는 실물경제에 영향을 미치며 저축과 투자를 결정하는 데 국민소득이 중심적인 역할을 한다.

② 경기가 침체되면 재화에 대한 수요가 부족해져 유휴설비가 발생하며, 이를 해결하기 위한 수요증대가 필요하다.

③ 임금이 시장평균임금보다 높은 수준에서 하방 경직성을 나타낼 경우, 비자발적 실업이 발생하게 된다.

④ 경제는 애덤 스미스의 '보이지 않는 손'에 의해 시장 중심적으로 돌아가며, 정부의 개입이 불필요하다.

09 다음 중 부채 디플레이션에 대한 설명으로 옳지 않은 것은?

① 부채상환을 위해 자산매각이 늘어나 경제가 침체되는 현상을 의미한다.

② 부채 디플레이션이 발생하면 통화량이 증가하면서 물가가 상승한다.

③ 물가가 하락하여 실질금리가 오르는 경우에 나타나는 현상이다.

④ 미국 경제학자 어빙 피셔(Irving Fisher)가 설명한 이론이다.

10 다음 〈보기〉는 IS – LM 곡선에 대한 설명이다. 빈칸에 들어갈 용어를 바르게 짝지은 것은?

> **보기**
> • IS – LM 곡선은 거시경제에서의 이자율과 ____ ㉠ ____ 을 분석하는 모형이다.
> • 경제가 IS 곡선의 왼쪽에 있는 경우, 저축보다 투자가 많아지게 되어 ____ ㉡ ____ 이/가 발생한다.
> • LM 곡선은 ____ ㉢ ____ 의 균형이 달성되는 점들의 조합이다.

	㉠	㉡	㉢
①	총생산량	초과공급	상품시장
②	총생산량	초과수요	상품시장
③	국민소득	초과수요	화폐시장
④	국민소득	초과공급	화폐시장

11 다음 중 국제회계기준(IFRS)에 대한 설명으로 옳은 것을 〈보기〉에서 모두 고르면?

> **보기**
> ㄱ. 국제회계기준위원회가 공표하는 회계기준으로 유럽 국가들이 사용한다.
> ㄴ. 기본 재무제표는 개별 재무제표이다.
> ㄷ. 취득원가 등 역사적 원가에서 공정가치로 회계기준을 전환하였다.
> ㄹ. 우리나라의 경우 상장사, 금융기업 등에 대해 2012년부터 의무 도입하였다.

① ㄱ, ㄴ   ② ㄱ, ㄷ

③ ㄴ, ㄷ   ④ ㄴ, ㄹ

12 다음 중 외생적 화폐공급곡선의 모양으로 옳은 것은?

①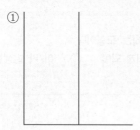

②

③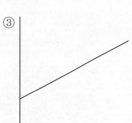

④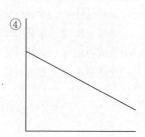

13 다음 〈조건〉에서 현금 및 현금성자산의 총액은 얼마인가?

조건

- 현금 : 500,000원
- 우편환증서 : 200,000원
- 만기 1년 정기예금 : 700,000원
- 단기차입금 : 1,000,000원
- 당좌예금 : 600,000원
- 만기 1년 정기적금 : 1,500,000원
- 가계수표 : 1,000,000원
- 배당금지급통지표 : 1,000,000원

① 2,900,000원

② 3,300,000원

③ 3,400,000원

④ 4,200,000원

14 다음 〈조건〉에 따라 반품 충당부채를 계산하면 얼마인가?

> **조건**
>
> • A기업의 2022년 매출은 5억 원이며, 매출 중 4%는 반품을 예상하고 있다.
> • 매출원가율은 40%이다.
> • 예상 반품 비용은 300만 원이다.

① 8,000,000원   ② 10,000,000원

③ 12,000,000원   ④ 15,000,000원

PART 2 기출복원문제

15 다음 중 은행 신용창조에 대한 설명으로 옳은 것은?

① 정부에서 통화량을 늘리는 것은 은행을 통해 유통되는 화폐량이 늘어나는 것을 의미한다.

② 경제주체가 은행에 예금을 하면 은행은 일부를 지급준비금으로 남기고 나머지는 다시 대출하여 통화량이 늘어나게 된다.

③ 지급준비율을 통해 신용창조가 얼마나 잘되고 있는지 파악할 수 있다.

④ 은행의 신용창조 기능이 위축되면 통화승수가 상승한다.

---

01   다음 글의 내용으로 적절하지 않은 것은?

> 2050년 탄소중립 실현을 목표로, 태양광·풍력 등 에너지 기술을 확보하기 위한 국가 전략이 확정됐다. 정부는 과학기술부정보통신부 장관이 주재하는 제16회 과학기술관계장관회의를 열고 '탄소중립 기술혁신 추진전략'을 수립했다고 밝혔다. 정부는 한국의 경우 탄소 배출량이 많은 석탄 발전과 제조업 비중이 높아, 이를 해결할 기술혁신이 무엇보다 시급하다고 진단했다. 과기부, 산업통상자원부, 기획재정부 등에서 추천한 산·학·연 전문가 88명이 참여해, 우리나라에 필요한 10대 핵심기술을 선정했다. 10대 핵심기술의 첫 번째는 태양광·풍력 기술이다. 태양광의 경우 중국의 저가 기술 공세에 맞서 발전효율(태양빛을 받아 전기로 바꾸는 효율)을 현재 27%에서 2030년까지 35%로 높인다. 풍력의 경우 대형풍력의 국산화를 통해 발전용량을 현재 5.5MW(메가와트)급에서 2030년까지 15MW급으로 늘린다. 수소와 바이오에너지 기술 수준도 높인다. 충전해 사용하는 방식인 수소는 충전단가를 kg당 7,000원에서 2030년까지 4,000원으로 절반 가까이 낮춘다. 현재 단가가 화석연료의 1.5배 수준인 바이오에너지도 2030년까지 화석연료 수준으로 낮춘다.
>
> 제조업의 탄소 배출을 줄이기 위한 신공정 개발에도 나선다. 철강·시멘트·석유화학·반도체·디스플레이 등 산업이 포함된다. 철강의 경우 2040년까지 탄소 배출이 없는 수소환원제철 방식만으로 철강 전량을 생산한다. 반도체 공정에 필요한 불화가스를 대체해 온실가스 배출을 최적화한다.
>
> 자동차 등 모빌리티 분야에서도 무탄소 기술을 개발·적용해 주행거리를 현재 406km 수준에서 2045년 975km로 늘릴 계획이다. 태양광 등으로 에너지를 자체 생산하고 추가 소비하지 않는 제로에너지 건물 의무화, 통신·데이터 저전력화, 탄소포집(CCUS) 기술 상용화 등도 10대 핵심기술에 포함됐다.
>
> 원자력 관련 기술은 이번 10대 핵심기술에서 제외됐다. 한국처럼 탄소중립을 선언한 일본, 중국이 화석연료의 비중을 낮추고 에너지 공백의 일부를 메우기 위해 탄소 배출이 없는 원자력의 비중을 높이기로 한 것과 대조된다.
>
> 정부는 10대 핵심기술 개발을 위한 국가 연구개발(R&D) 사업의 예산과 기간 등을 올해부터 구체적으로 기획하고 내년 정부 예산안에 반영, 2023년부터 본격적으로 R&D를 시작할 계획이다. 기술별로 민간 최고 전문가를 중심으로 하는 연구팀을 구성해 집중 지원한다. 규제 완화 등 정책 지원도 나선다. 탄소중립 관련 신기술의 상용화를 앞당기기 위해 관련 규제자유특구를 현재 11개에서 2025년 20개로 확대한다. 탄소중립 분야 창업을 촉진하기 위한 '녹색금융' 지원도 확대한다.
>
> 현재 탄소중립 기술의 수준이 상대적으로 낮다는 점도 고려한다. 민간 기업이 탄소중립 기술을 도입할 경우 기존 기술보다 떨어질 경제성을 보상하기 위해 인센티브 제도를 연내 마련할 계획이다. 세액공제, 매칭투자, 기술료 부담 완화 등 지원책도 검토 중이다.

철강·시멘트·석유화학·미래차 등 7개 분야의 탄소중립을 이끌 고급 연구인력을 양성하기 위해 내년에 201억 원을 지원한다. 탄소중립에 대한 국민의 이해도를 높이기 위해 과학관 교육과 전시를 확대하고 과학의 달인 다음 달에는 '탄탄대로(탄소중립, 탄소제로, 대한민국 과학기술로)' 캠페인을 추진한다. '기후변화대응 기술개발촉진법'을 제정하고 '기후대응기금'을 신설해 이런 지원을 위한 행정·제도적 기반을 만든다. 관계자는 "2050년 탄소중립 실현을 위해 시급한 기술혁신 과제들이 산재한 상황이다."며 "과기부가 범부처 역량을 종합해 이번 전략을 선제적으로 마련했다."고 말했다. 이어 "전략이 충실히 이행돼 탄소중립 실현을 견인할 수 있도록 관계부처와 긴밀히 협업해 나가겠다."고 했다.

ⓒ 조선비즈

① 풍력은 2030년까지 발전용량을 현재 수준보다 2배 이상 늘리는 것을 목표로 한다.

② 탄소배출을 줄이기 위한 10대 핵심기술에는 태양광, 풍력, 원자력 등이 있다.

③ 규제 완화를 위한 자유특구를 현재 11개에서 추후 20개까지 늘릴 예정이다.

④ 현재 기업이 탄소 중립 기술을 도입할 경우 경제적으로 타격을 입게 된다.

02 다음 제시된 문단을 읽고, 이어질 문단을 논리적 순서대로 바르게 나열한 것은?

연금 제도의 금융 논리와 관련하여 결정적으로 중요한 원리는 중세에서 비롯된 신탁 원리다. 12세기 영국에서는 미성년 유족(遺族)에게 토지에 대한 권리를 합법적으로 이전할 수 없었다. 그럼에도 불구하고 영국인들은 유언을 통해 자식에게 토지 재산을 물려주고 싶어 했다.

(가) 이런 상황에서 귀족들이 자신의 재산을 미성년 유족이 아닌, 친구나 지인 등 제3자에게 맡기기 시작하면서 신탁 제도가 형성되기 시작했다. 여기서 재산을 맡긴 성인 귀족, 재산을 물려받은 미성년 유족 그리고 미성년 유족을 대신해 그 재산을 관리·운용하는 제3자로 구성되는 관계, 즉 위탁자, 수익자, 그리고 수탁자로 구성되는 관계가 등장했다.

(나) 연금 제도가 이 신탁 원리에 기초해 있는 이상, 연금 가입자는 연기금 재산의 운용에 대해 영향력을 행사하기 어렵게 된다. 왜냐하면 신탁의 본질상 공·사 연금을 막론하고 신탁 원리에 기반을 둔 연금 제도에서는 수익자인 연금 가입자의 적극적인 권리 행사가 허용되지 않기 때문이다.

(다) 이 관계에서 주목해야 할 것은 미성년 유족은 성인이 될 때까지 재산권을 온전히 인정받지는 못했다는 점이다. 즉, 신탁 원리하에서 수익자는 재산에 대한 운용 권리를 모두 수탁자인 제3자에게 맡기도록 되어 있었기 때문에 수익자의 지위는 불안정했다.

(라) 결국 신탁 원리는 수익자의 연금 운용 권리를 현저히 약화시키는 것을 기본으로 한다. 그 대신 연금 운용을 수탁자에게 맡기면서 '수탁자 책임'이라는 논란이 분분하고 불분명한 책임이 부과된다. 수탁자 책임 이행의 적절성을 어떻게 판단할 수 있는가에 대해 많은 논의가 있었지만, 수탁자 책임의 내용에 대해서 실질적인 합의가 이루어지지는 못했다.

① (가) - (나) - (라) - (다)　　　② (가) - (다) - (나) - (라)

③ (나) - (라) - (가) - (다)　　　④ (다) - (가) - (나) - (라)

03 농도가 9%인 A소금물 300g과 농도가 11.2%인 B소금물 250g을 합쳐서 C소금물을 만들었다. C소금물을 20% 덜어내고, 10g의 소금을 추가했을 때, 만들어진 소금물의 농도는?

① 12%　　　　　　　　　　　　　② 13%

③ 14%　　　　　　　　　　　　　④ 15%

04 학교에 가는 데 버스를 타고 갈 확률이 $\frac{1}{3}$, 걸어갈 확률이 $\frac{2}{3}$일 때, 사흘 중 첫날은 버스를 타고, 남은 이틀은 순서에 상관없이 한 번은 버스를 타고 한 번은 걸어서 갈 확률은?

① $\frac{1}{27}$　　　　　　　　　　　　② $\frac{2}{27}$

③ $\frac{1}{9}$　　　　　　　　　　　　④ $\frac{4}{27}$

05 철수는 다음 그림과 같은 사각뿔에 물을 채우려고 한다. 사각뿔에 가득 채워지는 물의 부피는?

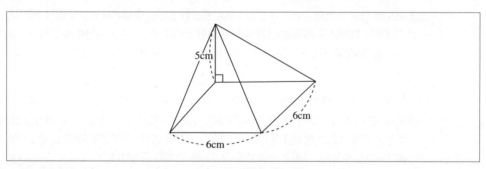

① 60cm³　　　　　　　　　　　② 80cm³

③ 100cm³　　　　　　　　　　　④ 120cm³

06 어떤 산업의 장기공급곡선이 우상향하면 이 산업에는 어떤 현상이 일어나는가?

① 비용은 불변한다.

② 초과공급이 존재한다.

③ 비용감소 또는 외부경제가 존재한다.

④ 비용상승 또는 규모의 외부불경제가 존재한다.

07 민태와 선우는 사무실을 공유하고 있다. 민태는 사무실에서 흡연을 원하며 이를 통해 20,000원 가치의 효용을 얻는다. 반면 선우는 사무실 내 금연을 통해 상쾌한 공기를 원하며 이를 통해 10,000원 가치의 효용을 얻는다. 코즈의 정리(Coase Theorem)와 부합하는 결과로 옳은 것은?

① 선우는 민태에게 20,000원을 주고 사무실에서 금연을 제안하고, 민태는 제안을 받아들인다.

② 선우는 민태에게 15,000원을 주고 사무실에서 금연을 제안하고, 민태는 제안을 받아들인다.

③ 민태는 선우에게 11,000원을 주고 사무실에서 흡연을 허용할 것을 제안하고, 선우는 제안을 받아들인다.

④ 민태는 선우에게 9,000원을 주고 사무실에서 흡연을 허용할 것을 제안하고, 선우는 제안을 받아들인다.

08 다음 중 함수식에 대한 결괏값으로 옳지 않은 것은?

	함수식	결괏값
①	=TRIM("1/4분기 수익")	1/4분기 수익
②	=SEARCH("세", "세금 명세서", 3)	5
③	=PROPER("republic of korea")	REPUBLIC OF KOREA
④	=LOWER("Republic of Korea")	republic of korea

09 H사 인사부에 근무하는 김대리는 신입사원들의 교육점수를 다음과 같이 정리한 후 VLOOKUP 함수를 이용해 교육점수별 등급을 입력하려고 한다. [E2:F8]의 데이터 값을 이용해 (A) 셀에 함수식을 입력한 후 자동 채우기 핸들로 사원들의 교육점수별 등급을 입력할 때, (A) 셀에 입력해야 할 함수식으로 옳은 것은?

	A	B	C	D	E	F
1	사원	교육점수	등급		교육점수	등급
2	최○○	100	(A)		100	A
3	이○○	95			95	B
4	김○○	95			90	C
5	장○○	70			85	D
6	정○○	75			80	E
7	소○○	90			75	F
8	신○○	85			70	G
9	구○○	80				

① =VLOOKUP(B2, E2:F8, 2, 1)

② =VLOOKUP(B2, E2:F8, 2, 0)

③ =VLOOKUP(B2, $E$2:$F$8, 2, 0)

④ =VLOOKUP(B2, $E$2:$F$8, 1, 0)

10 낮 12시경 준표네 집에 도둑이 들었다. 목격자에 의하면 도둑은 한 명이다. 이 사건의 용의자로는 A∼E 다섯 명이 있고, 이들의 진술 내용은 다음과 같다. 다섯 명 중 오직 두 명만이 거짓말을 하고 있으며, 거짓말을 하는 두 명 중 한 명이 범인이라면, 누가 범인인가?

- A : 나는 사건이 일어난 낮 12시에 학교에 있었다.
- B : 그날 낮 12시에 나는 A, C와 함께 있었다.
- C : B는 그날 낮 12시에 A와 부산에 있었다.
- D : B의 진술은 참이다.
- E : C는 그날 낮 12시에 나와 단 둘이 함께 있었다.
---

① A   ② B
③ C   ④ E

11 다음 중 전세가와 매매가의 차익으로 이득을 얻는 '갭투자'와 관련된 경제 용어는?

① 레버리지   ② 트라이슈머
③ 코픽스   ④ 회색 코뿔소

12 매월 취업자 100명 중 1명이 실직하고, 실업자 100명 중 25명이 취직할 경우의 실업률은?(단, 자연실업률 상태를 전제로 한다)

① 2%   ② 4%
③ 6%   ④ 8%

---

01 NCS 직업기초능력평가 + 경제 · 경영 · 금융상식

---

01 다음 중 이미아 마켓(EMEA Market)에 대한 설명으로 적절하지 않은 것은?

① 세계 석유 매장량의 68%를 가지고 있다.

② SEMEA 또는 EMENA와 같이 더 작은 하위 그룹으로 나눌 수 있다.

③ 프런티어 마켓(Frontier Market)은 대부분이 이미아 마켓에 포함된다.

④ 이미아는 다국적 기업이 사용하는 지리적 구분의 약어로, '신흥 유럽, 중동, 아프리카' 세 대륙을 지칭한다.

02 다음 중 투기적 이익을 찾아 국제금융시장을 이동하는 단기 부동자금을 가리키는 용어는?

① 핫 머니 ② 콜드 머니

③ 레드 머니 ④ 옐로 머니

03 다음 중 우리나라의 금융보조기관에 해당하지 않는 곳은?

① 한국거래소 ② 한국무역보험공사

③ 금융결제원 ④ 신용정보회사

04 다음 내용에 해당하는 속담은?

어떤 일에 곁따라 다른 일이 쉽게 이루어지거나 또는 다른 일을 해냄

① 대추나무에 연 걸리듯 하다.
② 말 타면 종 두고 싶다.
③ 바늘 도둑이 소도둑 된다.
④ 군불에 밥 짓기

05 다음 중 순우리말은?

① 건달   ② 외투
③ 고뿔   ④ 지병

06 다음 중 회사가 직원에게 미래에 자사 주식을 미리 정해둔 가격에 매입할 수 있는 권리를 주는 것은?

① 무상증자   ② 유상감자
③ 스톡옵션   ④ 우리사주

07 다음 빈칸에 들어갈 내용으로 적절하지 않은 것은?

> 이대리 : ○○씨, 제출한 보고서 잘 읽어봤어요.
> 김사원 : 네, 대리님.
> 이대리 : 처음 제출했는데도 잘했더군요. 그렇지만 아무래도 문서작성 요령에 대해서는 아직 잘 모르는 것 같아서 몇 가지 알려줄게요. 문서를 작성하는 데도 지켜야 할 팁이 있는데요, _____

① 자료를 최대한 많이 수집해서 글에 활용하는 것이 읽는 사람의 이해에 도움이 되겠죠.
② 같은 내용이어도 구성·형식에 따라 전달에 차이가 난다는 것을 알아두세요.
③ 핵심을 전달하는 데는 그것을 하위 목차로 구분하는 것이 도움이 되죠.
④ 이 문서를 왜 작성하는지 목표를 정확히 설정해야 합니다. 그렇지 않으면 내용의 통일성을 잃기 쉬워요.

08 A기업의 신입사원 교육담당자인 귀하는 상사로부터 다음과 같은 메일을 받았다. 다음 중 신입사원의 업무역량을 향상시킬 수 있도록 교육할 내용으로 적절하지 않은 것은?

> 수신 : ○○○
> 발신 : △△△
> ──────────────────────
> 제목 : 신입사원 교육프로그램을 구성할 때 참고해주세요.
> 내용 : ○○○씨, 신입사원 교육 때 문서작성 능력을 향상시킬 수 있는 프로그램을 추가하면 좋을 것 같아요. 오늘 조간신문을 보다가 공감이 가는 내용이 있어서 보내드립니다.
> 기업체 인사담당자들을 대상으로 한 조사에서 '신입사원의 국어 능력 만족도'는 '그저 그렇다'가 65.4%, '불만족'이 23.1%나 됐는데, 특히 '기획안과 보고서 작성 능력'에서 '그렇다'의 응답 비율(53.2%)이 가장 높았다. 기업들이 대학에 개설되기를 희망하는 교과과정을 조사한 결과에서도 가장 많은 41.3%가 '기획문서 작성'을 꼽았다. 특히 인터넷 세대들은 '짜깁기' 기술엔 능해도 논리를 구축해 효과적으로 커뮤니케이션을 하고 상대를 설득하는 능력에선 크게 떨어진다.

① 문서의미를 전달하는 데 문제가 없다면 끊을 수 있는 부분은 가능한 한 끊어서 문장을 짧게 만들고 실질적인 내용을 담을 수 있도록 한다.
② 상대방이 이해하기 어려운 글은 좋은 글이 아니므로 우회적인 표현이나 현혹적인 문구는 지양한다.
③ 중요하지 않은 경우 한자의 사용을 자제하며 만약 사용할 경우 상용한자의 범위 내에서 사용하도록 한다.
④ 문서의 중요한 내용을 미괄식으로 작성하는 것은 문서작성에 있어서 중요한 부분이다.

09 다음 글의 주장에 대한 반박으로 가장 적절한 것은?

> 비타민D 결핍은 우리 몸에 심각한 건강 문제를 일으킬 수 있다. 비타민D는 칼슘이 체내에 흡수되어 뼈와 치아에 축적되는 것을 돕고 가슴뼈 뒤쪽에 있는 흉선에서 면역세포를 생산하는 작용에 관여하는데, 비타민D가 부족할 경우 칼슘과 인의 흡수량이 줄어들고 면역력이 약해져 뼈가 약해지거나 신체 불균형이 일어날 수 있다.
>
> 비타민D는 주로 피부가 중파장 자외선에 노출될 때 형성된다. 중파장 자외선은 피부와 혈류에 포함된 7-디하이드로콜레스테롤을 비타민D로 전환시키는데, 이렇게 전환된 비타민D는 간과 신장을 통해 칼시트리올(Calcitriol)이라는 호르몬으로 활성화된다. 바로 이 칼시트리올을 통해 우리는 혈액과 뼈에 흡수될 칼슘과 인의 흡수를 조절하는 것이다.
>
> 이러한 기능을 담당하는 비타민D를 함유하고 있는 식품은 자연에서 매우 적기 때문에, 우리의 몸은 충분한 비타민D를 생성하기 위해 주기적으로 햇빛에 노출될 필요가 있다.

① 햇빛에 노출될 경우 피부암 등의 질환이 발생하여 도리어 건강이 더 악화될 수 있다.

② 비타민D 결핍으로 인해 생기는 부작용은 주기적인 칼슘과 인의 섭취를 통해 해결할 수 있다.

③ 비타민D 보충제만으로는 체내에 필요한 비타민D를 얻을 수 없다.

④ 햇빛에 직접 노출되지 않거나 자외선 차단제를 사용했음에도 체내 비타민D 수치가 정상을 유지한다는 연구결과가 있다.

10 다음 글의 빈칸에 공통으로 들어갈 용어로 가장 적절한 것은?

> H금융투자가 2020년 연말까지 만기 도래할 채권들에 대비해 H은행의 지원을 받았다. H은행은 H금융투자의 신용상태, 보상예금, 당해 국가 전체에 대한 기존신용한도 등을 종합적으로 검토하였다. H금융투자는 일중 순채무한도를 설정해 미결제채무를 일정수준 이하로 유지하고 결제리스크를 축소시키기 위해 H은행과 이 같은 신용공여 _____을 맺었다. 이로써 H금융투자는 1년이라는 유효기간 동안 변동성이 커지는 시장에 대비해 H은행과 신용공여 _____을 추진하여 대규모 유동성 확보를 통해 시장 신뢰를 유지하게 되었다. 혼란한 글로벌 시장 상황에서 일단 은행계 금융지주 계열이라는 덕을 본 셈이다.

① 크레디트 라인   ② 미확정 지급보증

③ 기업어음(CP) 매입   ④ 회사채 대출

11 다음 중 밴드왜건 효과(Bandwagon Effect)와 가장 관련 있는 소비함수 이론은?

① 항상소득가설   ② 생애주기가설

③ 상대소득가설   ④ 피셔의 3기간 모형

12 다음 글의 내용으로 가장 적절한 것은?

> 우리는 '재활용'이라고 하면 생활 속에서 자주 접하는 종이, 플라스틱, 유리 등을 다시 활용하는 것만을 생각한다. 하지만 에너지 역시 재활용이 가능하다.
>
> 에너지는 우리가 인지하지 못하는 일상생활 속 움직임을 통해 매 순간 만들어지고 또 사라진다. 문제는 이렇게 생산되고 또 사라지는 에너지의 양이 적지 않다는 것이다. 이처럼 버려지는 에너지를 수집해 우리가 사용할 수 있도록 하는 기술이 에너지 하베스팅이다.
>
> 에너지 하베스팅은 열, 빛, 운동, 바람, 진동, 전자기 등 주변에서 버려지는 에너지를 모아 전기를 얻는 기술을 의미한다. 이처럼 우리 주위 자연에 존재하는 청정에너지를 반영구적으로 사용하기 때문에 공급의 안정성, 보안성 및 지속 가능성이 높고, 이산화탄소를 배출하는 화석연료를 사용하지 않기 때문에 환경공해를 줄일 수 있어 친환경 에너지 활용 기술로도 각광받고 있다.
>
> 에너지원의 종류가 많은 만큼 에너지 하베스팅의 유형도 매우 다양하다. 체온, 정전기 등 신체의 움직임을 이용하는 신체 에너지 하베스팅, 태양광을 이용하는 광 에너지 하베스팅, 진동이나 압력을 가해 이용하는 진동 에너지 하베스팅, 산업 현장에서 발생하는 수많은 폐열을 이용하는 열에너지 하베스팅, 방송 전파나 휴대전화 전파 등의 전자파 에너지를 이용하는 전자파 에너지 하베스팅 등이 폭넓게 개발되고 있다.
>
> 영국의 어느 에너지기업은 사람의 운동 에너지를 전기 에너지로 바꾸는 기술을 개발했다. 사람이 많이 다니는 인도 위에 버튼식 패드를 설치하여 사람이 밟을 때마다 전기가 생산되도록 하는 것이다. 이 장치는 2012년 런던올림픽에서 테스트를 한 이후 현재 영국의 12개 학교 및 미국 뉴욕의 일부 학교에서 설치하여 활용 중이다.
>
> 전 세계적으로 화석 연료에서 신재생 에너지로 전환하려는 노력이 계속되고 있기에 에너지 전환 기술인 에너지 하베스팅에 대한 관심은 계속될 것이며 다양한 분야에 적용될 것으로 예상하고 있다.

① 재활용은 유체물만 가능하다.

② 에너지 하베스팅은 버려진 에너지를 또 다른 에너지로 만든다.

③ 에너지 하베스팅을 통해 열, 빛, 전기 등 여러 에너지를 얻을 수 있다.

④ 사람의 운동 에너지를 전기 에너지로 바꾸는 기술은 사람의 체온을 이용한 신체 에너지 하베스팅 기술이다.

13 경제학자 밀턴 프리드먼은 '공짜 점심은 없다(There is no such thing as a free lunch).'라는 말을 즐겨했다고 한다. 다음 중 이 말을 설명할 수 있는 경제 원리는?

① 규모의 경제　　　　　　　　② 긍정적 외부성

③ 기회비용　　　　　　　　　④ 한계효용 체감의 법칙

14 다음 글의 핵심 내용으로 가장 적절한 것은?

BMO 금속 및 광업 관련 리서치 보고서에 따르면 최근 가격 강세를 지속해 온 알루미늄, 구리, 니켈 등 산업금속들이 4분기 중 공급부족 심화와 가격 상승세를 겪을 것으로 전망된다. 산업금속이란, 산업에 필수적으로 사용되는 금속들을 말하는데, 앞서 제시한 알루미늄, 구리, 니켈뿐만 아니라 비교적 단단한 금속에 속하는 은이나 금 등도 모두 산업에 많이 사용될 수 있는 금속이므로 산업금속의 카테고리에 속한다고 할 수 있다. 이러한 산업금속은 물품을 생산하는 기계의 부품으로 필요하기도 하고, 전자제품 등의 소재로 쓰이기도 하기 때문에 특정 분야의 산업이 활성화되면 특정 금속의 가격이 뛰거나 심각한 공급난을 겪기도 한다.

금융투자업계에 따르면 최근 전 세계적인 경제 회복 조짐과 함께 탈 탄소 트렌드, 즉 '그린 열풍'에 따른 수요 증가로 산업금속 가격이 초강세이다. 런던금속거래소에서 발표한 자료에 따르면 올해 들어 지난달까지 알루미늄은 20.7%, 구리가 47.8%, 니켈은 15.9% 각각 가격이 상승했다. 구리 수요를 필두로 알루미늄, 니켈 등 전반적인 산업금속 섹터의 수요량이 증가했다. 이는 전기자동차 산업의 확충과 관련이 있다. 전기자동차의 핵심적인 부품인 배터리를 만드는 데에 구리와 니켈이 사용되기 때문이다. 이때, 배터리 소재 중 니켈의 비중을 높이면 배터리의 용량을 키울 수 있으나 배터리의 안정성이 저하된다. 기존의 전기자동차 배터리는 니켈의 사용량이 높았기 때문에 더욱 안정성 문제가 제기되어 왔다. 그래서 연구 끝에 적정량의 구리를 배합하는 것이 배터리 성능과 안정성을 모두 향상시키기 위해서 중요하다는 것을 밝혀내었다. 구리가 전기자동차 산업의 핵심 금속인 셈이다. 이처럼 전기자동차와 배터리 등 친환경 산업에 필수적인 금속들의 수요는 증가하는 반면 세계 각국의 환경 규제 강화로 인해 금속의 생산은 오히려 감소하고 있기 때문에 산업금속에 대한 공급난과 가격 인상이 우려되고 있다.

① 전기자동차의 배터리 성능을 향상하는 기술
② 세계적인 '그린 열풍' 현상 발생의 원인
③ 필수적인 산업금속 공급난으로 인한 문제
④ 전기자동차 확충에 따른 구리 수요 증가 상황

15 다음 글에서 설명하는 '이것'은?

'이것'은 한 나라에서 사용하고 있는 모든 은행권 및 주화의 액면을 가치의 변동 없이 동일한 비율로 낮추어 표현하거나 이와 함께 화폐의 호칭을 새로운 통화 단위로 변경시키는 것을 뜻한다. '이것'은 경제성장과 인플레이션이 장기간 지속됨에 따라 화폐로 표시하는 금액이 점차 증가함으로 인해 발생하는 계산, 지급, 장부기재상의 불편함을 해소하기 위해 실시된다. 베네수엘라의 경우 2018년 실질적으로 화폐 기능을 상실한 볼리바르화 문제를 해결하기 위해 '이것'을 단행하기도 했다.

① 디커플링
② 리디노미네이션
③ 스태그플레이션
④ 리니언시

16 다음 제시된 문단을 논리적 순서대로 바르게 나열한 것은?

(가) 흡연자와 비흡연자 사이의 후두암, 폐암 등의 질병별 발생위험도에 대해서 건강보험공단은 유의미한 연구 결과를 내놓기도 했는데, 연구 결과에 따르면 흡연자는 비흡연자에 비해서 후두암 발생률이 6.5배, 폐암 발생률이 4.6배 등 각종 암에 걸릴 확률이 높은 것으로 나타났다.

(나) 건강보험공단은 이에 대해 담배회사가 절차적 문제로 방어막을 치고 있는 것에 지나지 않는다고 하여 비판을 제기하고 있다. 아직 소송이 초기 단계인 만큼 담배회사와 건강보험공단 간의 '담배 소송'의 결과를 보려면 오랜 시간을 기다려야 할 것이다.

(다) 이와 같은 담배의 유해성 때문에 건강보험공단은 현재 담배회사와 소송을 진행하고 있는데, 당해 소송에서는 담배의 유해성에 관한 인과관계 입증 이전에 다른 문제가 부상하였다. 건강보험공단이 소송당사자가 될 수 있는지가 문제가 된 것이다.

(라) 담배는 임진왜란 때 일본으로부터 호박, 고구마 등과 함께 들어온 것으로 알려져 있다. 그러나 선조들이 알고 있던 것과는 달리, 담배는 약초가 아니다. 담배의 유해성은 우선 담뱃갑이 스스로를 경고하는 경고 문구에 나타나 있다. 담뱃갑에는 '흡연은 폐암 등 각종 질병의 원인'이라는 문구를 시작으로, '담배 연기에는 발암성 물질인 나프틸아민, 벤젠, 비닐 크롤라이드, 비소, 카드뮴이 들어있다.'라고 적시하고 있다.

① (가) – (다) – (라) – (나)
② (가) – (라) – (다) – (나)
③ (라) – (가) – (다) – (나)
④ (라) – (다) – (가) – (나)

17 다음 중 원화가 평가절하되면 일반적으로 기대되는 현상은?

① 수출증가 > 물가상승 > 차관원화부담증가

② 수출감소 > 물가하락 > 차관원화부담감소

③ 수입증가 > 물가상승 > 차관원화부담증가

④ 수입감소 > 물가하락 > 차관원화부담증가

18 다음은 출입증 재발급 규정에 대한 자료이다. 재발급을 요청한 A~D씨 중 다시 규정에 따라 재발급을 요청해야 할 사람과 그 사유가 옳은 것은?

〈출입증 재발급 규정〉

• 다음에 해당하는 경우 출입증을 재발급한다.
　－ 출입증을 분실한 경우
　－ 개명을 한 경우
　－ 출입증이 인식되지 않는 경우
　－ 다른 부서로 인사이동을 한 경우

• 재발급을 받을 경우 다음 사항을 따라야 한다.
　－ 출입증을 분실한 경우 담당부서에 사유서와 신분증사본을 제출해야 한다.
　－ 다른 부서로 인사이동을 한 경우 기존의 출입증을 반납하고 새로 받아야 한다.
　－ 개명을 한 경우 신분증과 관련된 서류를 제출해야 한다.
　－ 출입증이 인식되지 않는 경우 출입담당자에게 기존 출입증과 새 출입증을 교환해야 한다.

---

① 얼마 전에 개명해서 별도의 서류를 제출하지 않고 출입증을 재발급받은 A씨

② 출입증을 어디에 두었는지 기억하지 못하여 사유서와 신분증사본을 제출하고 재발급받은 B씨

③ 아침에 출근하였으나 출입증이 인식되지 않아 새로운 출입증으로 교환한 C씨

④ 다른 부서로 발령을 받아 출입증을 반납하고 새로 출입증을 받은 D씨

19 다음 글의 빈칸에 공통으로 들어갈 수치로 옳은 것은?

> 엥겔지수는 일정 기간 가계 소비지출 총액에서 식료품비가 차지하는 비율로서, 가계의 생활수준을 가늠하는 척도이다. 독일의 통계학자 엥겔은 연구를 통해 가계 소득이 높아질수록 식료품비의 비중이 감소한다는 가계 소비의 특징을 발견했다. 이를 통해 엥겔은 엥겔지수가 _____ 이하이면 소득 최상위로 정의했다.

① 15%   ② 20%
③ 25%   ④ 30%

20 장애인 인식 개선 교육을 받은 직원 A ~ J 10명은 월 ~ 금요일 중 하루를 택하여 2인 1조로 자원봉사를 가기로 하였다. 〈조건〉이 다음과 같을 때, 금요일에 자원봉사를 가는 직원끼리 연결한 것은?

> 조건
> • A는 월요일에만 자원봉사를 갈 수 있다.
> • B는 월요일과 수요일에 자원봉사를 갈 수 있다.
> • B는 C와 반드시 같이 가야 한다.
> • F는 G와 반드시 같이 가야 한다.
> • D는 A와 같이 갈 수 없다.
> • D와 G는 화요일에 중요한 회의가 있다.
> • E는 목요일에만 자원봉사를 갈 수 있다.
> • F와 H는 목요일에 중요한 회의가 있다.
> • I와 J는 요일에 상관없이 자원봉사를 갈 수 있다.

① A, D   ② B, E
③ F, G   ④ H, I

※ S사는 스마트폰을 만들 때 다음과 같은 방법으로 제조번호를 부여한다. 이어지는 질문에 답하시오. **[21~23]**

〈스마트폰 제조번호〉

제조공장				
한국	중국	베트남	인도	미국
KOR	CHN	VNM	IND	USA

연도				
2015년	2016년	2017년	2018년	2019년
25	26	27	28	29

모델 종류				
무료	저가형	보급형	일반	프리미엄
KQ	ME	VD	EG	SX

※ 연도 – 제조공장 – 모델 종류 순서로 표기함

예 27VNMME : 2017년에 베트남 공장에서 제조된 저가형 스마트폰

21 다음 S사의 스마트폰 제조번호 중 옳은 것은?

① 27EGCHN
② 28SXME
③ 25KORVNM
④ 29CHNEG

22 다음 중 제조번호 '26VNMKQ'의 정보로 옳은 것은?

① 2016년에 베트남 공장에서 제조된 일반 스마트폰
② 2016년에 베트남 공장에서 제조된 무료 스마트폰
③ 2016년에 인도 공장에서 제조된 무료 스마트폰
④ 2016년에 베트남 공장에서 제조된 보급형 스마트폰

23 다음 중 '2017년 한국 공장에서 제조된 프리미엄 스마트폰'의 제조번호로 옳은 것은?

① 27KORSX
② 29KORSX
③ 27KORVD
④ 27USASX

01 다음 중 IT 지원시스템 중 하나로, 제품 설계도부터 최종 제품 생산에 이르는 전체과정을 관리하여 부가가치는 높이고 원가는 줄이는 생산프로세스는?

   ① ERP   ② SCM

   ③ ITSM   ④ PLM

02 IT 비즈니스 환경 분석은 외부 환경 분석, 내부 환경 분석, 내부 및 외부 통합 환경 분석으로 나눌 수 있다. 다음 중 내부 환경 분석에 속하는 것은?

   ① SWOT 분석   ② 7S 분석

   ③ PEST 분석   ④ 5 Forces 분석

03 다음 중 일반적인 IT 비즈니스 전략 수립에서 기업 모델인 As-Is 모델과 To-Be 모델에 대한 설명으로 옳지 않은 것은?

> • 현재 상태(As-Is) 모델 : 사명, 기본 이념, 조력자, 방해자
> • 미래 상태(To-Be) 모델 : 비전, 목표, 목적, 성과지표

① 사명은 기업이 추구하는 이상적인 모습으로 기업의 능력을 확장시킨다.

② 목적은 목표 달성을 나타내는 정량화된 낮은 수준의 목표이다.

③ 기본 이념은 기업의 핵심가치로 기업의 전략을 형성하는 데 이용된다.

④ 조력자는 기업의 능력을 촉진하는 외부 환경과 기업의 강점이다.

04 다음 중 IT 거버넌스의 5대 주요 관심 영역에 대한 설명으로 옳지 않은 것은?

① 전략 연계 – 기업의 전략에 대한 연계와 최적의 의사결정 방향성을 제시한다.

② IT 가치 전달 – 개별 비즈니스 프로세스와 IT의 접목 최적화를 통한 IT 비즈니스 목표 달성을 지원한다.

③ 리스크 관리 – IT 비즈니스 연속성 확보를 위한 리스크 요소를 관리하며, 주요 연계 기법으로 Enterprise Architecture가 있다.

④ 자원 관리 – IT 비즈니스 요구사항에 빠르게 대응하기 위해 IT 자원을 체계적으로 관리한다.

05 다음 중 IT 비즈니스 도입 방식 가운데 패키지 도입의 특징으로 옳지 않은 것은?

① 기업 내부의 상세 요구사항을 적극적으로 반영하려는 목적을 가지고 있다.

② 패키지 전문가를 활용하므로 기술적 종속관계가 형성된다.

③ 표준화된 프로세스의 도입으로 자연스러운 업무 프로세스 혁신이 가능하다.

④ 사내의 주요 정보가 외부로 노출될 위험이 있다.

06 다음은 ISP(정보화 전략 계획)의 기본 구성과 그 활동을 단계별로 정리한 표이다. 각 단계에 해당하는 활동으로 적절하지 않은 것은?

구분	활동
환경분석 단계	– 경영환경분석 – 업무분석 – ① 벤치마킹
미래 모델설계 단계	– 정보전략 수립 – 정보관리체계 수립 – ② 업무 프로세스 개선계획 수립
정보시스템 상세규모 단계	– 개발용역비 – 장비구매비 – ③ 운영유지보수
타당성 분석 단계	– 타당성 분석 – 대안 분석 – ④ 기능점수 도출

07 기업에서 비즈니스 경쟁 우위를 확보하기 위해 구축하는 비즈니스 플랫폼은 제품 플랫폼, 고객 플랫폼, 거래 플랫폼으로 분류된다. 다음 중 이에 대한 설명으로 옳지 않은 것은?

① 제품 플랫폼 : 모델 개발 및 생산 비용 등의 비용 절감을 목적으로 활용된다.

② 제품 플랫폼 : 최종 제품을 생산하는 데 활용되는 공통부분으로 기업 내부를 범위로 둔다.

③ 고객 플랫폼 : 세력 확장을 통한 산업 주도를 목적으로 활용된다.

④ 거래 플랫폼 : 외부 공급자와 거래 관계를 맺는 인프라로 기업 외부를 범위로 둔다.

08 프로세스 상태 전이는 프로세스가 시스템 내에 존재하는 동안 프로세스의 상태가 변하는 것을 의미한다. 다음 중 준비 상태에서 대기하고 있는 프로세스 중 하나가 스케줄링되어 중앙처리장치를 할당받아 실행 상태로 전이되는 과정은?

① Dispatch

② Wake Up

③ Spooling

④ Terminated

09 정보충실도에 따른 소통채널 중 다음 소통채널에 대한 설명으로 옳지 않은 것은?

> ㉠ 글로 쓴 공식 문서 – ㉡ E-mail – ㉢ 전화 통화 – ㉣ 대면 대화

① ㉠에서 ㉣로 갈수록 전달 속도와 피드백 속도가 빨라진다.

② ㉠에서 ㉣로 갈수록 상대방 상황에 맞춰야 할 필요성이 높아진다.

③ ㉠에서 ㉣로 갈수록 복잡하고 많은 내용을 단시간에 전달할 필요성이 높아진다.

④ ㉠에서 ㉣로 갈수록 다양한 언어의 사용이 낮아진다.

10 다음 글의 빈칸에 들어갈 용어로 옳은 것은?

> IT 기술은 교육, 자동차, 국방, 의료 등 다양한 분야에서 응용되고 있으며, 센서 및 네트워크 기술의 발전에 따른 사물통신은 사물인터넷을 거쳐 _____으로 확대되고 있다.

① IoT

② M2M

③ Cloud

④ IoE

11 다음 빈칸에 들어갈 용어를 바르게 짝지은 것은?

> IT 서비스 공급기업과 고객 간 서비스의 범위, 항목, 성능, 형태, 가격 등 서비스 적정수준에 대한 협약을 ___㉠___ (이)라고 하고, 이를 지속적으로 모니터링·변경·관리하는 체계를 ___㉡___ (이)라고 한다.

	㉠	㉡
①	SLA	SOW
②	SOW	SLM
③	SLA	SLM
④	SLM	SLA

12 다음 중 IT 생태계 구성요소인 CPNDS에 해당하는 것을 바르게 짝지은 것은?

> • 콘텐츠(C)   • 플랫폼(P)
> • 네트워크(N)   • 디바이스(D)
> • 보안(S)

① C – PIMS, ISMS ② P – 스마트폰, PC
③ N – KT, LG ④ D – Apple, Google

13 다음 중 EA(Enterprise Architecture)에 대한 설명으로 옳지 않은 것은?

① 기업 비즈니스 전략과 IT 전략이 융합하여 탄생한 결과물이다.
② IT 거버넌스의 통제체계를 위임 또는 상속받아 IT 거버넌스를 통제하는 수단이 된다.
③ 업무나 시스템을 지속적으로 개선하기 위해 조직의 업무 프로세스와 정보 시스템을 가시화한 정보화 종합설계도이다.
④ EA 프레임워크의 자크만 프레임워크는 기업 간 상호운용성에 초점을 맞추어 개발한 개방형 프레임워크이다.

14 다음은 IT 비즈니스의 순환적 관리 활동인 PDCA 관리 사이클을 단계별로 정리한 표이다. 이에 대한 설명으로 옳지 않은 것은?

구분	활동
Plan 단계	– 기회 및 문제 식별 – ① 비즈니스 – IT 간 연계
Do 단계	– IT 솔루션 구현 – ② 비즈니스 – IT 연계성 검증
Check 단계	– ③ IT 솔루션 실행 결과 분석 – ④ 비즈니스 – IT 성과지표 모니터링
Action 단계	– 필요한 개선사항 식별 – 비즈니스 지원 IT 솔루션의 조정 및 변경

15 다음 중 SCM(공급망 관리)과 ERP(전사적 자원관리)를 비교한 결과로 옳지 않은 것은?

① SCM은 프로세스를 중심으로 데이터를 처리한다.

② ERP의 주요 기능에는 구매, 생산, 자재, 회계, 영업 등이 있다.

③ SCM을 도입할 경우 업무 프로세스 단축과 인건비 감소의 효과를 얻을 수 있다.

④ ERP는 주로 대기업 위주로 운영된다.

16 다음 중 Unix에서 현재 시스템의 프로세스와 메모리 사용현황을 표시할 때 사용하는 명령어는?

① top   ② chmod

③ fsck   ④ pwd

17 다음 글의 빈칸에 들어갈 용어로 옳은 것은?

> _____은/는 데이터 또는 정보의 가치가 생명주기에 따라 달라지는 것에 대응하여 저장매체를 분리하여 관리하는 일련의 프로세스로, 데이터 관리비용을 절감하고 데이터를 체계적으로 관리하기 위해 도입된다.

① IRM   ② BPM

③ BRE   ④ ILM

18 다음은 전통적 제조기업의 비즈니스 가치사슬에 대한 자료이다. 이에 대비되는 전자상거래 기업의 비즈니스 가치사슬로 적절하지 않은 것은?

〈전통적 제조기업의 비즈니스 가치사슬〉

• 지원 활동 : 기업 인프라, 기술 개발, 인사 관리, 구매 활동
• 주요 활동 : 운영(생산) → 출고 물류 → 마케팅 & 판매

〈전자상거래 기업의 비즈니스 가치사슬〉

• 지원활동
 − ① 네트워크 인프라 구축
 − ② 인터넷 고용, 훈련
 − 온라인 협력업체 관리
• 주요 활동
 − 전자 조달
 − ③ 입고 물류
 − ④ 무재고 생산
 − 네트워크 판매

---

01 NCS 직업기초능력평가 + 경영·경제상식

01 다음 밑줄 친 단어 중 어법상 옳지 않은 것은?

매년 3월 22일은 세계 물의 날로 인구와 경제 활동이 증가함에 따라 수질이 오염되고 먹는 물이 부족해지자 UN이 경각심을 ㉠ 일깨우기 위해 지정한 날이다. 우리나라의 상수도 보급률은 매우 우수한 편으로 매년 상승하고 있으나, 해가 갈수록 1인당 물 ㉡ 사용량도 늘어나고 있다. 우리나라 수자원량은 '물 스트레스' 국가로 주기적인 물 압박 경험이 있는 수준에 해당한다. 따라서 생활 속에서도 물을 절약하기 위한 다음과 같은 캠페인을 진행하고 있다.

• 사용 후 ㉢ 수도꼭지는 꼭 ㉣ 잠궈 주세요.
• 절수용 샤워기를 사용해 주세요.
• 레버를 잠그고 양치질을 해 주세요.
• 설거지 할 때는 설거지통을 사용해 주세요.

① ㉠

② ㉡

③ ㉢

④ ㉣

02 다음 글의 주제로 가장 적절한 것은?

표준화된 언어는 효과적으로 의사소통을 하기 위하여 의도적으로 선택해야 할 공용어로서의 가치가 있다. 반면에 방언은 지역이나 계층의 언어와 문화를 보존하고 드러냄으로써 국가 전체의 언어와 문화를 다양하게 발전시키는 토대로서의 가치가 있다. 이러한 의미에서 표준화된 언어와 방언은 상호 보완적인 관계에 있다. 표준화된 언어가 있기에 정확한 의사소통이 가능하며, 방언이 있기에 개인의 언어생활에서나 언어 예술 활동에서 자유롭고 창의적인 표현이 가능하다. 결국 우리는 표준화된 언어와 방언 둘 다의 가치를 인정해야 하며, 발화(發話) 상황(狀況)을 고려해서 표준화된 언어와 방언을 잘 가려서 사용할 줄 아는 능력을 길러야 한다.

① 창의적인 예술 활동에서는 방언의 기능이 중요하다.

② 표준화된 언어와 방언에는 각각 독자적인 가치와 역할이 있다.

③ 정확한 의사소통을 위해서는 표준화된 언어가 꼭 필요하다.

④ 표준화된 언어와 방언을 구분할 줄 아는 능력을 길러야 한다.

03 다음 글을 읽고 추론할 수 있는 내용으로 가장 적절한 것은?

바닷속에 서식했던 척추동물의 조상형 동물들은 체와 같은 구조를 이용하여 물속의 미생물을 걸러 먹었다. 이들은 몸집이 아주 작아서 물속에 녹아 있는 산소가 몸 깊숙한 곳까지 자유로이 넘나들 수 있었기 때문에 별도의 호흡계가 필요하지 않았다. 그런데 몸집이 커지면서 먹이를 거르던 체와 같은 구조가 호흡 기능까지 갖게 되어 마침내 아가미 형태로 변형되었다. 즉, 소화계의 일부가 호흡 기능을 담당하게 된 것이다. 그 후 호흡계의 일부가 변형되어 허파로 발달하고, 그 허파는 위장으로 이어지는 식도 아래쪽으로 뻗어 나갔다. 한편, 공기가 드나드는 통로는 콧구멍에서 입천장을 뚫고 들어가 입과 아가미 사이에 자리 잡게 되었다. 이러한 진화 과정을 보여 주는 것이 폐어(肺魚) 단계의 호흡계 구조이다.

이후 진화 과정이 거듭되면서 호흡계와 소화계가 접하는 지점이 콧구멍 바로 아래로부터 목 깊숙한 곳으로 이동하였다. 그 결과 머리와 목구멍의 구조가 변형되지 않는 범위 내에서 호흡계와 소화계가 점차 분리되었다. 즉, 처음에는 길게 이어져 있던 호흡계와 소화계의 겹친 부위가 점차 짧아졌고, 마침내 하나의 교차점으로만 남게 된 것이다. 이것이 인간을 포함한 고등 척추동물에서 볼 수 있는 호흡계의 기본 구조이다. 따라서 음식물로 인한 인간의 질식 현상은 척추동물 조상형 단계를 지나 자리 잡게 된 허파의 위치 —당시에는 최선의 선택이었을— 때문에 생겨난 진화의 결과라 할 수 있다.

① 진화는 순간순간에 필요한 대응일 뿐 최상의 결과를 내는 과정이 아니다.
② 조상형 동물은 몸집이 커지면서 호흡기능의 중요성이 줄어드는 대신 소화기능이 중요해졌다.
③ 폐어 단계의 호흡계 구조에서 갖고 있던 아가미는 척추동물의 허파로 진화하였다.
④ 지금의 척추동물과는 달리 조상형 동물들은 산소를 필요로 하지 않았다.

04 다음은 어느 나라의 인구수 및 군입대율에 대한 자료이다. 2020년과 2019년 입대자 수의 차는? (단, 인구수의 만 단위 미만은 버린다)

〈인구수 및 군입대율〉

(단위 : 만 명, %)

구분	2016년	2017년	2018년	2019년	2020년
인구수	4,994	5,012	4,981	5,117	5,294
군입대율	24	28	26	27	29

① 88만 명
② 112만 명
③ 154만 명
④ 189만 명

05 다음은 A제철소에서 생산한 분야별 철강의 출하량에 대한 자료이다. 2020년에 세 번째로 많은 생산을 했던 분야의 2018년 대비 2019년 변화율로 옳은 것은?

〈A제철소 철강 출하량〉

(단위 : 천 톤)

구분	자동차	선박	토목 / 건설	일반기계	기타
2018년	5,230	3,210	6,720	4,370	3,280
2019년	6,140	2,390	5,370	4,020	4,590
2020년	7,570	2,450	6,350	5,730	4,650

① 약 10% 증가하였다.　　② 약 10% 감소하였다.
③ 약 8% 증가하였다.　　④ 약 8% 감소하였다.

06 상자에 빨간색 수건이 3장, 노란색 수건이 4장, 파란색 수건이 3장 들어있는데 두 번에 걸쳐 한 장씩 수건을 뽑으려고 한다. 이때 처음에 빨간색 수건을, 그 다음에는 파란색 수건을 뽑을 확률은? (단, 한 번 꺼낸 수건은 다시 넣지 않는다)

① $\dfrac{9}{100}$　　　　② $\dfrac{1}{10}$

③ $\dfrac{11}{100}$　　　　④ $\dfrac{2}{15}$

07 농도 12%의 소금물과 5%의 소금물을 섞어서 농도 10%의 소금물 300g을 만들려고 한다. 이때 필요한 농도 5%의 소금물의 양은?

① $\dfrac{550}{7}$ g　　　　② $\dfrac{600}{7}$ g

③ $\dfrac{650}{7}$ g　　　　④ 100g

08 K씨는 생일을 맞아 주말에 가족과 외식을 하려고 한다. 레스토랑별 통신사 할인 혜택과 예상금액이 다음과 같을 때, K씨의 가족이 가장 저렴하게 먹을 수 있는 방법이 바르게 짝지어진 것은?

〈통신사별 멤버십 혜택〉

구분	A통신사	B통신사	C통신사
A레스토랑	10만 원 이상 결제 시 5,000원 할인	15% 할인	1,000원당 100원 할인
B레스토랑	재방문 시 8,000원 상당의 음료쿠폰 제공 (당일 사용 불가)	20% 할인	10만 원 이상 결제 시 10만 원 초과금의 30% 할인
C레스토랑	1,000원당 150원 할인	5만 원 이상 결제 시 5만 원 초과금의 10% 할인	30% 할인

〈레스토랑별 예상금액〉

구분	A레스토랑	B레스토랑	C레스토랑
예상금액	143,300원	165,000원	174,500원

	레스토랑	통신사	가격
①	A레스토랑	A통신사	120,380원
②	A레스토랑	B통신사	121,805원
③	B레스토랑	C통신사	132,000원
④	C레스토랑	C통신사	122,150원

09 H사에서 승진대상자 A ~ K 11명 중 2명을 승진시키려고 한다. 승진의 조건은 동료평가에서 '하'를 받지 않고 합산점수가 높은 순이다. 합산점수는 100점 만점의 점수로 환산한 승진시험 성적, 영어 성적, 성과 평가의 수치를 합산한다. 승진시험의 만점은 100점, 영어 성적의 만점은 500점, 성과 평가의 만점은 200점이라고 할 때, 승진대상자 2명은?

〈H사 동료평가〉

(단위 : 점)

구분	동료 평가	승진시험 성적	영어 성적	성과 평가
A	중	80	400	120
B	상	80	350	150
C	상	65	500	120
D	중	70	400	100
E	하	95	450	185
F	중	75	400	160
G	중	80	350	190
H	상	70	300	180
I	하	100	400	160
J	상	75	400	140
K	중	90	250	180

① A, C

② B, K

③ E, I

④ F, G

10 다음 중 변동환율제도에 대한 설명으로 옳지 않은 것은?

① 원화 환율이 오르면 물가가 상승하기 쉽다.

② 원화 환율이 오르면 수출업자가 유리해진다.

③ 원화 환율이 오르면 외국인의 국내 여행이 감소한다.

④ 환율은 기본적으로 외환시장에서의 수요와 공급에 의해 결정된다.

11 다음 중 채권시장의 경색으로 일시적 자금난을 겪는 기업에 유동성을 지원하고, 국고채와 회사채의 과도한 스프레드 차이를 해소하기 위해 설립한 펀드는?

① 통화채권펀드   ② 채권시장안정펀드

③ 모태펀드   ④ IP펀드

12 다음 중 BCG 매트릭스에서 최적 현금흐름의 방향으로 적절한 것은?

① 별 → 물음표   ② 별 → 캐쉬카우

③ 캐쉬카우 → 물음표   ④ 개 → 물음표

13 다음 글에서 설명하는 법칙을 순서대로 나열한 것은?

> • 상위 20%의 사람들이 전체 부(富)의 80%를 차지하고 있다는 것, 즉 '핵심 소수'와 '사소한 다수' 이론은 이미 사회학과 경제학에서 유명한 논리이다. 이는 기업의 매출에도 적용되어 상위 20%의 고객이 기업 이윤의 80%를 창출하는 결론을 가져온다. 이 법칙은 대인관계에서도 통한다고 할 수 있는데, 자신의 인맥 중에 결정적 역할을 하는 이들은 '핵심적 소수'이며, 그 외 80%는 그다지 중요하지 않은 사람들이라는 것이다. 따라서 우리는 '핵심적 소수'에 시간과 노력을 들여야 한다는 것이다.
>
> • 한 온라인 서점에서 올해 매출을 분석해 본 결과 수익의 80%를 차지하는 것은 잘 나가는 베스트셀러 몇 권이 아니라 그 밖의 나머지 책들이었다. 이는 인터넷의 발달로 구매 방법 및 소비문화가 바뀌면서 나타난 현상으로 보인다. 오프라인 서점에서는 공간의 한정성으로 진열할 수 있는 책의 양에 한계가 있었고, 따라서 사람들의 눈에 띌 수 있게 배치할 수 있었던 것은 기존의 인기도서 몇 권뿐이었다. 하지만 온라인 서점의 경우 이러한 공간적 제한을 극복할 수 있었고, 사람들이 자신의 취향을 살려 어떠한 책이든 검색을 통해 접할 수 있게 됨으로써 수많은 '비주류 도서'들이 도서 매출액에 일조할 수 있게 된 것이다.

① 하인리히 법칙, 파레토 법칙

② 파레토 법칙, 하인리히 법칙

③ 롱테일 법칙, 파레토 법칙

④ 파레토 법칙, 롱테일 법칙

14 다음 사례에 나타난 마케팅 기법은?

> 신발 브랜드 '탐스(Toms)'는 소비자가 신발을 구매할 때마다 신발이 필요한 아이들에게 신발을 기부하는 방식의 'One for One' 이벤트를 통해 약 200만 켤레 이상의 신발을 기부하였다.

① 코즈 마케팅(Cause Marketing)
② 노이즈 마케팅(Noise Marketing)
③ 앰부시 마케팅(Ambush Marketing)
④ 뉴로 마케팅(Neuro Marketing)

15 다음 글에서 설명하고 있는 조치와 가장 유사한 것은?

> 선물가격이 전일 종가 대비 5% 이상(코스닥 6%) 변동(등락)한 시세가 1분간 지속될 경우 주식시장의 프로그램 매매 호가가 5분간 효력이 정지되는 조치로, 선물시장의 급등락이 현물시장에 과도하게 파급되는 것을 막기 위한 장치이다. 이 제도는 1897년 미국 증시가 폭락한 블랙먼데이 이후 주가가 급격히 하락하는 것을 방지하기 위해 각 국가의 증시에 도입되었으며, 한국에서는 1998년부터 시행되었다.

① 서킷브레이커(Circuit Breaker)
② 공매도(Short Stock Selling)
③ 브래킷 크리프(Bracket Creep)
④ 블랙스완(Black Swan)

01 다음 중 일정 관리 프로세스의 활동 순서 배열 유형 가운데 SS(Start-to-Start) 관계에 대한 설명으로 옳은 것은?

① 선행활동이 완료되면 후행활동이 시작할 수 있는 관계
② 두 개의 활동이 완료되면 연관성이 있는 활동이 같이 완료되는 관계
③ 선행활동이 시작할 때까지 연결된 다음 활동을 시작할 수 없는 관계
④ 선행활동을 시작할 때까지 연결된 활동이 완료될 수 없는 관계

02 다음 중 범위관리 기법의 요구사항 수집 기법에서 사회자 회의 기법에 대한 설명으로 옳은 것은?

① 특정 제품, 서비스 및 개선 기회에 대한 아이디어를 도출하기 위한 기법이다.
② 개인 및 그룹을 대상으로 필요한 정보를 구두로 도출하는 체계적인 요구사항 도출 접근 방법이다.
③ 개발하고자 하는 시스템 또는 그 일부분을 신속하고 개략적으로 구축하는 기법이다.
④ 기존 시스템에 대한 문서 및 관련 자료들을 조사하여 시스템의 요구사항을 도출하는 기법이다.

03 다음은 공문서 결재와 관련된 대화이다. 빈칸에 들어갈 용어를 바르게 짝지은 것은?

> E사원 : 결재에 대해 잘 이해가 안 됩니다.
> F대리 : ___㉠___은/는 조직의 장이 하는 일반적인 결재이고, ___㉡___은/는 조직의 장이 결재 권한을 규정에 따라 하위 조직의 리더에게 위임한 것입니다.
> E사원 : 아! 그럼 ___㉢___은/는 결재권자가 장기간 부재 시 하위 구성원에게 일시적으로 권한을 위임하여 결재를 진행하는 경우이군요.

	㉠	㉡	㉢
①	전결	정규결재	대결
②	정규결재	전결	대결
③	정규결재	대결	전결
④	대결	전결	정규결재

04 다음 중 비즈니스 문서의 작성원칙으로 적절하지 않은 것은?

① 결론을 앞쪽으로 기술하여 빠르게 내용을 이해할 수 있도록 한다.

② 규정, 방침, 각종 정보나 자료의 출처를 명확히 해야 한다.

③ 목적, 배경, 현황, 원인, 대안 등의 흐름을 논리적으로 구성해야 한다.

④ 작성하는 사람의 입장에서 이해하기 쉽게 작성되어야 한다.

05 다음 중 합리적 의사결정 기법으로 의사결정을 위해 상황을 트리구조로 분할하고, 이를 단계적으로 분석함으로써 최종적인 의사결정에 이르는 기법은?

① MADM

② AHP

③ MECE

④ 로직 트리

06 다음 중 반정규화가 필요하지 않은 경우는?

① 정규화에 충실하면 종속성, 활용성은 향상되지만 수행속도는 느려지는 경우

② 다량의 범위를 자주 처리해야 하는 경우

③ 특정 범위의 데이터만 자주 처리하는 경우

④ 데이터의 일관성을 유지해야 하는 경우

07 다음 중 정규화 과정에서 발생하는 이상(Anomaly)에 대한 설명으로 옳지 않은 것은?

① 이상은 속성들 간에 존재하는 여러 종류의 종속 관계를 하나의 릴레이션에 표현할 때 발생한다.

② 정규화는 이상을 제거하기 위해서 중복성 및 종속성을 배제시키는 방법으로 사용된다.

③ 이상에는 삽입이상, 삭제이상, 갱신이상 등이 있다.

④ 속성들 간의 종속 관계를 분석하여 여러 개의 릴레이션을 하나로 결합하여 이상을 해결한다.

08 다음 중 관계대수와 관계해석에 대한 설명으로 옳지 않은 것은?

① 관계대수는 원하는 정보가 무엇이라는 것만 정의하는 비절차적 특징을 가지고 있다.

② 기본적으로 관계대수와 관계해석은 관계 데이터베이스를 처리하는 기능과 능력 면에서 동등하다.

③ 관계해석에는 튜플 관계해석과 도메인 관계해석이 있다.

④ 관계해석은 수학의 프레디킷 해석에 기반을 두고 있다.

09 키는 개체 집합에서 고유하게 개체를 식별할 수 있는 속성이다. 다음 중 데이터베이스에서 사용되는 키의 종류에 대한 설명으로 옳지 않은 것은?

① 후보키 : 개체들을 고유하게 식별할 수 있는 속성

② 슈퍼키 : 한 개 이상의 속성들의 집합으로 구성된 키

③ 외래키 : 다른 테이블의 기본키로 사용되는 속성

④ 대체키 : 후보키 중에서 대표로 선정된 키

10 다음 중 스키마(Schema)에 대한 내용으로 옳지 않은 것은?

① 데이터베이스 하나를 기술한 것이다.

② 자료를 처리할 응용 프로그램 구조를 표현한 것이다.

③ 데이터베이스 내에 있는 데이터의 논리적 단위 사이의 관계성을 표현한다.

④ 레코드 형태와 릴레이션 같은 모든 데이터의 논리적 단위에 명칭을 부여하고 의미를 기술한 것이다.

정답 및 해설 p.054

| 01 | NCS 직업기초능력평가 + 경영 · 경제상식 |

01 A사원은 직장 내에서의 의사소통능력 향상 방법에 대한 강연을 들으면서 다음과 같이 메모하였다. 밑줄 친 내용 중 A사원이 잘못 작성한 내용은 모두 몇 개인가?

> 〈의사소통능력 향상 방법 강연을 듣고…〉
>
> • 의사소통의 저해 요인
>
> … 중략 …
>
> • 의사소통에 있어 자신이나 타인의 느낌을 건설적으로 처리하는 방법
>   ㉠ 얼굴을 붉히는 것과 같은 간접적 표현을 피한다.
>   ㉡ 자신의 감정을 주체하지 못하고 과격한 행동을 하지 않는다.
>   ㉢ 자신의 감정 상태에 대한 책임을 타인에게 전가하지 않는다.
>   ㉣ 자신의 감정을 조절하기 위하여 상대방으로 하여금 그의 행동을 바꾸도록 강요하지 않는다.
>   ㉤ 자신의 감정을 명확하게 하지 못할 경우라도 즉각적인 의사소통이 될 수 있도록 노력한다.

① 1개   ② 2개
③ 3개   ④ 4개

02 H회사의 신입사원인 A ~ E는 회사에서 문서작성 시 주의해야 할 사항에 대한 교육을 받은 뒤 이에 대해 서로 이야기를 나누었다. 다음 중 잘못된 내용을 이야기하고 있는 사람을 모두 고르면?

> A사원 : 문서를 작성할 때는 주로 '누가, 언제, 어디서, 무엇을, 어떻게, 왜'의 육하원칙에 따라 작성해야 해.
> B사원 : 물론 육하원칙에 따라 글을 작성하는 것도 중요하지만, 되도록 글이 한눈에 들어올 수 있도록 하나의 사안은 한 장의 용지에 작성해야 해.
> C사원 : 글은 한 장의 용지에 작성하되, 자료는 최대한 많이 첨부하여 문서를 이해하는 데 어려움이 없도록 하는 것이 좋아.
> D사원 : 문서를 작성한 후에는 내용을 다시 한 번 검토해 보면서 높임말로 쓰인 부분은 없는지 살펴보고, 있다면 이를 낮춤말인 '해라체'로 고쳐 써야 해.
> E사원 : 특히 문서나 첨부 자료에 금액이나 수량, 일자 등이 사용되었다면 정확하게 쓰였는지 다시 한 번 꼼꼼하게 검토하는 것이 좋겠지.

① A사원, B사원   ② A사원, C사원
③ B사원, E사원   ④ C사원, D사원

03 직장생활에서 필요한 의사소통능력을 문서적인 의사소통능력으로서의 문서이해능력과 문서작성능력, 언어적인 의사소통능력으로서의 경청능력, 의사표현력으로 구분할 수 있다. 다음 사례에 필요한 의사소통능력을 종류에 따라 바르게 구분한 것은?

출판사에 근무하는 K대리는 오늘 아침 출근하자마자 오늘의 주요 업무를 다음과 같이 정리하였다.

〈주요 업무〉

ㄱ. 입사 지원 이력서 메일 확인
ㄴ. 팀 회의 – 팀원 담당 업무 지시
ㄷ. 금일 출간 도서 발주서 작성
ㄹ. 유선 연락을 통한 채용 면접 일정 안내
ㅁ. 퇴근 전 업무 일지 작성

	문서적인 의사소통	언어적인 의사소통
①	ㄱ, ㅁ	ㄴ, ㄷ, ㄹ
②	ㄱ, ㄷ, ㄹ	ㄴ, ㅁ
③	ㄱ, ㄷ, ㅁ	ㄴ, ㄹ
④	ㄴ, ㄷ, ㅁ	ㄱ, ㄹ

04 다음 중 외래어 표기법이 옳지 않은 것은?

① 플래시(flash)
② 옐로(yellow)
③ 비전(vision)
④ 쇼파(sofa)

05 다음은 보험업계에서 경쟁하고 있는 기업들의 실적 지표에 대한 자료이다. 이에 대한 설명으로 적절하지 않은 것은?

〈3사의 시장 점유율 추이〉

(단위 : %)

구분	2016년	2017년	2018년	2019년
S그룹	15	14.9	14.7	14.7
H그룹	13.9	14	14	14.3
L그룹	13.3	13.5	13.7	14.2

〈3사의 2019년 1분기 각종 지표〉

(단위 : 억 원, %)

구분	매출액	성장률	순익	손해율
S그룹	7,663	8.3	177(500)	69.8(69.9)
H그룹	7,372	10.0	336(453)	77.8(71.0)
L그룹	7,464	12.3	116(414)	78.0(76.6)

※ ( )는 2018년의 지표임

① 2016 ~ 2019년 연도별 세 그룹 점유율의 합은 모두 45%를 넘지 않았다.

② 2019년 1분기에 각 기업의 매출액 순위와 손해율이 적은 순서는 일치한다.

③ 2016 ~ 2019년 점유율 추이를 살펴보면 S그룹의 점유율은 하향세, H그룹과 L그룹은 상향세이나 점유율상의 순위변동은 없었다.

④ 2019년 1분기에 성장률 면에서는 L그룹, 순익 면에서는 H그룹, 손해율 면에서는 S그룹이 가장 우위를 점하고 있다.

06 A고객은 다음과 같은 조건으로 H은행 정기예금에 가입한 후 만기 납입했다. A고객이 받을 금액의 이자는 얼마인가?

▲ 상품명 : H은행 정기예금

▲ 계약기간 : 6개월

▲ 저축금액 : 천만 원

▲ 기본이자율

6개월	12개월	24개월	36개월
연 0.1%	연 0.15%	연 0.2%	연 0.25%

▲ 가입자 : 본인

▲ 저축방법 : 거치식

▲ 이자지급방식 : 만기일시지급 - 단리식

▲ 우대금리 : 최대 0.3%p

▲ 기타사항 : 우대금리를 최대로 받음

① 10,000원

② 15,000원

③ 18,000원

④ 20,000원

07 최근 회사 생활을 하면서 대인관계에 어려움을 겪고 있는 A사원은 같은 팀 B대리에게 조언을 구하고자 면담을 신청하였다. 다음 중 B대리가 A사원에게 해 줄 조언으로 적절하지 않은 것은?

> A사원 : 지난달 팀 프로젝트를 진행하면서 같은 팀원인 C사원이 업무적으로 힘들어하는 것 같아서 C사원의 업무를 조금 도와줬습니다. 그 뒤로 타 부서 직원인 D사원의 업무 협조 요청도 거절하지 못해 함께 업무를 진행했습니다. 그러다 보니 막상 제 업무는 제시간에 끝내지 못했고, 결국에는 늘 야근을 해야만 했습니다. 앞으로는 제 업무에만 전념하기로 다짐하면서 지난주부터는 다른 직원들의 부탁을 모두 거절하였습니다. 그랬더니 동료들로부터 제가 냉정하고 업무에 비협조적이라는 이야기를 들었습니다. 이번 달에는 정말 제가 당장 처리해야 할 업무가 많아 도움을 줄 수 없는 상황입니다. 동료들의 부탁을 어떻게 거절해야 동료들이 저를 이해해줄까요?
>
> B대리 : _____

① 상대 동료가 미련을 갖지 않도록 단번에 거절해야 합니다.
② 도움이 필요한 상대 동료의 상황을 충분히 이해하고 있음을 드러내야 합니다.
③ 현재 도움을 줄 수 없는 A사원의 상황이나 이유를 분명하게 설명해야 합니다.
④ 도움을 주지 못해 아쉬운 마음을 함께 표현해야 합니다.

08 다음은 리더십의 유형 중 한 유형의 특징을 나타낸 것이다. 이에 해당하는 리더십 유형으로 가장 적절한 것은?

> • 리더는 조직 구성원들 중 한 명일뿐이다. 그는 물론 다른 조직 구성원들보다 경험이 더 풍부하겠지만 다른 구성원들보다 더 비중 있게 대우받아서는 안 된다.
> • 집단의 모든 구성원들은 의사결정 및 팀의 방향을 설정하는 데 참여한다.
> • 집단의 모든 구성원들은 집단의 행동에 따른 성과 및 결과에 대해 책임을 공유한다.

① 독재자 유형
② 변혁적 유형
③ 파트너십 유형
④ 민주주의에 근접한 유형

09 다음 SWOT 분석에 대한 설명을 읽고 추론할 수 있는 내용으로 가장 적절한 것은?

> SWOT 분석에서 강점은 경쟁기업과 비교하여 소비자로부터 강점으로 인식되는 것이 무엇인지, 약점은 경쟁기업과 비교하여 소비자로부터 약점으로 인식되는 것이 무엇인지, 기회는 외부환경에서 유리한 기회 요인은 무엇인지, 위협은 외부환경에서 불리한 위협 요인은 무엇인지를 찾아내는 것이다. SWOT 분석의 가장 큰 장점은 기업의 내부 및 외부환경의 변화를 동시에 파악할 수 있다는 것이다.

① 제품의 우수한 품질은 SWOT 분석의 기회 요인으로 볼 수 있다.

② 초고령화 사회는 실버산업에 있어 기회 요인으로 볼 수 있다.

③ 기업의 비효율적인 업무 프로세스는 SWOT 분석의 위협 요인으로 볼 수 있다.

④ 살균제 달걀 논란은 빵집에 있어 약점 요인으로 볼 수 있다.

10 다음은 자원관리 과정 4단계를 나타낸 것이다. 빈칸에 해당하는 단계에 대한 설명으로 가장 적절한 것은?

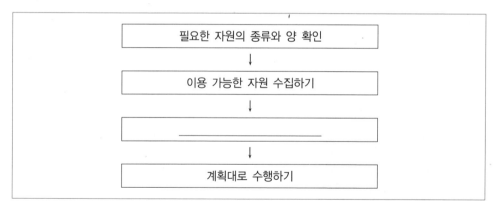

① 구체적으로 어떤 활동을 할 것이며, 이 활동에 어느 정도의 자원이 필요한지를 파악해야 한다.

② 계획에 얽매일 필요는 없지만 최대한 계획에 맞게 업무를 수행해야 한다.

③ 계획을 수정해야 하는 경우 전체 계획에 미칠 수 있는 영향을 고려해야 한다.

④ 자원을 실제 필요한 업무에 할당하여 계획을 세우되, 업무나 활동의 우선순위를 고려해야 한다.

11 다음 중 메자닌 펀드에 해당하지 않는 것은?

① 전환사채   ② 상환전환우선주

③ 외평채   ④ 신주인수권부 사채

12 다음 중 이슬람 국가들이 발행하는 채권으로 이슬람 율법인 샤리아(Sharia)에서 이자 지급을 금지하고 있기 때문에 투자자에게 이자 대신 실물거래 성격을 갖춘 배당금 형태의 수익을 지급하는 채권은?

① 타카풀   ② 수쿠크

③ 불독본드   ④ 양키본드

13 다음에서 설명하는 내용과 관련이 없는 이미지는?

> 동일한 물건은 어디서나 가격이 같다는 일물일가(一物一價)의 원칙을 전제로, 각국의 통화가치 수준을 살펴보기 위한 지수

①

②

③

④

14 다음 중 〈보기〉에서 설명하는 내용으로 옳지 않은 것은?

보기

옵션거래는 주식, 채권, 주가지수 등 특정 자산을 장래의 일정 시점에 미리 정한 가격으로 살 수 있는 권리와 팔 수 있는 권리를 매매하는 거래를 말한다. 시장에서 당일 형성된 가격으로 물건을 사고파는 현물거래나 미래의 가격을 매매하는 선물거래와는 달리 사고팔 수 있는 '권리'를 거래하는 것이 옵션거래의 특징이다.

① 콜옵션은 가격이 예상보다 올랐으면 권리를 행사하고 값이 떨어지면 포기하면 된다.

② 풋옵션은 거래 당사자들이 미리 정한 가격으로 장래의 특정 시점 또는 그 이전에 특정 대상물을 팔 수 있는 권리를 매매하는 계약이다.

③ 풋옵션을 매수한 사람은 시장에서 해당 상품이 사전에 정한 가격보다 낮은 가격에서 거래될 경우 비싼 값에 상품을 팔 수 없다.

④ 풋옵션을 매수한 사람은 해당 상품의 시장 가격이 사전에 정한 가격보다 높은 경우 권리를 행사하지 않을 권리도 있다.

15 다음 글의 빈칸에 들어갈 용어로 옳은 것은?

_____(이)란 시장에 현금이 흘러넘쳐 구하기 쉬운데도 기업의 생산, 투자와 가계의 소비가 늘지 않아 경기가 나아지지 않고 마치 경제가 함정에 빠진 것처럼 보이는 상태를 말한다.

① 제로쿠폰본드   ② 콜옵션
③ 유동성 함정   ④ 포이즌필

16 총투자금액 10억 원을 A, B, C, D 네 개의 증권에 각각 10%, 20%, 30%, 40% 비중으로 분산투자 하려고 한다. A, B, C, D증권의 기대수익률은 차례대로 20%, 15%, 10%, 5%이다. 이 포트폴리오의 기대수익률은?

① 6%   ② 8%
③ 10%   ④ 12%

17 다음 중 여러 개의 채권형 펀드 또는 주식형 펀드를 하나의 펀드로 만든 상품은?

① 모태펀드   ② 온렌딩대출
③ P2P대출   ④ 외자대출

18 다음 중 너무 차갑지도 그렇다고 너무 뜨겁지도 않은 적당한 상태를 가리키는 말로서 이상적인 경제 상황을 나타내며, 영국 전래 동화에서 유래한 용어는?

① 뉴노멀
② 디커플링
③ 골디락스
④ 윔블던 효과

19 다음 중 미국 금융기관의 규제책으로, 자기자본을 활용해 주식 등 손실 위험이 큰 투자에 뛰어들어 경제 전반으로 위험이 확대되는 것을 막기 위해 위험이 큰 투자를 제한하고, 대형화를 막기 위한 것은?

① 볼커룰
② 리베이트
③ 커버링
④ 프랍 트레이딩

20 다음 중 듀레이션(Duration)에 대한 설명으로 옳지 않은 것은?

① 채권의 만기가 길어질수록 듀레이션은 증가한다.
② 채권의 수익률이 높아지면 듀레이션은 감소한다.
③ 표면금리가 높아지면 듀레이션은 감소한다.
④ 이자 지급빈도가 증가할수록 듀레이션은 증가한다.

01 다음 중 PDCA 각 단계에 대한 설명으로 옳지 않은 것은?

① PLAN : 목표를 설정하고 달성하기 위해 세부 계획을 수립하고 기준을 정하는 단계

② DO : 수립된 계획을 수행하기 전 조직원들에게 발표하는 단계

③ CHECK : 실행한 결과를 측정해 설정한 계획과 비교하는 단계

④ ACT : 확인한 결과에 따라서 조치를 취하는 단계

02 다음 중 기업의 사회적 책임(CSR) 4단계에 대한 설명으로 옳지 않은 것은?

① 1단계 : 경제적 이윤을 창출하는 단계로, 이윤의 극대화와 고용 창출 등의 책임이 있다.

② 2단계 : 법률 내에서 경영활동을 하는 단계로, 투명한 회계, 성실한 납세, 소비자의 권익 보호 등의 책임이 있다.

③ 3단계 : 국제적으로 경쟁하는 단계로, 상품뿐만 아니라 기술과 서비스 분야 및 자본의 이동 등의 책임이 있다.

④ 4단계 : 수익의 일정 부분을 사회에 환원하는 단계로, 사회공헌 활동 또는 자선·교육·문화·체육활동 등에 대한 지원의 책임이 있다.

03 다음은 H출판사의 새로운 도서 분야 시장진입을 위한 신간회의 내용이다. 의사결정방법 중 하나인 '브레인스토밍'을 활용할 때, 이에 적합하지 않은 태도를 가진 사람을 모두 고르면?

> A사원 : 신문 기사를 보니, 세분화된 취향을 만족시키는 잡지들이 주목받고 있다고 하던데, 저희도 소수의 취향을 주제로 한 잡지를 만들어 보는 건 어떨까요?
> B대리 : 그건 수익성은 생각하지 않은 발언인 것 같네요.
> C과장 : 아이디어는 많으면 많을수록 좋죠. 더 이야기해 봐요.
> D주임 : 요새 직장생활에 관한 이야기를 주제로 독자의 공감을 이끌어내는 도서들이 많이 출간되고 있습니다. '연봉'과 관련한 실용서를 만들어 보는 건 어떨까요? 신선하고 공감을 자아내는 글귀와 제목, 유쾌한 일러스트를 표지에 실어서 눈에 띄게 만들어 보는 것도 좋을 것 같습니다.
> E차장 : 두 아이디어 모두 신선하네요. 잡지의 형식으로 가면서 직장인과 관련된 키워드를 매달 주제로 해 발간해보면 어떨까요? 창간호 키워드는 연봉이 좋겠군요.

① A사원   ② B대리

③ B대리, C과장   ④ B대리, E차장

04 다음은 IT 분야의 신기술이 갖는 산업 경제적 가치와 영향에 대한 기대수준의 변화를 시간에 따라 나타내는 하이프 사이클(Hype Cycle)이다. 각 단계에 대한 설명으로 옳지 않은 것은?

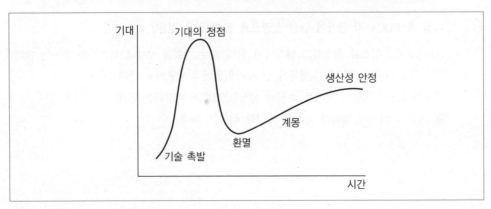

① 기술 촉발 단계에서는 잠재적 기술이 관심을 받는다.

② 기대의 정점 단계에서는 미디어가 관심을 불러일으킨다.

③ 환멸 단계에서는 다수의 기술이 실패하면서 관심이 줄어든다.

④ 계몽 단계에서는 기술이 시장의 주류로 자리를 잡기 시작한다.

05 다음 중 6시그마의 프로세스 개선 5단계인 DMAIC에 해당하지 않는 것은?

① 정의(Define)

② 측정(Measure)

③ 분석(Analyze)

④ 발상(Idea)

06 다음 중 IT 비즈니스 프로세스 개선기법인 BPR에 대한 설명으로 옳은 것은?

① 확실한 혁신이 필요한 경우 사용하되, 프로세스를 점진적으로 개선한다.

② 기존의 업무 방식을 유지하면서 프로세스를 개선한다.

③ 비즈니스 프로세스를 근본적으로 재설계한다.

④ 직무나 근로자, 조직 구조를 통해 문제해결을 시도한다.

07 다음은 IT 거버넌스 프레임워크로 널리 알려진 COBIT 5에서 제공하는 거버넌스 프레임워크 참조 모델이다. 이에 대한 설명으로 옳지 않은 것은?

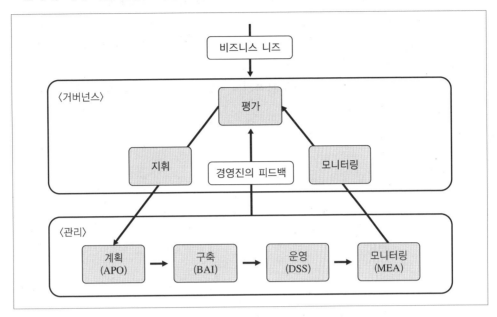

① 거버넌스 프로세스와 관리 프로세스를 분할하여 구성하고 있다.

② 거버넌스 영역은 각각 평가, 지휘, 모니터링의 실무절차를 갖는 3개의 프로세스로 구성된다.

③ 운영(DSS) 단계에서는 이관, 서비스, 지원 등이 이루어진다.

④ 거버넌스 프로세스와 관리 프로세스에서 모두 모니터링이 진행된다.

08 다음 중 정보보안 기술에 대한 설명으로 옳지 않은 것은?

① FDS : 결제자의 정보를 토대로 패턴을 만들어 의심 거래 등을 차단하는 시스템

② 양자 암호 : 양자의 복사 불가능 등 양자역학의 원리를 응용한 암호 방식

③ FIDO : 암호화된 키, 패스워드, 디지털 인증서 등을 저장할 수 있는 안전한 저장 공간을 제공하는 보안 모듈

④ 재식별화 : 비식별화된 개인정보를 다른 정보와 조합·분석하거나 처리하여 특정 개인을 다시 식별할 수 있게 하는 방법

09 다음 중 이진 트리 검색(Binary Tree Search)의 특징으로 적절하지 않은 것은?

① 데이터의 값에 따라 자리가 정해져 자료의 탐색·삽입·삭제가 효율적이다.

② 데이터가 입력되는 순서에 따라 첫 번째 데이터가 근노드가 된다.

③ 데이터는 근노드와 비교하여 값이 작으면 우측으로 연결하고, 값이 크면 좌측으로 연결하여 이진 검색 트리로 구성한다.

④ 정렬이 완료된 데이터를 이진 검색 트리로 구성할 경우 사향 이진 트리가 되어 비교 횟수가 선형 검색과 동일해 진다.

10 다음 중 효과적인 이메일 작성 방법으로 적절하지 않은 것은?

① 메일 제목만으로도 내용을 알 수 있도록 제목에는 핵심을 간결하게 표현한다.

② 인사말을 넣어 상호 긍정적인 커뮤니케이션을 유도한다.

③ 중요한 정보는 가급적 마지막에 나오도록 작성한다.

④ 받는 사람과 참조하는 사람을 명확히 구분한다.

PART

3

주요 금융권 NCS
기출복원문제

정답 및 해설 p.062

| KB국민은행

01 다음 기사의 내용으로 적절하지 않은 것은?

> KB국민은행은 고금리 및 경기둔화로 어려움을 겪고 있는 취약차주에 대한 상생금융과 기업의 사회적 책임 실천을 위해 'KB국민희망대출'을 출시한다고 밝혔다.
>
> KB국민희망대출은 제2금융권 신용대출을 낮은 금리의 은행권 대출로 전환해주는 대환 대출 상품이다. 은행 대출이 어려웠던 중저신용 차주들은 KB국민희망대출을 통한 은행권 진입으로 이자비용은 경감하고 개인의 신용도는 개선할 수 있게 되었다.
>
> 대상 고객은 제2금융권 신용대출을 보유한 근로소득자로, KB국민은행 고객뿐만 아니라 타행 거래고객도 신청 가능하다. KB국민은행은 5천억 원 규모로 대출을 지원할 방침이다.
>
> KB국민은행은 최대한 많은 금융소비자들이 KB국민희망대출의 혜택을 누릴 수 있도록 대상 요건을 대폭 완화했다. 자체 내부평가모델을 활용해 일반적으로 은행권 대출이 어려운 다중채무자 등 중저신용 차주들도 이용할 수 있게 했다.
>
> 차주의 재직기간 및 소득 요건도 최소화했다. 재직기간의 경우 사회초년생 고객을 고려해 1년 이상 재직 시 대출 신청이 가능하도록 했다. 소득 요건도 크게 낮춰 2023년 최저임금수준을 고려한 연소득 2천 4백만 원 이상으로 결정했다.
>
> 대출금리는 고객의 실질적인 이자부담 경감 효과를 위해 최고금리를 연 10% 미만으로 제한하여 운영한다. 이는 대출 이후에도 적용되어 상환기간 중 기준금리(금융채 12개월물)가 상승하더라도 연 10% 미만의 금리로 대출을 이용할 수 있다.
>
> 대출한도 산정에 있어서도 큰 폭의 변화를 주었다. 일반적으로 여러 금융기관의 대출을 보유한 다중채무자의 경우 대출한도가 부여되기 어려우나 KB국민희망대출은 다중채무자라 하더라도 별도의 감액이나 거절 기준 없이 신용등급에 따라 최대 1억 원까지 한도를 부여한다. 최종 대출금액은 고객이 현재 보유한 제2금융권 신용대출의 상환금액이며, 고객별 금융기관 대출잔액 및 소득금액에 따른 DSR 범위 내에서 대환이 가능하다.
>
> 대출상환은 분할상환 방식으로 이뤄지며 원금균등분할상환과 원리금균등분할상환 중 선택이 가능하다. 대부분의 제2금융권 신용대출이 5년 이내 분할상환으로 운영되고 있으나, KB국민은행은 상환기간을 최장 10년까지 확대하여 고객의 선택권을 강화했다.

① 여러 금융사로부터 중복해서 돈을 빌렸어도 KB국민희망대출을 이용할 수 있다.

② KB국민희망대출은 대출 이후에도 상환기간 중 금리가 연 10% 미만으로 적용된다.

③ KB국민희망대출을 통해 자금을 빌릴 경우, 대출원금은 만기일에 일시상환한다.

④ 같은 이자율과 같은 금액으로 대출했더라도 KB국민희망대출은 제2금융권 신용대출에 비해 월 상환부담금을 낮출 수 있다.

02 다음 제시된 문단을 논리적 순서대로 바르게 나열한 것은?

> (가) 온 국민 건강적금은 6개월간 월 1만 원부터 20만 원까지 저축이 가능하며, 기본이율은 연 2.0%이다. 또한 일정 조건을 만족한 고객은 최고 연 6.0%의 우대이율을 받을 수 있다. 먼저 KB스타뱅킹 스마트폰 애플리케이션의 '즐거운 걷기'를 통해 걸음 수를 측정하여 매월 10만 보를 걸을 경우, 월 0.5%p씩 최고 연 3.0%p의 즐거운 걷기 우대이율을 제공한다.
>
> (나) 즐거운 걷기 등 우대이율을 모두 받기 위해서는 적금 가입 시 '상품별 선택 개인정보 수집 이용 및 제공'에 동의해야 하며, 안드로이드 휴대폰의 경우 '구글 피트니스', 아이폰의 경우 '건강 앱'이 설치되어 있어야 한다.
>
> (다) KB국민은행은 2022년 12월 15일 '온 국민 건강적금'을 출시하였다. 온 국민 건강적금은 건강관리와 금융을 결합한 앱테크형 금융상품으로 건강관리와 재정안정을 동시에 추구하는 고객을 위한 자유적립식 예금이다.
>
> (라) 또한 KB스타뱅킹에서 '발자국 스탬프 찍기'를 매월 1회씩 총 6회를 모두 완료할 경우 연 1.0%p의 발자국 찍기 우대이율을 제공한다. 이외에도 적금 가입 전전월 말 기준 6개월 이상 KB스타뱅킹 로그인 이력이 없는 신규고객의 경우 연 2.0%p의 웰컴스뱅 우대이율을 제공한다.

① (나) - (다) - (가) - (라)
② (나) - (라) - (가) - (다)
③ (다) - (가) - (라) - (나)
④ (다) - (라) - (가) - (나)

03 다음 글의 빈칸에 들어갈 접속어로 가장 적절한 것은?

> KB국민은행은 소중한 가족의 부동산을 안전하고 효과적으로 승계하기 위한 신탁 솔루션인 'KB 가족부동산 지킴신탁'을 출시했다고 밝혔다.
> KB 가족부동산 지킴신탁은 부동산을 안전하게 관리하기 위해 은행과 신탁계약을 체결하는 상품이다. 부동산 처분을 위해 계약을 해지하고자 하는 경우 사전에 지정한 보호자의 동의를 거쳐야 하므로, 부동산이 임의로 처분되지 않도록 보호할 수 있다. 부동산을 증여하고 싶지만 자녀의 변심이 우려되거나 의사능력 미약으로 소유 부동산에 대한 보호가 필요한 경우 KB 가족부동산 지킴신탁을 통해 고민을 해결할 수 있다. _____ KB 가족부동산 지킴신탁 이용 고객은 보유 부동산의 증여를 통해 종합부동산세 등 보유세를 절감하거나 사전 증여를 통해 가족자산의 세금 부담도 경감시킬 수 있다. 이외에도 상담 시 전문가 그룹의 상속·증여 종합 컨설팅을 통해 해당 부동산을 포함하는 고객 맞춤 여생관리 설계 서비스를 이용할 수 있다.
> KB국민은행 관계자는 "KB 가족부동산 지킴신탁은 고령화 사회의 당면과제인 다음 세대로의 슬기로운 '부의 이전'을 위한 솔루션을 제시하기 위해 준비했다."며, "자녀를 걱정하는 부모, 부모를 걱정하는 자녀 모두에게 꼭 필요한 신탁 솔루션이 될 것이다."라고 밝혔다.

① 그러나
② 또한
③ 따라서
④ 그래서

※ 다음은 미국 달러 1달러를 기준으로 한 국가별 화폐 환율에 대한 자료이다. 이어지는 질문에 답하시오 (단, 모든 환율 계산에서 환전 수수료는 고려하지 않고, 소수점 둘째 자리에서 반올림한다). [4~6]

〈국가별 화폐 환율〉

구분	미국	한국	일본	중국
환율	1달러	1,320원	145엔	7.5위안
구분	독일	호주	베트남	사우디아라비아
환율	0.95유로	1.55AUD	24,180동	3.75리얄

| KB국민은행

04 한국 10,000원을 일본 화폐로 교환하면 얼마인가?

① 1,023.7엔
② 1,059.3엔
③ 1,077.1엔
④ 1,098.5엔

| KB국민은행

05 독일 3유로를 사우디아라비아 화폐로 교환하면 얼마인가?

① 11.8리얄
② 12.2리얄
③ 12.6리얄
④ 13리얄

| KB국민은행

06 베트남 10,000동을 호주 화폐로 교환하면 얼마인가?

① 0.4AUD
② 0.5AUD
③ 0.6AUD
④ 0.7AUD

07 다음은 10개 도시의 2022년 6월 및 12월의 부동산 전세 가격지수 동향에 대한 자료이다. 2022년 6월 대비 12월 부동산 전세 가격지수의 증가량이 가장 적은 도시의 증감률은?

〈2022년 10개 도시 부동산 전세 가격지수 동향〉

구분	6월	12월	구분	6월	12월
A시	90.2	95.4	F시	98.7	98.8
B시	92.6	91.2	G시	100.3	99.7
C시	98.1	99.2	H시	92.5	97.2
D시	94.7	92.0	I시	96.5	98.3
E시	95.1	98.7	J시	99.8	101.5

① 약 −2.9% ② 약 −1.5%
③ 약 1% ④ 약 5.8%

08 다음은 K기업의 분기별 매출이익, 영업이익, 순이익에 대한 자료이다. 매출이익 대비 순이익의 비가 가장 낮은 분기의 전분기 대비 영업이익 증감률은?

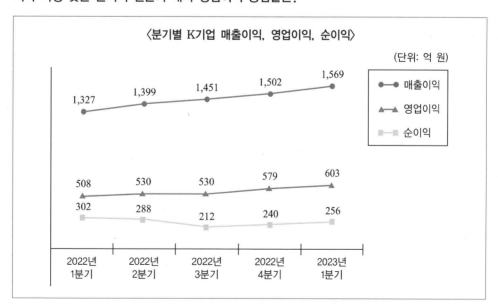

① 0% ② 약 4.1%
③ 약 4.3% ④ 약 9.2%

09 K금융의 영업팀 팀장은 팀원들의 근태를 평가하기 위하여 영업팀 직원 A~F의 출근 시각을 확인하였다. 확인한 결과가 다음과 같을 때, 항상 옳은 것은?(단, A~F의 출근 시각은 모두 다르며, 먼저 출근한 사람만 자신보다 늦게 출근한 사람의 출근 시각을 알 수 있다)

> • C는 E보다 먼저 출근하였다.
> • D는 A와 B보다 먼저 출근하였다.
> • E는 A가 도착하기 직전 또는 직후에 출근하였다.
> • E는 F보다 늦게 출근하였지만, 꼴찌는 아니다.
> • F는 B가 도착하기 바로 직전에 출근하였다.

① B는 C의 출근 시각을 알 수 있다.

② C는 A~F의 출근 순서를 알 수 있다.

③ D가 C보다 먼저 출근했다면, D는 A~F의 출근 순서를 알 수 있다.

④ F가 C보다 먼저 출근했다면, F는 D의 출근 시각을 알 수 있다.

10 20대 남녀, 30대 남녀, 40대 남녀 총 6명이 K금융상품 설명회에 참석하기 위해 K금융그룹의 대강당을 찾았다. 다음 〈조건〉에 따라 지정된 자리에 앉았다고 할 때, 항상 옳은 것은?

> 조건
> • 양 끝자리에는 다른 성별이 앉는다.
> • 40대 남성은 왼쪽에서 두 번째 자리에 앉는다.
> • 30대 남녀는 인접하여 앉지 않는다.
> • 30대와 40대는 인접하여 앉지 않는다.
> • 30대 남성은 맨 오른쪽 끝자리에 앉는다.

[대강당 좌석]

① 20대 남녀는 왼쪽에서 첫 번째 자리에 앉을 수 없다.

② 20대 남성은 40대 여성과 인접하여 앉는다.

③ 30대 남성은 20대 여성과 인접하여 앉지 않는다.

④ 40대 남녀는 서로 인접하여 앉지 않는다.

11 다음은 K시 아파트 실거래지수 현황에 대한 자료이다. 2023년 4월 아파트 실거래지수가 137.8일 때, 2022년 3월 대비 2023년 3월 아파트 실거래지수의 증감률은?

<K시 아파트 실거래지수 현황>

구분	전월 대비 아파트 실거래지수 증감량	구분	전월 대비 아파트 실거래지수 증감량
2022년 1월	−1.3(▼)	2022년 9월	+1.2(▲)
2022년 2월	+0.8(▲)	2022년 10월	−0.9(▼)
2022년 3월	+1.3(▲)	2022년 11월	−1.1(▼)
2022년 4월	+2.7(▲)	2022년 12월	+0.7(▲)
2022년 5월	+3.3(▲)	2023년 1월	+1.3(▲)
2022년 6월	+2.1(▲)	2023년 2월	−2.1(▼)
2022년 7월	−0.7(▼)	2023년 3월	+1.7(▲)
2022년 8월	−0.5(▼)	2023년 4월	−1.5(▼)

① 약 4.3% ② 약 5.2%

③ 약 5.9% ④ 약 6.4%

12 A ~ D고객은 KB 직장인든든 신용대출 상품을 통해 대출을 받고자 국민은행에 방문하여 상담을 받았다. 제시된 상품설명과 A ~ D고객에 대한 조건을 바탕으로 각각의 대출한도 및 최종금리를 바르게 짝지은 것은?(단, A ~ D고객 모두 대출한도 및 금리에 대한 불이익은 없다)

〈KB 직장인든든 신용대출〉

구분	내용
상품특징	직장인이라면 신청 가능
대출신청자격	재직기간 3개월 이상의 당행 선정 우량 직장인 및 재직기간 6개월 이상의 일반 직장인 ※ 최종합격자를 포함한 정규직 공무원, 중사 이상의 군인, 교사는 재직기간에 관계없이 자격 부여
대출금액	최대 3억 원 이내(단, 재직기간 1년 미만의 사회초년생은 최대 5천만 원 이내로 제한) - 종합통장자동대출은 최대 1억 원 이내로 제한 - 금융소외계층(최근 2년 이내 신용카드 실적 및 최근 3년 이내 대출실적이 없는 고객)은 최대 3백만 원 이내의 기본한도 제공

(기준일 : 2022.08.28)

구분	기준금리	가산금리	우대금리	최저금리	최고금리
CD 91일물	연 3.69%	연 2.36%p	최고 연 0.9%p	연 5.15%	연 6.05%
금융채 6개월	연 3.80%	연 2.34%p	최고 연 0.9%p	연 5.24%	연 6.14%
금융채 12개월	연 3.88%	연 2.29%p	최고 연 0.9%p	연 5.27%	연 6.17%

대출금리

※ 기준금리 : 금융채 금리는 금융투자협회가 고시하는 「AAA등급 금융채 유통수익률」로 전주 최종영업일 전 영업일 종가 적용

※ 가산금리 : 신용등급, 대출기간 등에 따라 차등 적용(대출기간 2년 미만, 신용등급 3등급 기준)

※ 우대금리 : 최고 연 0.9%p

각 항목의 우대조건 충족 여부에 따라 대출신규 3개월 이후 매월 재산정 후 적용

① KB신용카드 이용실적 우대 : 최고 연 0.3%p

　－ 결제계좌를 KB국민은행으로 지정하고, 최근 3개월간 KB신용카드 이용실적이 있는 경우

KB신용카드 이용실적	우대금리
30만 원 이상 60만 원 미만	연 0.1%p
60만 원 이상 90만 원 미만	연 0.2%p
90만 원 이상	연 0.3%p

② 급여(연금) 이체 관련 실적 우대 : 연 0.3%p

　－ 전월 말 기준 최근 3개월간 2회 이상 본인 계좌로 급여(연금) 이체(단, 건별 50만 원 이상)

③ 적립식 예금 잔액 30만 원 이상의 계좌 보유 : 연 0.1%p

④ 자동이체 3건 이상 실적 우대 : 연 0.1%p

　－ 신규 3건, 재산정 시 2건 이상의 자동이체 출금실적

⑤ KB스타뱅킹 이용 우대 : 연 0.1%p

※ 적용금리 : (기준금리)+(가산금리)－(우대금리)

구분	조건

A고객	• 재직기간 2개월 초임 교사
	• 적용 기준금리 : CD 91일물
	• 당행 이용실적
	   – 최근 3개월간 KB신용카드 50만 원 이용내역 확인(결제계좌 : KB국민은행)
	   – 잔액 100만 원 이상의 적립식 예금 계좌 보유

B고객	• 무직
	• 적용 기준금리 : 금융채 6개월
	• 당행 이용실적
	   – 최근 3개월간 KB신용카드 100만 원 이용내역 확인(결제계좌 : KB국민은행)
	   – KB스타뱅킹 이용

C고객	• 재직기간 9개월 사무직
	• 적용 기준금리 : CD 91일물
	• 당행 이용실적
	   – 최근 3개월간 KB신용카드 80만 원 이용내역 확인(결제계좌 : KB국민은행)
	   – 전월 말 기준 최근 3개월 이상 당행 본인 계좌로 월 200만 원 급여 입금내역 확인
	   – 잔액 50만 원 이상의 적립식 예금 계좌 보유

D고객	• 재직기간 5년 사무직
	• 적용 기준금리 : 금융채 12개월
	• 당행 이용실적
	   – 최근 3개월간 KB신용카드 120만 원 이용내역 확인(결제계좌 : KB국민은행)
	   – 전월 말 기준 최근 1년 이상 당행 본인 계좌로 월 280만 원 급여 입금내역 확인
	   – 잔액 1,300만 원 이상의 적립식 예금 계좌 보유
	   – KB스타뱅킹 이용

※ A ~ D고객 모두 대출기간은 1년, 신용등급은 3등급이다.
※ 가산금리는 2022년 8월 28일 기준 최대치로 계산한다.

	대출한도	최종금리
① A고객	1억 원	5.75%
② B고객	5천만 원	5.89%
③ C고객	5천만 원	5.45%
④ D고객	3억 원	6.17%

13 다음 글의 제목으로 가장 적절한 것은?

새마을금고중앙회는 대포통장 근절을 통해 보이스피싱 예방에 성과를 거두고 있다고 밝혔다.

대포통장은 명의자와 사용자가 일치하지 않는 통장으로, 대부분 금융사기에 이용된다. 보이스피싱의 경우도 피해자로부터 입금을 받는 계좌로 대포통장을 이용한다. 따라서 대포통장 근절은 보이스피싱 예방의 중요한 수단으로 여겨진다.

새마을금고는 요구불통장 발급전용 창구 개설, 발급전담자 지정, 금융거래목적확인 절차 강화, 현금IC카드 발급요건 강화, 고액현금 인출 사전예방 문진표 징구 등을 통해 대포통장 근절에 적극 나서고 있다.

그 결과 새마을금고의 대포통장 비율은 눈에 띄게 줄었다. 지난 5년간 전(全) 금융기관 대포통장 대비 새마을금고의 대포통장 비율은 2018년 11.7%, 2019년 9.0%, 2020년 5.6%, 2021년 3.7%, 2022년 4.3%로 크게 감소했고, 발생 건수 또한 2018년 6,002건에서 2022년 1,272건으로 감소했다.

한편 새마을금고중앙회는 피해·사기계좌에 대한 모니터링을 통해 자금 인출 전 계좌의 출금을 막아 피해를 예방하고 금융사기를 차단하고 있다고 전했다. 이러한 모니터링을 통한 예방 계좌 수는 2020년 644건, 2021년 761건, 2022년 1,402건으로 지속적으로 증가했고, 예방 금액은 지난 3년간 총 132억에 달한다고 한다.

새마을금고중앙회 관계자는 "적극적인 대포통장 근절로 보이스피싱 예방과 고객 보호에 최선을 다하겠다."라고 밝혔다.

① 대포통장, 보이스피싱의 대표적 수단

② 새마을금고중앙회의 보이스피싱 예방 성과

③ 새마을금고중앙회, 금융사기 피해자 지원

④ 사기계좌에 대한 지속적 모니터링 촉구

14 다음 글을 읽고 알 수 있는 내용으로 적절하지 않은 것은?

> 경찰청 국가수사본부(사이버수사국)는 2021년 5월 19일 오스트리아 빈에서 개최된 '제30회 유엔 범
> 죄예방 및 형사사법위원회*'정기회의에 온라인으로 참석해, 가상자산 추적과 국제형사사법공조 등을
> 통해 '갠드크랩' 금품요구 악성 프로그램 유포사범을 국내 최초로 검거한 수사 사례를 발표했다.
> 경찰은 루마니아·필리핀·미국 등 10개국과 공조하여 2년간의 수사를 통해 경찰관서 등을 사칭하
> 며 '출석통지서'를 위장한 갠드크랩 금품요구 악성 프로그램을 유포한 피의자들을 검거하였다. 이에
> 유엔 마약·범죄 사무소에서 고도화된 사이버범죄인 랜섬웨어 사건을 가상자산추적 및 국제공조를
> 통해 성공적으로 해결한 한국 경찰의 수사를 모범사례로 선정하여 정기회의에서의 발표를 요청한
> 것이다.
> 이 사건을 직접 수사한 발표자 J경사는 금품요구 악성 프로그램 유포사건의 착수 경위와 범행 수법,
> 사건 해결을 위한 수사 시 착안 사항 등을 설명하였다. 특히 최근 사이버범죄에서 범행수익금이 가
> 상자산으로 전달되는 특성상 국가 간 신속하고도 긴밀한 공조수사의 중요함을 강조하였다.
> J경사는 인터넷진흥원에서 침해사고를 담당하던 중 경찰의 경력직 특별채용에 지원해 2013년 사이
> 버수사관이 되었으며, 지하웹(다크웹)에서 운영되던 아동성착취물 공유사이트 '웰컴투비디오'의 운
> 영자를 검거하였다. 이렇게 검거한 수사 사례를 2018년 태국에서 개최된 유엔 마약·범죄 사무소,
> 동남아시아 가상자산 실무자 회의에서 발표한 경력도 있다.
> 경찰청 관계자는 "이번 유엔 발표를 통해 한국 경찰의 사이버수사 역량을 전 세계 수사기관에 알리
> 는 좋은 기회가 되었다. 앞으로도 한국 경찰의 첨단 사이버수사 기법과 적극적인 국제공조를 통해
> 금품요구 악성 프로그램·디도스(DDoS) 등 최신 사이버범죄를 신속하게 해결하여 국민의 피해를
> 최소화하겠다."라고 강조하였다.
>
> *유엔 마약·범죄 사무소(UNODC; UN Office on Drugs and Crime)가 운영하는 위원회로, 범죄예방 및 사
> 법분야에서 UN의 활동을 안내하는 정기회의를 매년 5월 오스트리아 빈에서 개최한다.

① 한국 경찰은 해외 10개국과 공조하여 2년간 사이버범죄를 수사하였다.

② 유엔 마약·범죄 사무소에서는 선제적으로 한국 경찰에 정기회의에서의 발표를 요청하였다.

③ 한국 경찰은 사이버 성범죄 유포사범을 검거한 일로 유엔 정기회의를 통해 사이버수사 역량을
   알리게 되었다.

④ 사이버범죄 해결을 위한 국제공조는 앞으로도 지속적으로 이루어질 것이다.

미래 성장동력이자 4차 산업혁명의 신산업 플랫폼인 '스마트시티' 분야에 대해 국가 차원의 체계적인 기술개발 투자가 이뤄진다. 국토교통부는 대통령 주재 제2차 과학기술 전략회의에서 9대 국가전략 프로젝트 중 하나로 '세계 선도형 스마트시티 구축사업'이 최종 선정됐다고 밝혔다. 또한 이를 통해 우리의 강점인 도시개발 경험과 우수한 ICT를 연계한 핵심기술을 개발하고 맞춤형 실증모델을 구축하게 되면 글로벌 기술 우위를 확보하는 한편, 전 세계적으로 크게 확대되고 있는 스마트시티 시장을 선점할 수 있는 계기가 될 것으로 내다보았다.

이번 스마트시티 프로젝트의 핵심 과제는 개별 인프라 연계를 통한 요소기술 고도화, 도시 빅데이터 통합관리·공개를 통한 서비스 질 향상, R&D(연구개발) 국내 실증 및 해외 진출 기반 강화 등이다. 주요 연구과제(안)로는 현행 개별 빌딩 위주의 에너지 관리시스템을 주변 시설물로 확대·연계하는 시스템 개발로 에너지 관리 효율을 향상시키고, 교통사고·범죄·응급의료 등 도시 내 각종 위험에 대한 위기대응 통합 솔루션을 개발하며, 물·에너지의 효율적 사용을 위한 실시간 양방향 계측(AMI) 통합관리 시스템 등을 개발하는 것이다. 또한 현행 텍스트 중심의 행정서비스를 공간정보가 연계된 클라우드 기반의 입체적 행정서비스로 전환하는 공간정보행정시스템 연계 등이 추진될 것으로 보인다. 그리고 현재 분야별로 단절된 도시 관리 데이터를 상호 연계해 빅데이터로 통합·관리하는 시스템을 구축하고 이를 공공부문 도시 관리 의사결정과정에 활용하는 한편, 일반 시민, 기업 등에도 원활히 공개하는 기술을 개발한다.

공공 분야에서는 교통정체, 사고 등 도시 내 각종 상황을 실시간으로 감지·분석하고 도시 빅데이터에 기반해 의사결정 전 과정을 지원하는 '지능형 통합 의사결정 시스템'을 개발해 공공서비스 질을 향상시킬 방침이다. 민간 차원에서는 일반 시민, 기업 등이 도시 관리 데이터를 쉽게 활용할 수 있도록 개방형 운영체계 기술을 개발하고 정보 공개를 통해 민간의 다양한 수요자 맞춤형 생활편의 서비스 개발을 유도하여 스마트시티 관련 신산업 생태계를 조성한다.

아울러 R&D 성과물이 시민들의 도시 생활에 실제 활용될 수 있도록 실증 연구도 보다 내실화한다. 도시 유형별로 인프라 연계 등 R&D 결과를 풀 패키지로 실증하는 신도시형과 서비스 솔루션 중심의 기존도시형으로 각각 차별화하고 이를 실증에 적합한 인프라 등이 구축된 지자체에 적용해 국내 스마트시티를 더욱 고도화할 계획이다.

이와 함께 R&D를 통해 개발된 기술과 기존 기술을 결합해 해외국가 수준별 맞춤형 '해외 진출 표준 모델'을 마련하고, 이를 바탕으로 대상국과의 R&D 공동투자, 도시개발 사업 공동참여 등 다각적인 해외 진출 방안도 모색할 예정이다.

이번 스마트시티 프로젝트가 차질 없이 수행되면 우선 도시 개별 인프라 간 연계·통합 등으로 상호 시너지가 발생해 각종 도시 관리 효율성이 15% 이상 향상될 것으로 전망된다. 분야별로는 전기료·수도료 및 에너지 사용 최대 20% 절감, 교통정체 최대 15% 해소, 이산화탄소 최대 15% 감축이 예상된다.

또한 글로벌 요소기술 우위 확보, 민간 참여 활성화를 통해 스마트시티 관련 고부가가치 신산업 생태계가 조성될 것으로 전망된다. 개방형 운영체계 구축 등으로 오픈 스트리트 맵, 스마트 로지스틱스 등 민간의 다양한 스마트 솔루션이 개발되고 일자리 창출 및 국내 경제 활성화에 기여할 수 있을 것으로 예상된다.

아울러 R&D를 통한 스마트시티 기술력 제고 및 해외 진출 확대로 전체 해외건설 수주에서 차지하는 도시개발 분야의 비중이 현재 약 10%에서 2025년 30% 수준까지 높아져 스마트시티가 우리나라의 새로운 성장동력으로 대두될 것으로 전망된다.

15 다음 중 윗글의 제목으로 가장 적절한 것은?

① 스마트시티 프로젝트의 필요성과 한계

② 현 상황을 통해 살펴본 스마트시티 프로젝트의 미래

③ 스마트시티 프로젝트의 과제와 기대효과

④ 해외 사례 연구를 통해 살펴본 스마트시티 프로젝트

16 다음 중 윗글을 읽고 스마트시티 프로젝트를 이해한 내용으로 적절하지 않은 것은?

① 스마트시티 프로젝트는 도시 내의 여러 가지 위험에 대한 위기대응에도 효과적일 것이다.

② 공공 분야에서는 도시 빅데이터에 기반해 의사결정 과정을 지원하는 시스템을 개발할 계획이다.

③ 스마트시티 프로젝트로 도시 관리 효율성이 15% 이상 향상될 것으로 전망된다.

④ 국내 경제 활성화를 위한 다양한 스마트 솔루션 개발로 일자리는 줄어들 전망이다.

17 A씨는 출국하기 전 인천국제공항의 M은행에서 달러 및 유로 환전 신청을 하였다. 다음 정보를 참고할 때, A씨가 내야 할 총환전 수수료는?

〈정보〉

- 신청 금액 : 미화 660달러, EUR 550유로
- 환전 우대율 : 미화 70%, EUR 50%
- 신청 날짜 : 2023. 02. 01.
- 장소 : M은행 인천국제공항지점
- 환율 고시표

구분	현금	
	매수	매도
원/달러	1,300	1,100
원/유로	1,520	1,450

※ (환전 수수료)=(매수 매도 차액)×(1-우대율)×(환전 금액)

① 56,650원   ② 57,250원

③ 58,150원   ④ 58,850원

18 M사 기획팀은 신입사원 입사로 인해 자리 배치를 바꾸려고 한다. 다음 자리 배치표와 〈조건〉을 참고할 때, 배치된 자리와 직원이 바르게 연결된 것은?

〈자리 배치표〉

출입문				
1 – 신입사원	2	3	4	5
6	7	8 – A사원	9	10

- 기획팀 기존 팀원 : A사원, B부장, C대리, D과장, E차장, F대리, G과장

<u>조건</u>

- B부장은 출입문과 가장 먼 자리에 앉는다.
- C대리와 D과장은 마주보고 앉는다.
- E차장은 B부장은 옆자리 또는 마주보고 앉는다.
- C대리는 A사원 옆자리에 앉는다.
- E차장 옆자리에는 아무도 앉지 않는다.
- F대리와 마주보는 자리에는 아무도 앉지 않는다.
- D과장과 G과장은 옆자리 또는 마주보고 앉지 않는다.
- 빈자리는 두 자리이며 옆자리 또는 마주보는 자리이다.

① 2 – G과장

② 3 – B부장

③ 5 – E차장

④ 6 – F대리

19 M은행 적금에 가입한 B주임과 C과장은 만기환급금 안내를 받았다. 각각 가입한 상품의 정보가 다음과 같을 때, B주임과 C과장이 받을 만기환급금은?[단, $(1.02)^{\frac{1}{12}}=1.001$, $(1.02)^{\frac{25}{12}}=1.04$ 로 계산한다]

〈상품 정보〉

◎ B주임
- 상품명 : M은행 함께 적금
- 가입자 : 본인
- 가입기간 : 36개월
- 가입금액 : 매월 초 300,000원 납입
- 적용금리 : 연 2.4%
- 저축방법 : 정기적립식, 비과세
- 이자지급방식 : 만기일시지급, 단리식

◎ C과장
- 상품명 : M은행 목돈 만들기 적금
- 가입자 : 본인
- 가입기간 : 24개월
- 가입금액 : 매월 초 250,000원 납입
- 적용금리 : 연 2.0%
- 저축방법 : 정기적립식, 비과세
- 이자지급방식 : 만기일시지급, 복리식

	B주임	C과장
①	11,106,300원	9,685,000원
②	11,199,600원	9,750,000원
③	11,208,400원	9,475,000원
④	11,488,200원	9,895,500원

20 기태는 N은행의 적금 상품에 가입하여 2019년 1월 초부터 2022년 4월 초까지 매월 초에 일정한 금액을 적립한 후 2022년 4월 말에 2,211만 원을 지급받기로 하였다. 월이율 0.5%의 복리로 계산할 때, 기태가 매월 적립하는 금액은?(단, $1.005^{40}=1.22$로 계산한다)

① 35만 원 ② 40만 원

③ 45만 원 ④ 50만 원

⑤ 55만 원

21 어느 유료 주차장의 요금은 다음과 같다. 이 주차장에 주차를 하고 5,000원 이하의 주차 요금을 지불하려고 할 때, 가능한 최대 주차 시간은?

- 30분 이내인 경우에는 기본요금 1,500원을 낸다.
- 30분을 초과한 경우에는 10분마다 500원이 추가된다.

① 100분 ② 110분

③ 120분 ④ 130분

⑤ 140분

22 다음은 은행별 적금 보험 상품에 대한 안내이다. A은행에서 3년 말에 받는 적립금과 B은행에서 2년 말에 받는 적립금을 비교할 때 어떤 은행에서 얼마 더 많은 금액을 받을 수 있는가?(단, $1.001^{36}=1.04$, $1.002^{24}=1.05$로 계산한다)

<A은행 및 B은행 적립금>

구분	상품
A은행	매월 초에 5만 원씩 월이율 0.1%의 복리로 3년 동안 적립
B은행	매월 초에 10만 원씩 월이율 0.2%의 복리로 2년 동안 적립

① A은행, 503,000원 ② B은행, 503,000원

③ A은행, 403,000원 ④ B은행, 403,000원

⑤ A은행, 303,000원

23 어느 학교의 작년 전체 학생 수는 2,000명이었다. 올해는 작년에 비하여 남학생은 5% 감소하고, 여학생은 5% 증가하여 전체적으로 14명이 줄었다. 이 학교의 작년 여학생 수는?

① 820명

② 830명

③ 840명

④ 850명

⑤ 860명

24 A ~ G 7명은 모두 사원, 대리, 과장, 차장, 팀장, 부부장, 부장 중 하나의 직급에 해당하며, 이 중 동일한 직급인 직원은 없다. A ~ G가 원형 테이블에 〈조건〉과 같이 앉아 있을 때, 다음 중 직급이 사원인 사람과 대리인 사람이 바르게 짝지어진 것은?

> **조건**
> • A의 왼쪽에는 부장이, 오른쪽에는 차장이 앉아 있다.
> • E는 사원과 이웃하여 앉지 않았다.
> • B는 부장과 이웃하여 앉아 있다.
> • C의 직급은 차장이다.
> • G는 차장과 과장 사이에 앉아 있다.
> • D는 A와 이웃하여 앉아 있다.
> • 사원은 부장, 대리와 이웃하여 앉아 있다.

	사원	대리
①	A	F
②	B	E
③	B	F
④	D	E
⑤	D	G

25 다음 중 짝지어진 단어 사이의 관계가 나머지와 다른 하나는?

① 밀집 – 산재
② 좌시 – 방관
③ 훼방 – 협조
④ 방만 – 절연
⑤ 옹색 – 윤택

26 다음 제시된 단어에서 공통으로 연상할 수 있는 단어로 가장 적절한 것은?

갤런, 배럴, 온스

① 무게
② 부피
③ 온도
④ 압력
⑤ 넓이

27 다음 빈칸에 들어갈 한자성어로 가장 적절한 것은?

> 최근 1명의 사망자와 1명의 부상자를 낸 ○○교 붕괴사고에 대한 뒤늦은 사태파악이 이루어지고 있다. 지반 약화 또는 불법・부실 시공이 있었는지 파악 중이지만, 30년도 더 된 자료와 당시 관계자의 진술을 확보하는 데 어려움을 겪는 것으로 알려졌다.
> … 즉, 어떤 건물이든지 기초를 튼튼히 하기 위하여 지질을 검사하고, 지반부터 다져야 한다. 만약 _____이라면 오래가지 못할 것이며, 완성되기도 전에 무너질 수 있다.

① 혼정신성(昏定晨省)
② 표리부동(表裏不同)
③ 철저성침(鐵杵成針)
④ 격화소양(隔靴搔癢)
⑤ 사상누각(沙上樓閣)

※ 다음은 N진짜사나이적금 상품 설명과 2021년 1월 1일에 24개월 만기로 가입한 간부 A ~ D의 N은행 금융거래 실적에 대한 자료이다. 이어지는 질문에 답하시오. [28~29]

〈N진짜사나이적금〉

- 상품 특징 : 군간부 및 간부후보생 급여실적 및 교차거래에 따른 우대금리 제공 적립식 상품
- 가입 대상 : 군간부(장교, 부사관, 군의관, 법무관 등) 및 간부후보생(사관생도 등)과 복무중인 병역법 제5조 제1항 제3호 나목의 보충역(사회복무요원 제외) 대상(*1인 1계좌)
- 가입기간 : 12개월 이상 24개월 이내(월 단위)
- 가입금액 : 초입금/매회 1만 원 이상, 매월 50만 원 이하(1인당) 금액을 만기일 전까지 자유 적립
- 저축방법 : 자유적립식, 비과세
- 이자지급방식 : 만기일시지급식, 월복리식
- 적용금리 : 기본금리 연 3.1%+우대금리
- 우대금리 : 최대 연 3.7%p(우대조건을 충족하는 경우 만기해지 시 적용)

세부조건	우대금리(%p)
이 적금 가입기간 중 만기 전전월까지 6개월 이상 N은행에 급여이체 시	3.0
가입 월부터 만기 전전월까지 은행에서 발급한 N은행 개인신용카드 및 체크카드(채움) 월 평균 20만 원 이상 이용 시	0.2
만기일 전전월 말 기준으로 N은행의 주택청약종합저축(청약저축 및 청년우대형 포함) 가입 시	0.2
만기일 전전월 말 기준으로 N은행의 적립식(임의식) 펀드 중 1개 이상 가입 시	0.1
만기일 전전월 말 기준으로 N은행의 대출 실적 보유 시	0.2

〈간부 A ~ D N농협은행 금융거래 실적〉

간부	금융거래 실적
A	• 월 30만 원 적립 • 2021년 1월부터 2022년 12월까지 N은행에 급여 입금 내역 존재 • 2021년 1월부터 2022년 12월까지 N은행 개인신용카드 및 체크카드(채움) 월 평균 50만 원 사용 • N은행의 주택청약종합저축 미가입 • N은행의 적립식 펀드 미가입 • 2022년 12월 N은행 대출 실적 보유
B	• 월 50만 원 적립 • 2021년 1월부터 2022년 12월까지 N은행에 급여 입금 내역 없음 • 2021년 1월부터 2022년 12월까지 N은행 개인신용카드 및 체크카드(채움) 사용 내역 없음 • 2022년 12월 N은행의 주택청약종합저축 가입 • N은행의 적립식 펀드 미가입 • N은행 대출 실적 미보유
C	• 월 20만 원 적립 • 2022년 9월부터 2022년 12월까지 N은행에 급여 입금 내역 존재 • 2021년 1월부터 2022년 12월까지 N은행 개인신용카드 및 체크카드(채움) 평균 월 70만 원 사용 • 2022년 6월 N은행의 주택청약종합저축 가입 • 2022년 12월 N은행의 적립식 펀드 가입 • 2021년 8월 N은행 대출 실적 보유
D	• 월 40만 원 적립 • 2022년 1월부터 2022년 12월까지 N은행에 급여 입금 내역 존재 • 2021년 1월부터 2022년 12월까지 N은행 개인신용카드 및 체크카드(채움) 월 평균 15만 원 사용 • 2021년 3월 N은행의 주택청약종합저축 가입 • 2021년 6월 N은행의 적립식 펀드 가입 • 2021년 3월 N은행 대출 실적 보유

28 다음 중 적금 만기 시 적용되는 금리가 작은 순서대로 간부 A ~ D를 나열한 것은?

① B - A - C - D

② B - C - A - D

③ B - C - D - A

④ B - D - A - C

⑤ B - D - C - A

29 다음 중 간부 A ~ D의 적금 만기 시 원리합계 금액이 바르게 짝지어진 것은?(단, 근삿값은 주어진 표를 따르고 소수점 셋째 자리에서 반올림하며, 이자는 월말에 발생한다)

$\left(1+\dfrac{0.031}{12}\right)^{24}$	1.064	$\left(1+\dfrac{0.062}{12}\right)^{24}$	1.131
$\left(1+\dfrac{0.033}{12}\right)^{24}$	1.068	$\left(1+\dfrac{0.063}{12}\right)^{24}$	1.133
$\left(1+\dfrac{0.036}{12}\right)^{24}$	1.075	$\left(1+\dfrac{0.066}{12}\right)^{24}$	1.141
$\left(1+\dfrac{0.037}{12}\right)^{24}$	1.077	$\left(1+\dfrac{0.068}{12}\right)^{24}$	1.145

	A	B	C	D
①	723.67만 원	1,206.38만 원	480.64만 원	970.15만 원
②	731.65만 원	1,224.68만 원	492.13만 원	1,017.25만 원
③	763.99만 원	1,241.91만 원	501만 원	1,031.09만 원
④	765.36만 원	1,237.2만 원	497.76만 원	1,023.36만 원
⑤	781.61만 원	1,295.94만 원	501.15만 원	1,051.66만 원

30 다음 글을 읽고 추론할 수 있는 내용으로 적절하지 않은 것은?

> 우리는 도시화, 산업화, 고도성장 과정에서 우리 경제의 뒷방살이 신세로 전락한 한국 농업의 새로운 가치에 주목해야 한다. 농업은 경제적 효율성이 뒤처져서 사라져야 할 사양 산업이 아니다. 전 지구적인 기후 변화와 식량 및 에너지 등 자원 위기에 대응하여 나라와 생명을 살릴 미래 산업으로서 농업의 전략적 가치가 크게 부각되고 있다. 농본주의의 가치를 앞세우고 농업 르네상스 시대의 재연을 통해 우리 경제가 당면한 불확실성의 터널을 벗어나야 한다.
>
> 우리는 왜 이런 주장을 하는가? 농업은 자원 순환적이고 환경 친화적인 산업이기 때문이다. 땅의 생산력에 기초해서 한계적 노동력을 고용하는 지연(地緣) 산업인 동시에 식량과 에너지를 생산하는 원천적인 생명 산업이기 때문이다. 물질적인 부의 극대화를 위해서 한 지역의 자원을 개발하여 이용한 뒤에 효용 가치가 떨어지면 다른 곳으로 이동하는 유목민적 태도가 오늘날 위기를 낳고 키워 왔는지 모른다. 급변하는 시대의 흐름에 부응하지 못하는 구시대의 경제 패러다임으로는 오늘날의 역사에 동승하기 어렵다. 이런 맥락에서 지키고 가꾸어 후손에게 넘겨주는 문화적 지속성을 존중하는 농업의 가치가 새롭게 조명받는 이유에 주목할 만하다. 과학 기술의 눈부신 발전성과를 수용하여 새로운 상품과 시장을 창출할 수 있는 녹색성장 산업으로서 농업의 잠재적 가치가 중시되고 있는 것이다.

① 산업화를 위한 국가의 정책 추진 과정에서 농업은 소외되어 왔다.

② 농업의 성장을 위해서는 먼저 과학 기술의 문제점을 성찰해야 한다.

③ 지나친 경제적 효율성 추구로 세계는 현재 자원 위기에 처해 있다.

④ 자원 순환적·환경 친화적 산업의 가치가 부각되고 있다.

⑤ 기존의 경제 패러다임으로는 미래 사회에 적응할 수 없다.

31 다음 글에 나타난 '라이헨바흐의 논증'을 평가·비판한 내용으로 적절하지 않은 것은?

> 귀납은 현대 논리학에서 연역이 아닌 모든 추론, 즉 전제가 결론을 개연적으로 뒷받침하는 모든 추론을 가리킨다. 귀납은 기존의 정보나 관찰 증거 등을 근거로 새로운 사실을 추가하는 지식 확장적인 특성을 지닌다. 이 특성으로 인해 귀납은 근대 과학 발전의 방법적 토대가 되었지만, 한편으로 귀납 자체의 논리적 한계를 지적하는 문제들에 부딪히기도 한다.
> 먼저 흄은 과거의 경험을 근거로 미래를 예측하는 귀납이 정당한 추론이 되려면 미래의 세계가 과거에 우리가 경험해 온 세계와 동일하다는 자연의 일양성(一樣性), 곧 한결같음이 가정되어야 한다고 보았다. 그런데 자연의 일양성은 선험적으로 알 수 있는 것이 아니라 경험에 기대어야 알 수 있는 것이다. 즉, "귀납이 정당한 추론이다."라는 주장은 "자연은 일양적이다."라는 다른 지식을 전제로 하는데, 그 지식은 다시 귀납에 의해 정당화되어야 하는 경험적 지식이므로 귀납의 정당화는 순환 논리에 빠져 버린다는 것이다. 이것이 귀납의 정당화 문제이다.
> 귀납의 정당화 문제로부터 과학의 방법인 귀납을 옹호하기 위해 라이헨바흐는 이 문제에 대한 현실적 구제책을 제시한다. 라이헨바흐는 자연이 일양적일 수도 있고 그렇지 않을 수도 있음을 전제한다. 먼저 자연이 일양적일 경우, 그는 지금까지의 우리의 경험에 따라 귀납이 점성술이나 예언 등의 다른 방법보다 성공적인 방법이라고 판단한다. 자연이 일양적이지 않다면, 어떤 방법도 체계적으로 미래 예측에 계속해서 성공할 수 없다는 논리적 판단을 통해 귀납은 최소한 다른 방법보다 나쁘지 않은 추론이라고 확언한다. 결국 자연이 일양적인지 그렇지 않은지 알 수 없는 상황에서는 귀납을 사용하는 것이 옳은 선택이라는 라이헨바흐의 논증은 귀납의 정당화 문제를 현실적 차원에서 해소하려는 시도로 볼 수 있다.

① 귀납이 지닌 논리적 허점을 완전히 극복한 것은 아니라는 비판의 여지가 있다.

② 귀납을 과학의 방법으로 사용할 수 있음을 지지하려는 목적에서 시도하였다는 데 의미가 있다.

③ 귀납과 다른 방법을 비교하기 위해 경험적 판단과 논리적 판단을 모두 활용한 것이 특징이다.

④ 귀납과 견주어 미래 예측에 더 성공적인 방법이 없다는 판단을 근거로 귀납의 가치를 보여 주고 있다.

⑤ 귀납이 현실적으로 옳은 추론 방법임을 밝히기 위해 자연의 일양성이 선험적 지식임을 증명한 데 의의가 있다.

32 다음 제시된 문단을 논리적 순서대로 바르게 나열한 것은?

> (가) 애그테크는 농업 산업의 생산성과 효율성을 높이고, 자원 사용을 최적화하며, 작물의 품질과 수량을 향상시키는 것을 목표로 한다. 다양한 기술을 활용하여 농작물 재배, 가축 사육, 작물 보호, 수확 및 포장 등 농업에 대한 모든 단계에서 다양한 첨단 기술이 적용된다.
>
> (나) 애그테크는 농업의 효율화, 자동화 등을 위해 다양한 기술을 활용한다. 첫째, 센서 기술을 통해 토양 상태, 기후 조건, 작물 성장 등을 모니터링한다. 이로써 작물의 생장 상태를 실시간으로 파악하고 작물에 필요한 물과 비료의 양을 조절할 수 있다. 둘째, 드론과 로봇기술을 통해 농지 상태를 파악하고 작물을 자동으로 식별하여 수확할 수 있다. 이것으로 농업에 필요한 인력을 절감하고 생산성을 높일 수 있다. 셋째, 센서나 로봇으로 수집한 데이터를 분석하는 빅데이터 분석 기술을 통해 작물의 성장 패턴, 질병 예측, 수확 시기 등 최적의 정보를 얻을 수 있다. 이로써 농부는 더 효과적으로 작물을 관리하고 의사 결정을 내릴 수 있다. 넷째, 수직 농장, 수경 재배, 조직 배양 등 혁신적인 재배 기술을 통해 더 많은 작물을 작은 공간에서 생산하고 최적의 자원을 투입하여 낭비를 막을 수 있다. 마지막으로 생명공학 및 유전자 기술을 통해 작물의 생산성, 내구성 등을 개선할 수 있다. 이것으로 수확량을 증대시키고, 재해에 대한 저항력을 향상시킬 수 있다.
>
> (다) 농협경제연구소는 2023년 주목해야 할 농업·농촌 이슈 중의 하나로 "애그테크(Ag-tech)의 성장"을 선정하였다. 애그테크는 농업(Agriculture)과 기술(Technology)의 융합을 뜻하는 것으로 정보기술(ICT), 생명과학, 로봇공학, 센서 기술 등 다양한 기술을 농업 분야에 적용하는 기술이다.
>
> (라) UN 식량농업기구(FAO)는 2050년에는 세계 인구가 90억 명으로 급증하여 식량부족현상이 일어날 수 있다고 경고한다. 농업에 종사하는 사람은 점점 줄어들고 있으므로 애그테크는 자동화, 최적화, 효율화를 통해 급증하는 인구에 식량을 제공하고, 환경 문제를 해결하는 등 미래 사회를 위해 반드시 필요한 기술이다.

① (나) - (가) - (다) - (라)
② (나) - (다) - (가) - (라)
③ (다) - (가) - (나) - (라)
④ (다) - (나) - (가) - (라)
⑤ (다) - (라) - (가) - (나)

33 다음 글에서 〈보기〉의 문단이 들어갈 위치로 가장 적절한 곳은?

> 농림축산식품부는 농업·농촌의 공익기능 증진과 농업인의 소득 안정을 위해 '공익직불제'를 시행하고 있다. 공익직불제는 농업활동을 통해 환경보전, 농촌 공동체 유지, 먹거리 안전 등 공익을 창출할 수 있도록 농업인에게 보조금을 지원하는 제도이다.
>
> (가) 공익직불제는 기존 직불제의 한계점을 해결하기 위해 시행되었다. 먼저 모든 작물을 대상으로 동일금액을 지급하여 작물 간의 형평성을 제고하고 쌀 중심의 농정 패러다임을 전환하도록 유도하였다. 또한 경영규모가 작을수록 높은 단가를 적용하는 등 중·소규모 농가에 대한 소득안정기능을 강화하여 농가 간 형평성을 제고하였다. 마지막으로 다양한 준수사항을 설정하여 농업인의 공익 준수의무를 강화하였다.
>
> (나) 직불금을 받는 농업인은 공익을 위해 다음의 준수사항을 실천해야 한다. 첫째, 농지의 형상 및 기능을 유지하는 등 생태계 보전을 위해 노력해야 한다. 둘째, 농약 안전사용기준이나 농산물 출하제한 명령 등을 준수하여 먹거리 안전을 실현해야 한다. 셋째, 마을 공동체 활동 참여 등 공동체 활성화에 이바지해야 한다. 넷째, 영농일지 작성, 농업 증진 교육 이수 등 영농활동을 준수해야 한다. 다섯째, 화학비료, 하천·지하수 이용 기준을 준수하는 등 환경보호에 힘써야 한다. 이러한 준수사항을 위반할 경우 직불금의 총액이 감액될 수 있다.
>
> (다) 공익직불제는 실제 농사를 짓는 농업인이 직불금을 받을 수 있도록 규정되어 있다. 위조, 거짓신청, 농지분할, 무단점유 등 부정수급을 막기 위하여 사업신청정보 통합관리 시스템으로 직불금 자격요건 검증 및 심사를 강화하고 있으며, 특별사법경찰관·명예감시원 등을 통해 관리·감독을 시행하고 있다. 이를 위반한 경우 부당이익금 전액이 환수되며, 최대 5배까지 제재부가금이 부과된다. 이 밖에도 부정수급 적발을 위해 신고포상금제도도 운영하고 있다.
>
> (라) 2023년 현재 공익직불제는 시행 4년 차를 맞아 더욱 다양한 농업인에게 폭넓은 혜택을 제공할 수 있도록 확대되었다. 공익직불제는 부정수급이나 제도 사각지대 등 여러 문제점이 아직 존재하지만 점차 개선 중에 있으며, 농업의 다원적 기능과 공익적 역할을 유도하는 데 많은 도움을 주고 있다.

보기

> 2004년 WTO 재협상 이후 수입쌀이 값싼 가격에 들어오면서 정부는 농가 피해보전을 위해 쌀 소득보전 직불제를 도입하여 농가소득안정과 규모화 및 생산구조 효율화에 기여하였다. 그러나 이는 쌀의 과잉공급을 초래하였고, 다른 작물을 재배하는 소규모 농가에 대한 소득안전망 기능 미흡 등 다양한 문제점이 있었다.

① (가)   ② (나)

③ (다)   ④ (라)

34 다음 글의 내용으로 적절하지 않은 것은?

생각만으로도 따뜻해지는 나의 고향에 힘을 보태주기 위한 고향사랑기부제가 2023년 1월 1일부터 행정안전부 주재로 시작되었다. 고향사랑기부제는 개인이 주소지 이외의 지방자치단체에 일정 금액을 기부하면 세액공제와 함께 답례품을 받는 제도이다. 행정안전부는 「고향사랑 기부금에 관한 법률」 및 같은 법 시행령, 지자체 조례에 따라 고향사랑기부제를 시행하고 있다.

기부금 한도는 개인당 연간 500만 원으로 주민등록상 주소지를 제외한 모든 지자체에 기부할 수 있다. 기부금액 10만 원 이하는 전액 세액공제가 되며, 10만 원 초과 시에는 16.5%를 공제받을 수 있다. 또 기부자에게는 기부금액의 30% 이내에 해당하는 답례품이 제공된다. 예를 들어 10만 원을 기부하면 세액공제 10만 원, 답례품 3만 원을 합해 13만 원의 혜택을 돌려받을 수 있다. 100만 원을 기부하면 54만 8,500원(세액공제 24만 8,500원, 답례품 30만 원)의 혜택을 받게 된다.

답례품은 해당 지역에서 생산되는 지역특산품 등으로, 지자체 간 과도한 경쟁이 일어나지 않도록 개인별 기부금 총액의 30% 이내로 정해져있다. 지자체는 답례품 및 답례품 공급업체의 공정한 선정을 위해 답례품선정위원회를 운영하며 농·축·수산물, 가공식품, 생활용품, 관광·서비스, 지역 상품권 등 2,000여 종의 답례품을 선정하여 기부자에게 증정하고 있다.

각 지자체는 정부 광고매체를 활용해 모금할 수 있다. 다만 법령에서는 개별적인 전화·서신, 호별 방문, 향우회·동창회 등 사적 모임을 통한 모금의 강요나 권유·독려, 지자체가 주최·주관·후원하는 행사에 참석·방문해 적극적으로 권유·독려하는 방법을 금지하고 있으며 이를 위반했을 경우에는 최대 8개월까지 기부금 모금이 제한되고, 지자체의 모금이 제한된 경우에는 해당 기관의 누리집 등을 통해 알려야 한다.

고향사랑기부제는 국내에서는 올해 처음 시행된 제도로, 모인 기부금은 지자체를 통해 주민복리 증진과 지역활성화에 사용된다. 지자체는 기부금으로 조성된 고향사랑기금을 투명하게 사용할 수 있도록 지방기금법에 따라 관리·운용하고 있으며, 여기서 기부금의 모집·운용 등에 쓸 수 있는 기금의 범위는 전년도 기부금의 15% 이내이다.

행정안전부는 기부자가 쉽고 편리하게 해당 제도를 이용할 수 있도록 원스톱 정보시스템인 '고향사랑e음'을 구축하여 운용하고 있다. 기부자는 고향사랑e음에서 전국 243개 지자체에 편리하게 기부할 수 있고, 국세청 연말정산시스템과 연계하여 자동으로 세액공제 혜택을 받을 수 있다. 또한 기부자가 원하는 시기에 원하는 답례품을 선택할 수 있도록 기부금의 30%를 포인트로 적립해 준다. '고향사랑e음' 시스템 외에도 전국 5,900여 개 농협 창구를 직접 방문해 기부할 수도 있다. 창구를 이용할 경우 본인 신분증(주민등록증·운전면허증 등)을 가지고 농협 근무시간(오전 9시 ~ 오후 3시 30분)에 방문해 현장에서 기부할 수 있다. 기부금액에 따른 답례품 선택 등도 안내받을 수 있다.

① 온라인 이외에도 은행에 방문하여 현장에서 기부할 수 있다.

② 고향사랑e음을 통해 기부하면 자동으로 세액공제 혜택을 받을 수 있다.

③ 기부금 모금 독려는 지자체가 주관하는 지방행사에서 가능하다.

④ 고향사랑e음을 통해 기부자는 답례품을 자신이 원하는 시기에 원하는 물건으로 받을 수 있다.

35 다음 글의 중심 내용으로 가장 적절한 것은?

> 베블런에 의하면 사치품 사용 금기는 전근대적 계급에 기원을 두고 있다. 즉, 사치품 소비는 상류층의 지위를 드러내는 과시소비이기 때문에 피지배계층이 사치품을 소비하는 것은 상류층의 안락감이나 쾌감을 손상한다는 것이다. 따라서 상류층은 사치품을 사회적 지위 및 위계질서를 나타내는 기호(記號)로 간주하여 피지배계층의 사치품 소비를 금지했다. 또한 베블런은 사치품의 가격 상승에도 그 수요가 줄지 않고 오히려 증가하는 이유가 사치품의 소비를 통하여 사회적 지위를 과시하려는 상류층의 소비행태 때문이라고 보았다.
>
> 그러나 소득 수준이 높아지고 대량 생산에 의해 물자가 넘쳐흐르는 풍요로운 현대 대중사회에서 서민들은 과거 왕족들이 쓰던 물건들을 일상생활 속에서 쓰고 있고 유명한 배우가 쓰는 사치품도 쓸 수 있다. 모든 사람이 명품을 살 수 있는 돈을 갖고 있을 때 명품의 사용은 더 이상 상류층을 표시하는 기호가 될 수 없다. 따라서 새로운 사회의 도래는 베블런의 과시소비이론으로 설명하기 어려운 소비행태를 가져왔다. 이때 상류층이 서민들과 구별될 수 있는 방법은 오히려 아래로 내려가는 것이다. 현대의 상류층에게는 차이가 중요한 것이지 사물 그 자체가 중요한 것이 아니기 때문이다. 월급쟁이 직원이 고급 외제차를 타면 사장은 소형 국산차를 타는 것이 그 예이다.
>
> 이와 같이 현대의 상류층은 고급, 화려함, 낭비를 과시하기보다 서민들처럼 소박한 생활을 한다는 것을 과시한다. 이것은 두 가지 효과가 있다. 사치품을 소비하는 서민들과 구별된다는 점이 하나이고, 돈 많은 사람이 소박하고 겸손하기까지 하여 서민들에게 친근감을 준다는 점이 다른 하나이다. 그러나 그것은 극단적인 위세의 형태일 뿐이다. 뽐냄이 아니라 남의 눈에 띄지 않는 겸손한 태도와 검소함으로 자신을 한층 더 드러내는 것이다. 이런 행동들은 결국 한층 더 심한 과시이다. 소비하기를 거부하는 것이 소비 중에서도 최고의 소비가 된다. 다만 그들이 언제나 소형차를 타는 것은 아니다. 차별화해야 할 아래 계층이 없거나 경쟁 상대인 다른 상류층 사이에 있을 때 그들은 마음 놓고 경쟁적으로 고가품을 소비하며 자신을 마음껏 과시한다. 현대사회에서 소비하지 않기는 고도의 교묘한 소비이며, 그것은 상류층의 표시가 되었다. 그런 점에서 상류층을 따라 사치품을 소비하는 서민층은 순진하다고 하지 않을 수 없다.

① 현대의 상류층은 낭비를 지양하고 소박한 생활을 지향함으로써 서민들에게 친근감을 준다.
② 현대의 서민들은 상류층을 따라 겸손한 태도로 자신을 한층 더 드러내는 소비행태를 보인다.
③ 현대의 상류층은 그들이 접하는 계층과는 무관하게 절제를 통해 자신의 사회적 지위를 과시한다.
④ 현대의 상류층은 사치품을 소비하는 것뿐만 아니라 소비하지 않기를 통해서도 자신의 사회적 지위를 과시한다.

36 영희는 땅따먹기 놀이에서 다음과 같이 삼각형 모양의 땅을 만들었다. 영희의 땅 모양이 다음과 같으며, 넓이가 $3\sqrt{2}\,cm^2$일 때, 각도 θ의 크기는?

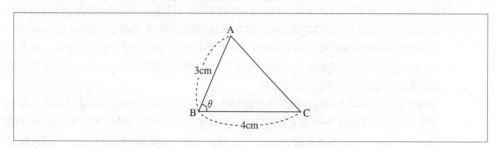

① $\dfrac{\pi}{6}$

② 1

③ $\dfrac{\pi}{4}$

④ $\dfrac{2\pi}{3}$

37 진희가 자전거 뒷좌석에 동생을 태우고 10km/h의 속력으로 회사에 간다. 회사 가는 길에 있는 어린이집에 동생을 내려주고, 아까의 1.4배의 속력으로 회사에 가려고 한다. 진희의 집에서 회사까지의 거리는 12km이고 진희가 8시에 집에서 나와 9시에 회사에 도착했다면, 진희가 어린이집에서 출발한 시각은?(단, 자전거를 타고 이동하는 시간만 고려한다)

① 8시 25분

② 8시 30분

③ 8시 35분

④ 8시 40분

38 다음 중 각 문단의 주제로 적절하지 않은 것은?

> (가) 국민권익위원회가 주관하는 '2017년도 공공기관 청렴도 측정조사'에서 1등급 평가를 받아, 2년 연속 청렴도 최우수기관으로 선정되었다. 한국중부발전은 지난 3년 연속 권익위 주관 부패방지 시책평가 최우수기관에 선정됨은 물론, 청렴도 측정에서도 전년도에 이어 1등급 기관으로 재차 선정됨에 따라 명실공히 '청렴 생태계' 조성에 앞장서는 공기업으로 자리매김하였다.
>
> (나) 보령화력 3호기가 2016년 9월 27일을 기준으로 세계 최초 6,000일 장기 무고장 운전을 달성하였다. 보령화력 3호기는 순수 국산 기술로 설계하고 건설한 한국형 50만 kW 표준 석탄화력 발전소의 효시로서 이 기술을 기반으로 국내에서 20기가 운영 중이며, 지금도 국가 전력산업의 근간을 이루고 있다. 역사적인 6,000일 무고장 운전 달성에는 정기적 교육훈련을 통한 발전 운전원의 높은 기술역량과 축적된 설비개선 노하우가 큰 역할을 하였다.
>
> (다) 정부 연구개발 국책과제로 추진한 초초임계압 1,000MW급 실증사업을 완료하고, 발전소 국산화와 기술 자립, 해외시장 진출 기반을 마련하였다. 본 기술을 국내 최초로 신보령화력발전소에 적용하여 기존 국내 표준석탄화력 대비 에너지 효율을 높임으로써 연간 약 60만 톤의 온실가스 배출과 약 300억 원의 연료비를 절감하게 되었다. 신보령 건설 이후 발주된 1,000MW급 초초임계압 국내 후속 프로젝트 모두 신보령 모델을 채택함으로써 약 5조 원의 경제적 파급효과를 창출했으며, 본 기술을 바탕으로 향후 협력사와 해외 동반진출을 모색할 계획이다.
>
> (라) 2016년 11월 인도네시아에서 국내 전력그룹사 최초의 해외 수력발전 사업인 왐푸 수력발전소를 준공하였다. 한국중부발전이 최대 주주(지분 46%)로서 건설관리, 운영 정비 등 본 사업 전반에 걸쳐 주도적 역할을 수행하였으며, 사업 전 과정에 국내 기업이 참여한 대표적인 동반진출 사례로 자리매김하였다. 당사는 약 2,000만 달러를 투자하여 향후 30년간 약 9,000만 달러의 지분투자 수익을 거둬들일 것으로 예상하며, 특히 UN으로부터 매년 24만 톤의 온실가스 저감효과를 인정받고 그에 상응하는 탄소배출권을 확보함으로써 향후 배출권거래제를 활용한 부가수익 창출도 기대하고 있다.

① (가) : 청렴도 평가 1등급 2년 연속 청렴도 최우수기관 달성
② (나) : 보령화력 3호기 6,000일 무고장 운전, 세계 최장 운전 기록 경신
③ (다) : 국내 최초 1,000MW급 초초임계압 기술의 적용
④ (라) : 인도네시아 왐푸 수력 준공 등 국내외 신사업으로 연간 순이익 377억 원 달성

39 S사의 임직원들은 출장지에서 묵을 방을 배정받고자 한다. 출장 인원은 대표를 포함한 10명이며, 그중 6명은 숙소 배정표와 같이 미리 배정되었다. 생산팀 장과장, 인사팀 유과장, 총무팀 박부장, 대표를 포함한 4명이 다음 〈조건〉에 따라 방을 배정받아야 할 때, 항상 참이 아닌 것은?

조건
- 같은 직급은 옆방으로 배정하지 않는다.
- 마주보는 방은 같은 부서 임직원이 배정받을 수 없다.
- 대표의 옆방은 부장만 배정받을 수 있다.
- 빈방은 나란히 있거나 마주보지 않는다.

〈숙소 배정표〉

101호 인사팀 최부장	102호	103호 생산팀 강차장	104호	105호	106호 생산팀 이사원
복도					
112호 관리팀 김부장	111호	110호	109호 총무팀 이대리	108호 인사팀 한사원	107호

① 인사팀 유과장은 105호에 배정받을 수 없다.

② 104호는 아무도 배정받지 않을 수 있다.

③ 111호에는 생산팀 장과장이 묵는다.

④ 총무팀 박부장은 110호에 배정받는다.

40 직장인 A씨는 업무 시간에는 도저히 은행에 갈 수 없어서 퇴근 후인 6시 30분에 회사 1층에 있는 S은행 자동화기기를 사용하여 거래하려고 한다. A씨는 S은행 카드로 10만 원을 우선 출금한 후 P은행 통장으로 5만 원을 이체하려고 한다. 그 후 남은 5만 원을 본인이 가지고 있는 K은행 카드에 입금하려고 한다. 이때 A씨가 지불해야 하는 총수수료는?

〈자동화기기 거래〉

구분			영업시간 내			영업시간 외		
			3만 원 이하	10만 원 이하	10만 원 초과	3만 원 이하	10만 원 이하	10만 원 초과
S은행 자동화기기 이용 시	출금		면제			250원	500원	
	이체	S은행으로 보낼 때	면제			면제		
		다른 은행으로 보낼 때	400원	500원	1,000원	700원	800원	1,000원
	타행카드 현금입금		700원			1,000원		
다른 은행 자동화기기 이용 시	출금		800원			1,000원		
	이체		500원	1,000원		800원	1,000원	

※ S은행 자동화기기 출금 시 수수료 감면 사항
 – 만 65세 이상 예금주의 출금거래는 100원 추가 할인
 – 당일 영업시간 외에 10만 원 초과 출금 시 2회 차 거래부터 수수료 50% 감면
※ 영업시간 내 기준 : 평일 08:30 ~ 18:00, 토요일 08:30 ~ 14:00(공휴일 및 휴일은 영업시간 외 적용)

① 800원 ② 1,300원
③ 1,600원 ④ 2,300원

41 S전자 매장의 TV와 냉장고의 판매 비율은 작년 3 : 2에서 올해 13 : 9로 변하였다. 올해 TV와 냉장고의 총판매량이 작년보다 10% 증가하였을 때, 냉장고의 판매량은 작년보다 몇 % 증가하였는가?

① 11.5% ② 12%
③ 12.5% ④ 13%

42 연봉이 3,500만 원인 무역회사에 다니고 있는 갑은 샌드위치 가게를 창업하기로 결정하고, 창업계획서를 다음과 같이 작성해 보았다. 1년 동안의 수익을 비교해 볼 때, 무역회사를 다니는 것과 샌드위치 가게를 창업을 하는 것 중에 어떤 선택이 얼마나 더 이익인가?

■ 샌드위치 가게 창업계획
  • 식당 매장 임차비용 : 보증금 8천만 원, 월세 90만 원
  • 샌드위치 1개 판매가격 : 6,000원
  • 샌드위치 1개 판매비용 : 2,000원
  • 1일 평균 판매량 : 30개(월 28일 운영)
  • 갑이 S은행에 보유한 금액 : 5천만 원(S은행 정기예금 연이율 2.5%)

■ 비고
  • 갑은 창업 시 3천만 원을 S은행에서 대출하였다(대출이자 연이율 4%).
  • 회사를 다닐 시 보유한 금액은 예금한다.
  • 갑은 S은행에 보유한 금액과 대출금을 보증금에 사용한다.

---

① 무역회사를 다니는 것이 977만 원 이익이다.
② 샌드위치 가게를 창업하는 것이 892만 원 이익이다.
③ 샌드위치 가게를 창업하는 것이 865만 원 이익이다.
④ 무역회사를 다니는 것이 793만 원 이익이다.

43 다음은 S은행에서 환율우대 50%를 기준으로 제시한 환율이다. K씨가 2주 전 엔화와 달러로 환전한 금액은 800,000엔과 7,000달러였고, 그때보다 환율이 올라 다시 원화로 환전했다. 2주 전 엔화 환율은 998원/100엔이었고, K씨가 오늘 엔화와 달러를 원화로 환전한 후 얻은 수익이 같다고 할 때, 2주 전 미국 USD 환율은?

<통화별 환율 현황>

(단위 : 원)

구분	매매기준율	현찰	
		팔 때	살 때
미국 USD	1,120.70	1,110.90	1,130.50
일본 JPY 100	1,012.88	1,004.02	1,021.74
유럽연합 EUR	1,271.66	1,259.01	1,284.31
중국 CNY	167.41	163.22	171.60

① 1,102.12원/달러

② 1,104.02원/달러

③ 1,106.12원/달러

④ 1,108.72원/달러

※ 다음 중 밑줄 친 부분의 맞춤법이 옳지 않은 것을 고르시오. [44~45]

44 ① 그는 목이 <u>메어</u> 한동안 말을 잇지 못했다.

② 어제는 종일 아이를 <u>치다꺼리</u>하느라 잠시도 쉬지 못했다.

③ <u>왠일</u>로 선물까지 준비했는지 모르겠다.

④ 노루가 나타난 것은 나무꾼이 도끼로 나무를 <u>베고</u> 있을 때였다.

45 ① 바리스타<u>로서</u> 자부심을 가지고 커피를 내렸다.

② 어제는 <u>왠지</u> 피곤한 하루였다.

③ 용감한 시민의 제보로 진실이 <u>드러났다</u>.

④ 점심을 먹은 뒤 바로 <u>설겆이</u>를 했다.

46 다음 글의 주제로 가장 적절한 것은?

새마을금고는 사업자 고객 대상 모바일 앱 서비스 'MG더뱅킹기업'을 신규 출시한다고 밝혔다. MG더뱅킹기업은 개인 사업자 및 법인 고객 대상 모바일 앱으로서, 새마을금고 자체 최초의 기업용 스마트뱅킹 서비스이다. 기존 기업 인터넷뱅킹 사용자들의 요구 사항을 적극 반영하여 약 1년에 걸쳐 신규 구축했다.

새마을금고는 '편리하게 또 안전하게'라는 방향성하에 앱을 출시했으며, 신규 출시되는 MG더뱅킹기업의 주요 특징은 직관적인 UI/UX, 모바일 결재함, 간편인증, 비대면센터 등이다.

UI/UX는 사용자 관점에서 직관적인 디자인을 추구했다. 사업자 유형별 맞춤형 메인 화면을 구성했으며, 이체 등 주요 메뉴에서 페이지 이동 없이 단일 화면에서 완결할 수 있다. 또한 다양한 색상 및 아이콘을 사용하여 편의성을 강화했다.

기업의 내부통제를 지원하기 위한 모바일 결재함을 제공한다. 사업체 내 다수의 사용자가 금융업무 이용 시 결재 요청 및 승인을 통해 거래를 완결하는 서비스로서 앱을 통한 결재 처리 및 조회가 가능하다.

개인사업자 대상 간편인증과 비대면센터도 제공한다. 1일 1,000만 원 이하의 소액 이체 거래에 대하여 추가 인증 절차를 배제한 '간편패스'를 도입했으며 간편 로그인 및 간편 출금 등이 가능하다. 또한 비대면센터를 통하여 디지털 OTP 발급 및 예적금 상품 개설 등이 가능하다.

새마을금고중앙회장은 "기존의 개인용 MG더뱅킹에 금번 출시되는 사업자용 MG더뱅킹기업으로 새마을금고의 비대면 채널이 다각화될 것으로 기대되며, 새마을금고의 모든 개인 및 기업 고객을 위한 맞춤형 서비스를 제공할 계획"이라고 전했다.

새마을금고는 2021년 개인 고객 대상 MG더뱅킹 앱 리뉴얼 출시, 2022년 기업 고객 대상 MG더뱅킹기업 앱 신규 출시 등 비대면 서비스를 확대하고 있으며, 향후 개인뱅킹 전면 재구축, 마이데이터 서비스 등 지속적인 디지털 혁신 사업을 추진할 예정이다.

① 모바일 앱 서비스 'MG더뱅킹기업'에 대한 고객평가
② 새마을금고 모바일 앱 서비스의 종류
③ 모바일 앱 서비스 'MG더뱅킹기업'의 출시
④ 모바일 앱 서비스의 보안 규정

47 다음 글을 읽고 〈보기〉의 입장을 지닌 독자의 반응으로 적절하지 않은 것은?

(가) 복제 양 돌리의 탄생을 계기로 복제 인간의 탄생 가능성이 제기되면서, 인간 복제는 윤리적으로 매우 잘못된 일이므로 이를 엄격하게 금지해야 한다는 의견이 대두하기 시작하였다. 지금까지 동물 복제의 실험 과정에서 알려진 여러 부작용을 생각할 때, 인간의 체세포를 복제해서 새로운 생명이 태어나게 하는 것은 엄격하게 규제해야 한다는 데는 이론(異論)이 있을 수 없다. 그렇다면 과학자들은 왜 굳이 인간의 배아를 복제하려고 노력하는 것일까?

인간 배아 연구를 통해 세포의 분화 과정에 관한 신비를 풀 수만 있다면 인간의 노화 현상을 규명할 수 있을 뿐만 아니라, 현대의 난치병인 암의 발생 원인을 밝혀낼 수도 있기 때문이다. 인간이 건강한 삶을 오랫동안 누리게 하는 것이 의학의 목적이라면 의학 본연의 목적에 맞게 연구를 수행하는 한편, 그 목적에서 벗어나지 않도록 감시하는 것이 과학자의 의무이다.

어떤 사람들은 인간 배아 연구의 윤리적인 문제를 제기하기도 한다. 하지만 인간 배아 연구는 일반적으로 수정 후 14일까지만 가능하도록 허용하고 있다. 14일 이후에는 장기 형성이 시작되기 때문이다. 결국, 이때까지의 인간 배아 연구는 윤리적으로 전혀 문제가 되지 않는 것이다. 많은 사람이 걱정하듯이 이 연구가 복제 인간을 만들어 내는 방향으로 가지는 않을 것이기에 인간 배아 복제 연구는 허용되어야 한다.

(나) 최근 영국 정부가 연내 의회에 제출키로 한 치료 목적의 인간 배아 복제 허용 계획에 대해 즉각적으로 반응하는 것은 어찌 보면 호들갑일 수도 있다. 그것은 무엇보다 이번 인간 배아 복제 기술이 개체로서의 인간을 복제하는 것은 아니기 때문이다. 그럼에도 불구하고, 이 문제가 지금 세계적으로 큰 반향을 불러일으키고 있는 이유는 그 기술의 잠재적 위험 때문이다.

인간 배아 복제 연구를 반대하는 가장 큰 이유는 배아 역시 생명을 가진 잠재적인 인간이기 때문에 이를 연구 재료로 삼아서는 안 된다는 것이다. 이것을 허용했을 경우 생명 경시 풍조가 만연할 것이 분명하다. 또한 인간 배아 복제의 연구는 질병 치료를 목적으로 하더라도 지금까지 발전해 온 과학 기술의 속성상 인간 개체 복제로 이어질 가능성이 매우 높다.

이 일을 우려하는 또 하나의 이유는 인간 배아 복제 기술이 상업적인 가치를 가지게 될 때, 과학자들이 기업가들의 유혹에 쉽게 흔들릴 수 있다는 것이다. 그 결과, 기업가들이 장차 이 기술을 장악하게 되고, 이를 상업적으로 이용하게 될 때 초래되는 부작용들은 우리가 우려하는 정도를 넘어설 수 있다.

결국, 생명 복제와 관련한 기술 문제는 단순한 과학이나 의학 차원의 문제가 아니다. 그것은 중대한 사회 문제인 동시에 인류의 미래를 결정짓는 문제이다. 그런데도 많은 사람이 이 문제를 과학자의 문제로만 생각하고 있다. 인류의 미래를 생각한다면 생명 복제 기술과 그 개발 정책에 대해 일반인들도 관심을 두고 감시해야 한다.

> **보기**
>
> 과학기술부 생명윤리자문위원회가 발표한 생명윤리기본법 시안(試案)은 수정 순간부터 인간 생명이 시작된다는 것을 전제로 하고 있기에, 인간 개체 복제와 체세포 핵 이식 방식의 인간 배아 복제를 금지한다는 내용을 담고 있다.

① 생명 공학 분야에서의 국가 경쟁력이 강화될 거야.

② 정부는 배아 복제가 윤리적으로 문제가 있다고 생각하는군.

③ 과학의 연구 활동 분야에 제한을 두겠다는 것이군.

④ 앞으로 복제 기술 연구에 대한 정부의 통제가 심해지겠어.

48 다음 글의 내용으로 가장 적절한 것은?

> 기준금리는 중앙은행이 경제를 조절하고 통화정책을 시행하기 위해 설정하는 핵심적인 금리이다. 중앙은행은 경제의 안정과 성장을 도모하기 위해 노력하며, 기준금리는 이를 위한 주요한 도구로 사용된다.
>
> 기준금리는 경제의 주요 지표와 금융시장의 조건 등을 고려하여 결정된다. 주로 인플레이션, 경제성장, 고용상황 등과 같은 경제 지표를 분석하고, 금융시장의 유동성과 안정성을 고려하여 중앙은행이 적절한 수준의 기준금리를 결정한다. 이를 통해 중앙은행은 경기 변동에 따른 위험을 완화하고 금융시장의 원활한 운영을 돕는 역할을 수행한다.
>
> 또한 기준금리는 주로 중앙은행이 자금공급 및 대출을 조절하여 경제의 동향을 조절하기 위해 설정된다. 일반적으로 경제가 성장하고 인플레이션이 심해지면 중앙은행은 기준금리를 인상시켜 자금을 제한하고 대출을 어렵게 만든다. 이는 소비와 투자를 저하시키는 효과를 가지며, 경기 과열을 억제하는 역할을 한다.
>
> 반대로 경제가 침체되면 중앙은행은 기준금리를 낮춰 자금을 유동성 있게 공급하고 대출을 유도한다. 이는 경기 활성화와 경제 확장을 촉진하며 기업과 개인의 대출 활동을 유도하여 경제에 활력을 불어넣는 효과를 가진다.
>
> 중앙은행은 기준금리를 결정할 때 정책 목표와 관련된 다양한 요소를 고려한다. 대표적으로 인플레이션 목표율, 경제 성장률, 고용률, 외환 시장 상황, 금융시장 안정성 등 다양한 요인이 있으며 국제 경제 상황과 금융시장의 변동성, 정책 변화의 시너지 효과 등도 고려한다.
>
> 기준금리는 중앙은행의 중요한 정책 수단으로서, 정부와 기업, 개인들의 경제 활동에 직간접적인 영향을 준다. 따라서 중앙은행은 신중하고 적절한 기준금리 조정을 통해 경제의 안정과 균형을 유지하려는 노력을 계속해야 한다. 이를 위해 경제 지표와 금융시장의 변동을 면밀히 관찰하고, 정책 목표에 맞는 조치를 취하며, 투명한 커뮤니케이션을 통해 경제 주체들에게 예측 가능한 환경을 제공해야 한다.

① 기준금리는 경기 변동에 따른 위험을 완화하는 장치이다.

② 경기가 과열될 경우 중앙은행은 기준금리를 인하한다.

③ 중앙은행이 기준금리를 인상하면 개인과 기업의 소비와 투자가 촉진된다.

④ 기준금리 설정에서 가장 중요한 요인은 국제 경제 상황이다.

49 다음 제시된 협상 대화에 들어갈 대답으로 가장 적절한 말을 한 사람을 〈보기〉에서 고르면?

M사 : 안녕하세요. 다름이 아니라 현재 단가로는 더 이상 귀사에 납품하는 것이 어려울 것 같아 자재의 단가를 조금 올리고 싶어서요. 이에 대해 어떻게 생각하시나요?

대답 : _____

보기

A : 지난달 자재의 불량률이 너무 높은데요? 단가를 더 낮춰야 할 것 같습니다.

B : 저희도 이 정도 가격은 꼭 받아야 해서요. 단가를 지금 이상 드리는 것은 불가능합니다.

C : 불량률을 3% 아래로 낮춰서 납품해 주시면 단가를 조금 올리도록 하겠습니다.

D : 단가를 올리면 저희 쪽에서 주문하는 수량이 줄어들 텐데, 귀사에서 괜찮을까요?

---

① A   ② B

③ C   ④ D

| MG새마을금고 지역본부

50

(가) 근대에 접어들어 모든 사물이 생명력을 갖지 않는 일종의 기계라는 견해가 강조되면서, 아리스 토텔레스의 목적론은 비과학적이라는 이유로 많은 비판에 직면한다.

(나) 대표적인 근대 사상가인 갈릴레이는 목적론적 설명이 과학적 설명으로 사용될 수 없다고 주장 했고, 베이컨은 목적에 대한 탐구가 과학에 무익하다고 평가했으며, 스피노자는 목적론이 자연 에 대한 이해를 왜곡한다고 비판했다.

(다) 일부 현대 학자들은 근대 사상가들이 당시 과학에 기초한 기계론적 모형이 더 설득력이 있다는 일종의 교조적 믿음에 의존했을 뿐, 아리스토텔레스의 목적론을 거부할 충분한 근거를 제시하 지 못했다고 비판한다.

(라) 이들의 비판은 목적론이 인간 이외의 자연물도 이성을 갖는 것으로 의인화한다는 것이다. 그러 나 이런 비판과는 달리 아리스토텔레스는 자연물을 생물과 무생물로, 생물을 식물·동물·인 간으로 나누고, 인간만이 이성을 지닌다고 생각했다.

① (가) – (나) – (라) – (다) 　　　② (가) – (라) – (나) – (다)
③ (나) – (다) – (라) – (가) 　　　④ (나) – (라) – (다) – (가)

51

(가) 이와 같이 임베디드 금융의 개선을 위해서는 효과적인 보안 시스템과 프라이버시 보호 방안을 도입하여 사용자의 개인정보를 안전하게 관리하는 것이 필요하다. 또한 디지털 기기의 접근성을 개선하고 사용자들이 편리하게 이용할 수 있는 환경을 조성해야 한다.

(나) 임베디드 금융은 기업과 소비자 모두에게 이점을 제공한다. 기업은 제품과 서비스에 금융 기능을 통합함으로써 자사 플랫폼 의존도를 높이고, 수집한 고객의 정보를 통해 매출을 증대시킬 수 있으며, 고객들에게 편리한 금융 서비스를 제공할 수 있다. 소비자의 경우는 모바일 앱을 통해 간편하게 금융 거래를 할 수 있고, 스마트 기기 하나만으로 다양한 금융 상품에 접근할 수 있어 편의성과 접근성이 크게 향상된다.

(다) 그러나 임베디드 금융은 개인정보 보호와 안전성에 대한 관리가 필요하다. 사용자의 금융 데이터와 개인정보가 디지털 플랫폼이나 기기에 저장되므로 해킹이나 데이터 유출과 같은 사고가 발생할 수 있다. 이는 사용자의 프라이버시 침해와 금융 거래 안전성에 대한 심각한 위협이 될 수 있다. 또한 모든 사람들이 안정적인 인터넷 연결과 임베디드 금융이 포함된 최신 기기를 보유하고 있지는 않기 때문에 디지털 기기에 익숙하지 않은 사람들은 임베디드 금융 서비스를 제공받는 데 제한을 받을 수 있다.

(라) 임베디드 금융은 비금융 기업이 자신의 플랫폼이나 디지털 기기에 금융 서비스를 탑재하는 것을 뜻한다. S페이나 A페이 같은 결제 서비스부터 대출이나 보험까지 임베디드 금융은 제품과 서비스에 금융 기능을 통합하여 사용자에게 편의성과 접근성을 높여준다.

① (나) – (가) – (다) – (라)
② (나) – (라) – (다) – (가)
③ (라) – (가) – (나) – (다)
④ (라) – (나) – (다) – (가)

PART 3

주요 금융권 NCS 기출복원문제

※ 다음은 'IBK 탄소제로적금'에 대한 자료이다. 이어지는 질문에 답하시오. [52~53]

<IBK 탄소제로적금>

구분	세부내용
상품특징	• 거주세대의 전기사용량 절약 여부에 따라 금리혜택을 제공하는 적금상품
가입금액	• 신규금액 : 최소 1만 원 이상 • 납입한도 : 매월 100만 원 이하(천 원 단위)
계약기간	• 1년제
가입대상	• 실명의 개인(개인사업자 제외) • 1인 1계좌
이자지급방법	• 만기일시지급식
약정이율	• 연 3.0%
우대금리	• 최고 연 4.0%p • 계약기간 동안 아래 조건을 충족하고 만기해지 시 우대이자율 제공 　① 에너지 절감 : 적금가입월부터 10개월 동안 적금가입월의 전기사용량(kWh) 대비 월별 전기사용량 　　(kWh) 절감횟수가 다음에 해당하는 경우("아파트아이" 회원가입을 통해 등록된 주소에 대한 관리비 　　명세서의 전기사용량(kWh)만 인정되며 주소가 변경될 경우 "아파트아이"에서 주소변경을 완료해야 　　만 변경된 주소의 실적이 반영 가능하며, 주소변경은 연 3회로 제한한다) 　　－3회 이상 : 연 1.0%p 　　－5회 이상 : 연 2.0%p 　② 최초거래고객 : 가입 시 아래 요건 중 1가지 충족 시 연 1.0%p 　　－실명등록일로부터 3개월 이내 　　－가입일 직전월 기준 6개월간 총수신평잔 0원 　③ 지로 / 공과금 자동이체 : 본인 명의 입출금식 통장에서 지로 / 공과금 자동이체 실적이 3개월 이상인 　　경우 연 1.0%p
중도해지이율	• 만기일 이전에 해지할 경우 입금액마다 입금일부터 해지일 전일까지의 기간에 대하여 가입일 당시 IBK 　적립식중금채의 중도해지금리를 적용 • 납입기간 경과비율 　－10% 미만 : (가입일 현재 계약기간별 고시금리)×5% 　－10% 이상 20% 미만 : (가입일 현재 계약기간별 고시금리)×10% 　－20% 이상 40% 미만 : (가입일 현재 계약기간별 고시금리)×20% 　－40% 이상 60% 미만 : (가입일 현재 계약기간별 고시금리)×40% 　－60% 이상 80% 미만 : (가입일 현재 계약기간별 고시금리)×60% 　－80% 이상 : (가입일 현재 계약기간별 고시금리)×80% 　※ 모든 구간 최저금리 연 0.1% 적용
만기 후 이율	• 만기일 당시 IBK 적립식중금채의 만기 후 금리를 적용 　－만기 후 1개월 이내 : (만기일 당시 IBK 적립식중금채의 계약기간별 고시금리)×50% 　－만기 후 1개월 초과 6개월 이내 : (만기일 당시 IBK 적립식중금채의 계약기간별 고시금리)×30% 　－만기 후 6개월 초과 : (만기일 당시 IBK 적립식중금채의 계약기간별 고시금리)×20%

52 다음 중 제시된 자료의 내용으로 적절하지 않은 것은?

① 신규금액을 제외하고 최대 납입 가능한 금액은 1,200만 원이다.

② 계약기간 동안에 주소변경을 하기 위해서는 아파트아이 계정이 필요하다.

③ 자신이 세대주가 아닐 경우, 지로 / 공과금 자동이체 우대금리를 적용받기 위해서는 세대주 명의 의 입출금식 통장을 개설하여야 한다.

④ 최대 이율을 적용받는 사람이 납입기간 50%를 경과하고 중도해지할 경우 적용받는 금리는 만기 시보다 5.8%p 적다.

53 다음은 IBK 탄소제로적금에 가입한 A고객의 가입정보이다. A고객이 지급받을 이자는?(단, A고객 은 "아파트아이"에 회원가입하여 주소를 등록하였고, 계약기간 동안 주소변경은 하지 않았으며, 만기일 당시 IBK 적립식중금채의 고시금리는 연 3.0%이다)

〈A고객의 가입정보〉

• 가입상품 : IBK 탄소제로적금
• 가입금액
  − 최초 납입금액 : 30만 원
  − 추가 납입금액 : 70만 원(2022.11.1)
• 계약기간 : 1년(2022.5.1 ~ 2023.4.30)
• 우대금리 관련 사항
  ① 월별 전기사용량

구분	22.5	22.6	22.7	22.8	22.9	22.10
전기사용량(kWh)	448	436	478	481	442	430
구분	22.11	22.12	23.1	23.2	23.3	23.4
전기사용량(kWh)	452	466	485	447	440	447

  ② 최초거래고객 : 실명등록일(2022.3.25)
  ③ 지로 / 공과금 자동이체 : 본인 명의 입출금식 통장으로 월 아파트관리비 총 5회 자동이체
• 적금 실제 해지일 : 23.10.31

① 43,500원　　　　　　　　　　② 45,500원
③ 50,000원　　　　　　　　　　④ 64,500원

※ 다음은 김대리가 자택에서 사무실로 출근할 때 이동수단별 소요 시간에 대한 자료이다. 이어지는 질문에 답하시오. [54~55]

<격김대리의 이동수단별 소요 시간>

구분	버스	지하철	자가용
자택에서 인근 정류장 / 역까지 걸리는 시간	도보 1분	도보 3분	–
인근 정류장 / 역에서 사무실까지 걸리는 시간	도보 3분	도보 2분	–
이동수단별 이동시간	정류장당 4분	지하철역당 2분	19분
비고	환승이 불필요하며, 탑승 후 4번째로 도착하는 정거장에서 하차	탑승 후 2번째로 도착하는 역에서 1회 환승하여 4번째로 도착하는 역에서 하차 (환승으로 2분 추가)	도착 후 주차로 인해 2분 추가

54 다음 중 김대리가 자택에서 사무실까지 지하철을 이용하여 출근할 때 걸리는 시간은?

① 15분　　　　　　　　　　　② 17분
③ 19분　　　　　　　　　　　④ 21분

| IBK기업은행

55 다음 중 김대리의 자택에서 사무실까지의 편도 이동시간이 짧은 순서대로 이동수단을 나열한 것은?

① 버스 – 지하철 – 자가용　　　② 지하철 – 버스 – 자가용
③ 지하철 – 자가용 – 버스　　　④ 자가용 – 버스 – 지하철

56 다음은 개발부에서 근무하는 K사원의 4월 근태기록이다. 규정을 참고할 때, K사원이 4월에 받을 시간외근무수당은?(단, 정규근로시간은 09:00 ~ 18:00이다)

〈시간외근무규정〉

- 시간외근무(조기출근 포함)는 1일 4시간, 월 57시간을 초과할 수 없다.
- 시간외근무수당은 1일 1시간 이상 시간외근무를 한 경우에 발생하며, 1시간을 공제한 후 매분 단위까지 합산하여 계산한다(단, 월 단위 계산 시 1시간 미만은 절사한다).
- 시간외근무수당 지급단가 : 사원(7,000원), 대리(8,000원), 과장(10,000원)

〈K사원의 4월 근태기록(출근시간 / 퇴근시간)〉

- 4월 1일부터 15일까지의 시간외근무시간은 12시간 50분(1일 1시간 공제 적용)이다.

18일(월)	19일(화)	20일(수)	21일(목)	22일(금)
09:00 / 19:10	09:00 / 18:00	08:00 / 18:20	08:30 / 19:10	09:00 / 18:00
25일(월)	26일(화)	27일(수)	28일(목)	29일(금)
08:00 / 19:30	08:30 / 20:40	08:30 / 19:40	09:00 / 18:00	09:00 / 18:00

※ 주말 특근은 고려하지 않음

① 112,000원 　　　　　　　　　　② 119,000원

③ 126,000원 　　　　　　　　　　④ 133,000원

※ 다음은 'IBK W소확행통장'에 대한 자료이다. 이어지는 질문에 답하시오. [57~58]

<table>
<tr><th colspan="2">〈IBK W소확행통장〉</th></tr>
<tr><th>구분</th><th>세부내용</th></tr>
<tr><td>상품특징</td><td>• 레저업종(BC 가맹점기준)에서 기업은행카드 사용 시 사용건수 또는 이용대금에 따라 금리우대</td></tr>
<tr><td>가입금액</td><td>• 신규금액 : 최소 1만 원 이상
• 납입한도 : 매월 100만 원 이하(1만 원 단위)</td></tr>
<tr><td>계약기간</td><td>• 1년제, 2년제, 3년제</td></tr>
<tr><td>이자지급방법
및 주기</td><td>• 12개월 이상 24개월 미만 : 연 3.40%
• 24개월 이상 36개월 미만 : 연 3.50%
• 36개월 이상 : 연 3.65%</td></tr>
<tr><td>우대금리</td><td>• 최대 연 2.40%p
• 당행 BC카드(체크·신용 모두 포함) 보유 및 자동이체로 1회 이상(금액제한 없음) 납입하고, 연평균하여 아래 요건을 충족한 경우 만기해지 시 해당 우대금리 제공(2가지 중 1가지만 충족해도 해당 우대금리 제공)
① [온누리상품권 구입] 당행 창구에서 본인 명의로 구입한 금액에 따라 차등 우대('온누리상품권 구매금액'을 '레저업종 카드사용금액'과 합산하여 '금액' 실적으로 인정한다)
② [레저업종 카드사용] 레저업종에서 이용한 카드사용건수 또는 카드사용금액에 따라 차등 우대
  – 20만 원 이상 또는 5건 이상 : 연 1.00%p
  – 50만 원 이상 또는 15건 이상 : 연 1.70%p
  – 100만 원 이상 또는 30건 이상 : 연 2.40%p
※ BC카드 가맹점 분류기준에 따라 아래 나열된 경우를 '레저업종'으로 인정 : 헬스클럽, 골프연습장, 수영장, 볼링장, 당구장, 테니스장, 스키장(통상 헬스클럽 기준으로 요가, 필라테스, 기타업종으로 VR, 스크린야구 등 업종이 포함될 수도 있다)
※ BC카드 레저업종 실적인정 기준(다음 3가지 항목을 모두 충족한 경우 유효한 카드실적으로 인정)
  1) 당행계좌를 결제계좌로 등록한 당행 개인카드(체크·신용)를 사용
  2) 상기 명시된 국내 레저업종 가맹점에서 직접 결제한 경우(단, 카카오페이, 네이버페이 등 일부 간편결제 및 PG·소셜커머스를 통한 결제 등 가맹점 직접 결제가 아닌 경우 실적인정이 불가하다)
  3) 당일자, 당일가맹점 사용실적은 최대 1회(금액은 최대금액 1건) 인정</td></tr>
<tr><td>중도해지이율</td><td>• 만기일 이전에 해지할 경우 입금액마다 입금일부터 해지일 전일까지의 기간에 대하여 가입일 당시 IBK 적립식중금채의 중도해지금리를 적용
• 납입기간 경과비율
  – 10% 미만 : (가입일 현재 계약기간별 고시금리)×5%
  – 10% 이상 20% 미만 : (가입일 현재 계약기간별 고시금리)×10%
  – 20% 이상 40% 미만 : (가입일 현재 계약기간별 고시금리)×20%
  – 40% 이상 60% 미만 : (가입일 현재 계약기간별 고시금리)×40%
  – 60% 이상 80% 미만 : (가입일 현재 계약기간별 고시금리)×60%
  – 80% 이상 : (가입일 현재 계약기간별 고시금리)×80%
※ 모든 구간 최저금리 연 0.1% 적용</td></tr>
<tr><td>만기 후 이율</td><td>• 만기일 당시 IBK 적립식중금채의 만기 후 금리를 적용
  – 만기 후 1개월 이내 : (만기일 당시 IBK 적립식중금채의 계약기간별 고시금리)×50%
  – 만기 후 1개월 초과 6개월 이내 : (만기일 당시 IBK 적립식중금채의 계약기간별 고시금리)×30%
  – 만기 후 6개월 초과 : (만기일 당시 IBK 적립식중금채의 계약기간별 고시금리)×20%</td></tr>
</table>

57 다음 중 제시된 자료의 내용으로 적절하지 않은 것은?

① 만기해지 시 위 상품에서 적용 가능한 최대금리와 최저금리의 차이는 최대 2.65%p이다.

② 온누리상품권을 구입하는 것보다는 레저업종에 카드를 사용하는 것이 우대금리에 적용에 더 유리하다.

③ 당일에 동일 가맹점에서 레저업종에 100만 원 이상 사용 시에는 한 번에 결제하는 것보다 나눠서 결제하는 것이 우대금리 적용에 더 유리하다.

④ 1년제 상품 만기 후 1개월 이내 해지 시 적용되는 만기 후 이율은 만기 후 6개월 초과 후 해지 시 적용되는 만기 후 이율의 2.5배이다.

58 다음은 IBK W소확행통장에 가입한 A고객의 가입정보이다. A고객이 지급받을 이자는?(단, 10원 미만은 절사한다)

〈A고객의 가입정보〉

• 가입상품 : IBK W소확행통장
• 최초 납입금액 : 50만 원
• 추가 납입금액
  − 100만 원(21.8.1)
  − 100만 원(22.2.1)
• 계약기간 : 2년제(20.8.1 ~ 22.7.31)
• 결제내역
  − 매 짝수 월 초 30만 원 헬스클럽 결제
  − 매월 초 20만 원 골프연습장 결제
  − 매 연말 본인 명의 온누리상품권 100만 원 구매
  − 매 연초 가족 명의 온누리상품권 100만 원 구매
  − 매년 3, 6, 9, 12월 월말 수영장 이용료 30만 원 결제
  ※ 단, A고객은 모든 결제 건을 보유하고 있는 당행 BC신용카드로 결제하고, 자동이체로 납입하였음
• 해지일 : 22.10.31

---

① 65,000원   ② 70,270원

③ 135,250원   ④ 136,560원

59 다음은 I은행의 여비규정에 대한 자료이다. 대구로 출장을 다녀 온 A과장의 지출내역을 토대로 여비를 정산했을 때, A과장이 받을 총금액은?

제1조(여비의 종류)

여비는 운임·숙박비·식비·일비 등으로 구분한다.

1. 운임 : 여행 목적지로 이동하기 위해 교통수단을 이용함에 있어 소요되는 비용을 충당하기 위한 여비
2. 숙박비 : 여행 중 숙박에 소요되는 비용을 충당하기 위한 여비
3. 식비 : 여행 중 식사에 소요되는 비용을 충당하기 위한 여비
4. 일비 : 여행 중 출장지에서 소요되는 교통비 등 각종 비용을 충당하기 위한 여비

제2조(운임의 지급)

1. 운임은 철도운임·선박운임·항공운임으로 구분한다.
2. 국내운임은 [별표 1]에 따라 지급한다.

제3조(일비·숙박비·식비의 지급)

1. 국내 여행자의 일비·숙박비·식비는 국내 여비 지급표에 따라 지급한다.
2. 일비는 여행일수에 따라 지급한다.
3. 숙박비는 숙박하는 밤의 수에 따라 지급한다. 다만, 출장 기간이 2일 이상인 경우의 지급액은 출장기간 전체의 총액 한도 내 실비로 계산한다.
4. 식비는 여행일수에 따라 지급한다.

〈국내 여비 지급표〉

철도운임	선박운임	항공운임	일비(1인당)	숙박비(1박당)	식비(1일당)
실비 (일반실)	실비 (2등급)	실비	20,000원	실비 (상한액 40,000원)	20,000원

〈A과장의 지출내역〉

(단위 : 원)

구분	1일 차	2일 차	3일 차	4일 차
KTX운임(일반실)	43,000	–	–	43,000
대구 시내 버스요금	5,000	4,000	–	2,000
대구 시내 택시요금	–	–	10,000	6,000
식비	15,000	45,000	35,000	15,000
숙박비	45,000	30,000	35,000	–

① 286,000원 ② 304,000원
③ 328,000원 ④ 356,000원

60 K씨는 미국에서 사업을 하고 있는 지인으로부터 투자 제의를 받았다. 투자성이 높다고 판단한 K씨는 5월 3일에 지인에게 1,000만 원을 달러로 환전하여 송금하였다. 이후 5월 20일에 지인으로부터 원금과 투자수익 10%를 달러로 돌려받고 당일 원화로 환전하였다. K씨는 원화기준으로 원금 대비 몇 %의 투자수익을 달성하였는가?(단, 매매기준율로 환전하며 기타수수료는 발생하지 않고, 환전 시 소수점 이하는 절사하며 투자수익률 계산 시 소수점 첫째 자리에서 반올림한다)

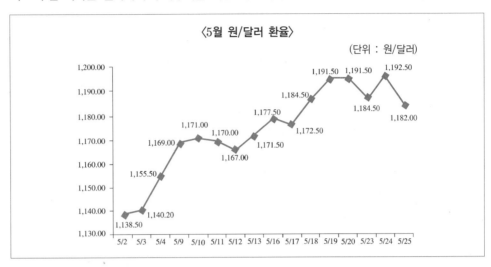

〈5월 원/달러 환율〉

(단위 : 원/달러)

① 10%

② 13%

③ 15%

④ 18%

정답 및 해설 p.077

| NH농협은행 5급

01 다음 제시된 문단을 읽고, 이어질 문단을 논리적 순서대로 바르게 나열한 것은?

> 인터넷은 삶에서 훨씬 더 중심적인 역할을 한다. 엔터테인먼트, 정보, 사회적 연결을 위한 공간으로 시작된 인터넷은 오늘날 필수적인 재화와 서비스에 접근하고, 업무를 하기 위한 플랫폼 역할까지 하고 있다. 심지어 이러한 전환은 팬데믹 여파로 가속화됐다.
>
> 이에 따라 자연스럽게 소비자, 특히 젊고 디지털에 익숙한 소비자는 모든 오프라인 경험이 웹에 복제되고, 가능하면 더 개선되길 기대한다. 여기에는 소비자가 있는 모든 디지털 환경에서 현금 없는 결제, 신용한도, 대출 및 보험 등 다양한 금융 서비스를 사용하는 것이 포함된다.
>
> 그리고 이 지점에서 '임베디드 금융'이 등장한다. 소비자의 기대치를 잘 알고 있는 비금융 회사가 고객 및 이해관계자로 하여금 디지털 플랫폼에서 금융 서비스에 원활하게 액세스할 수 있도록 기존 금융회사 및 핀테크와 협력하기 시작한 것이다.

> (가) 가장 잘 알려진 예로는 중국의 슈퍼 앱 '위챗(WeChat)'과 '알리페이(Alipay)'가 있다. 둘 다 사용자가 로컬 비즈니스 및 대형 브랜드를 검색하고 거래할 수 있는 단일 창구 역할을 하며, 아울러 이를 통해 차량 공유, 모바일 충전, 자산 관리 등 다양한 서비스에도 액세스할 수 있다.
>
> (나) 그렇다면 전통적인 금융기관은 어떻게 대응하고 있을까? 딜로이트 인도의 금융 서비스 컨설팅 파트너 비자이 알 마니는 전통적인 금융기관이 위기를 절박하게 느껴야 한다고 말했다. "젊은 고객을 잡아야 한다. 따라서 기존의 금융기관은 모바일 앱과 웹사이트를 넘어 창의적인 제안을 내놓을 필요가 있다."라고 전했다.
>
> (다) 지금까지 전통적인 금융기관은 최종 사용자에게 임베디드 금융을 제공하는 데 있어 핵심 기반이었다. 이미 자본, 라이선스, 핵심 시스템을 보유하고 있기 때문에 핀테크 및 비금융 회사가 이러한 금융회사와 협력하는 것이 합리적이었다. 하지만 예상치 못한 파트너십이 발생했다. 사용자는 금융 서비스 분야에서도 친숙하고 잘 알려진 브랜드를 찾을 수 있게 됐다는 이야기다. 이를테면 월마트는 투자 핀테크 리빗(Ribbit)과 협력하여 핀테크 사업에 진출했다. 동남아시아에서는 그랩과 싱텔이 이끄는 컨소시엄이 싱가포르와 말레이시아에서 은행 라이선스를 취득했다.
>
> (라) 또한 딜로이트 컨설팅의 미국 FSI 전략 및 혁신 부문 리더 고피 빌라는 "운영 방식을 위협받고 있다고 생각하는 전통적인 금융기관도 있고 그렇지 않은 곳도 있다."라면서, "그렇지 않다고 보는 곳은 계속해서 영향력을 행사할 것이며 기존 프로세스를 디지털화하기만 하면 된다고 생각한다. 반면에 디지털화만으론 충분하지 않다고 보고 서비스형 뱅킹(Banking-as-a-Service; BaaS) 등의 제품을 선보이며 기술을 적극 활용하는 곳이 있다."라고 언급했다.

① (가) - (나) - (라) - (다) ② (가) - (다) - (나) - (라)
③ (나) - (가) - (다) - (라) ④ (나) - (다) - (라) - (가)
⑤ (다) - (가) - (나) - (라)

02 다음 글의 내용으로 적절하지 않은 것은?

> 핀테크(FinTech)란 Finance(금융)와 Technology(기술)의 합성어로 금융과 IT의 융합을 통한 금융 서비스 제공을 비롯한 산업의 변화를 통칭하는 신조어다. 금융 서비스의 변화로는 모바일(Mobile), SNS(Short Networking Service), 빅데이터(Big Data) 등 새로운 IT기술을 활용하여 기존의 금융 기법과 차별화된 서비스를 제공하는 기술 기반의 혁신이 대표적이다. 최근에 대중이 널리 사용하는 모바일 뱅킹(Mobile Banking)과 앱카드(App Card)도 이러한 시대적 흐름 가운데 나타난 핀테크 의 한 예라고 볼 수 있다.
>
> 이에 따라 금융위원회는 핀테크 산업 발전을 위한 디지털 금융의 종합혁신방안을 발표하였다. 규제 완화와 이용자보호 장치마련이 주목적이었다. 종합지급결제업과 지급지시전달업의 신설로 핀테크 기업들은 고도화된 디지털 금융 서비스 창출과 수익 다각화의 기반을 마련했다. 간편결제에 소액 후불결제 기능을 추가한 것이라든지 선불결제 충전한도 상향 등은 중요한 규제완화의 예라고 볼 수 있다. 전자금융업종의 통합과 간소화를 통해 이제는 자금이체업, 대금결제업, 결제대행업으로 산업 이 재편된 셈이다.
>
> 핀테크 산업의 미래는 데이터 기반의 마이데이터 서비스체계를 구축하는 것이다. 개인이 정보이동 권에 근거하여 본인의 데이터에 대한 개방을 요청하면 기업이 해당 데이터를 제3자에게 개방하도록 하는 것이 마이데이터의 개념이다. 그동안 폐쇄적으로 운영·관리되어 왔던 마이데이터를 통한 개 인정보의 활용으로 맞춤형 재무 서비스나 금융상품 추천 등 다양한 데이터 기반의 금융 서비스 활성 화가 기대되는 바이다. 또한 마이데이터의 도입으로 고객데이터 독점이 사라지는 상황에서 금융업 간 경쟁심화는 필연적일 것으로 보인다. 마이데이터 사업자와의 협력과 직접진출 등이 활발하게 나 타날 것으로 전망되기 때문이다.
>
> 사이버 관련 사고가 지능화되고 고도화되면서 보안기술과 시스템에 대한 수요도 높은 수준을 요구 하고 있다. 정부가 D.N.A(Data, Network, AI) 생태계 강화 등을 기반으로 디지털 뉴딜을 추진 중이며 전 산업의 디지털화가 진행 중이라 대부분의 산업에 있어서도 보안기술의 향상이 요구된다. 특히 최근에는 금융권 클라우드나 바이오 정보에 대한 공격 증가로 금융기관 등의 피해가 커질 수 있어 주의를 요한다.
>
> 개인정보보호법, 신용정보법, 정보통신망법 등 개인정보보호 관련 3개 법률(데이터 3법) 개정안이 발표되었다. 이는 가명정보의 도입, 개인정보의 활용 확대, 마이데이터 산업 도입 등을 주요내용으 로 한다. 데이터 3법 개정으로 마이데이터 사업이 본격화되고 핀테크 기업 중심의 정보공유 활성화, 데이터 기반 신산업 발전 등이 효과를 볼 것으로 전망된다. 반면 개인정보 및 금융정보의 노출 가능 성이 높아지고, 보안사고의 위험과 개인정보 보호의 이슈가 부각될 현실을 맞이하는 것이다.

① 빅데이터를 활용한 금융 서비스 제공 역시 핀테크의 일종이다.

② 핀테크 산업 활성을 위해서는 기존의 규제를 완화하는 것이 필요하다.

③ 마이데이터 서비스체계에서 기업은 개인의 동의하에 제3자에게 데이터를 제공할 수 있다.

④ 마이데이터 사업자 간의 협력이 활발해진다면 금융업 간 경쟁심화는 완화될 것으로 보인다.

⑤ 데이터 3법 개정과 함께 기업들은 개인정보 보호를 위한 보안기술 구축을 위해 별도로 노력해야 한다.

〈1월 일정표〉

월	화	수	목	금	토	일
		1 신정	2	3	4	5 N은행 단합대회
6	7	8	9	10 가래떡 데이 홍보행사	11 가래떡 데이	12
13	14	15	16 N은행 회장 방문	17	18	19
20	21 1인 가구 대상 소포장 농산물 홍보행사	22	23	24 설 연휴	25 설 연휴	26 설 연휴
27 대체공휴일	28	29	30	31		

| NH농협은행 5급

03 다음 〈조건〉을 고려할 때, 명절선물세트 홍보일로 가능한 날짜는?

> **조건**
> • 홍보행사는 요일에 상관없이 진행할 수 있다.
> • N은행에서는 명절선물세트를 3일간 홍보한다.
> • 명절선물세트 홍보는 설 연휴 전에 마친다.
> • 명절선물세트는 다른 상품 홍보행사와 겹치지 않게 홍보한다.
> • 사내행사가 있는 날짜를 피해서 홍보한다.

① 1월 3 ~ 5일
② 1월 8 ~ 10일
③ 1월 13 ~ 15일
④ 1월 19 ~ 21일
⑤ 1월 27 ~ 29일

04 N은행은 1월 중에 직원 진급공고를 내려고 한다. 〈조건〉이 다음과 같을 때 공고가 가능한 날짜는?

> **조건**
> • 사내행사와 홍보행사 당일 및 전날, 다음날을 제외하고 진급공고를 낸다.
> • 공휴일 및 공휴일 전날이나 다음날을 제외하고 진급공고를 낸다.
> • 명절선물세트 홍보일은 **03**번 문제에서 정한 날짜로 한다.

① 1월 6일　　　　　　　　　　② 1월 8일
③ 1월 15일　　　　　　　　　　④ 1월 23일
⑤ 1월 28일

05 N은행 직원들은 1월에 연차 휴가를 하루씩 쓰려고 한다. 연차 사용 조건과 다른 직원들의 연차일이 다음과 같을 때 한대리가 연차를 쓸 수 있는 날은?

> **조건**
> • 모든 직원은 명절을 포함하는 주 이전에 연차 휴가를 사용한다.
> • 공휴일은 연차에 포함되지 않는다.
> • 연차일은 사내행사나 홍보행사가 없는 날짜로 한다.
> • 명절선물세트 홍보일은 **03**번 문제에서 정한 날짜로 한다.
> • 연차는 다른 직원과 겹칠 수 없다.
> • 김부장은 1월 3일, 박차장은 1월 8일, 유과장은 1월 17일, 정과장은 1월 2일, 하사원은 1월 6일에 연차를 쓴다.

① 1월 7일　　　　　　　　　　② 1월 10일
③ 1월 14일　　　　　　　　　　④ 1월 20일
⑤ 1월 31일

※ N은행은 2022년 상반기 승진후보자 중 승진자를 선발하고자 한다. 다음은 2022년 상반기 승진자 선발 방식 등에 대한 자료이다. 이어지는 질문에 답하시오. [6~7]

〈2022년 상반기 승진자 선발〉

• 승진자 선발 방식
 − 승진후보자 중 승진점수가 높은 순서대로 승진한다.
 − 승진점수는 100점 만점으로 평가한다. 단, 가점을 합산하여 100점을 초과할 수 있다.
 − 승진점수는 분기실적(40), 부서동화(30), 성실고과(20), 혁신기여(10) 항목별 점수의 총합에 연수에 따른 가점을 합산하여 산정한다.
 − 각 연수 이수자에게는 다음 표에 따라 가점을 부여한다. 단, 한 명의 승진후보자가 받을 수 있는 가점은 5점을 초과할 수 없다.
 − 동점자가 발생한 경우, 분기실적 점수와 성실고과 점수의 합이 높은 직원을 우선한다.

〈연수별 가점〉

(단위 : 점)

구분	혁신선도	조직융화	자동화적응	대외협력
가점	2	1	4	3

〈승진후보자 항목별 평가점수〉

(단위 : 점)

구분	분기실적	부서동화	성실고과	혁신기여	이수한 연수
A주임	29	28	12	4	조직융화
B주임	32	29	12	5	혁신선도
C주임	35	21	14	3	자동화적응, 대외협력
D주임	28	24	18	3	–
E주임	30	23	16	7	자동화적응

| NH농협은행 5급

06 승진자 선발 방식에 따라 승진후보자 A∼E주임 중 1명을 승진시키고자 할 때, 승진할 직원은?

① A주임 ② B주임
③ C주임 ④ D주임
⑤ E주임

07 승진자가 배치될 부서의 상황이 변경됨에 따라 승진자 선발 방식이 다음과 같이 변경되었다. 변경된 승진자 선발 방식을 따를 때, 승진할 직원을 모두 고르면?

〈승진자 선발 방식 변경〉

변경 전

1. 승진점수(100) 총점 및 배점
   – 분기실적(40), 부서동화(30), 성실고과(20), 혁신기여(10)
2. 가점상한 : 5점
3. 승진인원 : 1명

⇩

변경 후

1. 승진점수(100) 총점 및 배점
   – 분기실적(40), 부서동화(30), 성실고과(30)
   ※ 혁신기여 점수를 삭제하고 성실고과 점수를 기존의 성실고과 점수에 50%를 가산하여 산출한다.
2. 가점상한 : 10점
3. 승진인원 : 2명

---

① A주임, B주임
② A주임, C주임
③ B주임, E주임
④ C주임, D주임
⑤ C주임, E주임

※ H기업은 전기에너지의 원활한 공급을 위해 태양광발전을 추가 설치하려고 한다. 이어지는 질문에 답하시오. [8~9]

〈A, B태양광발전 정보〉

구분	설치비용	유효기간	잔존가치	연간수익	연간유지비용
A태양광발전	1,000만 원	10년	20만 원	250만 원	없음
B태양광발전	5,000만 원	15년	50만 원	1,500만 원	수익의 35%

※ (연 감가상각비)=[(설치비용)−(잔존가치)]÷(유효기간)

| NH농협은행 5급

08 H기업이 A, B태양광발전을 같은 날 설치한다면 설치비용을 회수하는 데 걸리는 최소기간은?

① 6년
② 7년
③ 8년
④ 9년
⑤ 10년

| NH농협은행 5급

09 A, B태양광발전을 6년 동안 사용하고 C기업에게 1,000만 원에 팔았다면 감가상각된 장부가액에 따라 처분할 때와 비교하여 얼마가 이익 또는 손해인가?

① 2,432만 원 손해
② 3,432만 원 손해
③ 2,432만 원 이익
④ 3,432만 원 이익
⑤ 같음

10 A씨는 구매대행사인 N사에서 신용카드를 사용하여 청소기와 영양제를 해외 직구하려고 한다. 직구 사이트에서 청소기와 영양제의 가격이 각각 540달러, 52달러이다. 두 제품을 따로 주문하였을 때 원화로 낼 금액은 총 얼마인가?

> • 200달러 초과 시 20% 관세 부과
> • 배송비 : 30,000원
> • 구매 당일 환율(신용카드 사용 시 매매기준율을 적용) : 1,128원/달러

① 845,600원

② 846,400원

③ 848,200원

④ 849,600원

⑤ 850,000원

11 N은행은 최근 열린 금융 세미나에 참여해 보이스피싱을 주제로 대화를 나누었다. 다음 중 B, C의 주장을 분석한 것으로 가장 적절한 것은?

> A : 최근 보이스피싱 범죄가 모든 금융권으로 확산되면서 피해액이 늘어나고 있습니다. 이에 금융 당국이 은행에도 일부 보상 책임을 지게 하는 방안을 검토하는 것으로 알려지고 있습니다. 이에 대해 어떻게 생각하십니까?
> B : 개인들이 자신의 정보를 잘못 관리한 책임까지 은행에서 진다는 것은 문제가 있습니다. 도와드릴 수 있다면 좋겠지만, 은행 입장에서도 한계가 있는 부분이 있어 안타까울 뿐입니다.
> C : 소비자들이 자신의 개인 정보 관리에 다소 부주의함이 있다는 것은 인정합니다. 그러나 개인의 부주의를 이야기하는 것보다는 정부가 근본적인 해결책을 모색하는 것이 더욱 시급합니다.

① B와 달리, C는 보이스피싱 피해에 대한 책임을 소비자에게만 전가해서는 안 된다고 생각한다.

② B와 C는 보이스피싱 범죄로 인한 피해를 방지하기 위해 은행에서 노력하고 있다고 생각한다.

③ B는 보이스피싱 범죄를 근본적으로 해결하기 위해 은행의 역할을, C는 정부의 역할을 강조한다.

④ B와 C는 보이스피싱 범죄의 확산을 막기 위해서는 제도적인 방안이 보완되어야 한다고 이야기하고 있다.

⑤ B와 C는 보이스피싱 범죄의 확산에 대한 일차적 책임이 은행과 정부에 있다고 생각한다.

12 다음 글을 읽고 추론할 수 있는 내용으로 적절하지 않은 것은?

커피 찌꺼기를 일컫는 커피박이라는 단어는 우리에게 생소한 편이다. 하지만 외국에서는 커피 웨이스트(Coffee Waste), 커피 그라운드(Coffee Ground) 등 다양한 이름으로 불린다. 커피박은 커피 원두로부터 액을 추출한 후 남은 찌꺼기를 말하는데 이는 유기물뿐만 아니라 섬유소, 리그닌, 카페인 등 다양한 물질을 풍부하게 함유하고 있어 재활용 가치가 높은 유기물 자원으로 평가받고 있다. 특히 우리나라는 높은 커피 소비국으로 2007년부터 2010년까지의 관세청 자료에 의하면 매년 지속적으로 커피원두 및 생두 수입이 지속적으로 증가한 것으로 나타났다. 1인당 연간 커피 소비량은 2019년 기준 평균 328잔 정도에 달하며 커피 한 잔에 사용되는 커피콩은 0.2%, 나머지는 99.8%로 커피박이 되어 생활폐기물 혹은 매립지에서 소각처리된다.

이렇게 커피 소비량이 증가하고 있는 가운데 커피를 마시고 난 후 생기는 부산물인 커피박도 연평균 12만 톤 이상 발생하고 있는 것으로 알려져 있다. 이렇듯 막대한 양의 커피박은 폐기물로 분류되며 폐기처리만 해도 큰 비용이 발생된다.

따라서 우리나라와 같이 농업분야의 유기성 자원이 절대적으로 부족한 곳에서는 비료 원자재 대부분을 수입산에 의존하고 있는데, 원재료 매입비용이 적은 반면 부가가치를 창출할 수 있는 수익성이 매우 높은 재료로 고가로 수입된 커피박 자원을 재활용할 수 있다면 자원절감과 비용절감 두 마리 토끼를 잡을 수 있을 것으로 기대된다.

또한 커피박은 부재료 선택에 신경을 쓴다면 분명 더 나은 품질의 퇴비가 될 수 있다고 전문가들은 지적한다. 그 가운데 톱밥, 볏짚, 버섯폐배지, 한약재 찌꺼기, 쌀겨, 스테비아분말, 채종유박, 깻묵 등의 부재료 화학성 pH는 $4.9 \sim 6.4$, 총탄소 $4 \sim 54\%$, 총질소 $0.08 \sim 10.4\%$, 탈질률 $7.8 \sim 680$으로 매우 다양했다. 그중에서 한약재 찌꺼기의 질소 함량이 가장 높았고, 유기물 함량은 톱밥이 가장 높았다. 유기물 퇴비를 만들기 위한 조건은 수분 함량, 공기, 탄질비, 온도 등이 중요하다. 흔히 유기퇴비의 원료로는 농가에서 쉽게 찾아볼 수 있는 볏짚, 나무껍질, 깻묵, 쌀겨 등이 있다. 그밖에 낙엽이나 산야초를 베어 퇴비를 만들어도 되지만 일손과 노동력이 다소 소모된다는 단점이 있다. 무엇보다 양질의 퇴비를 만들기 위해서는 재료로 사용되는 자재가 지닌 기본적인 탄소와 질소의 비율이 중요한데 탄질률은 $20 \sim 30 : 1$인 것이 가장 이상적이다. 농촌진흥청 관계자는 이에 대해 "탄질률은 퇴비의 분해 속도와 관련이 있어 지나치게 질소가 많거나 탄소성분이 많을 경우 양질의 퇴비를 얻을 수 없다. 또한 퇴비재료에 미생물이 첨가되면서 자연 분해되면 열이 발생하는데 이는 유해 미생물을 죽일 수 있어 양질의 퇴비를 얻기 위해서는 퇴비 더미의 온도를 50℃ 이상으로 유지하는 것이 바람직하다."고 밝혔다.

① 커피박을 이용하여 유기농 비료를 만드는 것은 환경 보호뿐만 아니라 경제적으로도 이득이다.

② 커피박과 함께 비료에 들어갈 부재료를 고를 때에는 질소나 유기물이 얼마나 들어있는지가 중요한 기준이다.

③ 비료에서 중요한 성분인 질소가 많이 함유되어 있을수록 좋은 비료라고 할 수 있다.

④ 퇴비 재료에 있는 유해 미생물은 50℃ 이상의 고온을 통해 없앨 수 있다.

⑤ 커피박을 이용하여 유기 비료를 만들 때, 질소 보충이 필요하다면 한약재 찌꺼기를 첨가하는 것이 좋다.

13 환율에 대한 다음 기사를 읽고 추론할 수 있는 내용으로 가장 적절한 것은?

세계화 시대에는 국가 간 교류가 활발하여 우리 국민들이 외국으로 여행을 가기도 하고 외국인들도 한국으로 여행을 많이 온다. 또한 외국으로부터 경제활동에 필요한 원자재는 물론이고 자동차나 의약품 등 다양한 상품을 수입하기도 한다. 이처럼 외국 상품을 구입하거나 외국 여행을 할 때는 물론이고 해외 투자를 할 때도 외국 돈, 즉 외화가 필요하다.

이러한 외화를 살 때 지불하는 원화의 가격을 환율이라 하며, 달러당 환율이 1,000원이라는 것은 1달러를 살 때 지불하는 가격이 1,000원이라는 것이고 유로(Euro) 환율이 1,300원이라는 것은 1유로의 가격이 1,300원이라는 것을 의미한다. 외화를 외국 상품과 같은 의미로 이해하면 환율은 다른 상품의 가격처럼 외국돈 한 단위의 가격으로 이해할 수 있다. 100달러를 환전하는 것, 즉 100달러를 구입하는 것은 개당 1,000원인 상품을 100개 구입하는 것과 같은 것으로 생각할 수 있는 것이다.

환율을 표시할 때는 외국돈 1단위당 원화의 금액으로 표시한다. 따라서 환율의 단위는 원/$, 원/€와 같은 것이 된다(예 1,000원/$, 1,300원/€). 수입품과 수출품의 가격은 이러한 환율의 단위를 고려하면 쉽게 계산할 수 있다. 국산품의 수출가격은 국내가격을 환율로 나누어서 구할 수 있고 반대로 수입상품의 수입가격은 국제가격에 환율을 곱해서 구할 수 있다.

- 환율이 1,000원/$일 때 국내 시장에서 가격이 1만 원인 상품의 수출가격
  - [수출가격(달러)]=(국내가격)÷(환율)=[10,000÷1,000]=$10
- 환율이 1,000원/$일 때 국제 시장에서 가격이 $100인 상품의 수입가격
  - [수입가격(원)]=(국제가격)×(환율)=100×1,000=100,000원

앞에서 외화를 마치 상품처럼 이해한다고 하였는데 상품의 가격이 수요와 공급에 의해서 변동하는 것처럼 외화의 가격인 환율도 외환시장의 수요와 공급에 의해서 결정된다. 수출이 늘어나거나 외국인들의 한국 여행 그리고 외국인 투자가 늘어나면 외화 공급이 증가하기 때문에 환율이 떨어진다. 상품 가격이 하락하면 화폐 가치가 올라가는 것처럼 환율이 하락하면 외국돈에 비해서 우리 돈의 가치가 올라간다고 할 수 있다.

반면에 한국의 수입 증가, 국민들의 외국 여행 증가 그리고 자본의 유출이 일어나면 외화 수요가 증가하기 때문에 환율이 올라간다. 상품의 가격이 올라가면 화폐가치가 떨어지는 것처럼 환율이 상승한다는 것은 화폐, 즉 우리 돈의 가치가 떨어진다는 것을 의미한다. 이처럼 환율이 상승하면 원화 가치가 하락하고 반대로 환율이 하락하면 원화 가치가 올라간다고 생각할 수 있다. 환율 상승을 '원화 약세'라고 하고 환율 하락을 '원화 강세'라고 이해하면 편하다.

---

① 환율이 하락하는 원인으로는 수입 증가를 볼 수 있겠어.
② 환율이 상승하면 국산품의 수출가격은 하락하겠구나.
③ 중국인 관광객들이 우리나라에 많이 여행 온다면 환율이 상승하겠네.
④ 환율이 하락하면 수입품의 수입가격은 상승하겠구나.
⑤ 외화를 많이 보유할수록 우리 돈의 가치가 하락한다고 볼 수 있겠군.

14 다음 글의 내용으로 적절하지 않은 것은?

N은행, 사회공헌금액 '최다'

국내 5대 시중은행 중 지난해 사회공헌활동에 가장 많은 자금을 지원한 은행은 N은행으로 조사됐다. 국회 정무위원회 의원이 전국은행연합회의 사회공헌활동 보고서와 금융감독원 공시 실적 등을 분석한 결과다. 지난해 N은행의 당기순이익 대비 사회공헌금액 비중은 12.2%로 5대 시중은행 중 가장 높았다. 이어 S은행(6.7%), K은행(6.3%), W은행(6.2%), H은행(5.7%) 순서였다.

사회공헌금액 규모만 따져봤을 때도 N은행은 1,911억 원으로 5대 시중은행 중 가장 많았다. 이어 K은행(1,619억 원), S은행(1,450억 원), H은행(1,359억 원), W은행(1,354억 원)이 뒤를 이었다. 조사 대상인 19개 은행 가운데 작년 적자(7,960억 원)를 낸 C은행을 제외하고 당기순이익 대비 사회공헌금액 비중이 가장 높은 곳은 JJ은행(13.5%)으로 집계됐다. JB(11.2%), GJ(11.0%), DG(10.6%), KN(10.2%) 등 지방은행 비중은 10%를 웃돌았다. 이 비중이 가장 낮은 곳은 인터넷전문은행 X은행(0.15%)이었다. 인터넷전문은행 Z은행의 사회공헌금액 비중도 0.31%에 불과했다.

은행연합회 회원 기관과 은행연합회는 지난해 사회공헌 사업에 1조 617억 원을 지원했다. 지원액은 3년 연속 1조 원을 넘었지만, 2006년 보고서 발간 후 가장 많았던 2019년(1조 1,300억 원)보다 적고 2020년(1조 919억 원)보다도 약 300억 원 감소했다. 2년 연속 줄어든 것이다.

지원액은 서민금융에 가장 많은 4,528억 원이 쓰였다. 지역 및 공익 사업에도 4,198억 원이 투입됐다. 이어 학술·교육(1,034억 원), 메세나·체육(738억 원), 환경(68억 원), 글로벌(51억 원) 순서로 많았다.

---

① 5대 시중은행 중 당기순이익 대비 사회공헌금액의 비중이 10% 이상인 은행은 1곳이다.

② 전국은행연합회는 회원사들의 사회공헌활동에 관한 보고서를 작성한 바 있다.

③ 5대 시중은행의 사회공헌 규모는 모두 1,000억 원 이상이다.

④ 당기순이익 대비 사회공헌금액 비중이 가장 높은 은행은 N은행이다.

⑤ 2019 ~ 2021년 동안 은행들의 사회공헌 지원액이 가장 많았던 해는 2019년이다.

15 다음은 NH농협의 EQ(Easy & Quick)론에 대한 설명이다. L씨가 다음과 같은 〈조건〉으로 대출을 했을 경우, 맨 첫 달에 지불해야 하는 월 상환액은?(단, 소수점 이하는 절사한다)

〈NH EQ(Easy & Quick)론〉

- 상품특징 : NH농협 [은행 – 캐피탈] 간 협약상품으로 쉽고 간편하게 최고 1,000만 원까지 이용 가능한 개인 소액대출 전용상품
- 대출대상 : CSS 심사대상자로 NH농협캐피탈의 보증서가 발급되는 개인
- 대출기간 : 4개월 이상 1년 이내로 거치기간 없음(다만, 원리금 상환을 위하여 자동이체일과 상환기일을 일치시키는 경우에 한하여 최장 13개월 이내에서 대출기간 지정 가능)
- 대출한도 : 300만 원 이상 1,000만 원 이내
- 대출금리 : 신용등급에 따라 차등적용

등급	1	2	3	4	5	6
기준금리	5.69%	6.39%	7.09%	7.78%	8.46%	8.99%

- 중도상환 : 수수료 없음

조건
- 대출금액 : 500만 원
- 대출환급방법 : 만기 일시상환
- 신용등급 : 6등급
- 대출기간 : 6개월

① 33,264원 ② 34,581원
③ 35,362원 ④ 36,442원
⑤ 37,458원

16 다음은 연도별 국내은행 대출 현황에 대한 자료이다. 이에 대한 내용으로 적절하지 않은 것은?

〈연도별 국내은행 대출 현황〉

(단위 : 조 원)

구분	2013년	2014년	2015년	2016년	2017년	2018년	2019년	2020년	2021년
가계대출	437.1	447.5	459.0	496.4	535.7	583.6	620.0	647.6	655.7
주택담보대출	279.7	300.9	309.3	343.7	382.6	411.5	437.2	448.0	460.1
기업대출	432.7	449.2	462.0	490.1	537.6	546.4	568.4	587.3	610.4
부동산담보대출	156.7	170.9	192.7	211.7	232.8	255.4	284.4	302.4	341.2

※ (은행대출)=(가계대출)+(기업대출)

① 2017년 대비 2021년 부동산담보대출 증가율이 가계대출 증가율보다 높다.

② 주택담보대출이 세 번째로 높은 해의 부동산담보대출은 당해 기업대출의 50% 이상이다.

③ 2018 ~ 2021년 동안 가계대출의 전년 대비 증가액은 기업대출보다 매년 높다.

④ 2015년 은행대출은 2018년 은행대출의 80% 이상이다.

⑤ 2014 ~ 2021년 동안 전년 대비 주택담보대출이 가장 크게 증가한 해는 2017년이다.

※ 다음은 N은행 고객 기록에 대한 자료이다. 이어지는 질문에 답하시오. [17~18]

〈기록 체계〉

고객	업무	업무내용	접수창구
ㄱ	X	a	01

고객		업무		업무내용		접수창구	
ㄱ	개인고객	X	수신계	a	예금	01	1번 창구
				b	적금	02	2번 창구
ㄴ	기업고객		대부계	A	대출상담	03	3번 창구
				B	대출신청	04	4번 창구
ㄷ	VIP고객	Y		C	대출완료	05	5번 창구
						00	VIP실

※ 업무내용은 대문자·소문자끼리만 복수선택이 가능함
※ 개인·기업고객은 일반창구에서, VIP고객은 VIP실에서 업무를 봄
※ 수신계는 a, b의 업무만, 대부계는 A, B, C의 업무만 볼 수 있음

〈기록 현황〉

ㄱXa10	ㄴYA05	ㄴYB03	ㄱXa01	ㄱYB03
ㄱXab02	ㄷYC00	ㄴYA01	ㄴYA05	ㄴYAB03
ㄱYAB00	ㄱYaA04	ㄱXb02	ㄷYB0	ㄱXa04

| NH농협은행 6급

17 N은행을 방문한 K기업 대표인 VIP고객이 대출신청을 하였다면, 기록 현황에 기재할 내용으로 적절한 것은?

① ㄴXB00
② ㄴYB00
③ ㄷXB00
④ ㄷYA00
⑤ ㄷYB00

| NH농협은행 6급

18 기록 현황에 순서대로 나열되어 있지 않은 'A', 'B', 'Y', 'ㄴ', '04' 메모가 발견되었다. 이 기록 내용으로 가장 적절한 것은?

① 예금과 적금 업무로 수신계 4번 창구를 방문한 기업고객
② 예금과 적금 업무로 대부계 4번 창구를 방문한 기업고객
③ 대출 업무로 대부계 4번 창구를 방문한 기업고객
④ 대출상담 및 신청 업무로 대부계 4번 창구를 방문한 기업고객
⑤ 대출상담 및 신청 업무로 수신계 4번 창구를 방문한 기업고객

19 다음 프로그램의 실행 결과로 옳은 것은?

```java
public class test {
public static void main(String[ ] args) {
int i, sum=0;
for (i=1; i<=110; i++) {
if(i%4==0)
sum=sum+1;
}
System.out.printf("%d", sum);
}
}
```

① 25   ② 26

③ 27   ④ 28

⑤ 29

20 다음 제시된 문단을 논리적 순서대로 바르게 나열한 것은?

(가) 그러나 이러한 현상에 대해 비판적인 시각도 생겨났다. 대량 생산된 복제품은 예술 작품의 유일무이(唯一無二)한 가치를 상실케 하고 예술적 전통을 훼손한다는 것이다.

(나) MP3로 대표되는 복제 기술이 어떻게 발전할 것이며 그에 따라 음악은 어떤 변화를 겪을지, 우리가 누릴 수 있는 새로운 전통은 우리 삶을 어떻게 변화시킬지 생각해 보는 것은 매우 흥미로운 일이다.

(다) 근래에는 음악을 컴퓨터 파일의 형태로 바꾸는 기술이 개발되어 작품을 나누고 섞고 변화시키는 것이 훨씬 자유로워졌다. 이에 따라 낯선 곡은 반복을 통해 친숙한 음악으로, 친숙한 곡은 디지털 조작을 통해 낯선 음악으로 변모시킬 수 있게 되었다.

(라) 그러나 복제품은 자신이 생겨난 환경에 매여 있지 않기 때문에, 새로운 환경에서 새로운 예술적 전통을 만들어 낸다. 최근 음악 환경은 IT 기술의 발달과 보급에 따라 매우 빠르게 변화하고 있다.

① (가) – (다) – (라) – (나)   ② (다) – (가) – (라) – (나)

③ (다) – (라) – (가) – (나)   ④ (라) – (가) – (나) – (다)

⑤ (라) – (다) – (가) – (나)

21 다음은 연도별 뺑소니 교통사고 통계 현황에 대한 자료이다. 이에 대한 설명으로 옳은 것을 〈보기〉에서 모두 고르면?

〈연도별 뺑소니 교통사고 통계 현황〉

(단위 : 건, 명)

구분	2016년	2017년	2018년	2019년	2020년
사고건수	15,500	15,280	14,800	15,800	16,400
검거 수	12,493	12,606	12,728	13,667	14,350
사망자 수	1,240	1,528	1,850	1,817	1,558
부상자 수	9,920	9,932	11,840	12,956	13,940

※ $[검거율(\%)] = \dfrac{(검거\ 수)}{(사고건수)} \times 100$

※ $[사망률(\%)] = \dfrac{(사망자\ 수)}{(사고건수)} \times 100$

※ $[부상률(\%)] = \dfrac{(부상자\ 수)}{(사고건수)} \times 100$

보기

ㄱ. 사고건수는 매년 감소하지만 검거 수는 매년 증가한다.
ㄴ. 2018년의 사망률과 부상률이 2019년의 사망률과 부상률보다 모두 높다.
ㄷ. 2019 ~ 2020년의 전년 대비 사망자 수와 부상자 수의 증감추이는 반대이다.
ㄹ. 2017 ~ 2020년 동안 검거율은 매년 높아지고 있다.

① ㄱ, ㄴ   ② ㄴ, ㄷ
③ ㄷ, ㄹ   ④ ㄱ, ㄴ, ㄷ
⑤ ㄱ, ㄷ, ㄹ

22 다음 〈조건〉을 바탕으로 추론한 내용으로 가장 적절한 것은?

조건

- 분야별 인원 구성
  - A분야 : a(남자), b(남자), c(여자)
  - B분야 : 가(남자), 나(여자)
  - C분야 : 갑(남자), 을(여자), 병(여자)
- 네 명씩 나누어 총 두 팀(1팀, 2팀)으로 구성한다.
- 같은 분야의 같은 성별인 사람은 한 팀이 될 수 없다.
- 각 팀에는 분야별로 적어도 한 명 이상이 들어가야 한다.
- 한 분야의 모든 사람이 한 팀에 들어갈 수는 없다.

① 갑과 을이 한 팀이 된다면 가와 나도 한 팀이 될 수 있다.

② 네 명으로 나뉜 두 팀에는 남녀가 각각 두 명씩 들어간다.

③ a가 1팀으로 간다면 c는 2팀으로 가야 한다.

④ 가와 나는 한 팀이 될 수 없다.

⑤ c와 갑은 한 팀이 될 수 있다.

23 다음은 2018 ~ 2021년 K국 기업의 남성육아휴직제 시행 현황에 대한 자료이다. 이에 대한 설명으로 옳은 것은?

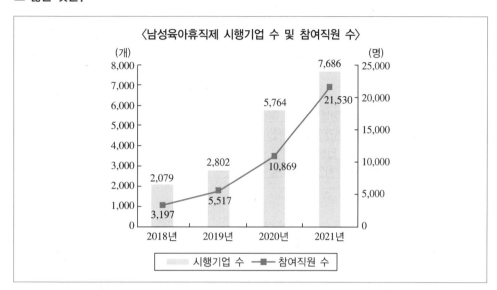

① 2019년 이후 전년 대비 참여직원 수가 가장 많이 증가한 해와 시행기업 수가 가장 많이 증가한 해는 동일하다.
② 2021년 남성육아휴직제 참여직원 수는 2018년의 7배 이상이다.
③ 시행기업당 참여직원 수가 가장 많은 해는 2021년이다.
④ 2019년 대비 2021년 시행기업 수의 증가율은 참여직원 수의 증가율보다 높다.
⑤ 2018 ~ 2021년 참여직원 수의 연간 증가인원 평균은 6,000명 이하이다.

24 A사원은 인적자원의 효과적 활용에 대한 강연을 듣고, 인맥을 활용하였을 때의 장점에 대해 다음과 같이 정리하였다. 밑줄 친 ㉠~㉣ 중 A사원이 잘못 메모한 내용은 모두 몇 개인가?

〈인적자원의 효과적 활용〉

• 인적자원이란?

··· 중략 ···

• 인맥 활용 시 장점
  - ㉠ 각종 정보와 정보의 소스 획득
  - ㉡ '나' 자신의 인간관계나 생활에 대해서 알 수 있음
     ↳ ㉢ 자신의 인생에 탄력이 생김
  - ㉣ '나' 자신만의 사업을 시작할 수 있음 ← 참신한 아이디어 획득

---

① 0개   ② 1개
③ 2개   ④ 3개
⑤ 4개

25 다음 기사의 제목으로 가장 적절한 것은?

농협은 화이트데이에 사탕보다는 꽃으로 사랑을 전하자는 의미에서 3월 14일을 '화(花)이트데이'로 정하고, 화훼 소비촉진에 앞장서겠다고 밝혔다. 또한 특별한 화이트데이를 기념하여 대표이사가 직접 여직원들에게 사랑의 꽃을 전달하는 이벤트도 실시하였다. 농협은 화이트데이에 사랑하는 사람에게 선물하기 좋은 꽃으로 장미(사랑), 꽃도라지(영원한 사랑), 카라(순수한 사랑), 튤립(사랑의 고백), 국화(고결한 사랑) 등을 추천하였다. 대표이사는 "최근 소비 부진으로 화훼농가가 어려움을 겪고 있다."며, "花이트데이가 화훼농가에 큰 힘이 되길 바란다."고 전했다.

한편, 농협은 침체된 화훼 생산 농가를 돕고자 꽃 생활화 캠페인(1 Table 1 Flower; 책상 위에 꽃 놓기), 장례식장 화환 재사용 근절, 자율적인 수급 안정을 위한 절화의무자조금 도입 등 꽃 소비 확대를 위한 사업을 지속해서 추진하겠다고 밝혔다.

---

① 1 Table 1 Flower, 침체된 화훼농가를 도와주세요!
② 花이트데이, 정열적인 사랑을 표현하는 장미를 선물하세요!
③ 花이트데이, 사탕 대신 꽃으로 사랑을 전하세요!
④ 花이트데이, 꽃처럼 예쁜 사탕을 선물하세요!

26 다음 〈보기〉는 업무수행 과정 중 발생한 문제의 유형 구별이다. 발생형 문제, 탐색형 문제, 설정형 문제를 바르게 짝지은 것은?

ㄱ A회사의 에어컨 판매부서는 현재 어느 정도 매출이 나오고 있는 상황이지만, 경쟁이 치열해지고 있기 때문에 생산성 제고를 위한 활동을 하려 한다.
ㄴ 작년에 A회사에서 구입한 에어컨을 정돈하고 사용해보니 고장이 나서 작동하지 않았다.
ㄷ 에어컨에 주력하던 A회사는 올해부터 새로운 사업으로 공기청정기 분야에 진출하기 위한 계획을 해야 한다.

	ㄱ	ㄴ	ㄷ
①	발생형 문제	탐색형 문제	설정형 문제
②	설정형 문제	탐색형 문제	발생형 문제
③	설정형 문제	발생형 문제	탐색형 문제
④	탐색형 문제	발생형 문제	설정형 문제

27 제시된 명제가 모두 참일 때, 빈칸에 들어갈 명제로 가장 적절한 것은?

전제1. 어떤 경위는 파출소장이다.
전제2. _____
결론. 30대 중 파출소장인 사람이 있다.

① 어떤 경위는 30대이다.

② 어떤 경위는 30대가 아니다.

③ 30대는 모두 경위이다.

④ 모든 경위는 30대이다.

28 N마트에서는 최근 시간관리 매트릭스에 대한 교육을 실시했다. 시간관리 매트릭스는 효율적으로 시간관리를 할 수 있도록 중요한 일과 중요하지 않은 일의 우선순위를 나누는 분류 방법이다. 다음 중 강의를 들은 A씨가 교육 내용을 적용하여 ⓐ ~ ⓒ를 바르게 분류한 것은?

〈시간관리 매트릭스〉

구분	긴급한 일	긴급하지 않은 일
중요한 일	제1사분면	제2사분면
중요하지 않은 일	제3사분면	제4사분면

※ 각 사분면의 좌표의 위치는 우선 순위 정도에 고려하지 않음

A씨는 N마트 고객지원팀 사원이다. A씨는 ⓐ 다음 주에 상부에 보고할 내용을 마무리 하는 도중 고객으로부터 '상품을 먹은 후 두드러기가 나서 일상생활이 힘들 정도다.'라는 ⓑ 불만 접수를 받았다. 고객은 오늘 내로 해결할 방법을 알려달라는 강한 불만을 제기했다. 아직 업무는 다 끝내지 못한 상태고, 오늘 저녁에 ⓒ 친구와 약속이 있다. 약속 시간까지는 2시간 정도 남은 상태이다.

	제1사분면	제2사분면	제3사분면	제4사분면
①	ⓐ	ⓒ	ⓑ	−
②	ⓑ	ⓐ	−	ⓒ
③	ⓑ, ⓒ	−	−	ⓐ
④	−	ⓐ	ⓒ	ⓑ

29 I사에서 근무하는 A과장은 30개월 전에 가입하였던 적금을 불가피한 사정으로 해지하려고 한다. 가입한 상품의 정보가 다음과 같을 때, A과장이 받을 환급금은 얼마인가?

〈상품 정보〉

- 상품명 : I은행 함께 적금
- 가입기간 : 6년
- 가입금액 : 1,500만 원
- 이자지급방식 : 만기일시지급, 단리식
- 기본금리 : 연 2.5%
- 중도해지이율(연 %, 세전)
  - 12개월 미만 : 0.2
  - 18개월 미만 : 0.3
  - 24개월 미만 : (기본금리)×40%
  - 36개월 미만 : (기본금리)×60%

① 15,050,000원
② 15,562,500원
③ 15,737,500원
④ 15,975,000원

30 I은행에 근무 중인 L사원은 국내 금융 시장에 대한 보고서를 작성하면서 I은행에 대한 SWOT 분석을 진행하였다. 다음 중 L사원이 작성한 SWOT 분석의 위협 요인에 들어갈 내용으로 적절하지 않은 것은?

〈SWOT 분석 결과〉

강점(Strength)	약점(Weakness)
• 지속적 혁신에 대한 경영자의 긍정적 마인드 • 고객만족도 1위의 높은 고객 충성도 • 다양한 투자 상품 개발	• 해외 투자 경험 부족으로 취약한 글로벌 경쟁력 • 소매 금융에 비해 부족한 기업 금융
기회(Opportunity)	위협(Threat)
• 국내 유동자금의 증가 • 해외 금융시장 진출 확대 • 정부의 규제 완화 정책	

① 정부의 정책 노선 혼란 등으로 인한 시장의 불확실성 증가
② 경기 침체 장기화
③ 부족한 리스크 관리 능력
④ 금융업의 경계 파괴에 따른 경쟁 심화

〈IBK 늘푸른하늘통장(거치식)〉

미세먼지 개선을 위한 '실천'을 통해 금리우대 혜택을 제공받는 거치식 상품

구분	내용
가입대상	실명의 개인(단, 개인사업자 제외), 1인 다수계좌 가입 가능
계약기간	1년제
가입금액	100만 원 이상(원 단위)
이자지급시기	만기일시지급식 : 만기 (후) 또는 중도해지 요청 시 이자를 지급
부가서비스	상해보험 무료서비스 • 보장내용(제공조건 충족일 익월 1일부터 1년간 제공) 표 참조 ※ 교통 상해사망의 경우, 일반 상해사망 보험금과 교통 상해사망 보험금이 지급됨 • 제공조건 : 계약금액 1,000만 원 이상 가입한 경우 • 제공기간 : 이 통장 시행일로부터 1년간 제공하며 연장될 수 있습니다.
약정이율	연 4.50%

구분	보장금액
일반 상해사망	3,000,000원
교통 상해사망	3,000,000원

우대금리	**환경개선 "실천" 우대금리 : 연 0.25%p** **(계약기간 동안 3가지 중 1가지 이상 충족 시 우대금리 적용)**
	• 대중교통 이용 – 계약기간동안 당행 입출금식 계좌와 연결된 후불교통카드 사용실적 발생월수가 3개월 이상인 경우 (매출표 접수 기준)
	• 친환경 차량 이용 – 전기차, 수소차, LPG차, 하이브리드 차량 이용하는 경우 – 확인서류 : 차량등록증, 자동차보험가입내역서, 차량매매계약서 및 차량 임대계약서 등 친환경 차량 이용을 확인할 수 있는 객관적인 서류 ※ 보험가입내역서 및 계약서는 계약자와 예금주 동일인일 경우 인정
	• 노후 경유차 폐차 및 저감장치 부착 – 노후 경유차 폐차 및 저감장치 부착하는 경우 – 확인서류 : 조기폐차 보조금 지급대상 확인서, 차량등록증(저감장치 부착확인) 등 노후 경유차 제한 조치 이행을 확인할 수 있는 객관적인 서류

중도해지이율	가입일 당시 영업점 및 인터넷 홈페이지에 고시한 중금채(복리채)의 중도해지금리를 적용합니다. • 납입기간 경과비율 10% 미만 : (가입일 현재 계약기간별 고시금리)×5% • 납입기간 경과비율 10% 이상 20% 미만 : (가입일 현재 계약기간별 고시금리)×10% • 납입기간 경과비율 20% 이상 40% 미만 : (가입일 현재 계약기간별 고시금리)×20% • 납입기간 경과비율 40% 이상 60% 미만 : (가입일 현재 계약기간별 고시금리)×40% • 납입기간 경과비율 60% 이상 80% 미만 : (가입일 현재 계약기간별 고시금리)×60% • 납입기간 경과비율 80% 이상 : (가입일 현재 계약기간별 고시금리)×80% * 모든 구간 최저금리 연 0.1% 적용
만기 후 이율	만기일 이후에 해지할 경우 만기일 당시 중금채(복리채)의 만기 후 금리를 따릅니다. • 만기 후 1개월 이내 : (만기일 당시 계약기간별 고시금리)×50% • 만기 후 1개월 초과 6개월 이내 : (만기일 당시 계약기간별 고시금리)×30% • 만기 후 6개월 초과 : (만기일 당시 계약기간별 고시금리)×20%

31 다음 중 IBK 늘푸른하늘통장 거치식 상품에 대한 내용으로 가장 적절한 것은?

① 제공하는 우대금리를 적용받으려면 친환경 차량을 보유하고 있어야 한다.

② 계약한 모든 사람이 상해보험에도 동시에 가입되는 상품이다.

③ 만기 이후에도 일정 기간 동안에는 약정 이율에 따른 이자를 지급하는 상품이다.

④ 평상시 대중교통을 이용하는 사람은 별도로 서류 제출을 하지 않아도 우대금리를 받을 수 있다.

32 다음 A ~ D씨 4명 모두 동일한 금액으로 IBK 늘푸른하늘통장을 개설한다고 가정할 때, 만기 후 가장 많은 원리금을 받을 수 있는 사람은?

① 배기가스 저감장치가 부착된 경유 화물차로 영업하는 개인사업자 A씨

② 회사에서 제공하는 기사가 운전하는 전기자동차를 이용해 매일 출퇴근하는 기업 임원 B씨

③ 지하철로 매일 등하교 하는 대학생 C씨

④ 1년 전 노후 경유차를 폐차하고 가솔린차로 교체한 주부 D씨

〈직장인우대MY통장(적립식중금채)〉

자산관리가 필요한 직장인을 우대하는 적립식 상품

구분	내용
가입대상	실명의 개인(1인 1계좌) ※ 개인사업자 제외
계약기간	1년제
가입금액	• 신규금액 : 최소 1만 원 이상 • 납입한도 : 매월 20만 원 이하(만 원 단위) 　※ 총적립금액 : 240만 원
이자지급시기	만기일시지급
약정이율	연 3.2%
우대금리	최대 연 1.8%p(세전) • 계약기간 동안 아래 조건을 충족한 고객이 만기해지 하는 경우 각각 제공 [직장인 우대금리] : 연 0.3%p • 가입시점에 직장인으로 확인되는 경우 {직장인 자격확인 방법 표} [최초고객 우대금리] : 연 0.3%p • 당행 실명등록일로부터 3개월 이내 신규 또는 상품가입 직전월 기준 6개월 총수신평잔 0원 [주거래 우대금리] : 연 0.7%p • 급여이체 실적보유 : 연 0.5%p 　－ 계약기간 동안 6개월 이상 급여이체 실적(50만 원 이상)이 있는 경우 • 카드결제 실적보유 : 연 0.2%p 　－ 계약기간 동안 당행 신용(체크)카드 이용실적이 3백만 원 이상인 경우 　　(단, 이용실적은 매출표 접수기준으로 결제계좌가 당행인 경우 한한다. 현금서비스 실적은 제외한다) [마이데이터 동의] : 연 0.5%p • 만기일 전일까지 계약기간 中 i-ONE 자산관리 內 마이데이터 동의이력 보유 　(단, 만기일 전일까지 마이데이터 동의이력 보유만 인정한다)
중도해지이율	가입일 당시 영업점 및 인터넷 홈페이지에 고시한 IBK적립식중금채의 중도해지금리를 적용 (단, 모든 구간 최저금리 연 0.1% 적용) • 납입기간 경과비율 10% 미만 : (가입일 현재 계약기간별 고시금리)×5% • 납입기간 경과비율 10% 이상 20% 미만 : (가입일 현재 계약기간별 고시금리)×10% • 납입기간 경과비율 20% 이상 40% 미만 : (가입일 현재 계약기간별 고시금리)×20% • 납입기간 경과비율 40% 이상 60% 미만 : (가입일 현재 계약기간별 고시금리)×40% • 납입기간 경과비율 60% 이상 80% 미만 : (가입일 현재 계약기간별 고시금리)×60% • 납입기간 경과비율 80% 이상 : (가입일 현재 계약기간별 고시금리)×80%

직장인 자격확인 방법:

구분	직장인 자격확인 방법
영업점 창구	재직확인서류* 징구 또는 급여이체 실적 보유 (직전 3개월 內 급여이체 50만 원 이상 1건 이상 있을 경우) * 건강보험자격득실확인서, 재직증명서에 한함(1개월 이내 발급분)
i-ONE Bank	국민건강보험공단의 재직정보를 검증하여 '직장가입자'로 확인되는 경우 (스크래핑 방식 활용)

만기 후 이율	만기일 당시 영업점 및 인터넷 홈페이지에 고시한 IBK적립식중금채의 만기 후 이자율 적용 • 만기 후 1개월 이내 : (만기일 당시 계약기간별 고시금리)×50% • 만기 후 1개월 초과 6개월 이내 : (만기일 당시 계약기간별 고시금리)×30% • 만기 후 6개월 초과 : (만기일 당시 계약기간별 고시금리)×20%

33 다음 중 직장인우대MY통장에 대한 설명으로 적절하지 않은 것은?

① 가입기간 동안 적립할 수 있는 금액에 제한이 있다.

② 직장인 우대금리를 적용받으려면 반드시 재직 여부를 검증할 수 있는 서류를 제출해야 한다.

③ 만기일 전날 마이데이터 제공 동의를 철회하게 되면, 마이데이터 동의 우대금리를 적용받을 수 없다.

④ 만기 후 해지하지 않고 오래 보유할 경우 시간이 지남에 따라 점차 이율이 낮아진다.

34 A씨는 2년째 회사의 급여를 받고 있는 I은행계좌에 연동하여 적금을 가입하고자 하였다. A씨의 상황이 다음과 같을 때, A씨가 만기해지 시점에 받게 되는 이자는?

> A씨는 2020년 1월 1일에 i-ONE Bank 모바일 앱을 통해 직장인우대MY통장을 개설하였고, 이후 매월 1일에 10만 원씩 납입하였다. A씨의 월급여는 300만 원이며, 월 50만 원의 고정지출인 교통비, 통신비, 아파트관리비는 I은행의 신용카드로 지불하고 있다. 마이데이터 동의를 해달라는 안내를 수시로 받고 있지만, I은행이 타사의 내 정보를 마음대로 들여다보지 않을까 하는 우려에 어떤 기관에서도 마이데이터 사용에 동의하지 않고 있다.

① 24,700원

② 27,300원

③ 29,250원

④ 32,500원

35 다음 글에 언급된 신규 시스템 도입으로 기대되는 효과가 아닌 것은?

I은행이 중소기업 지원 수십년 노하우를 결집해 기업여신 자동심사 시스템을 도입한다. 또한 이 시스템은 금융권에서 주목하고 있는 비재무 데이터를 활용해 기업의 미래 성장성까지 반영할 수 있어 더욱 눈길을 끈다.

I은행의 '기업여신 자동심사 시스템(I Auto-Evaluation)'은 빅데이터 등 최신 신용정보를 활용해 기업의 신용 상태를 진단하고 기술력이나 미래 성장성을 반영한 기업별 맞춤형 여신한도를 산출, 대출 승인 의사를 결정하는 통합시스템이다. 따라서 앞으로는 보다 신속하고 표준화된 여신심사가 가능할 것으로 예상된다. 무엇보다 타 금융기관과 차별성을 갖는 지점은 기업의 미래 성장성을 채무 상환능력에 반영한다는 점이다. 기업이 미래에 벌어들일 수익을 정밀한 모형으로 측정해 대출한도에 반영하는 것이다.

그동안 기업여신 심사는 재무제표 외에도 경기동향, 업종특성 등 외적 요소를 파악해야 하기 때문에 인적심사에 의존해 왔다. 그래서 경험이나 정보수집 능력 등에 따라 담당 인원별로 심사역량의 개인별 격차가 존재했다. I은행 관계자는 "여신심사의 효율성과 표준화를 목표로 130여 명의 여신심사 전문 인력이 참여해 시스템이 개발됐다."며 "중소기업의 금융접근성이 향상되고, 합리적이고 일관성 있는 의사결정으로 은행과 고객 모두에게 이익이 될 것이다."라고 밝혔다.

기업여신 자동심사 시스템은 총 자산 10억 원 이상 중기업에 대한 운전 및 시설자금 취급 시에 적용될 예정이며, 2022년 5월 말 기준 약 213조원에 달하는 중소기업 대출자산 중 약 87.6% 가량이 해당된다고 볼 수 있다.

그동안 I은행은 우수한 기술력을 가진 중소기업이 운용자금을 확보할 수 있도록 기술신용평가(TCB) 등의 수단을 활용하고 있었다. 하지만 아직까지 활성화된 시장이라고 보긴 어려웠다. 이는 기술력의 평가가 그만큼 전문적인 영역이며, 이를 토대로 보증을 지원하는 기술보증기금이나 신용보증기금처럼 정책공공기관이 아니라면 금융기관 입장에서도 구체적인 승인 기준 마련이 어려웠기 때문이다. I은행 관계자는 "향후 본 시스템이 안정적으로 운영될 수 있도록 관리하는 한편, 시스템 고도화 등 지속적인 업그레이드를 추진할 계획이다."라고 밝혔다.

① 역량이 뛰어난 심사 담당자의 능력을 최대로 활용할 수 있게 된다.
② 아직 실현되지 않은 잠재가치가 대출한도에 영향을 미치게 된다.
③ 모든 기업이 동일한 기준으로 심사를 받게 된다.
④ 금융기관이 공공기관에 의존하지 않고도 기술가치평가를 대출심사에 반영하게 된다.

36 I공연기획사는 2022년 봄부터 시작할 지젤 발레 공연 티켓을 Q소셜커머스에서 판매할 예정이다. Q소셜커머스에서 보낸 다음 판매자료를 토대로 아침 회의 시간에 나눈 대화로 적절하지 않은 것은?

〈2021년 판매결과 보고〉

구분	정가	할인율	판매기간	판매량
백조의 호수	80,000원	67%	2021. 02. 05 ~ 2021. 02. 10	1,787장
세레나데 & 봄의 제전	60,000원	55%	2021. 03. 10 ~ 2021. 04. 10	1,200장
라 바야데르	55,000원	60%	2021. 06. 27 ~ 2021. 08. 28	1,356장
한여름 밤의 꿈	65,000원	65%	2021. 09. 10 ~ 2021. 09. 20	1,300장
호두까기 인형	87,000원	50%	2021. 12. 02 ~ 2021. 12. 08	1,405장

※ 할인된 티켓 가격의 10%가 티켓 수수료로 추가되었음
※ 2021년 2월 초에는 설 연휴가 있었음

① A사원 : 기본 50% 이상 할인을 하는 건 할인율이 너무 큰 것 같아요.

② B팀장 : 표가 잘 안 팔려서 싸게 판다는 이미지를 줘 공연의 전체적인 질이 낮다는 부정적 인식을 줄 수도 있지 않을까요?

③ C주임 : 연휴 시기와 티켓 판매 일정을 어떻게 고려하느냐에 따라 판매량을 많이 올릴 수 있겠네요.

④ D사원 : 세레나데 & 봄의 제전의 경우 총수익금이 3,700만 원 이상이겠어요.

37 다음 중 I사 조직도를 바르게 이해한 사람을 〈보기〉에서 모두 고르면?

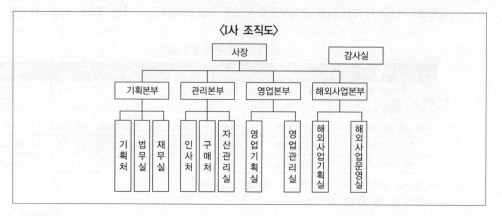

〈I사 조직도〉

> **보기**
>
> A : 조직도를 보면 4개의 본부, 3개의 처, 8개의 실로 구성돼 있어.
> B : 사장 직속으로 4개의 본부가 있고, 그중 한 본부에서는 인사를 전담하고 있네.
> C : 감사실은 사장 직속이지만 별도로 분리되어 있구나.
> D : 해외사업기획실과 해외사업운영실은 둘 다 해외사업과 관련이 있으니까 해외사업본부에 소속
>   되어 있는 것이 맞아.

① A, B　　　　　　　　　　② A, C
③ A, D　　　　　　　　　　④ B, C

38 I사의 입사 동기인 6급 A사원과 B사원은 남원시로 2박 3일 출장을 갔다. 교통편은 왕복으로 고속버스를 이용하여 총 105,200원을 지출했으며, A, B사원은 출장 첫째 날은 6만 원, 둘째 날은 4만 원인 숙박시설을 공동으로 이용했다. A, B사원이 받을 국내 출장여비 총액은?

〈I사 국내여비 정액표〉

구분 \ 대상		가군	나군	다군
운임	항공운임	실비(1등석 / 비지니스)	실비(2등석 / 이코노미)	
	철도운임	실비(특실)		실비(일반실)
	선박운임	실비(1등급)	실비(2등급)	
	자동차운임	실비		
일비(1일당)		2만 원		
식비(1일당)		2만 5천 원	2만 원	
숙박비(1박당)		실비	실비 (상한액 : 서울특별시 7만 원, 광역시 6만 원, 그 밖의 지역 5만 원)	

※ 비고

1. 가군은 임원과 I사 연구원 원장(이하 이 규칙에서 '원장'이라 한다), 「직제규정 시행규칙」 별표 5의 2의 1그룹에 속하는 직원을, 나군은 1급 직원, 선임연구위원 및 선임전문연구위원을, 다군은 2급 이하 직원과 그 밖의 연구직 직원을 말한다.

2. 자동차운임은 이용하는 대중교통의 실제 요금으로 한다. 이 경우 자가용 승용차를 이용한 경우에는 대중교통 요금에 해당하는 금액을 지급한다.

3. 운임의 할인(관계 법령 따른 국가유공자·장애인 할인, 지역별 우대할인, 공단과 체결한 계약에 따른 할인 등을 말한다)이 가능한 경우에는 할인된 요금에 해당하는 금액으로 지급한다.

4. 다음 각 목의 어느 하나에 해당하는 임직원에 대해서는 위 표에도 불구하고 1박당 그 각 목에서 정하는 금액을 숙박료로 지급한다.

   가. 친지 집 등에 숙박하여 숙박료를 지출하지 않은 경우 : 20,000원

   나. 2명 이상이 공동 숙박하고 총숙박비가 [1인 기준금액×(출장인원 수−1)] 이하로 지출된 경우 : 다음 계산식에 따른 금액. 이 경우 기준금액은 서울특별시는 7만 원, 광역시는 6만 원, 그 밖의 지역은 5만 원으로 하며, 소수점 첫째 자리에서 올림한다.

   $$[\text{개인당 지급 기준(원)}]=(\text{총출장인원})-\frac{(\text{총숙박비})}{(\text{1인 기준금액})}\times 20,000$$

5. 교육목적의 출장인 경우에 일비는 다음 각 목의 구분에 따라 지급한다.

   가. 숙박하는 경우 : 등록일·입교일과 수료일만 지급

   나. 숙박하지 아니하는 경우 : 교육 전 기간(등록일·입교일 및 수료일을 포함한다)에 대하여 지급

① 213,200원

② 333,200원

③ 378,200원

④ 443,200원

※ 다음은 쏠편한 정기예금에 대한 자료이다. 이어지는 질문에 답하시오. [39~40]

<쏠편한 정기예금>

구분	내용
가입대상	• 개인, 기타임의단체(대표자 주민등록번호)
계약기간	• 1개월 이상 60개월 이하(1일 단위)
가입금액	• 1만 원부터 제한 없음
이자지급시기	• 만기일시지급
만기일연장 서비스	• 여유 있는 자금관리를 위하여 만기일을 최장 3개월까지 연장할 수 있는 서비스 ※ 신한 쏠(SOL)을 통해 신청 가능 ※ 자동재예치 등록 계좌의 경우 신청 불가 　– 연장가능기간 : 최초 신규시점에 계약한 만기일로부터 3개월 이내 ※ 최초 계약기간이 3개월 이내인 경우에는 최초 계약기간 범위 내에서 연장 가능함
약정이율	• 연 3.7%
중도해지이율	• 가입일 당시 영업점 및 인터넷 홈페이지에 고시한 예치기간별 중도해지이율 적용 　– 1개월 미만 : 연 0.1% 　– 1개월 이상 : (기본이자율)×[1−(차감율)]×(경과월수)÷(계약월수) 　(단, 연 0.1% 미만으로 산출될 경우 연 0.1% 적용) 　※ 차감율 {| 경과기간	1개월 이상	3개월 이상	6개월 이상	9개월 이상	11개월 이상 |} {| 차감율	80%	70%	30%	20%	10% |}
만기 후 이율	• 만기 후 1개월 이내 : 만기일 당시 일반정기예금 약정기간에 해당하는 만기지급식 고시이자율의 1/2 (단, 최저금리 0.1%) • 만기 후 1개월 초과 6개월 이내 : 만기일 당시 일반정기예금 약정기간에 해당하는 만기지급식 고시이자율의 1/4 (단, 최저금리 0.1%) • 만기 후 6개월 초과 : 연 0.1%
계약해지 방법	• 영업점 및 비대면 채널을 통해서 해지 가능 　– 만기가 휴일인 계좌를 영업점에서 전(前) 영업일에 해지할 경우, 중도해지가 아닌 만기해지로 적용 　(단, 이자는 일수로 계산하여 지급)
자동해지	• 만기일(공휴일인 경우 다음 영업일)에 자동해지되어 근거계좌로 입금 　(단, 예금이 담보로 제공되어 있거나 사고등록 등 자동해지 불가 사유가 있는 경우 자동해지되지 않음)
일부해지	• 만기일 전 영업일까지 매 계약기간(재예치 포함)마다 2회 가능 　※ 일부해지 금액의 이자는 선입선출법에 따라 중도해지이율로 지급

39 다음 중 쏠편한 정기예금 상품에 대한 설명으로 적절한 것은?

① 신한 쏠(SOL)을 통해 가입해야 하는 상품이야.

② 한 번 가입하면 해지를 원할 때까지 만기일을 연장할 수 있어.

③ 만기 이후에도 일정 기간 동안에는 약정이율에 따른 이자를 지급하는 상품이야.

④ 중도해지할 경우에, 예치기간이 아무리 짧아도 최소한 연 0.1%의 이자는 받을 수 있어.

40 다음 중 쏠편한 정기예금에 가입하기에 가장 적절한 사람은?

① 매월 월급의 일부를 저축하고자 하는 직장인 A씨

② 퇴직시점까지 10년 이상 장기저축을 원하는 B씨

③ 원금손실의 위험을 감수하고 주식이나 가상화폐와 같이 높은 기대수익률을 가진 상품에 투자하기
원하는 C씨

④ 1년 뒤 떠날 졸업여행 경비를 안전하게 보관해두고자 하는 대학생 D씨

※ 다음은 신용카드 3종에 대한 자료이다. 이어지는 질문에 답하시오. [41~42]

〈신용카드 3종 분류표〉

구분	연회비	기본혜택	실적에 따른 혜택		
신한카드 Air One	49,000원	• 국내 일시불·할부, 해외 일시불 이용금액 1천 원당 1항공마일리지 적립 • 국내 항공 / 면세업종, 이용금액 1천 원당 1항공마일리지 추가 적립	• 전월 이용금액이 50만 원 미만인 경우, 항공마일리지 적립 서비스 미제공		
#Pay 신한카드	30,000원	• 7개 간편결제(Pay)로 국내 이용 시, 5% 마이신한포인트 적립 ※ 간편결제 대상 　네이버페이, 카카오페이, 쿠페이, 　PAYCO, 스마일페이, SK페이, 신한Pay	• 전월 실적(일시불＋할부) 기준 **구분 / 통합 월 적립한도** 30만 원 이상 50만 원 미만 / 1만 포인트 30만 원 이상 50만 원 미만 / 2만 포인트 90만 원 이상 / 3만 포인트		
신한카드 Mr. Life	18,000원	• 월납(공과금)할인 　− 전기요금, 도시가스요금, 통신요금 • TIME할인 　− 365일 24시간 10% 할인서비스(편의점, 병원 / 약국, 세탁소 업종) 　− 오후 9시 ~ 오전 9시 10% 할인서비스(온라인쇼핑, 택시, 식음료 업종) • 주말할인 　− 3대 마트 10% 할인 　− 4대 정유사 리터당 60원 할인	• 전월 실적(일시불＋할부) 기준		

#Pay 신한카드 실적 표:

구분	통합 월 적립한도
30만 원 이상 50만 원 미만	1만 포인트
30만 원 이상 50만 원 미만	2만 포인트
90만 원 이상	3만 포인트

Mr. Life 실적 표:

구분	공과금할인 할인한도	TIME할인 할인한도	주말할인 할인한도
30만 원 이상 50만 원 미만	3천 원	1만 원	3천 원
30만 원 이상 50만 원 미만	7천 원	2만 원	7천 원
90만 원 이상	1만 원	3만 원	1만 원

41 다음 A씨와 B씨의 정보에 따라 두 사람에게 적합한 카드를 추천한 결과는?(단, 두 사람에게 각각 다른 카드를 추천하였다)

> • 대학생 A씨
>   − 간편결제를 활용한 인터넷 쇼핑을 자주 이용
>   − 기숙사 생활을 하고 있으며 휴대폰 요금 외 공과금 지출은 없음
>   − 월평균 지출은 40만 원
>   − 차량 미보유
>   − 주말에는 지방에 있는 본가에서 지내며 별도의 지출 없음
> • 직장인 B씨
>   − 연회비 3만 원 이하의 카드를 원함
>   − 주말시간을 이용하여 세차와 주유 등 차량 관리
>   − 배달음식보다는 요리를 직접 해먹거나 외식하는 것을 선호

	A씨	B씨
①	신한카드 Air One	#Pay 신한카드
②	#Pay 신한카드	신한카드 Air One
③	#Pay 신한카드	신한카드 Mr. Life
④	신한카드 Mr. Life	신한카드 Air One

42 신한카드 Air One을 보유한 고객이 국내와 해외에서 각각 일시불과 할부로 50만 원씩 100만 원을 사용하여 총 200만 원을 결제했을 때, 적립되는 항공마일리지는 최소 얼마인가?(단, 전월 이용금액은 50만 원 이상이라고 가정한다)

① 1,000마일리지   ② 1,500마일리지

③ 2,000마일리지   ④ 2,500마일리지

43 S기업은 작년에 A제품과 B제품을 합쳐 총 1,000개를 생산하였다. 올해는 작년 대비 A제품의 생산량을 2%, B제품의 생산량을 3% 증가시켜 총 1,024개를 생산한다고 할 때, 올해 생산하는 B제품의 수량은?

① 309개 ② 360개
③ 412개 ④ 463개

44 다음은 2018 ~ 2022년 지역별 특산품의 매출현황에 대한 자료이다. 이에 대한 설명으로 적절하지 않은 것은?

〈2018 ~ 2022년 지역별 특산품 매출현황〉

(단위 : 억 원)

구분	2018년	2019년	2020년	2021년	2022년
X지역	1,751	1,680	2,121	2,001	1,795
Y지역	2,029	2,030	2,031	1,872	1,601
Z지역	1,947	1,012	1,470	2,181	2,412

① X지역의 2022년 매출은 전년 대비 10% 이상 감소하였다.
② X지역의 전년 대비 증감률이 가장 적은 연도는 2019년이다.
③ 2022년 Z지역의 매출은 동년 X지역과 Y지역 매출합계의 65% 이하이다.
④ Z지역의 2018년 매출은 2022년 매출의 70% 이상이다.

45 A ~ C 세 사람은 제시된 〈조건〉에 따라 다음 주에 출장을 가려고 한다. 세 사람이 같이 출장을 갈 수 있는 요일은?

> **조건**
> - 소속부서의 정기적인 일정은 피해서 출장 일정을 잡는다.
> - A와 B는 영업팀, C는 재무팀 소속이다.
> - 다음 주 화요일은 회계감사 예정으로 재무팀 소속 전 직원은 당일 본사에 머물러야 한다.
> - B는 개인 사정으로 목요일에 연차휴가를 사용하기로 하였다.
> - 영업팀은 매주 수요일마다 팀 회의를 한다.
> - 금요일 및 주말에는 출장을 갈 수 없다.

① 월요일
② 화요일
③ 수요일
④ 목요일

46 K은행은 2022년을 맞이하여 이웃과 함께하는 봉사 프로젝트 준비를 위해 회의를 진행하려고 한다. 다음 〈조건〉에 따라 준비했을 때 항상 참인 진술은?

> **조건**
> - 회의장을 세팅하는 사람은 회의록을 작성하지 않는다.
> - 회의에 쓰일 자료를 복사하는 사람은 자료 준비에 참여한 것이다.
> - 자료 준비에 참여하는 사람은 회의장 세팅에 참여하지 않는다.
> - 자료 준비를 하는 사람은 회의 중 회의록을 작성한다.

① 회의록을 작성하면 회의 자료를 준비한다.
② 회의록을 작성하지 않으면 회의 자료를 복사하지 않는다.
③ 회의에 쓰일 자료를 복사하면 회의록을 작성하지 않는다.
④ 회의장을 세팅하면 회의 자료를 복사한다.

47 철수는 아래와 같은 길을 따라 A에서 C까지 최단 거리로 이동을 하려고 한다. 이때, 최단 거리로 이동을 하는 동안 B를 지나며 이동하는 경우의 수는?

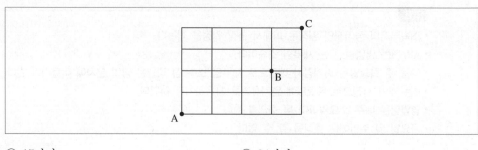

① 15가지 ② 24가지
③ 28가지 ④ 30가지

48 남자 5명, 여자 7명 중 2명의 대표를 선출한다고 한다. 이때, 대표가 모두 여자로 선출될 확률은? (단, 소수점 첫째 자리에서 반올림한다)

① 22% ② 32%
③ 33% ④ 44%

49 K회사의 해외사업부, 온라인영업부, 영업지원부에서 각각 2명, 2명, 3명이 대표로 회의에 참석하기로 하였다. 자리 배치는 원탁 테이블에 같은 부서 사람이 옆자리로 앉는다고 할 때, 7명이 앉을 수 있는 경우의 수는?

① 48가지 ② 36가지
③ 27가지 ④ 24가지

50 다음 글에서 (가) ~ (라) 문단의 핵심 화제로 적절하지 않은 것은?

> (가) 최근 대출금리는 큰 폭으로 상승한 반면, 예금금리는 낮아 청년층이 안정적으로 목돈을 마련할 수 있는 고금리 금융상품이 부족하다. 이로 인해 청년층의 안정적 주거를 위한 주택구입 및 전월세 자금 마련에 어려움이 있어 청년층이 목돈을 마련할 수 있는 금융상품이 절실한 상황이다. 청년 우대형 청약통장은 이를 위해 기존의 청약기능은 그대로 유지하면서 우대금리와 이자소득 비과세 혜택을 통해, 청약통장의 재형기능을 대폭 강화하여 청년층의 주거안정 및 목돈 마련 기회를 제공하기 위한 것이다.
>
> (나) 이미 주택청약종합저축에 가입한 사람도 가입요건을 충족하면 청년 우대형 청약통장으로 전환·가입 가능하다. 청년 우대형 청약통장으로의 전환·가입하는 경우 기존 주택청약종합저축의 납입기간, 납입금액은 인정된다. 다만, 전환·가입으로 인한 전환원금은 우대금리 적용에서 제외된다.
>
> (다) 현재 주택청약종합저축은 누구나 가입이 가능한 반면, 청년 우대형 청약통장은 일정 요건(나이, 소득, 무주택 등)을 충족 시 가입이 가능해 이에 대한 확인이 필요하다. 가입 시 주민등록등본 및 무주택확약서 등으로 확인하고, 해지 시 지방세 세목별 과세증명서 및 주택소유시스템 등으로 가입기간에 대한 무주택 여부를 확인한다. 또한 ISA 가입용 소득확인증명서 및 소득원천징수 영수증 등으로 직전년도 소득을 확인하며, 이외에도 병역기간은 병적증명서를 통해 확인한다.
>
> (라) 그리고 청년 우대형 청약통장은 주택청약종합저축의 일종으로 재형기능 강화를 위해 우대금리와 이자소득 비과세 혜택을 제공하는 상품으로 주택청약종합저축의 하위 상품이라 할 수 있다. 따라서 현재 주택청약종합저축에서 제공하고 있는 소득공제 조건(조세특례제한법 제87조)을 그대로 적용받게 된다. 연소득 7,000만 원 이하 무주택세대주로 무주택확인서를 제출하는 경우 연간 납입액 240만 원 한도로 40%까지 소득공제가 가능하다.

① (가) : 청년 우대형 청약통장의 출시 목적
② (나) : 청년 우대형 청약통장의 문제점
③ (다) : 청년 우대형 청약통장의 가입요건 확인 방법
④ (라) : 청년 우대형 청약통장의 소득공제 혜택

51 다음은 예금보험공사의 금융부실관련자 책임추궁에 대한 내용이다. 이를 읽고 추론할 수 있는 내용으로 적절하지 않은 것은?

〈금융부실관련자 책임추궁〉

공사는 자금이 투입된 금융회사에 대하여 예금자보호법 제21조의2에 따라 부실에 책임이 있는 금융회사 전·현직 임직원 등에 대한 책임추궁과 금융회사에 빌린 돈을 갚지 아니함으로써 금융회사 부실의 부분적인 원인을 제공한 부실채무기업의 기업주와 임직원 등에 대하여도 책임추궁을 위한 조사를 실시하고 있습니다.

• 금융부실책임조사본부 운영

　부실금융회사 및 부실채무기업에 대한 부실책임조사는 부실을 초래한 관련자들에게 민사상 책임을 묻기 위한 것으로, 업무처리과정에서 법령, 정관 위반 등으로 해당 금융회사 또는 해당 기업에 손실을 끼친 행위를 찾아내고 그 내용과 행위자 등 구체적인 사실관계와 입증자료 등을 확보하는 것입니다. 공사는 지난 2008년 3월 검찰과 협조하여 부실금융회사와 부실채무기업에 대한 조사를 총괄하는 '금융부실책임조사본부'를 발족하였으며, 2013년 3월에는 부실저축은행에서 빌린 돈을 갚지 않은 부실채무기업의 수가 3천여 개가 넘어감에 따라 전담조직(조사2국)을 신설하여 부실채무 기업에 대한 조사를 강화하고 있습니다.

• 외부 전문가 위주의 금융부실책임심의위원회 운영

　공사는 부실책임조사 결과에 대한 객관적이고 공정한 심의를 위하여 변호사 등 전문가 위주로 「금융부실책임심의위원회」를 구성하여 운영하고 있으며, 객관적이고도 철저한 부실책임심의를 통해 부실관련자 책임 내용과 범위, 책임금액 등을 심의하고 있습니다.

• 금융부실관련자에 대한 재산조사 실시

　공사는 부실관련자에 대한 손해배상청구에 따른 책임재산을 확보하기 위해 부실관련자에 대한 철저한 재산조사를 실시하고 있으며, 부실책임조사결과 및 부실관련자 재산조사 결과를 토대로 해당 금융회사 등을 통하여 손해배상청구소송 및 채권보전조치 등 필요한 법적조치를 취하고 있습니다.

이와 같이 공사는 부실관련자에 대한 철저한 책임추궁을 통하여 기존의 잘못된 경영관행을 혁신하여 건전한 책임경영 풍토를 정착시키고, 투입된 자금을 한푼이라도 더 회수하여 국민부담을 최대한 경감시키고자 최선을 다하고 있습니다.

---

① 금융부실관련자에 대한 예금보험공사의 책임추궁은 법률에 근거한다.

② 금융회사 부실에 대해 핵심 원인을 제공한 인물만 예금보험공사의 조사 대상이 된다.

③ 예금보험공사는 타 기관과 협조하여 부실채무기업에 대해 조사를 수행하고 있다.

④ 예금보험공사는 부실채무기업의 증가에 대해 전담조직 신설을 통해 대응하고 있다.

52 다음 제시된 문장을 논리적 순서대로 바르게 나열한 것은?

> (가) 그렇기 때문에 사람들은 자신의 투자 성향에 따라 각기 다른 금융상품을 선호한다.
> (나) 그중 주식은 예금에 비해 큰 수익을 얻을 수 있지만 손실의 가능성이 크고, 예금은 상대적으로 적은 수익을 얻지만 손실의 가능성이 적다.
> (다) 그렇다면 금융 회사가 고객들의 투자 성향을 판단하는 기준은 무엇일까?
> (라) 금융상품에는 주식, 예금, 채권 등 다양한 유형의 투자 상품이 있다.
> (마) 그리고 금융 회사는 이러한 고객의 성향을 고려하여 고객에게 최적의 투자 상품을 추천한다.
> (바) 금융회사는 투자의 기대 효용에 대한 고객들의 태도 차이를 기준으로 고객들을 위험 추구형, 위험 회피형 등으로 분류한다.

① (라) – (나) – (가) – (마) – (다) – (바)
② (라) – (나) – (다) – (바) – (가) – (마)
③ (바) – (마) – (가) – (다) – (라) – (나)
④ (바) – (마) – (다) – (가) – (라) – (나)

53 새로 얻은 직장의 가까운 곳에 자취를 시작하게 된 한별이는 도어록의 비밀번호를 새로 설정하려고 한다. 한별이의 도어록 번호판은 다음과 같이 0을 제외한 1 ~ 9 숫자로 되어 있다. 비밀번호를 서로 다른 4개의 숫자로 구성한다고 할 때, 5와 6을 제외하고, 1과 8이 포함된 4자리 숫자로 만들 확률은?

〈도어록 비밀번호〉

```
1 2 3
4 5 6
7 8 9
```

① $\dfrac{5}{63}$

② $\dfrac{2}{21}$

③ $\dfrac{1}{7}$

④ $\dfrac{10}{63}$

54 다음 글의 제목으로 가장 적절한 것은?

시장경제는 국민 모두가 잘 살기 위한 목적을 달성하는 수단으로서 선택한 나라 살림의 운영 방식이다. 그러나 최근에 재계, 정계, 그리고 경제 관료 사이에 벌어지고 있는 시장경제에 대한 논쟁은 마치 시장경제 그 자체가 목적인 것처럼 왜곡되고 있다. 국민들이 잘 살기 위해서는 경제가 성장해야 한다. 그러나 경제가 성장했는데도 다수의 국민들이 잘 사는 결과를 가져오지 못하고 경제적 강자들의 기득권을 확대 생산하는 결과만을 가져온다면 국민들은 시장경제를 버리고 대안적 경제 체제를 찾을 것이다. 그렇기 때문에 시장경제를 유지하기 위해서는 성장과 분배의 균형이 중요하다.

시장경제는 경쟁을 통해서 효율성을 높이고 성장을 달성한다. 경쟁의 동기는 사적인 이익을 추구하는 인간의 이기적 속성에 기인한다. 국민 각자는 모두가 함께 잘 살기 위해서가 아니라 내가 잘 살기 위해서 경쟁을 한다. 모두가 함께 잘 살기 위한 공동의 목적을 달성하는 수단으로 시장경제를 선택한 것이지만 개개인은 이기적인 동기로 시장에 참여하는 것이다. 이와 같이 시장경제는 개인과 공동의 목적이 서로 상반되는 모순을 갖는 것이 그 본질이다. 그래서 시장경제가 제대로 운영되기 위해서는 국가의 소임이 중요하다.

시장경제에서 국가가 할 일은 크게 세 가지로 나누어 볼 수 있다. 첫째는 경쟁을 유도하는 시장 체제를 만드는 것이고, 둘째는 공정한 경쟁이 이루어지도록 시장 질서를 세우는 것이며, 셋째는 경쟁의 결과로 얻은 성과가 모두에게 공평하게 분배되도록 조정하는 것이다. 최근에 벌어지고 있는 시장경제의 논쟁은 세 가지 국가의 역할 중에서 논쟁의 주체들이 자신의 이해관계에 따라서 선택적으로 시장경제를 왜곡하고 있다. 경쟁에서 강자의 위치를 확보한 재벌들은 경쟁 촉진을 주장하면서 공정 경쟁이나 분배를 말하는 것은 반시장적이라고 매도한다. 정치권은 인기 영합의 수단으로, 그리고 일부 노동계는 이기적 동기에서 분배를 주장하면서 분배의 전제가 되는 성장을 위해서 필요한 경쟁을 훼손하는 모순된 주장을 한다. 경제 관료들은 자신의 권력을 강화하기 위한 부처의 이기적인 관점에서 경쟁촉진과 공정 경쟁 사이에서 줄타기 곡예를 하며 분배에 대해서 말하는 것은 금기시한다. 모두가 자신들의 기득권을 위해서 선택적으로 왜곡하고 있다.

경쟁은 원천적으로 공정성을 보장하지 못한다. 서로 다른 능력이 주어진 천부적인 차이는 물론이고, 물려받는 재산과 환경의 차이로 인하여 출발선에서부터 불공정한 경쟁이 시작된다. 그럼에도 불구하고 경쟁은 창의력을 가지고 노력하는 사람에게 성공을 가져다주는 체제이다. 그래서 출발점이 다를지라도 노력과 능력에 따라서 성공의 기회가 제공되도록 보장하기 위해서 공정 경쟁이 중요하다. 경쟁은 또한 분배의 공평성을 보장하지 못한다. 경쟁의 결과는 경쟁에 참여한 모든 사람의 노력으로 이루어진 것이지, 승자만의 노력으로 이루어진 것은 아니다. 경쟁의 결과가 승자에 의해서 독점된다면 국민들은 경쟁의 참여를 거부할 수밖에 없다. 그래서 경쟁에 참여한 모두에게 공평한 분배가 이루어지는 것이 중요하다.

① 시장경제에서의 개인과 경쟁의 상호 관계
② 시장경제에서의 국가의 역할
③ 시장경제에서의 개인 상호 간의 경쟁
④ 시장경제에서의 경쟁의 양면성과 그 한계

55 다음 글의 내용으로 적절한 것을 〈보기〉에서 모두 고르면?

> 과거에는 일반 시민들이 사회 문제에 관한 정보를 얻을 수 있는 수단이 거의 없었다. 따라서 일반 시민들은 신문과 같은 전통적 언론을 통해 정보를 얻었고 전통적 언론은 주요 사회 문제에 대한 여론을 형성하는 데 강한 영향을 끼쳤다. 지금도 신문에서 물가 상승 문제를 반복해서 보도하면 일반 시민들은 이를 중요하다고 생각하고, 그와 관련된 여론도 활성화된다.
>
> 이처럼 전통적 언론이 여론을 형성하는 것을 '의제설정기능'이라고 한다. 하지만 막강한 정보원으로 인터넷이 등장한 이후 전통적 언론의 영향력은 약화되고 있다. 그리고 인터넷을 통한 상호작용매체인 소셜 네트워킹 서비스(이하 SNS)가 등장한 이후에는 그러한 경향이 더욱 강화되고 있다. 일반 시민들이 SNS를 통해 문제를 제기하고, 많은 사람들이 그 문제에 대해 중요하다고 생각하면 역으로 전통적 언론에서 뒤늦게 그 문제에 대해 보도하는 현상이 생기게 된 것이다. 이러한 현상을 일반 시민이 의제설정을 주도한다는 점에서 '역의제설정 현상'이라고 한다.

> **보기**
>
> ㄱ. 현대의 전통적 언론은 의제설정기능을 전혀 수행하지 못하고 있다.
> ㄴ. SNS는 일반 시민이 의제설정을 주도하는 것을 가능하게 했다.
> ㄷ. 현대 언론은 과거 언론에 비해 의제설정기능의 역할이 강하다.
> ㄹ. SNS로 인해 의제설정 현상이 강해지고 있다.

① ㄴ   ② ㄷ

③ ㄱ, ㄷ   ④ ㄴ, ㄹ

56 M금고에 새로 입사한 사원의 현황이 다음과 같다. 신입사원 중 여자 1명을 뽑았을 때, 경력자가 뽑힐 확률은?

> **조건**
> • 신입사원의 60%는 여성이다.
> • 신입사원의 20%는 여성 경력직이다.
> • 신입사원의 80%는 여성이거나 경력직이다.

① $\dfrac{1}{3}$

② $\dfrac{2}{3}$

③ $\dfrac{1}{5}$

④ $\dfrac{3}{5}$

57 M자원센터는 봄을 맞이하여 동네 주민들에게 사과, 배, 딸기의 세 과일을 한 상자씩 선물하려고 한다. 사과 한 상자의 가격은 1만 원이고, 배 한 상자는 딸기 한 상자 가격의 2배이며 딸기 한 상자와 사과 한 상자 가격의 합은 배의 가격보다 2만 원 더 싸다. 10명의 동네 주민들에게 선물을 준다고 할 때 M자원센터가 지불해야 하는 총비용은?

① 400,000원

② 600,000원

③ 800,000원

④ 1,000,000원

58 다음은 종이책 및 전자책 성인 독서율에 대한 자료이다. 빈칸 (가)에 들어갈 수치로 가장 적절한 것은?(단, 각 항목의 2021년 수치는 2019년 수치 대비 일정한 규칙으로 변화하며, 소수점 둘째 자리에서 반올림한다)

〈종이책 및 전자책 성인 독서율〉

(단위 : %)

구분		2019년			2021년		
		사례수(건)	1권 이상	읽지 않음	사례수(건)	1권 이상	읽지 않음
전체	합계	5,000	60	40	6,000	72	28
성별	남자	2,000	60	40	3,000	90	10
	여자	3,000	65	35	3,000	65	35
연령별	20대	1,000	87	13	1,000	87	13
	30대	1,000	80.5	19.5	1,100	88.6	11.4
	40대	1,000	75	25	1,200	90	10
	50대	1,000	60	40	1,200	(가)	–
	60대 이상	1,000	37	63	1,400	51.8	48.2
학력별	중졸 이하	900	30	70	1,000	33.3	66.7
	고졸	1,900	63	37	2,100	69.6	30.4
	대졸 이상	2,200	70	30	2,800	89.1	10.9

① 44
② 52
③ 72
④ 77

59 다음은 우리나라 연도별 적설량에 대한 자료이다. 이를 그래프로 나타냈을 때 가장 적절한 것은?

〈우리나라 연도별 적설량〉

(단위 : cm)

구분	2018년	2019년	2020년	2021년
서울	25.3	12.9	10.3	28.6
수원	12.2	21.4	12.5	26.8
강릉	280.2	25.9	94.7	55.3

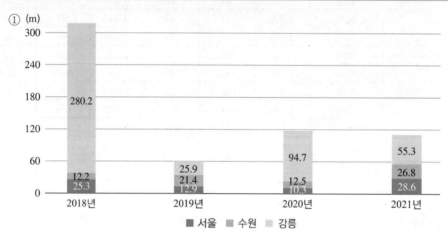

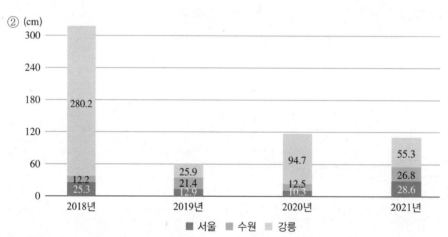

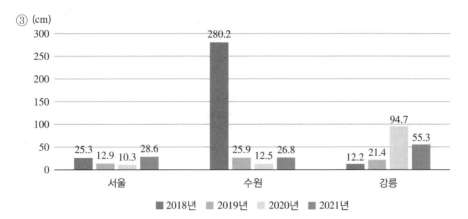

③ (cm)

서울: 25.3, 12.9, 10.3, 28.6
수원: 280.2, 25.9, 12.5, 26.8
강릉: 12.2, 21.4, 94.7, 55.3

■ 2018년　■ 2019년　■ 2020년　■ 2021년

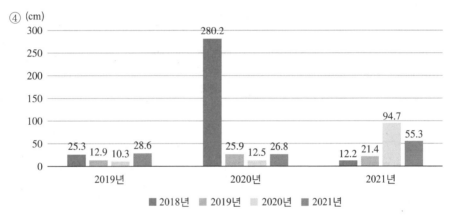

④ (cm)

2019년: 25.3, 12.9, 10.3, 28.6
2020년: 280.2, 25.9, 12.5, 26.8
2021년: 12.2, 21.4, 94.7, 55.3

■ 2018년　■ 2019년　■ 2020년　■ 2021년

PART 3 주요 금융권 NCS 기출복원문제

60 다음 자료와 〈조건〉을 참고할 때, 철수, 영희, 민수, 철호가 상품을 구입한 쇼핑몰이 바르게 짝지어진 것은?

〈이용약관의 주요내용〉

구분	주문 취소	환불	배송비	포인트 적립
A쇼핑몰	주문 후 7일 이내 취소 가능	10% 환불수수료, 송금수수료 차감	무료	구입 금액의 3%
B쇼핑몰	주문 후 10일 이내 취소 가능	환불수수료, 송금수수료 차감	20만 원 이상 무료	구입 금액의 5%
C쇼핑몰	주문 후 7일 이내 취소 가능	환불수수료, 송금수수료 차감	1회 이용 시 1만 원	없음
D쇼핑몰	주문 후 당일에만 취소 가능	환불수수료, 송금수수료 차감	5만 원 이상 무료	없음
E쇼핑몰	취소 불가능	고객 귀책 사유에 의한 환불 시에만 10% 환불수수료	1만 원 이상 무료	구입 금액의 10%
F쇼핑몰	취소 불가능	원칙적으로 환불 불가능 (사업자 귀책 사유일 때만 환불 가능)	100g당 2,500원	없음

조건

• 철수는 부모님의 선물로 등산 용품을 구입하였는데, 판매자의 업무 착오로 배송이 지연되어 판매자에게 전화로 환불을 요구하였다. 판매자는 판매금액 그대로를 통장에 입금해 주었고 구입 시 발생한 포인트도 유지하여 주었다.

• 영희는 옷을 구매할 때 배송료를 고려하여 한 가지씩 여러 번에 나누어 구매하기보다는 가능한 한 한꺼번에 주문하곤 한다.

• 인터넷 사이트에서 영화티켓을 2만 원에 주문한 민수는 다음 날 같은 티켓을 1만 8천 원에 파는 가게를 발견하고 전날 주문한 물건을 취소하려 했지만 취소가 되지 않아 곤란했던 경험이 있다.

• 가방을 10만 원에 구매한 철호는 도착한 물건의 디자인이 마음에 들지 않아 환불 및 송금수수료와 배송료를 감수하는 손해를 보면서도 환불할 수밖에 없었다.

	철수	영희	민수	철호
①	E쇼핑몰	B쇼핑몰	C쇼핑몰	D쇼핑몰
②	E쇼핑몰	D쇼핑몰	F쇼핑몰	C쇼핑몰
③	F쇼핑몰	E쇼핑몰	D쇼핑몰	B쇼핑몰
④	F쇼핑몰	C쇼핑몰	E쇼핑몰	B쇼핑몰

앞선 정보 제공! 도서 업데이트

언제, 왜 업데이트될까?

도서의 학습 효율을 높이기 위해 자료를 추가로 제공할 때!
공기업 · 대기업 필기시험에 변동사항 발생 시 정보 공유를 위해!
공기업 · 대기업 채용 및 시험 관련 중요 이슈가 생겼을 때!

01 시대에듀 도서
www.sdedu.co.kr/book
홈페이지 접속

02 상단 카테고리
「도서업데이트」
클릭

03 해당
기업명으로
검색

참고자료, 시험 개정사항 등 정보 제공으로 학습효율을 높여 드립니다.

2024 최신판

하나은행
필기전형

6개년 기출복원문제 ➕ 기출유형분석
➕ 무료NCS특강

편저 | SDC(Sidae Data Center)

SDC는 시대에듀 데이터 센터의 약자로
약 30만 개의 NCS · 적성 문제 데이터를 바탕으로
최신출제경향을 반영하여 문제를 출제합니다.

기출이
답이다

정답 및 해설

합격의 모든 것!

NCS 핵심이론
및 대표유형
무료 PDF

[합격시대]
온라인 모의고사
무료쿠폰

시대에듀

PART 2

기출복원문제

정답 및 해설

시대
에듀

01 | NCS 직업기초능력

01	02	03	04	05	06	07	08	09	10	11	12	13	14	15	16	17	18	19	20
①	①	③	①	③	③	④	②	②	①	②	②	③	④	④	③	②	③	②	③

21	22	23	24	25	26	27	28	29	30	31	32	33	34	35					
①	①	②	①	③	④	②	①	①	①	④	③	④	②	②					

01 정답 ①

먼저 첫 번째 문단을 보면 당장 내년부터 탄소배출량 보고 의무가 생김에도 중소기업은 그 시작 단계인 탄소배출량 측정조차 어렵다고 하였다. 따라서 ⓛ에 들어갈 내용으로는 ESG 경영에 대해 실제로 준비한 정도가 낮게 표현된 '2.7점 수준에 머물렀다.'가 적절하다. 이때 ⓛ이 포함된 문장이 '하지만'으로 시작되므로, ㉠에 들어갈 내용은 ⓛ의 내용과는 상반되어야 한다. 따라서 ㉠에 들어갈 내용은 실제로 준비는 안 되어 있지만, 관심은 있다는 내용의 '관심 있다는 반응을 보였다.'가 들어가는 것이 적절하다.

02 정답 ①

'미투리'란 삼, 왕골, 부들과 같은 재료로 만든 신으로, 삼신이라고도 하며 날이 좋은 날 신는 신이다. 따라서 겨울과 연관 있는 나머지 단어와 가장 관련이 없는 단어이다.

오답분석
② 삭풍 : 북풍이라고도 하며, 북쪽에서부터 불어오는 차가운 겨울바람을 말한다.
③ 설피 : 지금의 아이젠 역할을 하는 덧신으로, 산간 지대나 눈 속에서 미끄럼을 방지하는 역할을 한다.
④ 입동 : 겨울이 시작되는 단계를 뜻하는 24절기 중 19번째에 해당하는 때이다.

03 정답 ③

제시문은 2024년 핀테크 트렌드에 대해 다루고 있다. 따라서 제시된 첫 번째 문단에 이어질 내용은 2024년 주목되고 있는 핀테크 분야에 대한 설명일 것이다. 먼저 (가) ~ (다) 문단 앞의 접속부사를 살펴보면, (나) 문단의 '첫 번째로'를 통해 (나) 문단이 가장 먼저 이어질 내용임을 알 수 있다. 이후 비접촉식 결제 방식에 이어 크로스보더 결제에 대해 설명하는 (다) 문단이 이어지는 것이 적절하며, 마지막으로 (나) 문단의 비접촉식 결제 방식과 (다) 문단의 크로스보더 결제 확대의 양면적 내용을 다룬 (가) 문단이 이어지는 것이 가장 적절하다.

04 정답 ①

규칙 1에 따라 '에서'와 '만이라도'는 조사이므로 앞말과 붙여 써야 한다. 따라서 '집에서만이라도'는 옳은 표기이다. 또한 규칙 5에 따라 '이, 말, 저, 말'처럼 단음절로 된 단어가 연이어 나타날 때는 붙여 쓸 수 있으므로 '이말 저말'도 옳은 표기이다. 한편 규칙 6에서 보조 용언은 띄어 쓰는 것이 원칙이나, 예외의 경우도 있다고 하였지만 '쉬고싶다'는 그 예외에 해당하지 않으므로 '쉬고 싶다'가 옳은 표기이다.

ㄴ. 규칙 4에 따르면 두 말을 이어주는 역할을 하는 '대'는 띄어 써야 한다고 했으므로 '짝수반 대 홀수반'은 옳은 표기이며, 규칙 3에 따라 단위를 나타내는 명사 '명'은 띄어 쓰고, 순서를 나타내는 '학년'은 붙여 쓸 수 있다.

ㄷ. 규칙 6과 같이 '쫓아내(쫓아내다)＋버리다'와 같이 본용언의 어미가 '~아/~어/~여'인 경우 '쫓아내버리다'와 같이 붙여 쓸 수 있다.

05　정답　③

관심이나 영향이 미치지 못하는 범위를 비유적으로 이르는 말인 '사각(死角)'이 사용되어야 한다.
• 사각(四角) : 네 개의 각으로 이루어진 모양. 또는 그런 도형

① 창안(創案) : 어떤 방안, 물건 따위를 처음으로 생각하여 냄. 또는 그런 생각이나 방안
② 판정(判定) : 판별하여 결정함
④ 종사(從事) : 어떤 일을 일삼아서 함

06　정답　③

이소크라테스는 영원불변하는 보편적 지식의 무용성을 주장했을 뿐, 존재 자체를 부정했다는 내용은 제시문에서 확인할 수 없다.

① 플라톤의 이데아론은 삶과 행위의 구체적이고 실제적인 일상이 무시된 채 본질적이고 이념적인 영역을 추구하고 있다는 비판을 받고 있다.
② 물질만능주의는 모든 관계를 돈과 같은 가치에 연관시켜 생각하는 행위로, 탐욕과 사리사욕을 위한 교육에 매진하는 소피스트들과 일맥상통하는 면이 있다.
④ 이소크라테스는 이데아론의 무용성을 주장하면서 동시에 비도덕적이고 지나치게 사리사욕을 위한 소피스트들의 교육을 비판했다.

07　정답　④

제시문은 검무의 정의와 기원, 검무의 변천 과정과 구성, 검무의 문화적 가치를 설명하는 글이다. 따라서 표제와 부제로 ④가 가장 적절하다.

08　정답　②

제시문은 유명인의 중복 광고 출연으로 인한 부정적인 효과를 설명하고 있다. 따라서 사람들이 항상 유명인과 브랜드 이미지를 연관 짓는 것은 아니며, 오히려 유명인의 출연 자체가 광고 효과를 일으킬 수 있다는 주장을 반박으로 내세울 수 있다.

09　정답　②

인터넷상의 명예훼손행위는 그 특성상 해당 악플의 내용이 인터넷 곳곳에 퍼져 있을 수 있어 명예감정의 훼손 정도가 피해자의 정보수집량에 좌우될 수 있다고 하였으므로 적절한 내용이다.

① 악플 대상자의 외적 명예가 침해되었다고 하더라도 이는 악플에 의한 것이 아니라 악플을 유발한 기사에 의한 것으로 보아야 한다고 하였으므로 적절하지 않은 내용이다.
③ 인터넷상의 명예훼손이 통상적 명예훼손보다 더 심하다고 보기 어렵다고 하였으므로 적절하지 않은 내용이다.
④ 세 종류의 명예 중 명예감정에 대해서는 구태여 자신에 대한 부정적 평가를 모을 필요가 없음에도 부지런히 수집·확인하여 명예감정의 훼손을 자초한 피해자에 대해서 국가가 보호해 줄 필요성이 없다는 점에서 보호해야 할 법익으로 삼기 어렵다고 하였으므로 적절하지 않은 내용이다.

10 정답 ①

비-REM수면의 수면 진행 과정을 측정되는 뇌파에 따라 4단계로 나누어 설명하고 있다.

11 정답 ②

수면 단계에서 측정되는 뇌파들을 고려할 때 보기의 사람이 잠에서 깨는 것을 방지해 주는 역할을 하여 깊은 수면을 유도하는 '이것'은 (나) 앞에서 설명하는 'K-복합체'임을 알 수 있다. 즉, K-복합체는 수면 중 갑작스러운 소음이 날 때 활성화되어 잠자는 사람이 소음으로 인해 깨는 것을 방지해 준다.

12 정답 ②

가입일 기준 만 36세이지만, 3년의 병역 의무 이행 기록이 있으므로 해당 기간을 제외하면 $36-3=33$세로 나이 기준에 포함된다. 또한, 개인소득 및 가구소득 등이 가입 기준을 만족하므로 A씨는 청년도약계좌상품에 가입할 수 있다. 이때 월 급여 및 월 지출이 우대금리 지급 기준에 부합하므로 각각 0.6%p, 0.2%p의 우대금리가 적용되고, 소득 플러스 항목은 2회 적용받으므로 0.2%p의 우대금리가 추가로 적용된다.

따라서 A씨가 만기일에 적용받는 금리는 연 $4.5+0.6+0.2+0.2=5.5\%$이다.

13 정답 ③

원금이 a원, 납입기간이 n개월, 연이율이 r%로 단리식일 때 만기 시 이자는 $a\times\dfrac{n(n+1)}{2}\times\dfrac{r}{12}$ 원이다.

제시된 상품은 납입기간이 5년이고 금리는 연 5.5%가 적용되므로 만기 시 이자는 다음과 같다.

$a\times\dfrac{n(n+1)}{2}\times\dfrac{r}{12}$

$\to 500,000\times\dfrac{60\times61}{2}\times\dfrac{0.055}{12}=4,193,750$원

따라서 A씨가 만기 시 받을 수 있는 원리금은 $500,000\times60+4,193,750=34,193,750$원이다.

14 정답 ④

50만 원을 먼저 지불하였으므로 남은 금액은 $250-50=200$만 원이다.
매월 a만 원을 갚을 때 남은 금액은 다음과 같다.
- 1개월 후 : $(200\times1.005-a)$원
- 2개월 후 : $(200\times1.005^2-a\times1.005-a)$원
- 3개월 후 : $(200\times1.005^3-a\times1.005^2-a\times1.005-a)$원
                    $\vdots$
- 12개월 후 : $(200\times1.005^{12}-a\times1.005^{11}-a\times1.005^{10}-\cdots-a)$원

12개월 후 갚아야 할 금액이 0원이므로 $200\times1.005^{12}-a\times1.005^{11}-a\times1.005^{10}-\cdots-a=0$이다.

따라서 $200\times1.005^{12}=a\times1.005^{11}+a\times1.005^{10}+\cdots+a=\dfrac{a(1.005^{12}-1)}{1.005-1}$ 이므로 다음과 같은 식이 성립한다.

$a=\dfrac{200\times0.005\times1.005^{12}}{1.005^{12}-1}=\dfrac{200\times0.005\times1.062}{1.062-1}≒17.13$

따라서 매달 갚아야 하는 금액은 171,300원이다.

15 정답 ④

(판매 가격)=(매매기준가)×[1−(환전수수료)]이므로 (환전수수료)=$1-\dfrac{\text{(판매 가격)}}{\text{(매매기준가)}}$이다.

그러므로 각 국가의 판매할 때의 환전수수료는 다음과 같다.

- 미국 : $1-\dfrac{1,352.90}{1,377} \fallingdotseq 0.02$

- 일본 : $1-\dfrac{863.29}{878.67} \fallingdotseq 0.02$

- 중국 : $1-\dfrac{180.22}{189.7} \fallingdotseq 0.05$

- 영국 : $1-\dfrac{1,688.02}{1,721.94} \fallingdotseq 0.02$

- 호주 : $1-\dfrac{883.08}{895.05} \fallingdotseq 0.01$(∵ 호주의 매매기준가는 1,377×0.65=895.05원이다)

따라서 판매할 때의 환전수수료가 가장 많은 국가는 중국이다.

오답분석

① 중국의 미화환산율은 $\dfrac{189.7}{1,377} \fallingdotseq 0.14$이다.

② 호주의 매매기준가는 1,377×0.65=895.05원이다.

③ (구입 가격)=(매매기준가)×[1+(환전수수료)]이므로 (환전수수료)=$\dfrac{\text{(구입 가격)}}{\text{(매매기준가)}}-1$이다.

　따라서 미국의 구입할 때의 환전수수료는 $\dfrac{1,401.10}{1,377}-1 \fallingdotseq 0.0175$이고, 일본의 구입할 때의 환전수수료는 $\dfrac{894.05}{878.67}-1 \fallingdotseq 0.0175$로

서로 같다.

16 정답 ③

문제의 정보에 따라 퇴직금 총액을 계산하면 다음과 같다.
- 확정급여형의 경우 : 900×10=9,000만 원
- 확정기여형의 경우

구분	(연 임금총액)÷12
1년 차	450만 원
2년 차	500만 원
3년 차	550만 원
⋮	⋮
10년 차	900만 원
합계	6,750만 원

예상 운용수익률은 매년 10%이므로 '(연 임금총액)÷12'의 총합의 110%를 구하면 퇴직금 총액과 동일한 금액이 된다.
따라서 확정기여형 퇴직금은 6,750만 원×1.1=7,425만 원이다.

17 정답 ②

(기둥의 부피)=(밑면의 넓이)×(높이)에서 밑면이 원이므로 밑면의 넓이는 $\pi \times \left(\dfrac{10}{2}\right)^2 = 25\pi \text{cm}^2$이다.

따라서 원기둥의 부피는 $25\pi \times 10 = 250\pi \text{cm}^3$이다.

18 정답 ③

- A : 한 변의 길이가 a인 정사각형이므로 넓이는 a^2이다.
- B : 반지름의 길이가 $\dfrac{a}{2}$인 원이므로 넓이는 $\pi \times \left(\dfrac{a}{2}\right)^2 = \dfrac{3}{4}a^2$이다.
- C : 두 대각선의 길이가 모두 a인 마름모이므로 넓이는 $\dfrac{1}{2} \times a \times a = \dfrac{1}{2}a^2$이다.

따라서 세 도형의 넓이의 합은 $a^2 + \dfrac{3}{4}a^2 + \dfrac{1}{2}a^2 = \dfrac{9}{4}a^2$이다.

19 정답 ②

같은 부서 2명씩 짝을 지어 한 그룹으로 보고 원탁에 앉는 방법은 원순열 공식 $(n-1)!$을 이용한다.
따라서 2명씩 세 그룹이므로 $(3-1)! = 2 \times 1 = 2$가지가 되고, 그룹 내에서 2명이 자리를 바꿔 앉을 수 있는 경우는 2가지씩이므로 6명이 원탁에 앉을 수 있는 경우의 수는 $2 \times 2 \times 2 \times 2 = 16$가지이다.

20 정답 ③

반장과 부반장을 서로 다른 팀에 배치하는 경우는 2가지이다. 2명을 제외한 인원을 2명, 4명으로 나누는 경우는 먼저 6명 중 2명을 뽑는 방법과 같으므로 $_6\mathrm{C}_2 = \dfrac{6 \times 5}{2} = 15$가지이다.
따라서 8명이 보트를 두 팀으로 나눠 타는 경우의 수는 $2 \times 15 = 30$가지이다.

21 정답 ①

토너먼트 경기는 참가 팀의 수가 n개라고 하면 $(n-1)$번의 경기가 진행된다.
따라서 $50 - 1 = 49$경기가 진행된다.

22 정답 ①

2개의 주사위를 동시에 던질 때, 나오는 눈의 수의 곱은 다음과 같다.

구분	1	2	3	4	5	6
1	1	2	3	4	5	6
2	2	4	6	8	10	12
3	3	6	9	12	15	18
4	4	8	12	16	20	24
5	5	10	15	20	25	30
6	6	12	18	24	30	36

4의 배수가 나오는 경우의 수는 모두 15가지이다.

따라서 서로 다른 2개의 주사위를 동시에 던질 때 나오는 눈의 수의 곱이 4의 배수일 확률은 $\dfrac{15}{36} = \dfrac{5}{12}$이다.

23 　정답　②

전체 일의 양을 1이라고 하면 A, B가 1시간 동안 일할 수 있는 일의 양은 각각 $\frac{1}{2}$, $\frac{1}{3}$이다.

A, B가 혼자 일하는 시간을 각각 x시간, y시간이라고 하면 다음과 같은 식이 성립한다.

$x+y=\frac{9}{4}$ ⋯ ㉠

$\frac{1}{2}x+\frac{1}{3}y=1$ ⋯ ㉡

㉠, ㉡을 연립하면 $x=\frac{3}{2}$, $y=\frac{3}{4}$이다.

따라서 A가 혼자 일한 시간은 $\frac{3}{2}$시간=1시간 30분이다.

24 　정답　①

길이가 6km인 터널을 150m 길이의 A열차와 200m 길이의 B열차가 완전히 빠져나올 때까지 움직이는 거리는 열차의 길이까지 합하여 각각 6,150m, 6,200m이다.

B열차가 완전히 빠져나오는 시간을 x초, 속력을 bm/s라고 하면 A열차는 B열차보다 10초 늦게 빠져나오므로 $(x+10)$초, 속력은 B열차보다 분당 3km 더 느리므로 $(b-50)$m/s이다$\left(\because\ 3\text{km/min}=\frac{3,000\text{m}}{60\text{s}}=50\text{m/s}\right)$.

'(거리)=(속력)×(시간)'을 이용하여 A열차와 B열차가 움직인 거리에 관한 방정식을 세우면 각각 다음과 같다.

$(b-50)\times(x+10)=6,150$

$\rightarrow bx+10b-50x-500=6,150$ ⋯ ㉠

$bx=6,200$

$\rightarrow x=\frac{6,200}{b}$ ⋯ ㉡

㉡을 ㉠에 대입하여 B열차의 속력 b를 구하면 다음과 같다.

$bx+10b-50x-500=6,150$

$\rightarrow b\times\frac{6,200}{b}+10b-50\times\frac{6,200}{b}-500=6,150$

$\rightarrow 6,200+10b-\frac{50\times6,200}{b}-500=6,150$

$\rightarrow 10b-\frac{50\times6,200}{b}-450=0$

$\rightarrow 10b^2-450b-50\times6,200=0$

$\rightarrow b^2-45b-5\times6,200=0$

$\rightarrow (b-200)(b+155)=0$

$\therefore\ b=200(\because\ b$는 음수가 아닌 양수이다$)$

그러므로 B열차의 속력은 200m/s이다.

구하고자 하는 값은 터널 안에서 A열차가 B열차를 마주친 순간부터 B열차를 완전히 지나가는 데 필요한 시간이고, 두 열차가 반대 방향으로 터널을 지나가고 있기 때문에 A열차가 B열차를 지나가는 속력은 두 열차의 속력의 합과 같고 거리도 두 열차의 길이 합과 같다.

따라서 필요한 시간은 $\frac{150+200}{b+b-50}=\frac{350}{2b-50}=\frac{350}{2\times200-50}=1$초이다.

25 　정답　③

• 투자규모가 100만 달러 이상인 투자금액 비율 : 19.4+69.4=88.8%
• 투자규모가 50만 달러 미만인 투자건수 비율 : 28+20.9+26=74.9%

26 정답 ④

제주에서 02시부터 03시 사이에 20km를 이동할 때 2023년과 2024년의 요금을 계산하면 다음과 같다.
- 2023년 : $\{3,300+(20-2.0)\times1,400\}\times1.2=28,500\times1.2=34,200$원
- 2024년 : $\{4,300+(20-2.0)\times1,800\}\times1.2+(20\times100)=36,700\times1.2+2,000=46,040$원

따라서 2024년 요금은 2023년 대비 $46,040-34,200=11,840$원 인상되었다.

오답분석

① 세 지역의 2023년 대비 2024년 기본요금 인상률은 각각 다음과 같다.
- 서울 : $\dfrac{4,800-3,800}{3,800}\times100 ≒ 26\%$
- 대구 : $\dfrac{4,000-3,100}{3,100}\times100 ≒ 29\%$
- 제주 : $\dfrac{4,300-3,300}{3,300}\times100 ≒ 30\%$

따라서 2023년 대비 2024년 기본요금 인상률이 가장 큰 지역은 제주이다.

② 서울에서 낮에 8km를 이동할 때 2023년과 2024년의 요금을 계산하면 다음과 같다.
- 2023년 : $3,800+(8-1.6)\times1,500=13,400$원
- 2024년 : $4,800+(8-1.6)\times1,900=16,960$원

따라서 2023년 대비 2024년 요금 인상률은 $\dfrac{16,960-13,400}{13,400}\times100 ≒ 27\%$이다.

③ 2024년 36km 거리에 대한 서울과 대구의 00시부터 01시 사이의 택시비용을 계산하면 다음과 같다.
- 서울 : $\{4,800+(36-1.6)\times1,900\}\times1.4 \rightarrow 70,160\times1.4=98,224 \rightarrow 98,230$원
- 대구 : $\{4,000+(36-1.8)\times1,700\}\times1.3 \rightarrow 62,140\times1.3=80,782 \rightarrow 80,790$원

따라서 서울의 택시비용이 대구보다 $98,230-80,790=17,440$원 더 비싸다.

27 정답 ②

첫 번째, 두 번째 조건을 만족하는 것은 C객실뿐이므로 세 번째, 네 번째 조건에 따라 지불해야 하는 C객실 이용료를 계산하면 다음과 같다.
- 기준인원 초과 요금(1인, 2박) : $1\times2\times20,000=40,000$원
- 개별 수영장 온수 요금(2박 이상으로 50% 할인) : $70,000\times2\times0.5=70,000$원
- 객실요금(2박 이상으로 10% 할인) : $500,000\times2\times0.9=900,000$원
- 1시 이후 퇴실 추가요금 : $500,000\times0.5=250,000$원

따라서 지불해야 하는 총금액은 $40,000+70,000+900,000+250,000=1,260,000$원이다.

28 정답 ①

조건을 만족하는 것은 B, C강당이고, 강당별로 지불해야 하는 총금액을 계산하면 다음과 같다.
- B강당
  - 5월 1~3일 대관비(4시간) : $450,000\times3\times0.8=1,080,000$원
  - 5월 1~3일 냉난방비(4시간) : $30,000\times4\times3=360,000$원
  - 5월 4일 대관비(8시간) : $450,000\times0.8=360,000$원
  - 5월 4일 냉난방비(8시간) : 200,000원(일 최대요금 지불)
  - 5월 5일 대관비(9시간) : 600,000원
  - 5월 5일 냉난방비(9시간) : 200,000원(일 최대요금 지불)
  - ∴ 총 2,800,000원

- C강당
  - 5월 1 ~ 3일 대관비(4시간) : $500,000 \times 3 \times 0.75 = 1,125,000$원
  - 5월 1 ~ 3일 냉난방비(4시간) : $30,000 \times 4 \times 3 = 360,000$원
  - 5월 4일 대관비(8시간) : $500,000 \times 0.75 = 375,000$원
  - 5월 4일 냉난방비(8시간) : 230,000원(일 최대요금 지불)
  - 5월 5일 대관비(9시간) : 500,000원
  - 5월 5일 냉난방비(9시간) : 230,000원(일 최대요금 지불)
  ∴ 총 2,820,000원

따라서 세 번째 조건에 의해 사용할 강당은 B강당이며, 지불해야 하는 총금액은 2,800,000원이다.

29 정답 ①

거짓을 말하는 사람을 빠르게 찾기 위해서는 모순 관계에 있는 사람들을 찾는 것이 중요하다.

C와 D가 모순되는 진술을 하고 있어 둘 중 1명이 거짓을 말하고 나머지 1명이 참인 것을 알 수 있다. 또한 A의 말이 참이므로 C의 말도 참이 되어 D의 말이 거짓이 된다.

따라서 A는 홍보, C는 섭외, E는 예산을 담당하고 있다. 이때 D의 말은 거짓이므로 구매 담당은 B가 되며, D는 기획을 담당하게 된다.

30 정답 ①

B와 E의 말이 서로 모순되므로 둘 중 1명은 거짓을 말한다.

ⅰ) B의 말이 거짓일 경우

    E의 말이 참이 되므로 D의 말에 따라 아이스크림을 사야 할 사람은 A가 된다. 또한 나머지 A, C, D의 말 역시 모두 참이 된다.

ⅱ) E의 말이 거짓일 경우

    B의 말이 참이 되므로 아이스크림을 사야 할 사람은 C가 된다. 그러나 B의 말이 참이라면 참인 C의 말에 따라 D의 말은 거짓이 된다. 결국 D와 E 2명이 거짓을 말하게 되므로 1명만 거짓말을 한다는 조건이 성립하지 않으며, A의 말과도 모순된다.

따라서 거짓말을 하는 사람은 B이며, 아이스크림을 사야 할 사람은 A이다.

31 정답 ④

병과 정의 말이 서로 모순되므로 둘 중 한 명은 거짓을 말한다. 병과 정의 말이 거짓일 경우를 나누어 정리하면 다음과 같다.

ⅰ) 병이 거짓말을 할 경우

    거짓인 병의 말에 따라 을은 윗마을에 사는 여자이며, 윗마을에 사는 여자는 거짓말만 하므로 을의 말은 거짓이 된다. 참인 정의 말에 따르면 병은 윗마을에 사는데, 거짓을 말하고 있으므로 병은 여자이다. 을과 병 모두 윗마을 사람이므로 나머지 갑과 정은 아랫마을 사람이 된다. 이때 갑과 정은 모두 진실을 말하고 있으므로 여자이다. 따라서 갑, 을, 병, 정 모두 여자임을 알 수 있다.

ⅱ) 정이 거짓말을 할 경우

    거짓인 정의 말에 따르면 을과 병은 아랫마을에 사는데, 병은 참을 말하고 있으므로 병은 여자이다. 참인 병의 말에 따르면 을은 아랫마을에 사는 남자이며, 아랫마을에 사는 남자는 거짓말만 하므로 을의 말은 거짓이 된다. 이때 을의 말이 거짓이 되면 을은 윗마을에 살게 되므로 서로 모순된다. 따라서 성립하지 않는다.

32 정답 ③

제시된 명제와 그 대우 명제를 정리하면 다음과 같다.

명제	대우
액션영화 ○ → 팝콘 ○	팝콘 × → 액션영화 ×
커피 × → 콜라 ×	콜라 ○ → 커피 ○
콜라 × → 액션영화 ○	액션영화 × → 콜라 ○
팝콘 ○ → 나쵸 ×	나쵸 ○ → 팝콘 ×
애니메이션 ○ → 커피 ×	커피 ○ → 애니메이션 ×

위 명제를 정리하면 '애니메이션 ○ → 커피 × → 콜라 × → 액션영화 ○ → 팝콘 ○ → 나쵸 ×'이므로 ③은 참이다.

33 정답 ④

C사원과 D사원의 항공 마일리지를 비교할 수 없으므로 순서대로 나열하면 'A − D − C − B'와 'A − C − D − B' 모두 가능하다.

34 정답 ②

A ~ E의 진술에 따르면 B와 D의 진술은 반드시 동시에 진실 또는 거짓이 되어야 하며, B와 E의 진술은 동시에 진실이나 거짓이 될 수 없다.

ⅰ) B와 D의 진술이 거짓인 경우

참이어야 하는 A와 C의 진술이 서로 모순되므로 성립하지 않는다. 따라서 B와 D의 진술은 모두 진실이다.

ⅱ) B와 D의 진술이 참인 경우

A, C, E 중에서 1명의 진술은 참, 2명의 진술은 거짓인데, 만약 E가 진실이면 C도 진실이 되어 거짓을 말하는 사람이 1명이 되므로 성립하지 않는다. 따라서 C와 E는 거짓을 말하고, A는 진실을 말한다.

A ~ E의 진술에 따라 정리하면 다음과 같다.

구분	필기구	의자	복사용지	사무용 전자제품
신청 행원	A, D	C		D

의자를 신청한 행원의 수는 3명이므로 필기구와 사무용 전자제품을 신청한 D와 의자를 신청하지 않은 B를 제외한 A, E가 의자를 신청했음을 알 수 있다. 또한, 복사용지를 신청했다는 E의 진술이 거짓이므로 E가 신청한 나머지 항목은 사무용 전자제품이 된다. 이와 함께 남은 항목의 개수에 따라 신청 행원을 배치하면 다음과 같다.

구분	필기구	의자	복사용지	사무용 전자제품
신청 행원	A, D	A, C, E	B, C	B, D, E

따라서 신청 행원과 신청 물품이 바르게 연결된 것은 ②이다.

35 정답 ②

제시된 자료는 SWOT 분석을 통해 A섬유회사의 강점(S), 약점(W), 기회(O), 위기(T) 요인을 분석한 것이다.

SO전략과 WO전략은 발전 방안으로서 적절하다. 하지만 ST전략에서 경쟁업체에 특허 기술을 무상 이전하는 것은 경쟁이 더 심화될 수 있으므로 적절하지 않다. 또한, WT전략에서는 기존 설비에 대한 재투자보다는 수요에 맞게 다양한 제품을 유연하게 생산할 수 있는 신규 설비에 대한 투자가 필요하다.

따라서 A섬유회사에 대한 SWOT 분석 결과, 그 대응 전략으로 적절한 것은 ㄱ, ㄷ이다.

01	02	03	04	05	06	07	08	09	10										
③	④	②	②	②	①	③	①	④	①										

01 정답 ③

금융위원회 등 감독당국 차원에서 금융기관을 효율적으로 감독·관리하는 기술은 섭테크(Suptech)이며, 섭테크는 레그테크의 하위 개념이다.

오답분석

① 금융사는 민첩성, 속도, 통합성, 분석 등 레그테크의 장점을 활용해 업무 효율성 제고, 시간·비용 절감, 리스크 감소, 서비스 개선, 소비자 안전성 향상, 전문성 확보 등의 기대효과를 거둘 수 있다.

② 레그테크(Regtech)는 Regulation(금융 감독당국이 요구하는 규제)과 Technology(기술)의 조합어로, AI(인공지능)가 블록체인·빅데이터·클라우드·빅데이터 등을 활용해 금융사로 하여금 내부 통제·감시와 복잡한 금융 규제·법규 준수를 보다 수월하게 하도록 지원하는 정보통신 기술 또는 그러한 기술을 개발하는 회사를 가리킨다. 즉, 금융 관련 법적 규제를 준수할 수 있도록 지원하는 비대면·자동화·효율화 기술을 뜻한다.

④ 양방향성은 감독당국과 금융사 사이의 적극적인 양방향 소통과 단기간 내 정기적인 피드백을 시스템적으로 지원하는 특성을 말하며, 표준화는 원장 또는 자료의 저장·제출을 위한 데이터·프로토콜의 표준화 가능 여부를 뜻한다. 또한 자동화는 데이터 수집·추출, 유효성 체크 등의 자동화 또는 인공지능화 여부를 가리킨다. 레그테크와 컴플라이언스의 비교(금융보안원) 내용을 요약하면 다음과 같다.

구분	레그테크(감독당국의 요구)	컴플라이언스(금융사 내부)
양방향성	가능	어려움
표준화	가능	제한적 가능
자동화	가능	가능
오픈소스	가능	어려움
실시간성	가능	가능
빅데이터 및 클라우드 기반	가능	제한적 가능
신기술의 활용	가능	제한적 가능

레그테크(Regtech)

하위 개념에는 섭테크와 컴프테크가 있다. 섭테크(Suptech)는 Supervision(감독)과 Technology(기술)의 조합어로, 금융감독원 등의 금융당국이 4차 산업혁명 기술을 활용해 금융감독 업무를 효율적·효과적으로 수행하는 기법을 뜻한다. 또한 컴프테크(Comptech)는 Compliance(규제 준수)와 Technology(기술)의 조합어로, 금융기관이 4차 산업혁명 기술을 활용해 보다 효율적으로 규제를 준수하도록 하는 기술을 뜻하며, 좁은 의미의 레그테크를 가리키기도 한다.

02 정답 ④

ㄷ. 양자 컴퓨팅은 양자 중첩의 지수적인 정보 표현, 양자 얽힘을 이용한 병렬 연산과 같은 양자 역학적인 물리 현상을 활용해 계산을 수행한다. 또한 기존의 디지털 컴퓨터와 비교할 수 없을 정도로 빠르게 복잡한 문제를 해결할 수 있다.

ㄹ. 양자 컴퓨팅은 양자 정보 처리·저장 중에 발생하는 노이즈, 양자 에러(결맞음·잃어버림) 등에 대해 취약하고, 병렬 연산을 위한 얽힘을 생성하고 제어하는 것이 실제적으로 매우 어렵다는 한계가 있다. 또한 연산에 활용하는 전자·광자·이온 등의 양자 중첩 현상을 안정적으로 제어할 수 있고 중첩 상태를 유지하기 위해 외부 환경의 영향을 받지 않도록 제어하는 기술 개발이 필요하며, 양자계 안의 정보를 정확히 들여다보는 기술도 요구된다.

오답분석

ㄱ. 기존의 디지털 컴퓨터가 반도체를 기억 소자로 사용하는 것과 달리 양자 컴퓨팅은 원자를 기억 소자로 사용한다.

ㄴ. 0 또는 1 중 하나의 값만 갖는 기존 디지털 컴퓨터의 비트와 달리 양자 컴퓨팅의 기본 단위인 큐비트는 0과 1이 중첩될 수 있기 때문에, 즉 0인 동시에 1도 될 수 있기 때문에 2개의 큐비트로 00, 01, 10, 11의 4가지 상태를 동시에 표현할 수 있다. 더 많은 큐비트가 얽힐수록 병렬 처리 가능한 정보량은 2의 n제곱으로 증가하게 되는 것이다.

03 정답 ②

특정 주제(목적)·사용자에 맞게 사전에 정의된 스키마가 있는 데이터 마트와 달리 데이터 레이크는 미리 정의된 스키마가 없다.

오답분석

① 데이터 레이크는 다양한 환경에서 수집해 가공하지 않은 상태로 저장되어 접근이 용이한 막대한 양의 데이터(원데이터 공유 저장소)를 의미하며, 대용량 실시간 데이터를 빠르게 저장하는 데 유리하다.

③ 데이터 마트는 단일한 주제 또는 특정 사용자들 중심의 소규모 데이터 웨어하우스로서, 특정한 목적을 위해 접근의 용이성과 유용성을 강조하여 만들어진다. 또한 데이터 마트에는 신속한 액세스 및 분석을 위해 사전 집계되고 최적화된 구조화된 데이터가 포함되어 있다.

④ 데이터 레이크는 정형·반(半)정형·비(非)정형 데이터를 가공하지 않은 원래의 데이터 형태로 하나의 저장소에 모아두는 것을 물이 흘러들어 모이는 호수에 비유한 표현으로, 우리말로 '데이터 호수'라고도 부른다. 그러나 데이터 형태가 다양하기 때문에 데이터 관리가 어렵고, 지속적으로 관리를 하지 않으면 불필요한 데이터가 많아지게 된다(Data Swamp). 또한 비정형 데이터에 대한 분석을 위해 전(前)처리와 같은 별도 작업이 필요하며, 용량이 지나치게 커지면 백업 관리 및 무결성 유지가 어려워진다.

04 정답 ②

블록체인은 모든 참여자의 거래 기록을 남기고 이를 공유하기 때문에 거래 처리 속도가 느리다는 단점이 있다. 또한 거래 정보를 대량으로 처리하는 데 불리하고 확장도 어렵다는 한계가 있다.

오답분석

① 블록체인은 암호 기술을 적용한 고리 형태로 블록들을 연결하는 선형 데이터 구조를 이룬다. 이러한 블록체인의 선형 데이터 구조는 연결할 유효 블록을 확인하고 중복 블록을 제거하는 데 시간이 많이 소모된다는 단점이 있다.

③ 블록체인은 중앙 관리자나 중앙 데이터 저장소가 필요 없고(탈중앙화), 거래 시에 중개기관을 거치지 않기 때문에(탈중개화) 관리비·거래비를 획기적으로 절감할 수 있다.

④ 블록체인은 일정 시간 동안 네트워크 참여자가 거래 정보를 교환·확인·검증해 동의한 거래 정보들만 하나의 블록으로 기록된다. 이때 블록은 거래 내역, 발생 시간 등의 정보를 문자·숫자 형태로 암호화해 포함한 것으로 순차적으로 연결(Chain)된 일종의 데이터 묶음(Packet)을 의미한다. 이렇게 새로 만든 블록을 이전 블록에 연결하고 그 사본을 만들어 각 네트워크 참여자의 컴퓨터에 분산·저장한다. 따라서 해커가 거래 정보를 위조·변조하려면 전체 참여자 과반수의 거래 정보를 동시에 조작해야 하기 때문에 해킹이 사실상 불가능하다.

05 정답 ②

데이터 웨어하우스는 여러 데이터베이스에 분산되어 있는 자료를 추출·변환·표준화·통합해 정보를 제공함으로써 사용자의 의사 결정을 돕는 자료들의 모음 또는 그러한 정보 관리 시스템 기술을 의미한다. 이러한 데이터 웨어하우스의 특징은 다음과 같다.

• 주제 지향성(Subject-orientation) : 의사 결정에 필요한 특정 주제를 중심으로 데이터를 구성함
• 시계열성(Time-variancy) : 특정 시점에 데이터를 정확하고 장기적으로 유지할 수 있어 자료의 내용이 시간에 따라 변경되더라도, 데이터 간의 시간적 관계나 동향을 분석해 의사 결정에 반영하기 위해 현재의 데이터와 과거의 데이터를 함께 유지함
• 통합성(Integration) : 모든 데이터 형태의 일관성을 유지해 데이터 호환·이식에 문제가 없음
• 비휘발성(Non-volatilization) : 데이터는 대량으로 로딩되어 나중에 사용되며, 일단 저장된 데이터는 일괄 처리(Batch) 작업에 의한 갱신 외에는 삽입·삭제 등으로 변경하지 않음(읽기 전용의 데이터)

06 정답 ①

ㄱ. 에지 컴퓨팅은 클라우드에 상시 연결되어 있을 필요가 없고 이용자의 단말기 주변이나 단말기 자체에서 데이터를 처리·저장할 수 있기 때문에 클라우드 연결이 중단된 경우에도 안정성을 기대할 수 있다.

ㄴ. 에지 컴퓨팅은 처리 가능한 대용량 데이터를 발생지 주변에서 처리함으로써 데이터 처리 시간 단축과 응답 속도 향상을 기대할 수 있다. 따라서 이용자의 입장에서는 필요한 데이터를 보다 신속하게 얻을 수 있으므로 작업 생산성을 개선할 수 있다.

ㄷ. 에지 컴퓨팅은 중앙 클라우드 서버로 전송하는 데이터의 양을 줄임으로써 데이터 전송·저장에 따른 인터넷 대역폭 사용량은 물론 이때 수반되는 시간적·금전적 비용을 절감할 수 있다.

ㄹ. 에지 컴퓨팅은 인터넷을 통한 데이터 전송을 줄일 수 있기 때문에 보안 위협 및 데이터 탈취 가능성 또한 줄일 수 있다. 즉, 민감한 개인정보를 에지 컴퓨터에 저장해 보호하면 인터넷을 통한 개인정보 전송을 줄이고 정보 탈취의 가능성 또한 줄일 수 있기 때문에 보안성이 강화된다.

에지 컴퓨팅(Edge Computing)

중앙 집중 서버가 모든 데이터를 처리하는 클라우드 컴퓨팅과 달리 분산된 소형 서버를 통해 실시간으로 데이터를 처리하는 기술을 뜻한다. 사물인터넷(IoT) 기기가 보편화되면서 데이터 양이 폭증함에 따라 중앙 컴퓨터가 데이터를 처리하는 속도가 크게 저하되었는데, 에지 컴퓨팅은 이러한 한계를 분산처리 기술로 해소한다. 즉, 각각의 장치(Device)에서 발생한 데이터를 중앙 집중 서버로 전송하지 않고 데이터가 발생한 현장 혹은 주변(Edge)에서 실시간으로 분석·처리하는 방식으로 데이터의 흐름을 가속화한다는 개념이다.

---

07 정답 ③

ㄱ. DDoS는 Distributed Denial of Service, 즉 분산 서비스 거부 공격의 약어이다. 트래픽이 대량으로 발생할 경우 서버가 이를 분산하는 기능이 있는데, 이러한 분산 기능 무력화하는 공격이라는 의미에서 '분산 서비스 거부 공격'이라고 부른다.

ㄴ. DDoS는 악성코드를 이용해 불특정 다수의 컴퓨터를 좀비 컴퓨터로 만들어 한꺼번에 특정 사이트를 동시다발적으로 공격하게 한다.

ㄷ. 악성코드에 감염되어 DDoS에 악용되는 각각의 좀비 PC, 사물인터넷(IoT) 기기, 모바일 디바이스 등을 봇(Bot)이라 하며, 이러한 다수의 봇들로 구성된 네트워크를 봇넷(Botnet)이라 한다.

ㄹ. DDoS 공격은 공격 형태에 따라 크게 자원 소진 공격, 대역폭 공격, 웹/DB 부하 공격 기법 등으로 구분할 수 있다. 대역폭 공격 기법은 공격 대상으로 가는 네트워크 대역폭을 소진해서 실제 서버까지 도달하는 과정을 방해하는 방식이다. 웹/DB 부하 공격 기법은 정상적으로 세션을 맺은 후 과도한 HTTP 요청으로 공격 대상이 되는 웹/DB서버에 과부하를 일으키는 방식이다. 이러한 DDoS 공격은 공격을 수행하는 봇넷의 규모가 클수록 위험도가 커지며, 일반적으로 여러 유형의 기법을 혼합하여 공격한다. 예컨대, 대역폭 공격 기법과 웹/DB 부하 공격 기법을 함께 사용할 경우 공격 식별과 대응이 상대적으로 어려워진다.

---

08 정답 ①

마이데이터는 개인이 자신의 정보를 관리하여 자신의 생활에 능동적으로 활용하는 것으로, 개인의 모든 금융정보도 포함된다.

---

09 정답 ④

빅블러(Big Blur)는 미래 학자 스탠 데이비스가 1999년 저서인 『블러 : 연결 경제에서의 변화의 속도』에서 '블러(Blur, 흐릿하게 만들다)'라는 단어를 사용한 데서 유래됐다. 빅블러는 혁신적 변화로 인해 기존에 존재하는 산업 간 경계가 허물어지는 현상을 뜻한다.

① 챗봇(Chat Bot) : 사용자를 대화 상대로 텍스트나 음성기반의 대화를 수행하는 소프트웨어

② 랜덤워크(Random Walk) : 주식 가격의 변화는 서로 독립적이며 과거의 주식 가격 변화 움직임이나 시장 전체의 변화가 미래의 가격 변화를 추측할 수 없음을 의미하는 금융 가설

③ 하이디어(High-idea) : 하이(High)와 아이디어(idea)의 합성어로, 아이디어보다 더 발전된 비즈니스 모델 이전 단계의 개념

---

10 정답 ①

동기 고정식은 모든 마이크로 오퍼레이션 중에서 수행 시간이 가장 긴 동작 시간을 마이크로 사이클 타임(Micro Cycle Time)으로 정하며, 모든 마이크로 오퍼레이션의 동작 시간이 비슷할 때 유리한 방식이다.

01   NCS 직업기초능력

01	02	03	04	05	06	07	08	09	10	11	12	13	14	15	16	17	18	19	20
③	①	③	③	④	②	②	②	④	④	①	③	①	④	④	③	②	④	①	④
21	22	23	24	25	26	27	28	29											
④	④	④	④	④	④	③	④	③											

01   정답 ③

먼저 여행일이 1월 이내이고, 여행 기간이 15일 이내여야 하므로 가능한 여행패키지를 확인하면 C, D, F이다.
• C : Z카드를 갖고 있지 않으므로 가격은 1,600,000원이다.
• D : M멤버십을 갖고 있고 Z카드를 갖고 있지 않으므로 $1,750,000 \times 0.8 = 1,400,000$원이다.
• F : M멤버십을 갖고 있고 Z카드를 갖고 있지 않으므로 $1,500,000 \times 0.95 = 1,425,000$원이다.
따라서 가장 저렴하게 이용할 수 있는 여행패키지는 D이고, 그 가격은 1,400,000원이다.

02   정답 ①

축구와 야구를 좋아하고 농구를 싫어하는 학생 수를 x명, 축구와 농구를 좋아하고 야구를 싫어하는 학생 수를 y명, 야구와 농구를 좋아하고 축구를 싫어하는 학생 수를 z명이라 하면 다음과 같은 벤다이어그램이 성립한다.

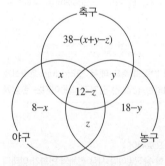

야구만 좋아하는 학생 수와 농구만 좋아하는 학생 수가 같으므로 $8 - x = 18 - y \rightarrow$ $y = 10 + x$이고, 축구만 좋아하는 학생 수는 $\{28 - (2x - z)\}$명이다.
모든 학생 수를 더하면 $\{28 - (2x - z)\} + x + (12 - z) + (10 + x) + (8 - x) + z + (8 - x) = 66 - (2x - z) = 60$명이다.
따라서 $2x - z = 6$이다.

$0 \leq x \leq 8$, $0 \leq z \leq 12$이므로 이를 표로 정리하면 다음과 같다.

x	8	7	6	5	4	3
z	$2 \times 8 - 6 = 10$	$2 \times 7 - 6 = 8$	$2 \times 6 - 6 = 6$	$2 \times 5 - 6 = 4$	$2 \times 4 - 6 = 2$	$2 \times 3 - 6 = 0$

따라서 야구와 농구를 좋아하고 축구를 싫어하는 학생 수는 최소 0명에서 최대 10명이다.

03 정답 ③

제시된 이차함수는 꼭짓점이 $(p,\ q)$이므로 $f(x)=a(x-p)^2+q$이다. 좌표평면에서 y절편은 $x=0$일 때 y의 값이므로, $x=0$일 때, $y=a(0-p)^2+q=ap^2+q$이다.

오답분석

① 이차함수의 그래프가 위로 볼록한 모양이므로 이차항의 계수는 음수이다.

② 좌표평면에서 x절편은 $y=0$일 때 x의 값이다. 제시한 그래프에서 $y=0$일 때, x의 값은 모두 양수이다.

④ $f(x)=a(x-p)^2+q$에서 $f(x)$는 $x=p$를 기준으로 대칭임을 알 수 있다.

04 정답 ③

한 변의 길이가 18cm인 정육면체에 접하는 구의 지름은 18cm이므로 반지름은 $\dfrac{18}{2}=9$cm이다.

따라서 제시된 구의 부피는 $\dfrac{4}{3}\pi r^3=\dfrac{4}{3}\times\pi\times9^3=972\pi\,\mathrm{cm}^3$이다.

05 정답 ④

K과장이 출장 전 환전한 금액은 $3,000,000\times\dfrac{1}{1,400}≒2,142$유로이고, 독일에서 $1,500$유로를 사용했으므로 남은 돈은 $2,142-1,500=642$유로이다.

따라서 남은 돈을 원화로 다시 환전하면 $642\times1,400=898,800$원이다.

06 정답 ②

미생물은 3일마다 10배씩 증가하고 있다. 그러므로 6월 7일에 미생물 3마리가 분열을 시작하여 30억 마리가 되려면 $30억=3\times10^9$이므로 $3\times9=27$일 후이다.

따라서 미생물이 30억 마리가 되는 날은 6월 7일을 기준으로 27일 후인 7월 4일이다.

07 정답 ②

A초등학교 입학생 수는 매년 14명씩 감소하고 있다. 2019년으로부터 n년 후 입학생 수를 a_n 명이라 하면 $a_n=(196-14n)$명이다.

따라서 2029년은 2019년으로부터 10년 후이므로, 2029년의 A초등학교 입학생 수는 $196-(14\times10)=56$명이다.

08 정답 ②

• 9명 중 2명을 뽑는 경우의 수 : $_9\mathrm{C}_2=\dfrac{9\times8}{2\times1}=36$가지

• 남은 7명 중 3명을 뽑는 경우의 수 : $_7\mathrm{C}_3=\dfrac{7\times6\times5}{3\times2\times1}=35$가지

• 남은 4명 중 4명을 뽑는 경우의 수 : $_4\mathrm{C}_4=1$가지

따라서 구하고자 하는 경우의 수는 $36\times35\times1=1,260$가지이다.

09 정답 ④

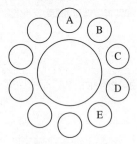

A~E에 앉을 수 있는 경우의 수는 각각 10가지, 8가지, 6가지, 4가지, 2가지이고, 회전하여 같아지는 경우는 10가지이다.

따라서 구하고자 하는 경우의 수는 $\dfrac{10 \times 8 \times 6 \times 4 \times 2}{10} = 384$가지이다.

다른 풀이

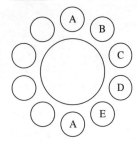

A에 한 과를 고정시키고 남은 과를 B~E에 앉히는 경우의 수는 4!=24가지이다.

B~E에 대하여 자리를 바꿔 앉는 경우의 수는 각각 2가지이므로 $2 \times 2 \times 2 \times 2 = 16$가지이다.

따라서 구하고자 하는 경우의 수는 $24 \times 16 = 384$가지이다.

10 정답 ④

기온이 10℃에서 35℃로 35−10=25℃ 오를 때, 소리의 속력은 352−337=15m/s만큼 빨라졌다. 즉, 기온이 1℃ 오를 때 소리의 속력은 $\dfrac{3}{5}$m/s만큼 빨라진다.

구하는 기온을 x℃라고 하자. 소리의 속력이 337m/s에서 364m/s로 364−337=27m/s만큼 빨라질 때, 기온은 $(x-10)$℃만큼 올라가므로 다음과 같은 식이 성립한다.

$\dfrac{3}{5}(x-10)=27$

$\longrightarrow x-10=45$

$\therefore x=55$

따라서 소리의 속력이 364m/s일 때 기온은 55℃이다.

11 정답 ①

제시문은 대출을 받아 내 집을 마련한 사람들이 대출금리 인상으로 인한 경제적 부담을 감당하지 못하여 집을 처분하려 하나 이 또한 어려워 경매로 넘기는 상황에 대해 설명하고 있다. 따라서 글의 주제로 대출금리 인상으로 내 집 마련이 무너졌다는 ①이 가장 적절하다.

② 마지막 문단에 따르면 대출금리 인상으로 인해 부동산 매수자가 줄어든 것은 맞지만, 제시문의 전체적인 내용은 대출금리 인상으로 집을 사지 못하는 것이 아닌, 대출금리 인상으로 이미 산 집을 포기할 수밖에 없는 상황에 대해 다루고 있다. 따라서 주제로는 적절하지 않다.

③ 마지막 문단에 따르면 매도량은 늘어나지만 매수량이 없어 이전보다 고를 수 있는 부동산의 선택지가 늘어난 것은 맞지만, 제시문의 전체적인 내용은 단순히 늘어난 부동산 매물이 아닌 대출금리 인상으로 인해 어쩔 수 없이 시장으로 나온 부동산 매물에 대해 다루고 있으므로 주제로는 적절하지 않다.

④ 제시문의 내용으로 볼 때 부동산 경기 침체로 인해 매물로 나온 부동산은 늘어나고 있지만, 매수량은 없어 부동산 경매시장이 활발해졌다고 보긴 어렵다.

12   정답   ③

제시문에서의 순환경제는 마치 도넛 모양과 같이 계속하여 순환하는 모양의 경제 형태를 말한다. 따라서 기존의 제품이 계속 순환하여 사용할 수 있다는 의미를 나타낼 수 있는 '지속적인'이 빈칸에 들어가기에 가장 적절하다.

① '단속적인'은 일정한 주기가 아닌 규칙 없이 이어졌다 끊어졌다를 반복한다는 의미로 제시문에서 설명하는 경제방식과 어울리지 않는 단어이며, 내용과도 거리가 멀다.

② 제시문에서의 순환경제는 더 높은 단계로 나아가는 것이 아닌 기존의 것이 계속하여 돌고 돌아 유지된다는 의미이므로 '발전적인'은 빈칸에 들어갈 단어로 적절하지 않다.

④ '대체 가능한'은 본질적으로 유사한 특성을 가지고 있어 서로 간 대체할 수 있음을 의미하나, 제시문에서의 순환경제는 유사한 특성을 가진 것이 아닌 기존의 것이 계속하여 순환하는 방식을 말하므로 빈칸에 들어갈 단어로 적절하지 않다.

13   정답   ①

네 번째 문단에 따르면 2000년대 초 연준의 금리 인하는 국공채에 투자했던 퇴직자들의 소득을 감소시켰고, 노년층에서 정부로, 정부에서 금융업으로 부의 대규모 이동을 야기하여 불평등을 심화시켰다. 따라서 금융업으로부터 정부로 부가 이동하였다는 ①은 제시문의 내용으로 적절하지 않다.

14   정답   ④

지폐 거래를 위해서는 신뢰가 필수적인데 중국을 포함한 아시아의 국가들은 처음부터 국가가 발행권을 갖고 있었기 때문에 화폐로 받아들여지고 사용되기 위해 필요한 신뢰를 확보하고 있었다고 할 수 있다.

① 제시문에 따르면 유럽의 지폐는 동업자들끼리 만든 지폐로 시작하였으나 쉽게 자리잡지 못했고 중앙은행이 금 태환을 보장하면서부터 화폐로 사용되기 시작하였다. 그러나 이것으로 지폐가 널리 통용되었다고 판단하기에는 무리가 있으며 더구나 금화의 대중적인 확산이 그 원인이 되었다는 근거는 찾을 수 없다.

② 중국에서는 기원전 8 ~ 7세기 이후 주나라서부터 청동전이 유통되었는데 이후 진시황이 중국을 통일하면서 화폐를 통일해 가운데 네모난 구멍이 뚫린 원형 청동 엽전이 등장하였다고 하였다. 따라서 네모난 구멍이 뚫린 원형 엽전 이전에 청동전이 있었다는 사실을 알 수 있다.

③ 제시문은 내재적 가치가 없는 지폐가 화폐로 받아들여지고 사용되기 위해서는 신뢰가 필수적인데 중국은 강력한 왕권이 이 신뢰를 담보할 수 있었지만, 유럽에서는 그보다 오랜 시간과 성숙된 환경이 필요했다고 하고 있다. 결국 유럽에서 지폐의 법정화와 중앙은행의 설립이 이루어진 것은 17 ~ 18세기에 이르러서야 가능했다.

15 정답 ④

건축물이 기울어지는 방향과 반대 방향에서 건축물을 잡아주어 건축물의 진동 에너지를 줄이고, 그것을 통하여 건축물의 붕괴를 막는 장치가 감쇠장치이다.

오답분석

① 물체가 외부의 힘에 반응하며 진동할 때 따르는 주기를 물체의 고유주기라고 한다.
② 기본내진구조 설계가 '흔들리지 않게 짓는 방법'에 가깝다면, 면진구조 설계는 '천천히 흔들리도록 짓는 방법'에 가깝다고 할 수 있다.
③ 기본내진구조 설계의 경우 외벽이나 기둥 등 건축물을 지탱하는 구조물들이 지진의 충격을 고스란히 건축물의 내부에까지 전달한다.

16 정답 ③

제시문의 소재는 '회전문'이며 (나)에서는 그보다 더 포괄적인 개념인 '문'에 대한 일반적인 내용을 서술하고 있으므로 가장 앞에 위치해야 함을 알 수 있다. '그 대표적인 예가 회전문이다.'라고 언급하고 있는 부분을 통해서도 이를 유추해볼 수 있다. 또한 (나)의 후반부에는 '회전문의 구조와 그 기능'이라는 부분이 언급되어 있다. 따라서 이 문구를 통해 (나) 다음에 위치할 문단은 '구조와 기능'을 구체화시킨 (가)가 됨을 알 수 있으며, 그 뒤에는 구체적인 사례를 들며 이를 비판한 (라)가 위치하는 것이 가장 적절하다. 마지막으로는 이를 종합하여 회전문을 가장 미개한 형태의 문으로 규정한 (다)가 들어가야 자연스럽다.

17 정답 ②

'곡학아세(曲學阿世)'는 '학문을 굽히어 세상에 아첨한다.'는 뜻으로, 정도를 벗어난 학문으로 세상 사람에게 아첨함을 이르는 말이다.

오답분석

① 당랑거철(螳螂拒轍) : '사마귀가 수레바퀴를 막는다.'는 뜻으로, 자기의 힘은 헤아리지 않고 강자에게 함부로 덤빔을 이르는 말
③ 각골난망(刻骨難忘) : '다른 사람에게 입은 은덕에 대한 고마움이 마음속 깊숙이 사무치어 결코 잊을 수 없다.'는 뜻으로, 은덕을 입은 고마움이 뼈에 깊이 새겨져 잊히지 않음을 이르는 말
④ 격세지감(隔世之感) : '변화를 많이 겪어서 다른 세상과 같은 느낌'이라는 뜻으로, 그리 오래지 아니한 동안에 아주 바뀌어서 딴 세대가 된 것 같은 느낌을 이르는 말

18 정답 ④

'불치하문(不恥下問)'은 '아랫사람에게 묻는 것을 결코 부끄럽게 여기지 않는다.'는 뜻으로, 자신이 모르는 것을 묻는 것은 신분이나 지위가 높고 낮음을 가리지 않고 부끄러울 것이 없음을 이르는 말이다.

오답분석

① 복경호우(福輕乎羽) : '복은 새의 날개보다 가볍다.'는 뜻으로, 자기 마음가짐을 어떻게 가지느냐에 따라 행복하게 됨을 이르는 말
② 구화지문(口禍之門) : '입은 재앙을 불러들이는 문이 된다.'는 뜻으로, 말조심을 하라고 경계하는 말
③ 객반위주(客反爲主) : '손이 도리어 주인 노릇을 한다.'는 뜻으로, 부차적인 것을 주된 것보다 오히려 더 중요하게 여김을 이르는 말

19 정답 ①

첩어, 준첩어인 명사 뒤에는 '이'로 적는다. 따라서 '번번이'가 옳다.

20 정답 ④

한글 맞춤법에 따르면 '률(率)'은 모음이나 'ㄴ' 받침 뒤에서는 '이자율, 회전율'처럼 '율'로 적고, 그 이외의 받침 뒤에서는 '능률, 합격률'처럼 '률'로 적는다. 따라서 '수익률'이 옳은 표기이다.

오답분석

① 추계(推計) : '일부를 가지고 전체를 미루어 계산함'의 의미를 지닌 단어로 재정 추계는 국가 또는 지방 자치 단체가 정책을 시행하기 위해 필요한 자금을 추정하여 계산하는 일을 말한다.
② 그간(-間) : '조금 멀어진 어느 때부터 다른 어느 때까지의 비교적 짧은 동안'이라는 의미를 지닌 한 단어이다.
③ 전제(前提) : '어떠한 사물이나 현상을 이루기 위하여 먼저 내세우는 것'의 의미를 지닌 단어이다.

21 정답 ④

먼저 제시된 조건에 따라 선택할 수 없는 관광 코스를 제외할 수 있다.
• 4일 이상 관광하되 5일을 초과하면 안 되므로, 기간이 4일 미만인 B코스를 제외한다.
• 비용이 30만 원을 초과하고, 참여인원이 30명 초과인 C코스를 제외한다.
한편, D코스를 I카드로 결제할 때의 비용은 10% 할인을 적용받아 $332,000 \times 0.9 = 298,800$원으로 30만 원 미만이다.
따라서 A코스와 D코스 중 경유지가 더 많은 D코스를 선택하는 것이 적절하다.

22 정답 ④

팀장은 가장 뒤에 있는 자리에 앉으므로 F에는 김팀장이 앉고, D에는 이대리가 앉는다. 최과장은 대리 직급 옆에 앉을 수 있고, 창가 쪽 자리에만 앉을 수 있으므로 C에는 최과장이 앉는다. 그리고 남은 창가 쪽 자리 A에는 오과장이 앉고, 박차장은 성대리보다 앞에 앉으므로 B에는 박차장, E에는 성대리가 앉는다.

앞

창가	오과장	●		박차장	●	창가
	최과장	이대리	복도	성대리	●	
	●	김팀장		●	●	

뒤

따라서 A에는 오과장이, B에는 박차장이, C에는 최과장이, D에는 이대리가, E에는 성대리가, F에는 김팀장이 앉는다.

23 정답 ④

신용카드별 김대리가 받을 수 있는 할인 혜택 금액은 각각 다음과 같다.
• A카드 : 외식 부문에서 할인을 적용받고, 페이 결제분에 대한 할인은 제외되므로 적용받는 할인 금액은 $540,000 - 350,000 = 190,000$원이다. 이때, 총 결제액이 100만 원을 초과했으므로 할인율은 15%이다. 따라서 할인 혜택 금액은 $190,000 \times 0.15 = 28,500$원으로 할인한도 28,000원을 초과하여 28,000원을 할인받는다.
• B카드 : 쇼핑 부문에서 할인을 적용받고, N사 페이 결제에 대하여 5% 추가 할인이 적용된다. 이때, 총결제액이 100만 원을 초과했으므로 기본으로 적용되는 할인율은 15%이고, N사 페이 결제금액에 적용되는 할인율은 $15 + 5 = 20\%$이다. 따라서 할인 혜택 금액은 $150,000 \times 0.2 + (290,000 - 150,000) \times 0.15 = 30,000 + 21,000 = 51,000$원으로 할인한도 25,000원을 초과하여 25,000원을 할인받는다.
• C카드 : 공과금 부문에서 할인을 적용받는다. 이때, 총결제액이 100만 원을 초과했으므로 기본으로 적용되는 할인율은 15%이고 공과금을 자동이체로 설정하였으므로 3% 추가 할인이 적용되므로 할인율은 $15 + 3 = 18\%$이다. 따라서 할인 혜택 금액은 $150,000 \times 0.18 = 27,000$원이다.
• D카드 : 총결제액의 3%를 할인받는다. 따라서 할인 혜택 금액은 $1,210,000 \times 0.03 = 36,300$원으로 할인한도 30,000원을 초과하여 30,000원을 할인받는다.
따라서 김대리가 신청하기에 가장 적절한 카드는 할인 혜택 금액이 가장 큰 D카드이다.

24 정답 ④

정규직의 주당 근무시간을 비정규직 1과 같이 줄여 근무여건을 개선하고, 퇴사율이 가장 높은 비정규직 2에 직무교육을 시행하여 퇴사율을 줄이는 것이 가장 적절하다.

오답분석

① 설문조사 결과에서 연봉보다는 일과 삶의 균형을 더 중요시한다고 하였으므로 연봉이 상승하는 것은 퇴사율에 영향을 미치지 않음을 알 수 있다.
② 정규직을 비정규직으로 전환하는 것은 고용의 안정성을 낮추어 퇴사율을 더욱 높일 수 있다.
③ 직무교육을 하지 않는 비정규직 2보다 직무교육을 하는 정규직과 비정규직 1의 퇴사율이 더 낮으므로 적절하지 않다.

25 정답 ②

ㄱ. 한류의 영향으로 한국 제품을 선호하므로 한류 배우를 모델로 하여 적극적인 홍보 전략을 추진한다.
ㄷ. 빠른 제품 개발 시스템이 있기 때문에 소비자 기호를 빠르게 분석하여 제품 생산에 반영한다.

오답분석

ㄴ. 인건비 상승과 외국산 저가 제품 공세 강화로 인해 적절한 대응이라고 볼 수 없다.
ㄹ. 선진국은 기술 보호주의를 강화하고 있으므로 적절한 대응이라고 볼 수 없다.

26 정답 ④

ㄴ. 민간의 자율주행기술 R&D를 지원하여 기술적 안전성을 높이는 전략은 위협을 최소화하는 내용은 포함하지 않고 약점만 보완하는 내용이므로 ST전략이라 할 수 없다.
ㄹ. 국내기업의 자율주행기술 투자가 부족한 약점을 국가기관의 주도로 극복하려는 전략은 약점을 최소화하고 위협을 회피하려는 WT전략의 내용으로 적절하지 않다.

오답분석

ㄱ. 높은 수준의 자율주행기술을 가진 외국 기업과의 기술이전협약 기회를 통해 국내 자율주행자동차 산업의 강점인 국내외에서 우수한 평가를 받는 국내 자동차기업의 수준을 향상시키는 전략은 SO전략에 해당한다.
ㄷ. 국가가 지속적으로 자율주행차 R&D를 지원하는 법안이 본회의를 통과한 기회를 토대로 기술개발을 지원하여 국내 자율주행자동차 산업의 약점인 기술적 안전성을 확보하려는 전략은 WO전략에 해당한다.

27 정답 ③

다음과 같은 순서에 따라 조건을 살펴보면 당직을 서는 행원의 조합을 알 수 있다.
ⅰ) 'D는 이번 주에 당직을 선다.'는 다섯 번째 조건에 따라 D를 언급한 세 번째 조건을 먼저 살펴본다. 세 번째 조건의 대우는 'E나 D가 당직을 서면 G는 당직을 서지 않는다.'이다. 그러므로 G는 당직을 서지 않는다.
ⅱ) 네 번째 조건의 대우는 'G가 당직을 서지 않으면 F도 당직을 서지 않는다.'이다. 그러므로 F도 당직을 서지 않는다.
ⅲ) 첫 번째 조건의 대우는 'B나 F가 당직을 서지 않으면 A도 당직을 서지 않는다.'이다. 그러므로 A도 당직을 서지 않는다.
ⅳ) 두 번째 조건에서 'A가 당직을 서지 않으면 E는 당직을 선다.'가 도출된다. 그러므로 E가 당직을 서게 된다.
따라서 이번 주에 반드시 당직을 서는 행원은 D, E이다.

28 정답 ④

A와 E의 진술이 상반되므로 이들 중 1명이 거짓을 말하고 있음을 알 수 있다.
ⅰ) E의 진술이 거짓인 경우 : 지각한 사람이 D와 E 2명이 되므로 성립하지 않는다.
ⅱ) A의 진술이 거짓인 경우 : B, C, D, E의 진술이 모두 참이 되며, 지각한 사람은 D이다.
따라서 거짓을 말하는 사람은 A이며, 지각한 사람은 D이다.

29 정답 ③

ⓛ과 ⓔ・ⓢ은 상반되며, ⓒ과 ⓗ・ⓞ・ⓩ 역시 상반된다.

ⅰ) 김대리가 짬뽕을 먹은 경우 : ⓗ・ⓞ・ⓩ 3개의 진술이 참이 되므로 성립하지 않는다.

ⅱ) 박과장이 짬뽕을 먹은 경우 : ⓐ・ⓒ・ⓜ 3개의 진술이 참이 되므로 성립하지 않는다.

ⅲ) 최부장이 짬뽕을 먹은 경우 : 최부장이 짬뽕을 먹었으므로 ⓐ・ⓜ・ⓞ은 반드시 거짓이 된다. 이때, ⓒ은 반드시 참이 되므로 상반되는 ⓗ・ⓩ은 반드시 거짓이 되고, ⓔ・ⓢ 또한 반드시 거짓이 되므로 상반되는 ⓛ이 참이 되는 것을 알 수 있다.

따라서 짬뽕을 먹은 사람은 최부장이고, 참인 진술은 ⓛ・ⓒ이다.

01	02	03	04	05	06	07	08	09	10	11	12	13	14	15					
④	②	①	①	④	②	④	④	①	④	②	④	④	①	④					

01　정답　④

빅데이터의 공통적 속성(3V)은 데이터의 크기(Volume), 데이터의 속도(Velocity), 데이터의 다양성(Variety)이다.
빅데이터의 공통적 속성(3V) 외에 새로운 V에는 정확성(Veracity), 가변성(Variability), 시각화(Visualization)가 있다.

오답분석

① 데이터의 크기(Volume) : 단순 저장되는 물리적 데이터양을 나타내며 빅데이터의 가장 기본적인 특징
② 데이터의 속도(Velocity) : 데이터의 고도화된 실시간 처리
③ 데이터의 다양성(Variety) : 다양한 형태의 데이터(예 사진, 오디오, 비디오, 소셜 미디어 데이터, 로그 파일 등)

02　정답　②

파스타(PaaS-TA)는 과학기술정보통신부와 한국정보화진흥원이 함께 개발한 개방형 클라우드 플랫폼으로, 'PaaS에 올라타.' 또는
'PaaS야, 고마워(Thank you).'라는 의미를 지닌다.

03　정답　①

랜섬웨어(Ransomware)는 몸값(Ransom)과 소프트웨어(Software)의 합성어로, 데이터를 암호화하여 사용할 수 없도록 하고, 이
를 인질로 금전을 요구하는 악성 프로그램이다.

오답분석

② 다크 데이터(Dark Data) : 정보를 저장만 하고 분석에는 사용되지 않은 데이터
③ 셰어웨어(Shareware) : 모두가 사용할 수 있도록 공개하고 있는 소프트웨어
④ 키 로거(Key Logger) : 사용자의 키보드 움직임을 탐지해 아이디나 비밀번호, 계좌번호 등 개인정보를 빼가는 공격법

04　정답　①

딥 러닝은 컴퓨터가 스스로 인간의 뇌처럼 외부의 데이터를 지속적으로 분석하고 조합하여 학습하는 기술로, 인공신경망이라는
계층화된 알고리즘 구조를 사용한다. 이세돌 9단과의 바둑 대결에서 승리한 구글의 알파고 역시 딥 러닝에 기반한 프로그램이다.

오답분석

③ 딥 마인드 : 알파고를 개발한 회사

05　정답　④

선택지 모두 컴퓨터 등이 만든 허구의 상황이나 공간을 의미하나, 증강현실은 실제 현실을 기반으로 가상의 정보가 더해진 상황이라
는 점에서 차이가 있다.

06　정답　②

로보어드바이저는 인간의 개입을 최소화하고, 개인투자성향에 따라 포트폴리오를 만들어 투자자에게 제공함으로써 저렴한 수수료
로 수익을 낼 수 있다.

07 정답 ④

보험(Insurance)과 기술(Technology)의 합성어인 인슈어테크(Insur-Tech)는 인공지능, 사물인터넷 등의 IT 기술을 적용한 혁신적인 보험 서비스를 의미한다. 보험 상품을 검색하는 고객에게는 맞춤형 상품을 추천하고, 보험 상담을 요청하는 고객에게는 로봇이 응대하는 등 다양하게 활용될 수 있다.

08 정답 ④

ㄱ. 제로 트러스트(Zero Trust)는 '아무도 신뢰하지 않는다.'는 뜻으로, 내·외부를 막론하고 적절한 인증 절차 없이는 그 누구도 신뢰하지 않는다는 원칙을 적용한 보안 모델이다.

ㄷ. 기업에서 IT 인프라 시스템에 대한 접근 권한이 있는 내부인에 의해 보안 사고가 발생함에 따라 만들어진 IT 보안 모델이다.

ㄹ. 제로 트러스트는 MFA, IAM, 접근통제 등의 기술을 통해 구현되는데, MFA(Multi-Factor Authentication)는 사용자 다중 인증으로, 패스워드 강화 및 추가적인 인증 절차를 통해 접근 권한을 부여하는 것이다. 그리고 IAM(Identity and Access Management)은 식별과 접근 관리를 말하는 것으로, ID와 패스워드를 종합적으로 관리해 주는 역할 기반의 사용자 계정 관리 솔루션이다.

오답분석

ㄴ. 네트워크 설계의 방향은 내부에서 외부로 설정한다.

09 정답 ①

데이터 3법이란 개인정보보호법·정보통신망법·신용정보법을 일컫는 말이다.

10 정답 ④

스마트 그리드(Smart Grid)는 기존의 전력망에 정보통신(IT), 통신 네트워크를 결합한 지능형 전력망을 뜻하며, 차세대 에너지 신기술로 평가받는다. 전기자동차에 전기를 충전하는 기본 인프라로 태양광·풍력 등 신재생에너지를 안정적으로 이용할 수 있게 한다. 한편 자율주행자동차의 5대 핵심 기술로는 BSD, HDA, LDWS 외에도 LKAS, ASCC 등이 있다. LKAS(Lane Keeping Assist System)는 차선 유지 지원 시스템, 즉 방향 지시등 없이 차선을 벗어나는 것을 보완하는 기술이고, ASCC(Advanced Smart Cruise Control)는 설정된 속도로 차간거리를 유지하며 정속 주행하는 기술이다.

오답분석

① BSD(Bind Spot Detection) : 후측방 경보 시스템으로, 후진 중 주변 차량을 감지하고 경보를 울리는 기술을 말한다.

② HDA(Highway Driving Assist) : 고속도로 주행 지원 시스템으로, 자동차 간 거리를 자동으로 유지해 주는 기술을 말한다.

③ LDWS(Lane Departure Warning System) : 차선 이탈 경보 시스템으로, 방향 지시등을 켜지 않고 차선을 벗어났을 때 전방 차선의 상태를 인식하고 핸들 진동, 경고음 등으로 운전자에게 알려 사고를 예방하는 기술을 말한다.

11 정답 ②

양자 컴퓨터는 양자역학의 원리에 따라 작동되는 미래형 첨단 컴퓨터이다. 반도체가 아니라 원자를 기억소자로 활용하는 컴퓨터로, 고전적 컴퓨터가 한 번에 한 단계씩 계산을 수행했다면, 양자 컴퓨터는 모든 가능한 상태가 중첩된 얽힌 상태를 이용한다. 양자 컴퓨터는 0 혹은 1의 값만 갖는 2진법의 비트(Bit) 대신, 양자 정보의 기본 단위인 큐비트를 사용한다.

오답분석

① 에지 컴퓨팅 : 중앙의 클라우드 서버가 아니라 이용자의 단말기 주변(Edge)이나 단말기 자체에서 데이터를 처리하는 기술을 뜻한다. 인터넷을 통한 데이터 전송을 줄일 수 있어 보안성이 뛰어나며, 자율주행자동차, 사물인터넷(IoT) 등에서 활용 가능성이 높다.

③ 바이오 컴퓨터 : 인간의 뇌에서 이루어지는 인식·학습·기억·추리·판단 등 정보 처리 시스템을 모방한 컴퓨터로, 단백질과 유기분자, 아미노산 결합물을 이용한 바이오칩을 컴퓨터 소자로 활용한다.

④ 하이브리드 컴퓨터 : 아날로그 컴퓨터와 디지털 컴퓨터의 장점을 결합해 하나로 만든 컴퓨터로, 정확도나 처리 속도 등이 우수하며 가격도 저렴하다.

12 정답 ④

바드(Bard)는 구글이 2023년 출시한 생성형 인공지능 챗봇 서비스이다. 3월 21일부터 미국과 영국에서 일부 이용자를 대상으로 테스트에 들어갔고, 4월부터는 한국을 포함해 일부 국가에서도 바드 웹사이트를 통해 테스트 버전 이용 신청을 접수받았다.

13 정답 ④

④는 패킷에 대한 설명이다. 쿠키는 인터넷 사용자가 접속한 웹사이트 정보를 자동으로 저장하는 정보 기록 파일로, 이용자가 본 내용, 상품 구매 내역, 신용카드 번호, 아이디(ID), 비밀번호, IP 주소 등의 정보를 기억하고 있다가 다음에 접속할 때 이전의 상태를 유지하면서 검색할 수 있게 하는 역할을 한다.

14 정답 ①

언플러그드(Unplugged)란 컴퓨터 접속장치를 전원에 연결하지 않을 뿐만 아니라 컴퓨터의 사용 자체도 하지 않는 것을 말하며, 언플러그드 컴퓨팅이란 언플러그인 상태, 즉 컴퓨터 사용 없이도 컴퓨터 과학의 원리를 교육하는 것을 말한다.

15 정답 ④

키오스크(Kiosk)는 터치스크린과 사운드, 그래픽, 통신 카드 등 첨단 멀티미디어 기기를 활용하여 음성서비스, 동영상 구현 등 이용자에게 효율적인 정보를 제공하는 무인 종합 정보 안내시스템으로, 이를 활용한 마케팅을 지칭하기도 한다.

2023년 상반기 기출복원문제

01 | NCS 직업기초능력

01	02	03	04	05	06	07	08	09	10	11	12	13	14	15	16	17	18	19	20
②	④	④	②	③	④	③	②	④	④	④	①	②	①	③	④	②	④	①	④
21	22	23	24	25	26	27	28	29	30										
③	①	②	③	①	③	①	④	①	④										

01 정답 ②

광고는 해당 제품이 가진 여러 가지 정보를 담고 있다. 현명한 소비를 하기 위해서 광고에 의존해서는 안 되지만, 기본적인 정보 습득에 있어 전혀 도움이 되지 않는 것은 아니다.

오답분석

① 광고는 소비자들에게 제품에 대한 긍정적인 이미지를 형성하여 구매 욕구를 자극한다.
③ 현명한 소비를 하기 위해서는 광고에 의해 형성된 이미지에 속지 않고 가격, 품질, 필요성 등 다양한 요소를 종합적으로 고려해야 한다.
④ 광고는 제품이나 서비스에 대한 정보를 전달하는 데 사용되는 매개체로, 소비자의 구매 결정에 큰 영향을 미친다.

02 정답 ④

두 번째 문단에 따르면, 브랜다이스는 독점 규제를 통해 소비자의 이익이 아니라 독립적 소생산자의 경제를 보호함으로써 시민 자치를 지키고자 하였다.

오답분석

① 브랜다이스는 집중된 부와 권력이 시민 자치를 위협한다고 보고 반독점법이 경제와 권력의 집중을 막는 데 초점을 맞추어야 한다고 주장하였으나, 아놀드는 시민 자치권을 근거로 하는 반독점 주장을 거부하고 독점 규제의 목적이 권력 집중에 대한 싸움이 아닌 경제적 효율성의 향상에 맞춰져야 한다고 주장하였다.
② 반독점법의 목적을 셔먼은 소비자의 이익 보호와 소생산자의 탈집중화된 경제 보호로, 아놀드는 소비자 복지 증진으로 보았다. 따라서 셔먼과 아놀드는 소비자 이익을 보호한다는 점에서 반독점법을 지지했다는 것을 알 수 있다.
③ 1930년대 후반 아놀드가 법무부 반독점국의 책임자로 임명되면서 반독점법의 근거로 소비자 복지를 주장하는 아놀드의 견해가 널리 받아들여졌다.

03 정답 ④

높은 물가 상승률은 이자율의 상승과 함께 대출 조건을 악화시키므로 기업은 생산 비용 상승과 이로 인한 이윤 감소에 직면하게 된다.

오답분석

① 높은 물가는 가계의 실질 소비력을 약화시키므로 소비 심리를 위축시켜 경기 둔화를 초래할 수 있다.
②·③ 세금 조정, 통화량 조절, 금리 조정 등 여러 금융 정책의 목적은 물가 상승률을 통제하여 안정성을 확보하는 것이다.

04 정답 ②

제시문의 마지막 문장에 따르면, 영국에서도 로마의 공정거래 관련법의 영향을 받아 1353년에 에드워드 3세의 공정거래 관련법이 만들어졌다고 하였다.

오답분석

ㄱ. 인류 역사상 불공정거래 문제가 나타난 것은 자급자족경제에서 벗어나 물물교환이 이루어지고 상업이 시작된 시점부터라고 하였으므로 적절하지 않은 내용이다.
ㄴ. 아테네는 곡물 중간상들이 담합하여 일정 비율 이상의 이윤을 붙일 수 없도록 성문법으로 규정하고 있었으며, 해당 규정 위반 시 사형에 처해졌다고 하였으므로 사형이 최고형이었음을 알 수 있다.
ㄹ. 곡물 중간상 사건은 모든 곡물 중간상이 담합하여 동일한 가격으로 응찰함으로써 곡물 매입가격을 크게 하락시킨 후에, 이를 다시 높은 가격에 판매한 것을 말한다. 중간상들이 곡물을 1년 이상 유통하지 않은 것은 아니다.

05 정답 ③

두 번째 문단에 따르면, (마음의) 본래 모습을 회복하여 욕망(악)을 제거하려는 것은 A학파이다. B학파는 이러한 해석이 논어가 만들어졌을 당시의 유가 사상과 거리가 있다고 보고 있으므로 적절하지 않은 추론이다.

오답분석

① A학파는 '극기'의 의미를 '몸으로 인한 개인적 욕망'인 '기'를 극복하는 것으로 해석하며, '복례'의 의미를 '천리에 따라 행위하는 본래 모습을 회복'하는 것으로 보고 있어 천리를 행위의 기준으로 삼고 있다. 따라서 적절한 추론이다.
② A학파는 '예'를 '천리에 따라 행위하는 것'으로 규정하고 있으며, 이 '천리'는 태어날 때부터 마음에 내재해 있는 것으로 보고 있다. 따라서 적절한 추론이다.
④ B학파는 '기'를 '몸'으로 보아 숙련 행위의 주체로 이해하였고, '예'를 '본받아야 할 행위'로 이해하며, 제사에 참여하여 어른들의 행위를 모방하면서 자신의 역할을 수행한다고 하였으므로 선인의 행위를 모범으로 삼을 것이다. 따라서 적절한 추론이다.

06 정답 ④

(다) 문단은 '다시 말하여'라는 뜻의 부사 '즉'으로 시작하여, '경기적 실업은 자연스럽게 해소될 수 없다'는 주장을 다시 한번 설명해 주는 역할을 하므로 제시문 바로 다음에 위치하는 것이 자연스럽다. 다음으로는 경기적 실업이 자연스럽게 해소될 수 없는 이유 중 하나인 화폐환상현상을 설명하는 (나) 문단이 오는 것이 적절하다. 마지막으로 화폐환상현상으로 인해 실업이 지속되는 것을 설명하고, 정부의 적극적 역할을 해결책으로 제시하는 케인스 학파의 주장을 이야기하는 (가) 문단이 오는 것이 적절하다. 따라서 (다) – (나) – (가) 순으로 나열되어야 한다.

07 정답 ③

탑승자가 1명이라면 우선순위인 인명 피해 최소화의 규칙 2에 따라 아이 2명의 목숨을 구하기 위해 자율주행자동차는 오른쪽 또는 왼쪽으로 방향을 바꿀 것이다. 이때 다음 순위인 교통 법규 준수의 규칙 3에 따라 교통 법규를 준수하게 되는 오른쪽으로 방향을 바꿀 것이다.

① 탑승자 보호의 규칙 1이 인명 피해 최소화의 규칙 2보다 높은 순위라면 자율주행자동차는 탑승자를 보호하기 위해 직진을 하였을 것이다.
② 탑승자 2명과 아이 2명으로 피해 인원수가 동일하기 때문에 마지막 순위인 탑승자 보호의 규칙 1에 따라 탑승자를 보호하기 위해 자율주행자동차는 직진하였을 것이다.
④ 탑승자가 2명이라면 인명 피해를 최소화하기 위해 오른쪽이 아닌 왼쪽으로 방향을 바꿔 오토바이와 충돌하였을 것이다.

08 정답 ②

ⓒ의 '이율배반적 태도'를 통해 인명 피해를 최소화하도록 설계된 자율주행자동차가 도로에 많아지는 것을 선호하는 대다수의 사람들이 실제로는 이와 다른 태도를 보여준다는 것을 예측할 수 있다. 따라서 빈칸에는 사람들이 '아니다.'라는 대답을 통해 실제로 자율주행자동차에 대한 부정적인 태도를 보여줄 수 있는 질문이 들어가야 적절하다. 자동차 탑승자 자신을 희생하더라도 보다 많은 사람의 목숨을 구하도록 설계된 자율주행자동차의 실제 구매 의향을 묻는 ②에 대한 '아니다.'라는 대답은 결국 탑승자 본인의 희생은 원하지 않는 이율배반적 태도를 보여준다.

① 자율주행자동차가 낸 교통사고에 대한 탑승자의 책임과 자율주행자동차에 대한 이율배반적 태도는 관련이 없다.
③・④ '아니다.'라고 대답할 경우 인명 피해를 최소화하도록 설계된 자율주행자동차를 선호한다는 의미가 되므로 이율배반적 태도를 보여주지 않는다.

09 정답 ④

GDP를 계산할 때는 총생산물의 가치에서 중간 생산물의 가치를 빼야 한다.

① GDP는 한 나라 안에서 일정 기간 새로 생산된 최종 생산물의 가치를 모두 합산한 것이다.
②・③ GDP를 산출할 때는 그해에 새로 생산된 재화와 서비스 중 화폐로 매매된 것만 계산에 포함하고, 화폐로 매매되지 않은 것은 포함하지 않는다.

10 정답 ④

GDP는 무역 손실에 따른 실질 소득의 감소를 제대로 반영하지 못하기 때문에 국민경제의 소득 수준과 소비 능력을 나타내는 GNI가 필요하다.

11 정답 ④

기본금리는 연 0.1%가 적용되고, 최대 우대금리인 연 0.3%p가 가산된다.
그러므로 만기 시 적용되는 금리는 0.1+0.3=0.4%가 된다.

따라서 이자지급방식이 단리식이므로 만기 시 이자는 $10,000,000 \times \dfrac{0.4}{100} \times \dfrac{6}{12} = 20,000$원이다.

12 정답 ①

갚아야 하는 총금액을 A원, 매월 갚아야 할 금액을 a원, 월이율이 복리로 r%라 하면
1개월 후 a원을 갚고 남은 금액 : $A(1+r)-a$
2개월 후 a원을 갚고 남은 금액 : $A(1+r)^2-a(1+r)-a$
3개월 후 a원을 갚고 남은 금액 : $A(1+r)^3-a(1+r)^2-a(1+r)-a$
⋮

n개월 후 a원을 갚고 남은 금액 : $A(1+r)^n - a(1+r)^{n-1} - \cdots - a(1+r) - a = 0$이므로, 다음과 같은 식이 성립한다.

$$A(1+r)^n = \frac{a\{(1+r)^n - 1\}}{r}$$

$$\therefore a = \frac{Ar(1+r)^n}{(1+r)^n - 1}$$

H가 매월 갚아야 할 금액은 $\dfrac{500,000 \times 0.01(1+0.01)^{36}}{(1+0.01)^{36} - 1} = \dfrac{5,000 \times 1.4}{0.4} = 17,500$원이다.

13   정답   ②

작년 비행기 왕복 요금을 x원, 작년 1박 숙박비를 y원이라 하면 다음과 같은 식이 성립한다.

$-\dfrac{20}{100}x + \dfrac{15}{100}y = \dfrac{10}{100}(x+y)$ $\cdots$ ㉠

$(1 - \dfrac{20}{100})x + (1 + \dfrac{15}{100})y = 308,000$ $\cdots$ ㉡

㉠을 정리하면 $y = 6x$ $\cdots$ ㉢이며,

㉡을 정리하면 $16x + 23y = 6,160,000$ $\cdots$ ㉣이다.

㉢을 ㉣에 대입하면 $x = 40,000$이고, 이를 ㉢에 대입하면 $y = 240,000$이다.

따라서 올해 비행기 왕복 요금은 $40,000 - 40,000 \times \dfrac{20}{100} = 32,000$원이다.

14   정답   ①

C사의 이익률이 2%, 3%, 4%, …, 즉 1%p씩 증가하고 있다.

따라서 빈칸에 들어갈 수는 $350 \times 0.06 = 21$이다.

15   정답   ③

ㄴ. • 남성 실업자 수 : 2020년 24,000명, 2021년 26,000명, 2022년 21,000명 → 2021년에는 증가, 2022년에는 감소
     • 여성 실업자 수 : 2020년 20,000명, 2021년 22,000명, 2022년 22,000명 → 2021년에는 증가, 2022년에는 유지

ㄹ. • 2020년 전체 고용률 : 67.9%, 2022년 전체 고용률 : 67.6% → 0.3%p 감소
     • 2020년 전체 실업률 : 4.9%, 2022년 전체 실업률 : 4.2% → 0.7%p 감소

오답분석

ㄱ. 2021년 경제활동인구는 986,000명, 2022년 경제활동인구는 1,005,000명이므로, $\dfrac{1,005,000 - 986,000}{986,000} \times 100 = 1.9\%$이다.

     따라서 2021년 대비 2022년 경제활동인구는 약 1.9% 증가했다.

ㄷ. • 2021년 비경제활동인구 : 1,373,000 - 986,000 = 387,000명
     • 2022년 비경제활동인구 : 1,425,000 - 1,005,000 = 420,000명
     따라서 2021년 전체 비경제활동인구는 2022년보다 적다.

16 정답 ④

원형 테이블은 회전시켜도 좌석 배치가 동일하다. 그러므로 좌석에 인원수만큼의 번호 1~6번을 임의로 붙인 다음, A가 1번 좌석에 앉았다고 가정하여 배치하면 다음과 같다.

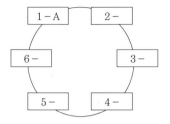

- 두 번째 조건에 따라 E는 A와 마주보는 4번 자리에 앉는다.
- 세 번째 조건에 따라 C는 E 기준으로 왼쪽인 5번 자리에 앉는다.
- 첫 번째 조건에 따라 B는 C와 이웃한 자리 중 비어있는 6번 자리에 앉는다.
- 마지막 조건에 따라 F는 A와 이웃한 2번이 아닌, 나머지 자리인 3번 자리에 앉는다.
- D는 남은 좌석인 2번 자리에 앉는다.

위의 내용을 정리하면 다음과 같다.

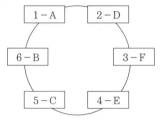

따라서 F와 이웃하여 앉는 사람은 D와 E이다.

17 정답 ②

부서별로 1명씩 배치 가능한 신입행원을 살펴보면 다음과 같다.
- 총무부의 경우, 경영 전공자인 갑·기 중 인턴 경험이 있는 갑이 배치된다.
- 투자전략부의 경우, 재무분석이 가능한 병·정·기 중 석사 이상의 학위를 보유한 기가 배치된다.
- 대외협력부의 경우, 제2외국어 가능자인 갑·정 중 총무부로 배치되어야 하는 갑을 제외한 정이 배치된다.
- 품질관리부의 요건을 부합하는 직원은 을뿐이므로 을이 배치된다.
- 나머지 인력인 병·무 중 인턴 경험이 있는 병은 인사부로 배치되며, 데이터분석이 가능한 무는 기술개발부로 배치된다.

위의 내용을 표로 정리하면 다음과 같다.

부서명	직원명
총무부	갑
투자전략부	기
인사부	병
대외협력부	정
품질관리부	을
기술개발부	무

따라서 부서에 배치될 신입행원이 잘못 연결된 것은 ②이다.

18 정답 ④

- 다섯 번째 조건에 따르면 A는 가장 낮은 층인 101호, 102호 중 하나를 배정받는데, 세 번째 조건에 따라 왼쪽 방을 배정받으므로 101호를 배정받는다.
- 세 번째 조건과 일곱 번째 조건에 따르면 G는 D와 같은 층에서 왼쪽 방을 이용해야 하므로 배정 가능한 방이 2개인 5층을 배정받는다. 따라서 G는 501호, D는 503호를 배정받고, 세 번째 조건에 따라 C는 남은 왼쪽 방인 401호를 배정받는다.
- 여섯 번째 조건에 따르면 F는 오른쪽 방을 배정받아야 하며, 네 번째 조건에 따르면 B는 F보다 높은 층을 배정받아야 하므로 303호는 B가, 203호는 F가 배정받는다.

위의 내용을 정리하면 다음과 같다.

	왼쪽	가운데	오른쪽
5층	501 – G		503 – D
4층	401 – C		
3층			303 – B
2층		202	203 – F
1층	101 – A	102	

남은 인원인 E와 H는 102호와 202호에 배정받지만, 제시된 조건만으로는 이 중 어느 방을 각각 배정받을지는 확정지을 수 없으므로 E는 H보다 높은 층을 배정받을 수도 아닐 수도 있다. 따라서 옳지 않은 설명은 ④이다.

19 　정답　 ①

네 번째 조건에 따라 청경채는 반드시 포함되므로, 이에 근거하여 논리식을 전개하면 다음과 같다.
- 두 번째 조건의 대우 : 청경채 → 무순
- 여섯 번째 조건 : 무순 → ~ 배
- 세 번째 조건 : 무순 → ~ 당근
- 다섯 번째 조건 : ~ 당근 → ~ 바나나
- 첫 번째 조건 : ~ 바나나 → 사과

따라서 김대리의 식단에는 청경채, 무순, 사과가 포함되고 배, 당근, 바나나는 포함되지 않는다.

20 　정답　 ④

A조의 발표기간 3일 중 마지막 발표는 11일이므로, 다음 순서인 C조는 그다음 날인 12일에 발표를 시작할 수 없다. 또한 그다음 수업일은 화요일인 16일이나, 창립기념일인 17일에는 발표를 할 수 없다. 첫 번째 날과 두 번째 날의 발표는 연속해서 해야 하므로 발표는 18일에 시작하여야 한다. 즉, C조는 18 ~ 19일에 발표를 하고, 마지막 날의 발표를 다음 수업일인 23일에 하게 된다. 따라서 B조는 그다음 날인 24일을 제외하고 가장 빠른 발표 가능일인 25 ~ 26일에 발표를 하고, 마지막 발표는 30일에 하게 된다.

21 　정답　 ③

산업안전보건법 시행규칙 제197조 제1항에 따르면 사무직 근로자는 2년에 1회 이상, 그 밖의 근로자는 1년에 1회 이상 일반건강진단을 실시해야 한다.

22 　정답　 ①

임베디드 금융(Embedded Finance)은 은행이나 카드사가 아닌 비금융 기업이 자신의 플랫폼 내에 금융서비스를 탑재하는 것으로, 최근 전자상거래 기업 등의 비금융 기업이 본업인 온라인 제품 판매 · 서비스를 수행하면서 관련 금융상품과 서비스를 함께 제공하여 금융수익을 추가로 창출하는 핀테크인 임베디드 금융이 성장하고 있다. 별도의 은행 플랫폼 없이 입출금 계좌 서비스를 이용하거나, 전자지갑 · ○○페이 등의 결제서비스, 보험, 대출 등을 제공하고 있다.

오답분석

② DIP(Debtor In Possession) 금융 : 회생절차 기업의 기존 경영인을 유지하는 제도로, 통상 회생절차 기업에 대해 운전자금 등 신규자금을 지원하는 것
③ 그림자 금융 : 은행과 비슷한 기능을 수행하지만, 중앙은행의 엄격한 규제와 감독을 받지 않는 자금중개기관 또는 상품
④ 비소구 금융 : 프로젝트 자체에서부터 현금 흐름을 모기업과 분리하여 프로젝트의 소요 자금을 조달하는 금융 기법. 프로젝트가 실패하였을 경우, 채권자는 채권의 상환을 프로젝트 자체의 자산이나 현금 흐름 안에서만 청구해야 하고 그 밖의 모기업의 자산에 대하여는 채권의 변제를 청구할 수 없다.

23 정답 ②

일반적으로 빅데이터의 특징은 다음 3V로 요약한다.

- 데이터의 크기(Volume) : 빅데이터의 물리적 크기는 폭발적으로 증가한다(초대용량).
- 데이터의 속도(Velocity) : 빅데이터는 실시간으로 생성되며 빠른 속도로 변화·유통된다.
- 데이터의 다양성(Variety) : 빅데이터는 정형, 반(半)정형, 비(非)정형 등 포맷·형식이 다양하다.

> **빅데이터의 특징**
> - 4V : 3V에 '가치(Value)' 또는 '정확성(Veracity)'을 더해 4V로 요약하기도 한다.
>   - 가치(Value) : 빅데이터는 새로운 가치를 창출한다.
>   - 정확성(Veracity) : 빅데이터는 데이터의 원천과 형태의 다양성에도 불구하고 신뢰성을 보장한다.
> - 5V : 3V에 '가치(Value)'와 '정확성(Veracity)'을 더해 5V로 요약하기도 한다.
> - 6V : 5V에 '가변성(Variability)'을 더해 6V로 요약하기도 한다.
>   - 가변성(Variability) : 빅데이터는 맥락에 따라 의미가 달라진다.
> - 7V : 6V에 '시각화(Visualization)'를 합쳐 7V로 요약하기도 한다.
>   - 시각화(Visualization) : 빅데이터의 추상적인 정보를 효과적으로 인지할 수 있도록 시각화한다.

24 정답 ③

암호문(Cipertext)은 해독 불가능한 형태의 메시지(암호화된 메시지)이다.

25 정답 ①

버블 정렬의 시간 복잡도는 $O(N^2)$이며 선택 정렬, 삽입 정렬과 시간 복잡도가 같지만 연산 수가 많아 정렬 알고리즘 중에서 가장 느리고 효율성이 떨어지는 정렬 방식이다.

오답분석

② 기수 정렬 : $O(dN)$ (d는 자릿수)
③ 합병 정렬(병합 정렬) : $O(N \log N)$
④ 힙 정렬 : $O(N \log N)$

26 정답 ③

안전 상태는 시스템이 교착 상태를 일으키지 않고, 각 프로세스가 요구한 양만큼 자원을 할당해줄 수 있는 상태로 안정 상태일 때만 자원을 할당한다.

27 정답 ①

'ary[3]'으로 크기가 3인 배열을 설정하고 반복 명령문을 설정하기 위해 i=0을 설정한다.
그 후에 크기가 3인 배열의 각 변수를 설정하고 for 반복 명령문으로 '++' 증감 연산자를 이용하여 i<3까지 반복한다.
printf 명령어를 통해 첫 번째 변수는 'i+1', 두 번째 변수는 ary[i]를 텍스트와 함께 출력한다.
따라서 배열에 저장된 값은 순서대로 1, 2, 3이고, 반복문 내부에서 i값의 1을 더하고 있으므로 '1, 2, 3번째 요소'에 저장된 값이 각각 문자열과 함께 한 줄씩 출력된다.

28 정답 ④

정렬을 기억장치에 따라 분류할 때 퀵 정렬은 내부 정렬 기법이다. 외부 정렬 기법으로는 진동 병합 정렬, 캐스케이드 병합 정렬 등이 있다.

29 정답 ①

② 웹 마이닝 : 웹 자원으로부터 의미 있는 패턴, 프로파일 등의 정보를 추출하는 데이터 마이닝의 일부
③ 오피니언 마이닝 : 웹 사이트와 소셜 미디어 등에서 특정 주제에 대한 이용자의 여론 등을 수집하고 분석하여 정보를 도출하는 빅테이터 처리 기술
④ 소셜 마이닝 : 소셜 미디어에 게시되는 글과 사용자를 분석하여 소비자의 흐름 및 패턴을 파악하여 트렌드 및 여론 추이를 읽어내는 기술

30 정답 ④

Union은 중복된 행을 제거·정렬하고, Union All은 합집합의 개념이다.
따라서 Union은 Union All과 달리 중복을 허락하지 않는다.

02 경영·경제상식

01	02	03	04	05	06	07	08	09	10	11	12	13	14	15					
④	③	①	②	④	②	③	④	②	③	②	①	②	④	②					

01 정답 ④

미지급비용은 유동부채에 해당한다.

오답분석

①·②·③ 비유동부채에는 사채, 임대보증금, 장기차입금, 퇴직급여충당부채, 이연법인세부채, 장기매입채무 등이 있다.

02 정답 ③

우편환증서, 수표, 보통예금, 당좌예금, 만기어음 등은 현금 및 현금성자산으로 분류한다.

오답분석

①·②·④ 외상매출금, 선하증권, 단기매매증권, 만기 전 약속어음, 정기예적금 등은 현금 및 현금성자산에 해당하지 않는다.

03 정답 ①

이자율, 소득, 투자, 소비 등은 내생변수에 해당한다.

오답분석

②·③·④ 통화공급 모형에서 본원통화, 지급준비율(지급준비금/예금), 현금예금비율(현금/예금), 통화승수 등은 외생변수이다.

04 정답 ②

당좌차월은 대출로서 단기차입금 계정으로 표시한다. 조건에 따르면 상품과 장비 모두 수표를 발행하여 지급하였으므로 당좌예금 소진 시 차액은 단기차입금(당좌차월)으로 표시한다.

• 당좌차월계약 한도 : 8,000,000원
  당좌예금 : 3,000,000원 / 현금 : 5,000,000원
• 상품 2,000,000원 구매(수표 발행 후 지급)
  상품 : 2,000,000원 / 당좌예금 : 2,000,000원
• 장비 3,000,000원 구매(수표 발행 후 지급)
  장비 : 3,000,000원 / 당좌예금 : 1,000,000원
  단기차입금 : 2,000,000원

따라서 당좌차월은 2,000,000원이다.

05 정답 ④

원칙적으로 회계기록은 중문으로 작성하여야 하나, 중국 내 외국인기업, 외상투자기업은 중문 외에 외국어를 함께 사용하여 회계기록을 작성할 수 있다.

오답분석

① 중국의 회계법은 가장 상위 단계의 법률로 위반 시 과태료 등 법률적 책임이 부과된다.
② 중국기업의 결산기는 모두 12월로, 3월이나 6월 등 다른 결산기는 없다.
③ 기장단위화폐는 인민화폐 외에 주로 사용하는 단위로 사용이 가능하나, 재무회계보고서는 반드시 인민화폐로 기장하여야 한다.

06　정답 ②

화폐의 공급이 고정되어 있는 상태에서 소득이 증가할 경우, 화폐수요가 증가하게 되고 이에 따라 초과수요가 발생하여 이자율이 상승한다.

오답분석

① 케인스 학파는 이자율이 화폐의 수요와 공급에 의해 결정되는 화폐적 현상이라고 주장하였으며, 화폐의 공급곡선과 수요곡선이 일치하는 점에서 균형이자율이 결정된다고 보았다.
③ 총화폐수요는 경제 참가자들의 모든 화폐수요를 합한 것으로 이자율, 물가수준, 실질국민소득에 의해 결정된다.
④ 이자율이 상승하면 그만큼 화폐를 보유하는 데 따른 기회비용이 증가하므로 화폐수요가 감소한다.

07　정답 ③

재무회계는 과거에 대한 정보를 제공하는 반면, 관리회계는 과거뿐만 아니라 현재 또는 미래에 대한 예측 정보를 제공한다.

오답분석

①·② 재무회계는 채권자, 주주, 정부 등 외부인을 대상으로 기업 재무정보 등을 제공하며, 관리회계는 경영자 등 내부인을 대상으로 경영의사 결정을 위한 정보로 활용된다.
④ 재무회계는 과거정보를 기준으로 하기 때문에 객관적이고 정확한 반면, 관리회계는 현재 또는 미래 시점에 대한 예측을 목표로 하는 적시성이 요구된다.

08　정답 ④

고전학파는 시장에 정부의 개입이 불필요하다고 주장하였으며, 케인스 학파는 시장 수요 조절을 위해 정부의 개입이 필요하다고 주장하였다.

09　정답 ②

부채 디플레이션이 발생하면 통화량이 감소하면서 물가가 하락한다.

오답분석

①·③ 물가가 하락하여 실질금리가 오르면 자산가치가 하락하게 되고 부채부담이 증가하여 부채상환 수요가 늘어나게 된다.
④ 미국의 경제학자 어빙 피셔(Irving Fisher)가 1930년대 미국 대공황을 예시로 들며 설명한 이론이다.

10　정답 ③

IS - LM 곡선은 거시경제에서의 이자율과 국민소득을 분석하는 모형으로, 경제가 IS 곡선의 왼쪽에 있는 경우 이자율의 감소로 저축보다 투자가 많아져 초과수요가 발생하게 된다. LM 곡선은 화폐시장의 균형이 달성되는 이자율과 국민소득의 조합을 나타낸 선이다.

11　정답 ②

ㄱ. 국제회계기준위원회(IASB)는 회계처리 및 재무제표의 통일성을 목적으로 IFRS를 공표한다.
ㄷ. 보유자산을 공정가치로 측정함에 따라 현재의 시장가격을 기준으로 해당 자산을 평가한다.

오답분석

ㄴ. IFRS를 도입한 기업은 연결 재무제표를 기본 재무제표로 사용하여야 한다.
ㄹ. 우리나라는 2011년부터 상장사, 금융기업 등에 대해 IFRS를 의무 도입하였다.

12 정답 ①

통화량 등이 화폐당국에 의해 외생적으로 결정될 경우, 화폐공급곡선은 수직을 나타낸다.

오답분석

② 내생적 화폐공급곡선의 모양이다.

③ 우상향 공급곡선의 모양이다.

④ 화폐수요곡선의 모양이다.

13 정답 ②

현금, 당좌예금, 우편환증서, 가계수표, 배당금지급통지표를 모두 더하면 3,300,000원이다.
만기 3개월 이상의 정기예금ㆍ적금, 단기차입금은 현금 및 현금성자산에 해당하지 않는다.

14 정답 ④

• 매출액 : 5억 원×4%=2,000만 원

• 매출원가 : 2,000만 원×40%=800만 원

• 반품 충당부채 : 2,000-800+300=1,500만 원

차변	대변
반품 매출 : 20,000,000원	반품 매출원가 : 8,000,000원
반품 비용 : 3,000,000원	반품 충당부채 : 15,000,000원

15 정답 ②

'대출-예금-대출'의 반복과정을 통해 처음 본원 통화량보다 화폐 유통량이 훨씬 더 늘어난다.

오답분석

① 은행 통화량 증가는 국가 전체 화폐 유통량이 늘어나는 것을 의미한다.

③ㆍ④ 통화승수를 통해 신용창조가 얼마나 잘되고 있는지 파악할 수 있으며, 신용창조 기능이 위축되면 통화승수가 하락하여 시중 자금경색이 나타날 수 있다.

01 · NCS 직업기초능력평가 + 경제 · 경영 · 금융상식

01	02	03	04	05	06	07	08	09	10	11	12							
②	②	①	④	①	④	③	③	③	④	①	②							

01 정답 ②

원자력 관련 기술은 이번 10대 핵심기술에서 제외됐다.

오답분석
① 대형풍력의 국산화를 통해 현재 5.5MW급에서 2030년까지 15MW급으로 늘릴 계획에 있다.
③ 규제자유특구를 현재 11개에서 2025년 20개로 확대할 예정에 있다.
④ 현재는 탄소중립 기술의 수준이 상대적으로 낮기 때문에 기존 기술보다 경제성이 떨어진다. 따라서 이를 위한 인센티브 제도를 마련할 계획에 있다.

02 정답 ②

제시된 문단은 신탁 원리의 탄생 배경인 12세기 영국의 상황에 대해 이야기하고 있다. 따라서 이어지는 문단은 (가) 신탁 제도의 형성과 위탁자, 수익자, 수탁자의 관계 등장 – (다) 불안정한 지위의 수익자 – (나) 적극적인 권리 행사가 허용되지 않는 신탁 원리에 기반한 연금 제도 – (라) 수익자의 연금 운용 권리를 현저히 약화시키는 신탁 원리와 그 대신 부여된 수탁자 책임의 문제점 순서로 나열하는 것이 적절하다.

03 정답 ①

A소금물과 B소금물의 소금의 양은 각각 $300 \times 0.09 = 27g$, $250 \times 0.112 = 28g$이다.

이에 따라 C소금물의 농도는 $\dfrac{27+28}{300+250} \times 100 = \dfrac{55}{550} \times 100 = 10\%$이다.

소금물을 덜어내도 농도는 변하지 않으므로 소금물의 양은 $550 \times 0.8 = 440g$이고, 소금의 양은 44g이다.

따라서 소금을 10g 더 추가했을 때의 소금물의 농도는 $\dfrac{44+10}{440+10} \times 100 = \dfrac{54}{450} \times 100 = 12\%$이다.

04 정답 ④

$\dfrac{1}{3} \times \left(\dfrac{1}{3} \times \dfrac{2}{3} \times 2 \right) = \dfrac{4}{27}$

따라서 구하고자 하는 확률은 $\dfrac{4}{27}$이다.

05 　정답　①

사각뿔의 부피를 구하는 공식은 다음과 같다.

$$(부피)=\frac{1}{3}\times(밑면의\ 가로)\times(밑면의\ 세로)\times(높이)$$

따라서 사각뿔에 가득 채워지는 물의 부피는 $\frac{1}{3}\times6^2\times5=60\text{cm}^3$이다.

06 　정답　④

장기산업공급곡선은 어떤 산업의 장기적 비용조건에 따라 달라진다. 장기산업공급곡선이 우상향하는 것은 비용상승산업으로 규모의 외부불경제가 적용되는 산업이다.

07 　정답　③

재산권이 명확하게 설정되어 있고 거래비용이 작다면 당사자 간의 자발적인 협상을 통해 문제해결이 가능하다는 것이 코즈의 정리이다. 선우가 흡연을 허용하면 10,000원의 효용을 상실하지만 민태로부터 11,000원을 받기 때문에 선우는 민태의 제안을 받아들일 수 있다.

08 　정답　③

PROPER 함수는 단어의 첫 글자만 대문자로 나타내고 나머지는 소문자로 나타내주는 함수이다. 따라서 결괏값은 'Republic Of Korea'로 나와야 한다.

09 　정답　③

VLOOKUP 함수는 「=VLOOKUP(첫 번째 열에서 찾으려는 값, 찾을 값과 결과로 추출할 값들이 포함된 데이터 범위, 값이 입력된 열의 열 번호, 일치 기준)」으로 구성된다. 찾으려는 값은 [B2]가 되어야 하며, 추출할 값들이 포함된 데이터 범위는 [E2:F8]이고, 자동 채우기 핸들을 이용하여 사원들의 교육점수를 구해야 하므로 [\$E\$2:\$F\$8]과 같이 절대참조가 되어야 한다. 그리고 값이 입력된 열의 열 번호는 [E2:F8] 범위에서 두 번째 열이 값이 입력된 열이므로 2가 되어야 하며, 정확히 일치해야 하는 값을 찾아야 하므로 FALSE 또는 0이 들어가야 한다.

10 　정답　④

B와 D는 동시에 진실 혹은 거짓을 말한다. A와 C의 장소에 대한 진술이 모순되기 때문에 B와 D는 진실을 말하고 있다. 그러므로 B, D와 진술 내용이 다른 E는 무조건 거짓말을 하고 있는 것이고, 거짓말을 하고 있는 사람은 두 명이므로 A와 C 중 한 명은 거짓말을 하고 있다. A가 거짓말을 하는 경우 A, B, C 모두 부산에 있었고, D는 참말을 하였으므로 범인은 E가 된다. C가 거짓말을 하는 경우 A, B, C는 모두 학교에 있었고, D는 진실을 말했으므로 범인은 역시 E가 된다.

11 　정답　①

갭투자는 전세를 안고 하는 부동산 투자이다. 부동산 경기가 호황일 때 수익을 낼 수 있으나 부동산 가격이 위축돼 손해를 보면 전세 보증금조차 갚지 못할 수 있는 위험한 투자이다. 레버리지는 대출을 받아 적은 자산으로 높은 이익을 내는 투자 방법이다.

> **갭투자**
>
> 전세를 끼고 주택을 구매해 수익을 올리는 투자 방법으로, 주택의 매매가격과 전세가격의 차이(갭, Gap)가 작을 때 전세를 끼고 주택을 매입해 수익을 내는 방식이다. 즉, 매매가격과 전세가격의 차이만큼의 돈을 갖고 주택을 매입한 후 전세 계약이 종료되면 전세금을 올리거나 주택 매매가격이 오른 만큼의 차익을 얻을 수 있는 형태이다. 이는 역으로 매매나 전세 수요가 줄어 매매가격이나 전세가격이 떨어지면 문제가 생기는 것을 의미한다. 주택 매매가격이 떨어지면 전세 세입자가 집주인에게 전세 보증금을 돌려받지 못하는 이른바 '깡통전세'가 속출할 위험이 있다.

12 정답 ②

자연실업률 상태에서는 매월 취업자 중 실직하는 사람의 수와 실업자 중 취업하는 사람의 수가 같다.

E를 취업자 수, U를 실업자 수, L을 경제활동 인구라 하면 $L=E+U$이고, [실업률(%)]$=\dfrac{U}{L}\times100$이다.

이때 취업자 수의 변화량을 ΔE, 실업자의 구직률을 f, 취업자의 실직률을 g라 하면 $\Delta E=fU-gE$이고, 자연실업률 상태이므로 $\Delta E=fU-gE=0$이므로 다음과 같은 식이 성립한다.

$fU-gE=fU-g(L-U)=0$

$\rightarrow (f+g)U-gL=0$

$\rightarrow (f+g)U=gL$

$\rightarrow \dfrac{U}{L}=\dfrac{g}{(f+g)}$

$\therefore f=0.24,\ g=0.01$

따라서 제시된 경우의 실업률은 $\dfrac{0.01}{0.01+0.24}\times100=4\%$이다.

| 01 | NCS 직업기초능력평가 + 경제 · 경영 · 금융상식 |

01	02	03	04	05	06	07	08	09	10	11	12	13	14	15	16	17	18	19	20
①	①	②	④	③	③	①	④	④	①	③	②	③	④	②	③	①	①	③	③

21	22	23
④	②	①

01 정답 ①

풍부한 천연자원인 세계 석유의 82%가 이미아 마켓에 매장되어 있다.

오답분석
② 이미아는 '남부 유럽, 중동 및 아프리카(SEMEA)' 그룹 또는 '유럽, 중동 및 북아프리카(EUMENA 또는 EMENA)' 그룹과 같이 하위 그룹으로 나눌 수 있으며 인도가 그룹에 포함될 때는 EMEIA 또는 EMIA가 된다.
③ 프런티어 마켓(Frontier Market)은 신흥시장 가운데에서도 개발이 덜 이루어진 신흥시장을 말한다. 비록 지금은 규모가 작고 투자 역사가 짧으며 금융 시스템도 발달하지 못했지만, 성장 가능성만큼은 뛰어난 신흥시장이다. 베트남, 파키스탄, 라오스, 캄보디아, 쿠웨이트, 나이지리아, 요르단, 콜롬비아, 불가리아, 카자흐스탄 등 34개국이 프런티어 마켓에 속해 있다. 프런티어 마켓은 대부분이 이미아 마켓에 포함된다.
④ 이미아(EMEA)란 'Emerging Europe, Middle East, Africa'의 약어로, '신흥 유럽, 중동 및 아프리카' 지역을 이르는 말이다. 세계에서 손꼽히는 급성장 도시 가운데 80여 개의 나라가 여기에 포함되어 있다.

02 정답 ①

투기적 이익을 찾아 국제금융시장을 이동하는 단기 부동자금을 '핫 머니(Hot Money)'라고 부른다. 국제금융시장을 이동하는 단기 자금뿐만 아니라 국내시장에서 단기적인 차익을 따라 이동하는 단기적인 투기자금도 핫 머니라고 부른다.

오답분석
③ 레드 머니(Red Money) : 한국 업체에 투자하는 중국 자본

03 정답 ②

한국무역보험공사는 금융보조기관이 아닌 기타 금융기관이다.

금융보조기관
금융제도가 원활하게 작동하도록 필요한 여건을 제공하는 것을 주된 업무로 하는 기관이다. 예금보험공사, 금융결제원, 한국예탁결제원, 한국거래소, 신용보증기관, 신용정보회사, 자금중개회사 등이 포함된다.

04 정답 ④

'군불에 밥 짓기'는 어떠한 일에 덧붙여서 일을 쉽게 함을 이르는 말이다.

오답분석

① 대추나무에 연 걸리듯 하다 : 여기저기에 빚을 많이 진 것을 이르는 말
② 말 타면 종 두고 싶다 : 사람의 욕심이란 한이 없음을 이르는 말
③ 바늘 도둑이 소도둑 된다 : 작은 나쁜 짓도 자꾸 하게 되면 큰 죄를 저지르게 됨을 이르는 말

05 정답 ③

'고뿔'은 감기를 뜻하는 순우리말이다.

오답분석

① 건달(乾達) : 하는 일 없이 빈둥빈둥 놀거나 게으름을 부리는 짓. 또는 그런 사람
② 외투(外套) : 추위를 막기 위하여 겉옷 위에 입는 옷을 통틀어 이르는 말
④ 지병(持病) : 오랫동안 잘 낫지 아니하는 병

06 정답 ③

스톡옵션(Stock Option)이란 기업의 임직원이 소속 회사의 주식을 일정한 기간(행사 기간) 내에 미리 정한 가액(행사가액)에 매수할 수 있는 권리를 말한다.

오답분석

① 무상증자 : 잉여금을 자본전입하여 무상으로 신주를 발행하는 것으로, 회사가 자본금을 늘리는 것으로 납입금을 받아 신주를 발행하는 것은 유상증자라고 한다.
② 유상감자 : 감자란 과거에 발행한 결손금의 보전과 사업 축소 등을 위해 자본금을 줄이는 것으로, 무상감자와 유상감자가 있다.
④ 우리사주 : 종업원이 회사 주식을 소유해 기업의 경영과 이익 분배에 참여하게 하는 제도이다.

07 정답 ①

문서의 목표와 내용을 뒷받침할 자료를 모으고 활용해야 하는 것이지, 무조건 자료가 많다고 글의 완성도가 높아지는 것은 아니다. 너무 방대한 자료는 오히려 글의 핵심을 가릴 위험이 있다.

08 정답 ④

중요한 내용을 두괄식으로 작성함으로써 보고받은 자가 해당 문서를 신속하게 이해하고 의사결정하는 데 도움을 주는 것이 중요하다.

09 정답 ④

제시문은 비타민D의 결핍으로 인해 발생하는 건강 문제를 근거로 신체를 햇빛에 노출하여 건강을 유지해야 한다고 주장하고 있다. 따라서 햇빛에 노출되지 않고도 충분한 비타민D 생성이 가능하다는 근거가 있다면 제시문에 대한 반박이 되므로 ④가 정답이다.

오답분석

① 햇빛에 노출될 경우 피부암 등의 질환이 발생하는 것은 사실이나, 이것이 비타민D의 결핍을 해결하는 또 다른 방법을 제시하거나 제시문에서 주장하는 내용을 반박하고 있지는 않다.
② 비타민D는 칼슘과 인의 흡수 외에도 흉선에서 면역세포를 생산하는 작용에 관여하고 있다. 따라서 칼슘과 인의 주기적인 섭취만으로는 문제를 해결할 수 없으며, 제시문에 대한 반박이 되지 못한다.
③ 제시문에서는 비타민D 보충제에 대해 언급하고 있지 않다. 따라서 비타민D 보충제가 햇빛 노출을 대체할 수 있을지 판단하기 어렵다.

10 **정답** ①

신용공여 중 크레디트 라인(Credit Line)은 은행이 일정 기간을 정하여 환거래은행 또는 고객에 대하여 미리 설정해 둔 신용공여의 최고한도로, 미리 정한 조건에 일치하는 한 수시로 자금을 빌려 쓰고 갚을 수 있다.

11 **정답** ③

밴드왜건 효과(Bandwagon Effect)란 유행에 따라 상품을 구입하는 소비현상을 말한다. 즉, 상품에 대한 어떤 사람의 수요가 다른 사람들의 수요에 의해 영향을 받는 것을 의미하는데, 이는 소비가 타인과 상호의존관계에 있음을 시사한다. 이러한 소비의 상호의존성을 전제로 한 소비함수 이론은 듀젠베리(J. S. Duesenberry)의 상대소득가설이다.

12 **정답** ②

'에너지 하베스팅은 열, 빛, 운동, 바람, 진동, 전자기 등 주변에서 버려지는 에너지를 모아 전기를 얻는 기술을 의미한다.'라는 내용을 통해서 버려진 에너지를 전기라는 에너지로 다시 만든다는 것을 알 수 있다.

오답분석
① 무체물인 에너지도 재활용이 가능하다고 했으므로 적절하지 않은 내용이다.
③ '에너지 하베스팅은 열, 빛, 운동, 바람, 진동, 전자기 등 주변에서 버려지는 에너지를 모아 전기를 얻는 기술을 의미한다.'라는 내용에서 다른 에너지에 대한 언급은 없이 '전기를 얻는 기술'이라고 언급했으므로 적절하지 않은 내용이다.
④ '사람이 많이 다니는 인도 위에 버튼식 패드를 설치하여 사람이 밟을 때마다 전기가 생산되도록 하는 것이다.'라고 했으므로 사람의 체온을 이용한 신체 에너지 하베스팅 기술보다는 진동이나 압력을 가해 이용하는 진동 에너지 하베스팅으로 보는 것이 적절하다.

13 **정답** ③

'공짜 점심은 없다.'라는 의미는 무엇을 얻고자 하면 보통 그 대가로 무엇인가를 포기해야 한다는 뜻으로 해석할 수 있다. 즉, 어떠한 선택에는 반드시 포기하게 되는 다른 가치가 존재한다는 의미이다. 시간이나 자금의 사용은 다른 활동에의 시간 사용, 다른 서비스나 재화의 구매를 불가능하게 만들어 기회비용을 유발한다. 정부의 예산배정, 여러 투자상품 중 특정 상품의 선택, 경기활성화와 물가안정 사이의 상충관계 등이 기회비용의 사례가 될 수 있다.

14 **정답** ④

제시문의 두 번째 문단에서 전기자동차 산업이 확충되고 있음을 언급하면서 구리가 전기자동차의 배터리를 만드는 데 핵심 재료임을 설명하고 있기 때문에 ④가 글의 핵심 내용이다.

오답분석
① 제시문에서 언급하고 있는 내용은 맞으나 핵심 내용으로 보기는 어렵다.
② 제시문에서 '그린 열풍'을 언급하고 있으나 그 이유는 제시되어 있지 않다.
③ 제시문에서 산업금속 공급난이 우려된다고 하나, 그로 인한 문제가 제시되어 있지는 않다.

PART 2

기출복원문제 정답 및 해설

15 정답 ②

리디노미네이션(Redenomination)은 어떤 유가증권 또는 화폐의 액면가를 다시 지정하는 화폐개혁의 일환이다. 우리나라에서는 지금까지 1953년과 1962년 두 차례 리디노미네이션이 단행된 바 있다.

오답분석

① 디커플링(Decoupling) : 한 나라 또는 특정 국가의 경제가 인접한 다른 국가나 보편적인 세계경제의 흐름과는 달리 독자적인 움직임과 경제흐름을 보이는 현상
③ 스태그플레이션(Stagflation) : 스태그네이션(Stagnation)과 인플레이션(Inflation)을 합성한 용어로, 경기 불황 속에서 물가상승이 동시에 발생하고 있는 상태
④ 리니언시(Leniency) : 흔히 자진신고자감면제도, 담합자진신고자 감면제라고하며, 담합 사실을 처음 신고한 업체에는 과징금 전부를, 2순위 신고자에게는 절반을 면제해주어 담합행위를 한 기업들이 스스로 신고하게끔 만드는 제도

16 정답 ③

제시문은 담배의 유해성을 설명한 후 유해성과 관련하여 담배회사와 건강보험공단 간의 소송이라는 흐름으로 이어진다. 따라서 (라) 약초로 알고 있던 선조의 생각과는 달리 유해한 담배 – (가) 연구 결과에 따른 흡연자들의 높은 암 발생률 – (다) 담배의 유해성을 안건으로 담배회사와 소송을 진행하고 있는 건강보험공단 – (나) 이에 대응하는 건강보험공단 순으로 나열되어야 한다.

17 정답 ①

원화가 평가절하되면 우리 공산품의 외화 표시 가격이 하락하고 수입품의 원화 표시 가격은 상승하여 수출은 증가하고 수입은 감소하여 무역수지가 개선된다. 그에 따라 달러가 유입되어 통화량이 많아지면 물가가 상승한다. 또한 외국에서 빌린 차관의 원금과 이자는 달러에 대한 원화가 높아져서 부담이 커지게 된다.

18 정답 ①

개명을 한 경우 신분증과 관련 서류를 제출해야 하지만 제출하지 않았으므로 다시 재발급을 요청해야 한다.

오답분석

② 출입증을 분실한 경우 재발급을 받을 수 있다.
③ 출입증이 인식되지 않으면 기존 출입증과 새 출입증을 교환해야 한다.
④ 다른 부서로 인사이동을 한 경우 기존 출입증을 반납하고 새로 받아야 한다.

19 정답 ③

엥겔은 엥겔지수가 25% 이하이면 소득 최상위, 25 ~ 30%이면 상위, 30 ~ 50%이면 중위, 50 ~ 70%이면 하위, 70% 이상이면 극빈층이라고 정의했다.

20 정답 ③

B와 C는 반드시 같이 가야 하는데, 월요일에는 A가 자원봉사를 가야 하므로 B와 C는 수요일에 가게 된다. F는 G와 함께 가며, 월요일에는 A가, 수요일에는 B와 C가, 목요일에는 E가 가야 하므로 화요일 또는 금요일에 갈 수 있다. 그런데 G는 화요일에 중요한 회의가 있으므로 금요일에 F와 G가 함께 자원봉사를 가게 된다. 조건들을 표로 정리하면 다음과 같고, 해당 조건들로는 H, I, J가 어느 요일에 자원봉사를 가는지 알 수 없다.

월요일	화요일	수요일	목요일	금요일
A	–	B	E	F
–	–	C	D	G

따라서 금요일에 자원봉사를 가는 직원은 F와 G이다.

21 정답 ④

29CHNEG은 2019년에 중국에서 제조된 일반 스마트폰을 의미한다.

오답분석
① 모델 종류와 제조공장 순서가 바뀌었다.
② 모델 종류가 두 번 들어가고 제조공장이 없다.
③ 모델 종류가 없고 제조공장이 두 번 들어갔다.

22 정답 ②

26 – 2016년, VNM – 베트남, KQ – 무료

23 정답 ①

2017년 – 27, 한국 – KOR, 프리미엄 – SX

02 TOPCIT 평가

01 정답 ④

PLM(Product Lifecycle Management)는 제품수명주기관리로, 제품 설계도부터 최종 제품 생산에 이르는 전체과정을 일괄적으로 관리하는 생산프로세스이다.

오답분석

① ERP(Enterprise Resource Planning, 전사적 자원관리) : 기업 내 물류, 재무, 생산 등 경영 활동의 통합정보시스템
② SCM(Supply Chain Management, 공급망 관리) : 제품 생산을 위한 프로세스인 부품 조달과 생산 계획, 납품, 재고관리 등을 효율적으로 처리할 수 있는 관리 솔루션
③ ITSM(Information Technology Service Management, IT 서비스 관리) : 정보 시스템 사용자가 만족할 수 있는 서비스를 제공하고, 지속적인 관리를 통해 서비스의 품질을 유지·증진하기 위한 일련의 활동

02 정답 ②

7S 분석은 맥킨지(McKinsey)사에서 만든 내부 환경 분석 기법으로, 공유가치, 전략, 시스템, 조직구조, 구성원, 스타일, 관리 기술 등 기업의 하드웨어적인 요소와 소프트웨어적인 요소를 함께 분석한다.

오답분석

① SWOT 분석 : 외부 시장 환경의 기회요인과 위협요인, 내부적 장점과 약점을 동시에 분석하는 내부 및 외부 통합 환경 분석
③ PEST 분석 : 정치, 경제, 사회, 기술의 기회요인과 위협요인의 영향을 분석하는 외부 환경 분석
④ 5 Forces 분석 : 신규 진입자, 구매자, 대체재, 공급자, 기존 경쟁자 관점에서 해당 산업의 구조를 분석하는 외부 환경 분석

03 정답 ①

미래 상태(To-Be) 모델의 비전은 기업이 추구하는 이상적인 미래 모습으로, 기업의 능력을 확장시킨다. 현재 상태(As-Is) 모델의 사명은 기업의 목적 또는 주요 사업이 핵심으로 시간적으로 제한되지 않는 목표이다.

04 정답 ③

리스크 관리의 연계 기법으로는 DRS, BCP 등이 있으며, Enterprise Architecture는 전략 연계의 연계 기법으로 사용된다.

05 정답 ①

기업 내부의 상세 요구사항을 적극적으로 반영하는 것은 인하우스 개발의 목적이다. 패키지 도입은 선진프로세스 및 사례 활용을 목적으로 한다. 패키지 도입은 도입검증을 거친 시스템을 도입함으로써 불확실성이 적고 도입 기간이 짧으며 도입 비용도 저렴하나, 유지보수 비용이 증가할 수 있다.

06 정답 ④

'기능점수 도출'은 실제 ISP를 구축하는 데 필요한 기능점수를 산정하는 것으로, 정보시스템 상세규모 단계에 해당하는 활동이다.

07 정답 ③

고객 플랫폼은 기업이 목표로 하는 핵심 고객 집단으로 매출 증대를 통한 수입의 증대를 목적으로 활용한다. 산업 주도를 목적으로 활용되는 것은 거래 플랫폼이다.

08 정답 ①

Dispatch는 준비 상태에서 대기하고 있는 프로세스 중 하나가 프로세서를 할당받아 실행 상태로 전이되는 과정이다.

오답분석

② Wake Up : 입출력 작업이 완료되어 프로세스가 대기 상태에서 준비 상태로 전이되는 과정
③ Spooling : 입출력 장치의 공유 및 상대적으로 느린 입출력장치의 처리 속도를 보완하고 다중 프로그래밍 시스템의 성능을 향상시키기 위해, 입출력할 데이터를 직접 입출력 장치에 보내지 않고 나중에 한꺼번에 입출력하기 위해 디스크에 저장하는 과정

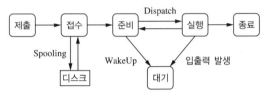

④ Terminated : 종료 단계

09 정답 ④

㉠에서 ㉣로 갈수록 다양한 언어의 사용이 높아진다.

10 정답 ④

빈칸에 들어갈 용어는 IoE(Internet of Everything, 만물인터넷)이다. 만물인터넷은 단순한 사물 간의 연결을 넘어 데이터, 클라우드, 모바일 등을 연결하는 환경을 뜻한다.

오답분석

① IoT(Internet of Things, 사물인터넷) : 인터넷을 기반으로 모든 사물을 연결하여 정보를 상호 소통하는 지능형 기술 및 서비스
② M2M(Machine to Machine, 사물통신) : 기계와 기계 간 이뤄지는 통신
③ Cloud(클라우드) : 데이터를 인터넷과 연결된 중앙컴퓨터에 저장해서 인터넷에 접속하기만 하면 언제 어디서든 데이터를 이용하는 환경

11 정답 ③

㉠ SLA(Service Level Agreement) : IT 서비스에 대한 수준 협약
㉡ SLM(Service Level Management) : IT 서비스에 대한 변경ㆍ관리 및 개선

오답분석

• SOW(Statement of Work) : 업무 정의서 작성

12 정답 ③

네트워크(N)에 해당하는 것으로 KT, LG 등이 있다.

오답분석
- 콘텐츠(C) : 게임, 영상 등
- 플랫폼(P) : Apple, Google 등
- 디바이스(D) : 스마트폰, PC 등
- 보안(S) : PIMS, ISMS 등

13 정답 ④

자크만 프레임워크는 EA 수립 시 가장 많이 사용하는 프레임워크로, VIEW와 관점을 이용하여 매트릭스 형태로 정의한다. 기업 간 상호운용성에 초점을 맞추어 개발한 개방형 프레임워크는 TOGAF(The Open Group Architecture Framework)이다.

14 정답 ②

'비즈니스 – IT 연계성 검증'은 Check(점검) 단계에서 이루어진다. Do(실행) 단계에서는 IT 솔루션 구현과 IT 솔루션 실행 데이터 수집이 이루어진다.

15 정답 ③

SCM을 도입할 경우 생산 수요 예측이 가능하고 재고를 효과적으로 관리할 수 있다. 반면, ERP를 도입할 경우 업무 프로세스 단축과 인건비 감소의 효과를 얻을 수 있다.

오답분석
① SCM은 프로세스를 중심으로, ERP는 트랜잭션을 중심으로 데이터를 처리한다.
② SCM의 주요 기능에는 수요 예측, 주문 관리 및 계획, 물류 관리 등이 있고, ERP의 주요 기능에는 구매, 생산, 자재, 회계, 영업 등이 있다.
④ SCM의 도입은 영세 제조업체의 경우에도 효과적이다. 반면 ERP는 주로 대기업 위주로 운영되며, 중소기업의 경우 도입 시 효과를 고려해야 한다.

16 정답 ①

현재 시스템의 프로세스와 메모리 사용현황을 표시하는 명령어는 top이다.

오답분석
② chmod : 파일의 보호 모드를 설정하여 파일의 사용 허가를 지정한다.
③ fsck : 파일 시스템을 검사하고 보수한다.
④ pwd : 현재 작업 중인 디렉터리 경로를 화면에 표시한다.

17 정답 ④

제시문은 ILM(Information Lifecycle Management)에 대한 설명이다.

오답분석
① IRM(Information Resource Management) : 인력, 자본, 원료 등 모든 관련 IT 자원을 관리하는 시스템
② BPM(Business Process Management) : IT 비즈니스 프로세스에 연관된 사람, 자원, 업무의 흐름을 통합적으로 관리하고 최적화하는 기법
③ BRE(Business Rule Engine) : 기업의 복잡한 업무 규칙, 프로세스 흐름 등을 정형화하여 프로세스를 효과적으로 관리하기 위한 기법

18 정답 ③

'입고 물류'는 전통적 제조기업의 주요 활동에 속한다.

전통적 제조기업
- 지원 활동 : 기업 인프라, 기술 개발, 인사 관리, 구매 활동
- 주요 활동 : 입고 물류 → 운영(생산) → 출고 물류 → 마케팅&판매 → 서비스

전자상거래 기업
- 지원 활동 : 통합 정보 플랫폼 및 네트워크 인프라 구축, 인터넷 고용 및 훈련, 온라인 협력업체 관리
- 주요 활동 : 전자 조달 → 무재고 생산 → 제3자 물류 → 네트워크 판매 → 온라인 서비스

06 | 2020년 기출복원문제

01 NCS 직업기초능력평가 + 경영 · 경제상식

01	02	03	04	05	06	07	08	09	10	11	12	13	14	15					
④	②	①	③	④	②	②	②	④	③	②	③	④	①	①					

01 정답 ④

'물, 가스 따위가 흘러나오지 않도록 차단하다.' 등의 뜻을 가진 동사는 '잠그다'이다. '잠구다'는 '잠그다'의 잘못된 표현으로 '잠구다'의 활용형인 '잠궈' 또한 틀린 표기이다. '잠그다'의 올바른 활용형은 '잠가'이다. 따라서 '사용 후 수도꼭지는 꼭 잠가 주세요.'가 옳은 문장이다.

02 정답 ②

마지막 문장의 '표준화된 언어와 방언 둘 다의 가치를 인정'하고, '잘 가려서 사용할 줄 아는 능력을 길러야 한다.'는 내용을 바탕으로 ②와 같은 주제를 이끌어낼 수 있다.

03 정답 ①

제시문에 따르면 조상형 동물의 몸집이 커지면서 호흡의 필요성에 따라 아가미가 생겨났고, 호흡계의 일부가 변형된 허파는 식도 아래쪽으로 생성되었다. 이후 폐어 단계에서 척추동물로 진화하면서 호흡계와 소화계가 겹친 부위가 분리되며 결국 하나의 교차점으로만 남게 되었고, 질식 현상과 같은 단점을 남겼다. 또한 마지막 문장에서 이러한 과정이 '당시에는 최선의 선택'이었다고 하였으므로, 진화가 순간순간에 필요한 대응일 뿐 최상의 결과를 내는 과정이 아님을 알 수 있다.

04 정답 ③

• 2020년 입대자 수 : 5,294×0.29≒1,535만 명
• 2019년 입대자 수 : 5,117×0.27≒1,381만 명
따라서 2020년과 2019년의 입대자 수 차는 154만 명이다.

05 정답 ④

2020년에 세 번째로 많은 생산을 했던 분야는 일반기계 분야이다. 일반기계 분야의 2018년 대비 2019년 변화율은 다음과 같다.

$$\frac{4,020-4,370}{4,370} \times 100 ≒ -8\%$$

따라서 약 8% 감소하였다.

06 정답 ②

처음에 빨간색 수건을 꺼낼 확률은 $\dfrac{3}{3+4+3}=\dfrac{3}{10}$ 이다.

그 다음에 수건을 꺼낼 때는 빨간색 수건이 1장 적으므로 파란색 수건을 꺼낼 확률은 $\dfrac{3}{2+4+3}=\dfrac{3}{9}=\dfrac{1}{3}$ 이다.

따라서 처음에 빨간색 수건을 뽑고, 그 다음에는 파란색 수건을 뽑을 확률은 $\dfrac{3}{10}\times\dfrac{1}{3}=\dfrac{1}{10}$ 이다.

07 정답 ②

농도 5% 소금물의 양을 xg이라고 하면 12% 소금물의 양은 $(300-x)$g이므로 다음과 같은 식이 성립한다.

$\dfrac{12}{100}(300-x)+\dfrac{5}{100}x=\dfrac{10}{100}\times300$

$\rightarrow 3,600-7x=3,000$

$\rightarrow 7x=600$

$\therefore x=\dfrac{600}{7}$ g

따라서 농도 5%의 소금물의 양은 $\dfrac{600}{7}$ g이다.

08 정답 ②

구분	A통신사	B통신사	C통신사
A레스토랑	143,300−5,000=138,300원	143,300×0.85=121,805원	143,300−14,300=129,000원
B레스토랑	165,000원	165,000×0.8=132,000원	45,500(∵ 65,000×0.7) +100,000=145,500원
C레스토랑	174,500−26,100(∵ 174×150) =148,400원	112,050(∵ 124,500×0.9) +50,000=162,050원	174,500×0.7=122,150원

따라서 K씨의 가족은 A레스토랑에서 B통신사 15% 할인으로 먹을 때 121,805원으로 가장 저렴하게 먹을 수 있다.

09 정답 ④

승진시험 성적은 100점 만점이므로 제시된 점수를 그대로 반영하고, 영어 성적은 5를 나누어서 반영한다. 또한 성과 평가의 경우 2를 나누어서 합산한 다음 그 합산점수가 가장 높은 사람을 선발한다. 이때, E와 I는 동료평가에서 '하'를 받았으므로 승진대상에서 제외된다. 이를 정리하면 다음과 같다.

(단위 : 점)

구분	A	B	C	D	E	F	G	H	I	J	K
합산점수	80 +80 +60 =220	80 +70 +75 =225	65 +100 +60 =225	70 +80 +50 =200	동료 평가 '하'로 제외	75 +80 +80 =235	80 +70 +95 =245	70 +60 +90 =220	동료 평가 '하'로 제외	75 +80 +70 =225	90 +50 +90 =230

따라서 승진대상자는 F, G이다.

10 정답 ③

원화 환율은 원/달러 환율로, 원화 환율이 오르면 외국인의 국내 여행이 증가한다.

11 정답 ②

채권시장안정펀드는 채권시장의 경색으로 자금난을 겪는 기업에 유동성을 지원하고, 국고채와 회사채의 과도한 스프레드(금리) 차이를 해소하기 위해 조성하는 펀드이다. 2020년 코로나19 사태로 금융시장의 불안감이 확대됨에 따라 정부는 채권시장안정펀드를 조성하였다.

오답분석

① 통화채권펀드 : 증권회사가 통화안정증권 또는 보유회사채를 투자신탁회사에 맡기고, 투자신탁회사에서 발행하는 수익증권을 인수하여 이를 투자자에게 판매하는 형태의 펀드
③ 모태펀드 : 개별 기업에 직접 투자하는 대신 펀드(투자조합)에 출자하여 간접적으로 투자하는 방식의 펀드로, 국내에서는 정부가 중소·벤처기업을 육성하기 위해 벤처캐피탈에 출자하는 방식의 펀드
④ IP펀드 : NPE(특허 괴물)로부터 기업을 보호하는 동시에 기업 특허를 투자대상으로 삼아 수익을 창출하는 펀드

12 정답 ③

캐쉬카우(Cash Cow)는 수익을 많이 내고 있지만 시장확대는 불가능하다. 물음표(Question Mark)는 시장성장률은 높지만 점유율은 낮은 상태이다. 따라서 캐쉬카우에서의 수익을 물음표로 투자하여 최적의 현금흐름을 달성할 수 있다.

13 정답 ④

• 파레토 법칙 : '80 대 20 법칙'이라고도 불린다. 이른바 '핵심적 소수'와 '사소한 다수'에 대한 이 이론은 기업의 전체 매출은 소수의 상품이 좌우한다는 결론을 도출한다.
• 롱테일 법칙 : 파레토 법칙과 반대되는 이론으로 80%의 '사소한 다수'가 20%의 '핵심적 소수'보다 뛰어난 가치를 창출한다는 내용이다.

오답분석

• 하인리히 법칙 : 대형사고는 우연히 갑작스럽게 발생하는 것이 아니며, 이 사고가 발생하기 전에 이와 관련된 경미한 사건들이 수도 없이 발생했었을 것이라는 이론이다. 이는 1931년 허버트 윌리엄 하인리히(Herbert William Heinrich)가 자신의 저서에서 밝힌 것으로, 산업재해가 발생하여 중상자가 1명 나오면 그 전에 같은 원인으로 인해 나온 경상자가 29명 그리고 역시 같은 원인으로 부상을 당할 뻔했던 잠재적 부상자가 300명 있었다는 사실을 의미한다고 주장하였다.

14 정답 ①

코즈 마케팅은 기업의 경영 활동과 사회적 이슈를 연계시키는 마케팅으로, 기업과 소비자의 관계를 통해 기업이 추구하는 사익(私益)과 사회가 추구하는 공익(公益)을 동시에 얻는 것을 목표로 한다.

오답분석

② 노이즈 마케팅(Noise Marketing) : 자신들의 상품을 각종 구설수에 휘말리도록 함으로써 소비자들의 이목을 집중시켜 판매를 늘리려는 마케팅 기법
③ 앰부시 마케팅(Ambush Marketing) : 게릴라 작전처럼 기습적으로 행해지며 교묘히 규제를 피해 가는 마케팅 기법
④ 뉴로 마케팅(Neuro Marketing) : 뇌 속에서 정보를 전달하는 신경인 뉴런(Neuron)과 마케팅을 결합한 용어로, 소비자의 무의식에서 나오는 상품에 대한 감정, 구매 행위를 분석해 기업의 마케팅 전략에 효과적으로 적용하는 기법

15 정답 ①

제시문에서 설명하고 있는 것은 사이드카(Side Car)에 대한 내용이며, 이와 유사한 주식거래정지제도로는 서킷브레이커가 있다.
서킷브레이커는 주식시장에서 주가가 급등 또는 급락하는 경우 주식매매를 일시 정지하는 제도이다. 서킷브레이커가 증시 급변에
대응하기 위한 사후처방이라면 사이드카는 예방으로서의 성격이 짙다.

오답분석

② 공매도(Short Stock Selling) : 가격 하락을 예상해 주식이나 채권을 빌려 매도하는 것
③ 브래킷 크리프(Bracket Creep) : 물가 상승으로 인한 명목소득 증가로 의도치 않게 발생하는 증세
④ 블랙스완(Black Swan) : 극단적으로 예외적이어서 발생 가능성이 없어 보이지만, 일단 발생하면 엄청난 충격과 파급효과를
　가져오는 사건

서킷 브레이커(Circuit Breaker)
- 발동조건
  - 1단계 : 종합주가지수가 전 거래일보다 8% 이상 하락하여 1분 이상 지속되는 경우
  - 2단계 : 종합주가지수가 전 거래일보다 15% 이상 하락하여 1분 이상 지속되는 경우
  - 3단계 : 종합주가지수가 전 거래일보다 20% 이상 하락하여 1분 이상 지속되는 경우
- 유의사항
  - 총 3단계로 이루어진 서킷 브레이커의 각 단계는 하루에 한 번만 발동할 수 있다.
  - 1 ~ 2단계는 주식시장 개장 5분 후부터 장 종료 40분 전까지만 발동한다. 단, 3단계 서킷 브레이커는 장 종료 40분
    전 이후에도 발동될 수 있고, 3단계 서킷 브레이커가 발동하면 장이 종료된다.

01	02	03	04	05	06	07	08	09	10										
③	①	②	④	②	④	④	①	④	②										

01 　정답　③

오답분석

① FS(Finish-to-Start) 관계
② FF(Finish-to-Finish) 관계
④ SF(Start-to-Finish) 관계

02 　정답　①

오답분석

② 인터뷰 기법
③ 프로토타이핑 기법
④ 문서 분석 기법

03 　정답　②

㉠ 정규결재 : 조직의 장이 하는 일반결재를 말한다.
㉡ 전결 : 조직의 장이 결재 권한을 규정에 따라 하위 조직의 리더에게 위임하는 것으로 정규결재와 동일한 효력을 갖는다.
㉢ 대결 : 결재권자가 장기간 부재 시 하위 구성원에게 일시적으로 권한을 위임하여 결재를 진행하는 경우를 말한다.

04 　정답　④

비즈니스 문서는 작성자의 입장이 아닌 최종 의사결정권자의 입장에서 이해와 공감이 되도록 작성되어야 한다.

비즈니스 문서 작성원칙
• 최종 소비자의 관점에서 쉬운 이해
• 간결·명료하게 작성
• 명확한 근거 반영
• 논리적으로 기술

05 　정답　②

AHP(Analytic Hierarchy Process, 분석적 계층화 기법)에 대한 설명이다.

오답분석

① MADM(Multi-Criteria Decision Making : 다요소의사결정) : 최선의 대안을 선정하는 과정에서 하나의 기준이 아닌, 다양한 요소의 기준을 고려하여 의사를 결정하는 기법
③ MECE(Mutually Exclusive and Collectively Exhaustive) : 상호 중복 없이 전체적으로 빠진 것이 없는 상태로 어떤 정보나 메시지를 구성하는 것
④ 로직 트리(Logic Tree) : MECE의 사고방식에 따라 주요 항목을 트리 형태로 분해한 것

06 정답 ④

반정규화는 데이터베이스의 성능 향상을 위해 데이터 중복을 허용하고 조인을 줄이는 성능 향상 방법으로, 수행하면 시스템의 성능이 향상되고 효율성이 증가하지만 데이터의 일관성은 저하된다. 따라서 데이터의 일관성을 유지해야 하는 경우에는 반정규화 과정이 필요하지 않다.

07 정답 ④

정규화는 하나의 종속성이 하나의 릴레이션에 표현될 수 있도록 분해해가는 과정으로, 속성들 간의 종속 관계를 분석하여 한 개의 릴레이션을 여러 개의 릴레이션으로 분해해 이상을 해결한다.

08 정답 ①

관계해석은 원하는 정보가 무엇이라는 것만 정의하는 비절차적 특징을 가지고 있다.
관계대수는 원하는 정보를 검색하기 위해서 어떻게 유도하는가를 기술하는 절차적 언어이다.

09 정답 ④

대체키는 후보키들 중에서 기본키를 제외한 나머지 후보키이다.

10 정답 ②

스키마는 데이터베이스의 구조와 제약 조건에 관한 전반적인 명세를 기술한 메타데이터의 집합으로, 데이터베이스 스키마에 자료를 처리할 응용 프로그램 구조를 표현하지는 않는다.

01 NCS 직업기초능력평가 + 경영 · 경제상식

01	02	03	04	05	06	07	08	09	10	11	12	13	14	15	16	17	18	19	20
①	④	③	④	②	④	①	③	②	④	③	②	③	③	③	③	①	③	①	④

01 　정답　 ①

자신이 전달하고자 하는 의사표현을 명확하고 정확하게 하지 못할 경우에는 자신이 평정을 어느 정도 찾을 때까지 의사소통을 연기한다. 하지만 조직 내에서 의사소통을 무한정으로 연기할 수는 없기 때문에 자신의 분위기와 조직의 분위기를 개선하도록 노력하는 등의 적극적인 자세도 필요하다. 따라서 ⓒ은 의사소통능력 향상 방법으로 적절하지 않다.

02 　정답　 ④

• C사원 : 문서의 첨부 자료는 반드시 필요한 자료 외에는 첨부하지 않도록 해야 하므로 옳지 않다.
• D사원 : 문서를 작성한 후에는 다시 한 번 내용을 검토해야 하지만, 문장 표현은 작성자의 성의가 담기도록 경어나 단어 사용에 신경을 써야 하므로 낮춤말인 '해라체'로 고쳐 쓰는 것은 옳지 않다.

03 　정답　 ③

• 문서적인 의사소통 : ㄱ, ㄷ, ㅁ
• 언어적인 의사소통 : ㄴ, ㄹ
직업생활에서 요구되는 문서적인 의사소통능력은 문서로 작성된 글이나 그림을 읽고 내용을 이해하고 요점을 판단하며, 이를 바탕으로 목적과 상황에 적합하도록 아이디어와 정보를 전달할 수 있는 문서를 작성하는 능력을 말한다. 반면, 언어적인 의사소통능력은 상대방의 이야기를 듣고 의미를 파악하여 이에 적절히 반응할 수 있으며, 자신의 의사를 목적과 상황에 맞게 설득력을 가지고 표현하기 위한 능력을 말한다.

04 　정답　 ④

'sofa'의 발음은 [soufə]로, [ou]는 '오'로 적는다는 외래어 표기법에 따라 '소파'로 표기해야 한다.

05 　정답　 ②

매출액 순위는 S그룹>L그룹>H그룹, 손해율이 적은 순서는 S그룹>H그룹>L그룹이다.

오답분석
① 점유율의 합은 2016년 15+13.9+13.3=42.2%, 2017년 14.9+14+13.5=42.4%, 2018년 14.7+14+13.7=42.4%, 2019년 14.7+14.3+14.2=43.2%로 모두 45%를 넘지 않는다.
③ 2016~2019년 점유율을 살펴보면 S그룹은 유지 또는 하락, H그룹과 L그룹은 유지 또는 상승이므로 각각 하향세와 상향세이다. 그러나 점유율 순위가 S그룹>H그룹>L그룹인 것은 변함이 없다.

④ 2019년 1분기에 L그룹의 성장률은 12.3%, H그룹의 순익은 336억 원, S그룹의 손해율은 69.8로 각각 가장 우위를 점하고 있다(∵ 손해율은 적을수록 우위).

06 정답 ④

예금가입 기간이 6개월이므로 기본이자율은 연 0.1%가 적용되고, 최대 우대금리인 0.3%p가 가산된다.

그러므로 만기 시 적용되는 금리는 0.1+0.3=0.4%가 된다.

따라서 단리식으로 적용된다고 하였으므로 만기 시 이자는 $10,000,000 \times \frac{0.4}{100} \times \frac{6}{12} = 20,000$원이다.

07 정답 ①

타인의 부탁을 거절해야 할 경우 도움을 요청한 타인의 입장을 고려하여 인간관계를 해치지 않도록 신중하게 거절하는 것이 중요하다. 먼저 도움이 필요한 상대방의 상황을 충분히 이해했음을 표명하고, 도움을 주지 못하는 자신의 상황이나 이유를 분명하게 설명해야 한다. 그 후 도움을 주지 못하는 아쉬움을 표현하도록 한다.

08 정답 ③

리더는 조직 구성원들 중 한 명일뿐이라는 점에서 파트너십 유형임을 알 수 있다. 독재자 유형과 민주주의에 근접한 유형은 리더와 집단 구성원 사이에 명확한 구분이 있으나, 파트너십 유형에서는 그러한 구분이 희미하고, 리더가 조직의 한 구성원이 되기도 함을 볼 수 있다.

오답분석
① 독재자 유형 : 독재자에 해당하는 리더가 집단의 규칙하에 지배자로 군림하며, 팀원들이 자신의 권위에 대한 도전이나 반항 없이 순응하도록 요구하고, 개개인들에게 주어진 업무만을 묵묵히 수행할 것을 기대한다.
② 변혁적 유형 : 변혁적 리더를 통해 개개인과 팀이 유지해온 업무수행 상태를 뛰어넘으려 한다. 변혁적 리더는 특정한 카리스마를 통해 조직에 명확한 비전을 제시하고, 그 비전을 향해 자극을 주고 도움을 주는 일을 수행한다.
④ 민주주의에 근접한 유형 : 리더는 팀원들이 동등하다는 것을 확신시키고 경쟁과 토론, 새로운 방향의 설정에 팀원들을 참여시킨다. 비록 민주주의적이긴 하지만 최종 결정권은 리더에게 있는 것이 특징이다.

09 정답 ②

초고령화 사회는 실버산업(기업)을 기준으로 외부환경 요소로 볼 수 있다. 따라서 기회 요인으로 적절하다.

오답분석
① 제품의 우수한 품질은 기업의 내부환경 요소로 볼 수 있다. 따라서 강점 요인으로 적절하다.
③ 기업의 비효율적인 업무 프로세스는 기업의 내부환경 요소로 볼 수 있다. 따라서 약점 요인으로 적절하다.
④ 살균제 달걀 논란은 빵집(기업)을 기준으로 외부환경 요소로 볼 수 있다. 따라서 위협 요인으로 적절하다.

10 정답 ④

빈칸에 해당하는 단계는 필요한 자원을 확보한 뒤 그 자원을 실제 필요한 업무에 할당하여 계획을 세우는 '자원 활용 계획 세우기' 단계로, 계획을 세울 때는 업무나 활동의 우선순위를 고려해야 한다.

오답분석
① 필요한 자원의 종류와 양 확인
②·③ 계획대로 수행하기

11 정답 ③

메자닌 펀드(Mezzanine Fund)는 건물 1층과 2층 사이에 있는 공간을 의미하는 이탈리아어 '메자닌'에서 따온 말로 채권과 주식의 중간 위험단계에 있는 상품에 투자하는 펀드를 말한다. 후순위채권, 전환사채, 신주인수권부 사채, 교환사채, 상환전환우선주 등 주식으로 바꾸는 것이 가능한 채권에 투자하는 펀드가 이에 해당한다.

한편, 외평채는 환율을 안정시키기 위해 발행하는 외국환평형기금 채권을 말한다.

오답분석

① 전환사채 : 사채와 주식의 중간 형태를 띤 채권으로 일정한 조건에 따라서 채권을 발행한 회사의 주식으로 전환할 수 있는 사채

② 상환전환우선주 : 상환주식의 성격과 전환주식의 성격이 혼합된 형태의 주식으로 채권처럼 만기 때 투자금 상환을 요청할 수 있는 상환권, 우선주를 보통주로 전환할 수 있는 전환권 등을 가지고 있는 주식

④ 신주인수권부 사채 : 사채권자에게 사채 발행 후 일정기간 내에 미리 약정된 가격에 따라 일정한 수 또는 금액에 해당하는 발행회사의 신주 인수를 청구할 수 있는 권리가 부여된 사채

12 정답 ②

오답분석

① 타카풀(Takaful) : 이슬람 율법인 샤리아에 따라 상호부조와 갹출로 운영되는 협동적 보험

③ 불독본드(Bulldog Bond) : 영국의 채권시장에서 외국의 정부나 기업이 발행하는 파운드화 표시 채권으로 국제 금융시장에서 거래되는 대표적 국제채권이자 외국채권

④ 양키본드(Yankee Bond) : 외국채의 일종으로 미국 시장에서 비거주자인 외국인에 의해 미국 자본시장에서 발행하여 유통되는 달러화 표시 채권

13 정답 ③

각국에서 동일한 물건의 통화가격을 달러 가격으로 환산하여 통화가치를 알아보기 위한 수치에는 맥도날드의 대표적 메뉴인 빅맥(Big Mac)을 이용한 빅맥 지수, 이케아의 침대를 이용한 이케아 지수, 애플의 아이팟(iPod)을 이용한 아이팟 지수 등이 있다.

14 정답 ③

풋옵션을 매수한 사람은 시장에서 해당 상품이 사전에 정한 가격보다 낮은 가격에서 거래될 경우 그 권리를 행사함으로써 비싼 값에 상품을 팔 수 있다. 그러나 해당 상품의 시장 가격이 사전에 정한 가격보다 높은 경우에는 권리를 행사하지 않을 수도 있다.

15 정답 ③

오답분석

① 제로쿠폰본드 : 이자(쿠폰)가 없는 채권으로, 만기 이전에 지급하는 이자 없이 발행가격을 이자율만큼 할인하여 발행하는 채권

② 콜옵션 : 옵션거래에서 특정한 기초자산을 만기일이나 만기일 이전에 미리 정한 행사가격으로 살 수 있는 권리

④ 포이즌필 : 기업의 경영권 방어수단의 하나로, 적대적 M&A(기업인수·합병)나 경영권 침해 시도가 발생하는 경우에 기존 주주들에게 시가보다 훨씬 싼 가격에 지분을 매입할 수 있도록 미리 권리를 부여하는 제도

16 정답 ③

$(Rp) = (0.1 \times 0.2) + (0.2 \times 0.15) + (0.3 \times 0.1) + (0.4 \times 0.05)$
$= 0.02 + 0.03 + 0.03 + 0.02 = 0.1$

따라서 주어진 포트폴리오의 기대수익률은 10%이다.

17 정답 ①

② 온렌딩대출 : 중소・중견기업 지원을 전문으로 하는 정책자금 대출
③ P2P대출 : 금융기관을 거치지 않고 온라인 플랫폼을 통해 개인끼리 자금을 주고받는 대출 서비스
④ 외자대출 : 국내의 외국환 은행들이 국제금융시장에서 빌려온 외자자금을 국내 기업들에 빌려 주는 것

18 정답 ③

골디락스(Goldilocks)는 영국의 전래 동화인 『골디락스와 세 마리 곰』에서 유래된 용어로, 경제학자인 데이비드 슐먼(David Shulman)이 처음 사용하였다. 인플레이션을 우려할 만큼 과열되지도, 경기 침체를 우려할 만큼 냉각되지도 않은 경제 상태를 비유하는 용어이다.

① 뉴노멀(New-normal) : '시대 변화에 따라 새롭게 떠오르는 기준 또는 표준'을 뜻하는 말로, 일반적으로 세계 금융 위기 이후에 진행되고 있는 저성장・저수익 기조의 새로운 세계경제 질서를 일컫는 용어
② 디커플링(Decoupling) : '탈동조화 효과'라고도 불리며, 크게는 국가경제 전체, 작게는 국가경제의 일부 요소에서 서로 관련 있는 다른 경제 요소들과는 다른 독자적인 흐름을 나타내는 용어
④ 윔블던 효과(Wimbledon Effect) : 국내 시장에서 외국 기업보다 자국 기업의 활동이 부진한 현상 또는 시장을 개방한 이후 국내 시장의 대부분을 외국계 자금이 차지하는 현상을 나타내는 용어

19 정답 ①

② 리베이트(Rebate) : 지급한 상품이나 용역의 대가 일부를 다시금 지급자에게 되돌려주는 행위 또는 금액
③ 커버링(Covering) : 외화표시채권이나 채무의 결제일에 맞추어 외환시장에서 동종 외화로 동액의 선물환매도 또는 선물환매입 계약을 체결하여 스퀘어포지션을 유지함으로써 환율변동위험을 제거하려는 것
④ 프랍 트레이딩(Proprietary Trading) : 수익 창출을 위해 금융회사가 자기자본 등으로 금융상품을 거래하는 것

20 정답 ④

듀레이션(Duration)이란 현재가치를 기준으로 채권에 투자한 원금을 회수하는 데 소요되는 평균 상환기간을 말한다. 다른 조건이 일정하다는 가정하에 이자 지급빈도가 증가할수록 듀레이션은 감소한다.

01	02	03	04	05	06	07	08	09	10										
②	③	②	④	④	③	②	③	③	③										

01 정답 ②

PDCA는 Plan(계획) → Do(실행) → Check (평가) → Act(개선)의 4단계를 반복해서 실행하여 목표를 달성하는 데 사용하는 기법이다. 따라서 Do(실행)는 계획 단계에서 설정한 세부 계획을 실행하는 단계이다.

02 정답 ③

기업의 사회적 책임은 기업이 이윤을 추구하는 활동 외에 사회의 일원으로서 사회적 책임을 자각하고 실천하여야 할 의무를 말한다. 각국의 경제·사회 상황과 각 기업의 사회적 책임에 대한 인식의 차이가 존재하기 때문에 국제적으로 통일된 정의는 없지만 일반적으로 1~4단계로 구분한다. 3단계는 건전한 사회발전에 부응하는 단계로 환경·윤리경영, 제품의 안전성, 여성·현지인·소수인종에 대한 공정한 대우 등의 책임을 말한다.

03 정답 ②

B대리는 상대방이 제시한 아이디어를 비판하고 있다. 따라서 브레인스토밍에 적합하지 않은 태도를 보였다.

브레인스토밍
- 다른 사람이 아이디어를 제시할 때는 비판하지 않는다.
- 문제에 대한 제안은 자유롭게 이루어질 수 있다.
- 아이디어는 많이 나올수록 좋다.
- 모든 아이디어가 제안되고 나면 이를 결합하고 해결책을 마련한다.

04 정답 ④

기술이 시장의 주류로 자리 잡는 단계는 생산성 안정 단계이다. 계몽 단계에서는 기술의 수익 모델을 보여 주는 사례들이 늘어나 2·3세대 제품이 출시되며, 더 많은 기업이 사업에 투자하기 시작한다.

하이프 사이클
1. 기술 촉발 단계(Technology Trigger)
2. 기대의 정점 단계(Peak of Inflated Expectations)
3. 환멸 단계(Trough of Disillusionment)
4. 계몽 단계(Slope of Enlightenment)
5. 생산성 안정 단계(Plateau of Productivity)

05 정답 ④

6시그마는 통계적 품질관리를 기반으로 품질혁신과 고객만족을 달성하기 위하여 전사적으로 실행하는 경영혁신 기법이며 제조과정뿐만 아니라 제품개발, 판매, 서비스, 사무업무 등 거의 모든 분야에서 활용 가능하다.
프로세스 개선 5단계인 DMAIC 중 I는 개선(Improve)으로, 바람직한 프로세스가 구축될 수 있도록 시스템 구성요소들을 개선하는 단계이다.

> **6시그마의 프로세스 개선 5단계**
> - 정의(Define) : 기업 전략과 소비자 요구사항이 일치하는 디자인 활동의 목표를 정한다.
> - 측정(Measure) : 현재의 프로세스 능력, 제품의 수준, 위험 수준을 측정하고 품질에 결정적 영향을 끼치는 요소(CTQs; Criticals To Qualities)를 밝혀낸다.
> - 분석(Analyze) : 디자인 대안, 상위 수준의 디자인 만들기 그리고 최고의 디자인을 선택하기 위한 디자인 가능성을 평가하는 것을 개발하는 과정이다.
> - 개선(Improve) : 바람직한 프로세스가 구축될 수 있도록 시스템 구성요소들을 개선한다.
> - 관리(Control) : 개선된 프로세스가 의도된 성과를 얻도록 투입요소와 변동성을 관리한다.

06 　정답　 ③

BPR(Business Process Reengineering)은 경영 성과지표의 극적인 개선을 위해 비즈니스 프로세스를 근본적으로 재설계하는 기법이다.

오답분석

① 확실한 혁신이 필요한 경우에 사용하고 점진적 개선보다 획기적으로 대폭 개선한다.
② 기존의 업무 방식이나 프로세스를 완전히 버리고 새로운 업무 수행 방식을 설계한다.
④ 직무나 근로자, 조직 구조에 의지하지 않고 프로세스 중심적인 사고를 통해 문제해결을 시도한다.

07 　정답　 ②

거버넌스는 각각 평가(E), 지휘(D), 모니터링(M) 등의 실무절차를 갖는 5개의 프로세스로 구성된다.

> **EDM**
> - EDM 1 : 거버넌스의 프레임워크와 측정 기준의 수립
> - EDM 2 : 이익 제공
> - EDM 3 : 위험 최적화
> - EDM 4 : 자원 최적화
> - EDM 5 : 이해관계자의 투명성 확보

08 　정답　 ③

암호화된 키, 패스워드, 디지털 인증서 등을 저장할 수 있는 안전한 저장 공간을 제공하는 보안 모듈은 신뢰 플랫폼 모듈(Trusted Platform Module)에 대한 설명이다.
FIDO(Fast Identity Online)는 온라인 환경에서 바이오 인식 기술을 활용한 인증 시스템으로 홍채인식, 지문인식 등이 있다.

09 　정답　 ③

이진 트리 검색의 특징
- 데이터의 값에 따라 자리가 정해져 자료의 탐색 · 삽입 · 삭제가 효율적이다.
- 데이터가 입력되는 순서에 따라 첫 번째 데이터가 근노드가 된다.
- 다음 데이터는 근노드와 비교하여 값이 작으면 좌측으로 연결하고, 값이 크면 우측으로 연결하여 이진 검색 트리로 구성한다.
- 정렬이 완료된 데이터를 이진 검색 트리로 구성할 경우 사향 이진 트리가 되어 비교 횟수가 선형 검색과 동일해진다.

10 　정답　 ③

중요한 정보는 가급적 앞쪽에 나오도록 작성해야 한다. 이메일의 구조는 인사말, 헤드메시지, 세부내용, 마지막 인사 부분으로 나뉘는데, 헤드메시지는 메일 전체의 내용을 빨리 이해하도록 돕는 역할을 한다.

교육은 우리 자신의 무지를 점차 발견해 가는 과정이다.

– 월 듀란트 –

PART 3

주요 금융권 NCS
기출복원문제

정답 및 해설

01	02	03	04	05	06	07	08	09	10	11	12	13	14	15	16	17	18	19	20
③	③	②	④	①	③	①	①	③	①	③	③	②	③	③	④	④	③	②	④
21	22	23	24	25	26	27	28	29	30	31	32	33	34	35	36	37	38	39	40
①	②	⑤	③	②	②	⑤	②	③	②	⑤	③	①	③	④	③	②	④	③	④
41	42	43	44	45	46	47	48	49	50	51	52	53	54	55	56	57	58	59	60
③	④	②	③	④	③	①	①	③	①	④	③	①	③	②	③	③	④	④	③

01 　정답　③

KB국민희망대출은 분할상환 방식으로 이루어지므로 매달 원금과 이자를 분할하여 상환하게 된다. 대출원금을 만기일에 일시상환하는 것은 만기일시상환에 해당한다.

오답분석

① KB국민희망대출은 일반적으로 은행권 대출이 어려운 다중채무자도 이용할 수 있다.
② KB국민희망대출은 이자부담 경감 효과를 위해 최고금리를 연 10% 미만으로 제한하고 있으며, 대출 이후 기준금리가 상승하더라도 연 10% 미만의 금리로 대출을 이용할 수 있다.
④ KB국민희망대출의 상환기간은 최장 10년으로 제2금융권 신용대출 상환기간인 5년보다 더 길다. 따라서 같은 이자율과 같은 금액으로 대출했을 경우, 월 상환부담금을 더 낮출 수 있다.

분할상환의 종류
• 원금균등분할상환 : 대출원금을 매월 동일한 금액으로 상환하고 남은 대출원금에 대한 이자를 상환하는 방식으로, 시간이 흐를수록 이자가 줄어든다.
• 원리금균등분할상환 : 대출원금과 이자를 합친 금액(원리금)을 만기일까지 균등하게 상환하는 방식으로, 시간이 흘러도 이자는 변하지 않는다.

02 　정답　③

제시문은 KB국민은행의 '온 국민 건강적금'을 소개하고, 이에 대한 정보를 제공하는 글이다. 그러므로 먼저 온 국민 건강적금에 대해 소개하는 (다) 문단이 오는 것이 적절하다. 그 다음으로는 기본 우대이율인 '즐거운 걷기'를 설명하는 (가) 문단이 와야 하며, 이후 추가 우대이율인 '발자국 스탬프 찍기'에 대해 설명하는 (라) 문단이 오는 것이 자연스럽다. 마지막으로 '즐거운 걷기'와 '발자국 스탬프 찍기' 우대이율을 받기 위한 주의사항에 대해 설명하는 (나) 문단이 오는 것이 적절하다. 따라서 (다) – (가) – (라) – (나) 순으로 나열해야 한다.

03 정답 ②

제시문은 KB국민은행의 'KB 가족부동산 지킴신탁'을 소개하는 글이다. 빈칸의 앞부분과 뒷부분은 KB 가족부동산 지킴신탁의 효과를 설명하고 있지만, 그 내용은 서로 다르다. 따라서 앞뒤 내용을 같은 자격으로 나열하면서 연결하는 접속어 '또한'을 사용하는 것이 적절하다.

04 정답 ④

$$(10,000원) \times \frac{(1달러)}{(1,320원)} \times \frac{(145엔)}{(1달러)} ≒ 1,098.5엔$$

05 정답 ①

$$(3유로) \times \frac{(1달러)}{(0.95유로)} \times \frac{(3.75리알)}{(1달러)} ≒ 11.8리알$$

06 정답 ③

$$(10,000동) \times \frac{(1달러)}{(24,180동)} \times \frac{(1.55AUD)}{(1달러)} ≒ 0.6AUD$$

07 정답 ①

각 도시의 부동산 전세 가격지수 증가량은 다음과 같다.

구분	6월	12월	증가량	구분	6월	12월	증가량
A시	90.2	95.4	5.2	F시	98.7	98.8	0.1
B시	92.6	91.2	-1.4	G시	100.3	99.7	-0.6
C시	98.1	99.2	1.1	H시	92.5	97.2	4.7
D시	94.7	92.0	-2.7	I시	96.5	98.3	1.8
E시	95.1	98.7	3.6	J시	99.8	101.5	1.7

따라서 증가량이 가장 적은 도시는 D시이며, D시의 증감률은 $\frac{92.0-94.7}{94.7} \times 100 ≒ -2.9\%$이다.

08 정답 ①

분기별 매출이익 대비 순이익의 비는 다음과 같다.

• 2022년 1분기 : $\frac{302}{1,327} ≒ 0.228$

• 2022년 2분기 : $\frac{288}{1,399} ≒ 0.206$

• 2022년 3분기 : $\frac{212}{1,451} ≒ 0.146$

• 2022년 4분기 : $\frac{240}{1,502} ≒ 0.160$

• 2023년 1분기 : $\frac{256}{1,569} ≒ 0.163$

따라서 매출이익 대비 순이익의 비가 가장 낮은 때는 2022년 3분기이며, 영업이익은 전분기 대비 동일하므로 증감률은 0%이다.

09　정답　③

먼저 C는 첫 번째, 세 번째 결과에 따라 A 바로 전 또는 바로 뒤 순서로 출근한 E보다 먼저 출근하였으므로 A보다도 먼저 출근한 것을 알 수 있다. 마찬가지로 D 역시 두 번째, 다섯 번째 결과에 따라 F 바로 뒤에 출근한 B보다 먼저 출근하였으므로 F보다도 먼저 출근한 것을 알 수 있다.

또한 E는 네 번째 결과에 따라 F보다 늦게 출근하였으므로 결국 C, D, B보다도 늦게 출근하였음을 알 수 있다. 따라서 E가 다섯 번째 또는 마지막 순서로 출근하였음을 알 수 있으나, 꼴찌에는 해당하지 않으므로 결국 E는 다섯 번째로 출근하였고, A가 마지막 여섯 번째로 출근하였음을 알 수 있다.

이때 주어진 결과만으로는 C와 D의 순서를 비교할 수 없으므로 A~F의 출근 순서는 다음과 같은 경우로 나타낼 수 있다.

구분	첫 번째	두 번째	세 번째	네 번째	다섯 번째	여섯 번째
경우 1	D	F	B	C	E	A
경우 2	D	C	F	B	E	A
경우 3	C	D	F	B	E	A

따라서 D가 C보다 먼저 출근했다면, D는 반드시 첫 번째로 출근하므로 자신을 포함한 A~F의 출근 순서를 알 수 있다.

오답분석
① 경우 2와 경우 3에서 B가 C보다 나중에 출근하므로 C의 출근 시각을 알 수 없다.
② 경우 1에서 C는 자신과 E, A의 출근 순서를 알 수 있으나, D, F, B의 출근 순서는 알 수 없다.
④ F는 반드시 D보다 늦게 출근하므로 앞서 출근한 D의 출근 시각을 알 수 없다.

10　정답　①

왼쪽에서 두 번째 자리에는 40대 남성이, 오른쪽 끝자리에는 30대 남성이 앉으므로 세 번째, 네 번째 조건에 따라 30대 여성은 왼쪽에서 네 번째 자리에 앉아야 한다. 이때, 40대 여성은 왼쪽에서 첫 번째 자리에 앉아야 하므로 남은 자리에 20대 남녀가 앉을 수 있다.

경우 1)

40대 여성	40대 남성	20대 여성	30대 여성	20대 남성	30대 남성

경우 2)

40대 여성	40대 남성	20대 남성	30대 여성	20대 여성	30대 남성

따라서 항상 옳은 것은 ①이다.

11　정답　③

2023년 4월 아파트 실거래지수가 137.8이고 전월 대비 증감량이 −1.5이므로 2023년 3월 아파트 실거래지수는 $137.8+1.5=139.3$이다.

또한 제시된 자료를 역산하면 2022년 3월 실거래지수는 $137.8+1.5-1.7+\cdots-2.7=131.60$이다.

따라서 증감률은 $\dfrac{139.3-131.6}{131.6}\times100 ≒ 5.9\%$이다.

12　정답　③

- A고객 : 교사는 재직기간에 관계없이 대출자격이 주어지고 재직기간이 1년 미만이므로 최대 5천만 원까지 대출이 가능하다. 또한 최종금리는 적용 기준금리 CD 91일물인 3.69%에 가산금리 2.36%p를 합산하고 우대금리 0.1%p+0.1%p=0.2%p를 감한 $3.69+2.36-0.2=5.85\%$이다.
- B고객 : 무직은 KB 직장인든든 신용대출의 자격이 주어지지 않는다.
- C고객 : 재직기간이 1년 미만이므로 최대 5천만 원까지 대출이 가능하다. 또한 최종금리는 적용 기준금리 CD 91일물인 3.69%에 가산금리 2.36%p를 합산하고 우대금리 0.2%p+0.3%p+0.1%p=0.6%p를 감한 $3.69+2.36-0.6=5.45\%$이다.
- D고객 : 재직기간이 1년 이상이므로 최대 3억 원까지 대출이 가능하다. 또한 최종금리는 적용 기준금리 금융채 12개월인 3.88%에 가산금리 2.29%p를 합산하고 우대금리 0.3%p+0.3%p+0.1%p+0.1%p=0.8%p를 감한 $3.88+2.29-0.8=5.37\%$이다.

13　정답 ②

제시문은 새마을금고중앙회가 대포통장 근절을 통해 보이스피싱 예방에 성과를 거두고 있음을 이야기하고, 구체적인 통계 수치를 통해 그에 대한 설명을 하고 있다. 따라서 제목으로 가장 적절한 것은 ②이다.

오답분석

① 대포통장이 보이스피싱의 대표적인 수단으로 사용되고 있다는 내용은 적절하지만, 전체 내용을 포괄하는 제목으로 보기는 어렵다.

③ 새마을금고중앙회가 피해·사기계좌에 대한 모니터링을 통해 보이스피싱 피해를 예방하고 금융사기를 사전에 차단하고 있다는 내용은 제시되어 있지만, 금융사기 피해자를 지원하는 내용은 제시되지 않았다.

④ 사기계좌에 대한 지속적인 모니터링을 촉구하는 내용은 제시되지 않았다.

14　정답 ③

한국 경찰청 국가수사본부 사이버수사국에서 유엔 범죄예방 및 형사사법위원회 정기회의에 참석해 발표한 내용은 금품요구 악성프로그램 유포사범 검거와 관련된 사례이다. 발표를 담당한 경사가 사이버 성범죄의 가해자를 검거하여 유엔 마약·범죄 사무소, 동남아시아 가상자산 실무자 회의에서 발표한 이력이 있다는 내용이 제시되어 있지만, ③은 부가적인 설명이므로 제시문을 읽고 알 수 있는 내용으로 적절하지 않다.

오답분석

①·② 제시문의 두 번째 문단을 통해 파악할 수 있다.

④ 제시문의 마지막 문단을 통해 파악할 수 있다.

15　정답 ③

제시문은 스마트시티 프로젝트의 핵심 과제와 주요 연구과제, 도시 관리 데이터의 빅데이터 시스템 구축, 지능형 통합 의사결정 시스템 등의 과제를 설명하고 있다. 그리고 프로젝트가 차질 없이 수행될 경우 발생하는 에너지 절감, 신산업 생태계 조성, 다양한 스마트 솔루션 개발 등의 효과를 설명하는 것으로 볼 때, ③이 제목으로 가장 적절하다.

16　정답 ④

스마트시티 프로젝트로 다양한 스마트 솔루션이 개발되고 이를 통해 일자리 창출 및 국내 경제 활성화에 기여할 수 있을 것으로 예상된다.

오답분석

① 스마트시티 프로젝트의 과제로는 교통사고, 범죄, 응급의료 등 도시 내 각종 위험에 대한 위기대응 통합 솔루션 개발이 있다.

② 공공 분야에서는 교통정체, 사고 등 도시 내 각종 상황을 실시간으로 감지·분석하고 도시 빅데이터에 기반해 의사결정 전 과정을 지원하는 '지능형 통합 의사결정 시스템'을 개발해 공공서비스 질을 향상시킬 방침이다.

③ 스마트시티 프로젝트가 차질 없이 수행되면 도시 개별 인프라 간 연계·통합 등으로 상호 시너지가 발생해 각종 도시 관리 효율성이 15% 이상 향상될 것으로 전망된다.

17　정답 ④

제시된 환전 수수료 공식을 A씨가 신청한 달러 및 유로에 적용하면 다음과 같다.

- 달러 : $(1,300-1,100) \times (1-0.7) \times 660 = 39,600$원
- 유로 : $(1,520-1,450) \times (1-0.5) \times 550 = 19,250$원

따라서 A씨가 내야 할 총환전 수수료는 $39,600+19,250=58,850$원이다.

18 정답 ③

주어진 조건을 정리하면 다음과 같다.

• 첫 번째 조건 : B부장의 자리는 출입문과 가장 먼 10번 자리에 배치된다.
• 두 번째 조건 : C대리와 D과장은 마주봐야 하므로 2·7번 또는 4·9번 자리에 앉을 수 있다.
• 세 번째 조건 : E차장은 B부장과 옆자리거나 마주봐야 하므로 5번과 9번 자리에 배치될 수 있지만, 다섯 번째 조건에 따라 옆자리 가 비어있어야 하므로 5번 자리에 배치된다.
• 네 번째 조건 : C대리는 A사원 옆자리에 앉아야 하므로 7번과 9번 자리에 배치될 수 있다.
• 다섯 번째 조건 : E차장 옆자리는 공석이므로 4번 자리에는 아무도 앉을 수가 없으며, 앞선 조건에 따라 C대리는 7번 자리에 앉고 D과장은 2번 자리에 앉아야 한다.
• 일곱 번째 조건 : 과장끼리 마주보거나 나란히 앉을 수 없으므로 G과장은 3번 자리에 앉을 수 없고, 6번과 9번 자리에 앉을 수 있다.
• 여섯 번째 조건 : F대리는 마주보는 자리에 아무도 앉지 않아야 하므로 9번 자리에 배치되어야 하고 G과장은 6번 자리에 앉아야 한다.

주어진 조건에 맞게 자리 배치를 정리하면 다음과 같다.

출입문				
1 – 신입사원	2 – D과장	×	×	5 – E차장
6 – G과장	7 – C대리	8 – A사원	9 – F대리	10 – B부장

따라서 배치된 자리와 직원이 바르게 연결된 것은 ③이다.

19 정답 ②

상품 정보에 따라 B주임과 C과장의 만기환급금을 계산하면 다음과 같다.

• B주임 : $300,000 \times 36 + 300,000 \times \dfrac{36 \times 37}{2} \times \dfrac{0.024}{12} = 11,199,600$원

• C과장 : $250,000 \times \dfrac{(1.02)^{\frac{25}{12}} - (1.02)^{\frac{1}{12}}}{(1.02)^{\frac{1}{12}} - 1} = 250,000 \times \dfrac{1.04 - 1.001}{0.001} = 9,750,000$원

20 정답 ④

매월 적립해야 하는 금액을 a원이라고 하면 2022년 4월 말에 지급받는 적립 총액은
$(a \times 1.005 + a \times 1.005^2 + a \times 1.005^3 + \cdots + a \times 1.005^{40})$만 원이다.

$a \times 1.005 + a \times 1.005^2 + a \times 1.005^3 + \cdots + a \times 1.005^{40} = \dfrac{a \times 1.005 \times (1.005^{40} - 1)}{1.005 - 1} = 2,211$

→ $44.22a = 2,211$

∴ $a = 50$

따라서 매월 적립하는 금액은 50만 원이다.

21 정답 ①

총주차 시간이 x분일 때 30분 이후부터 10분마다 500원씩 추가되므로 지불해야 하는 총주차 요금은 $(1,500 + \dfrac{x-30}{10} \times 500)$원이다.

이 금액이 5,000원 이하여야 하므로 다음과 같은 식이 성립한다.

$(1,500 + \dfrac{x-30}{10} \times 500) \leq 5,000$

→ $50(x-30) \leq 3,500$

∴ $x \leq 100$

따라서 가능한 최대 주차 시간은 100분이다.

22 정답 ②

A은행에서 3년(36개월)간 5만 원씩 적립한다면 적금의 원리합계는 다음과 같다.

1개월 …… $5(1+0.001)^{36}$

2개월 …… $5(1+0.001)^{35}$

3개월 …… $5(1+0.001)^{34}$

$\vdots$

35개월 …… $5(1+0.001)^2$

36개월 …… $5(1+0.001)$

A은행에서의 적금의 원리합계는 $S_A = \dfrac{5(1+0.001)(1.001^{36}-1)}{1.001-1} = \dfrac{5 \times 1.001 \times (1.04-1)}{0.001} = 200.2$만 원이다.

B은행에서 2년(24개월)간 10만 원씩 적립한다면 적금의 원리합계는 다음과 같다.

1개월 …… $10(1+0.002)^{24}$

2개월 …… $10(1+0.002)^{23}$

3개월 …… $10(1+0.002)^{22}$

$\vdots$

23개월 …… $10(1+0.002)^2$

24개월 …… $10(1+0.002)$

B은행에서의 적금의 원리합계는 $S_B = \dfrac{10(1+0.002)(1.002^{24}-1)}{1.002-1} = \dfrac{10 \times 1.002 \times (1.05-1)}{0.002} = 250.5$만 원이다.

따라서 B은행에 적금하는 것이 $250.5-200.2=50.3$만 원(503,000원) 더 받을 수 있다.

23 정답 ⑤

작년 여학생 수를 x명이라고 하면, 작년 남학생 수는 $(2,000-x)$명이므로 다음과 같은 식이 성립한다.

$$-\frac{5}{100}(2,000-x)+\frac{5}{100}x=-14$$

$$\rightarrow -5(2,000-x)+5x=-1,400$$

$$\rightarrow -10,000+5x+5x=-1,400$$

$$\rightarrow 10x=8,600$$

$$\therefore x=860$$

따라서 작년 여학생 수는 860명이다.

24 정답 ③

원형 테이블은 회전시켜도 좌석 배치가 동일하므로 좌석에 1~7번으로 번호를 붙이고, A가 1번 좌석에 앉았다고 가정하여 배치하면 다음과 같다.

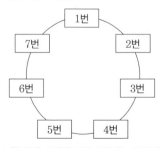

첫 번째 조건에 따라 2번에는 부장이, 7번에는 차장이 앉게 된다.

세 번째 조건에 따라 부장과 이웃한 자리 중 비어있는 3번 자리에 B가 앉게 된다.

네 번째 조건에 따라 7번에 앉은 사람은 C가 된다.

다섯 번째 조건에 따라 5번에 과장이 앉게 되고, 과장과 차장 사이인 6번에 G가 앉게 된다.
여섯 번째 조건에 따라 A와 이웃한 자리 중 직원명이 정해지지 않은 2번 부장 자리는 D가 앉게 된다.
마지막 조건에 따라 4번 자리에는 대리, 3번 자리에는 사원이 앉는 것을 알 수 있다. 3번 자리에 앉는 사람은 사원 직급인 B인 것을 알 수 있다.
두 번째 조건에 따라 E는 사원과 이웃하지 않았고 직원명이 정해지지 않은 5번 과장 자리에 해당하는 것을 알 수 있다.
이를 정리하면 다음과 같은 좌석 배치가 되며, F는 이 중 유일하게 빈자리인 4번 대리 자리에 해당한다.

그러므로 사원 직급은 B, 대리 직급은 F에 해당하는 것을 도출할 수 있다.

25 　정답　②

참견하지 않고 앉아서 보기만 함을 의미하는 '좌시(坐視)'와 어떤 일에 직접 나서서 관여하지 않고 곁에서 보기만 함을 의미하는 '방관(傍觀)'은 유의 관계이다. 반면, ①·③·④·⑤는 반의 관계이다.

오답분석
① • 밀집(密集) : 빈틈없이 빽빽하게 모임
　• 산재(散在) : 여기저기 흩어져 있음
③ • 훼방(毀謗) : 남을 헐뜯어 비방함. 또는 그런 비방
　• 협조(協助) : 힘을 보태어 도움
④ • 방만(放漫) : 맺고 끊는 데가 없이 제멋대로 풀어져 있음
　• 절연(截然) : 맺고 끊음이 칼로 자르듯이 분명함
⑤ • 옹색(雍塞) : 형편이 넉넉하지 못하여 생활에 필요한 것이 없거나 부족함. 또는 그런 형편
　• 윤택(潤澤) : 살림이 넉넉함

26 　정답　②

갤런(gal), 배럴(bbl), 온스(oz)는 '부피'를 나타내는 단위이다.

27 　정답　⑤

'사상누각(沙上樓閣)'은 '모래 위에 세워진 누각'이라는 뜻으로, 기초가 튼튼하지 못하면 곧 무너짐을 이르는 말이다. 따라서 빈칸에 들어갈 한자성어로 가장 적절한 것은 ⑤이다.

오답분석
① 혼정신성(昏定晨省) : '밤에는 부모의 잠자리를 보아 드리고 이른 아침에는 부모의 안부를 여쭈어 본다.'는 뜻으로, 부모님께 효성을 다하는 모습을 이르는 말
② 표리부동(表裏不同) : 겉으로 드러나는 언행과 속으로 가지는 생각이 다름을 이르는 말
③ 철저성침(鐵杵成針) : '철 절굿공이로 바늘을 만든다.'는 뜻으로, 아주 오래 노력하면 성공함을 이르는 말
④ 격화소양(隔靴搔癢) : '신을 신고 발바닥을 긁는다.'는 뜻으로, 성에 차지 않거나 철저하지 못한 안타까움을 이르는 말

28 정답 ②

간부 A~D의 적금 만기 시 적용금리는 다음과 같다.
- A : 3.1(기본금리)+3.0(급여이체)+0.2(카드 사용)=6.3%
- B : 3.1%(기본금리)
- C : 3.1(기본금리)+0.2(카드 사용)+0.2(주택청약 가입)+0.2(대출 실적 보유)=3.7%
- D : 3.1(기본금리)+3.0(급여이체)+0.2(주택청약 가입)+0.1(펀드 가입)+0.2(대출 실적 보유)=6.6%

따라서 적금 만기 시 적용되는 금리가 작은 사람부터 순서대로 나열하면 'B−C−A−D'이다.

29 정답 ③

간부 A~D의 적금 만기 시 원리합계는 다음과 같다.
- A : 매월 30만 원씩 입금하였고, 만기 시 연 이율이 6.3%이므로

$$\frac{30 \times \left(1+\frac{0.063}{12}\right) \times \left\{\left(1+\frac{0.063}{12}\right)^{24}-1\right\}}{\frac{0.063}{12}} = \frac{30 \times (12+0.063) \times (1.133-1)}{0.063} = 763.99만 원$$

- B : 매월 50만 원씩 입금하였고, 만기 시 연 이율이 3.1%이므로

$$\frac{50 \times \left(1+\frac{0.031}{12}\right) \times \left\{\left(1+\frac{0.031}{12}\right)^{24}-1\right\}}{\frac{0.031}{12}} = \frac{50 \times (12+0.031) \times (1.064-1)}{0.031} ≒ 1,241.91만 원$$

- C : 매월 20만 원씩 입금하였고, 만기 시 연 이율이 3.7%이므로

$$\frac{20 \times \left(1+\frac{0.037}{12}\right) \times \left\{\left(1+\frac{0.037}{12}\right)^{24}-1\right\}}{\frac{0.037}{12}} = \frac{20 \times (12+0.037) \times (1.077-1)}{0.037} ≒ 501만 원$$

- D : 매월 40만 원씩 입금하였고, 만기 시 연 이율이 6.6%이므로

$$\frac{40 \times \left(1+\frac{0.066}{12}\right) \times \left\{\left(1+\frac{0.066}{12}\right)^{24}-1\right\}}{\frac{0.066}{12}} = \frac{40 \times (12+0.066) \times (1.141-1)}{0.066} ≒ 1,031.09만 원$$

따라서 답은 ③이다.

30 정답 ②

제시문에 따르면 농업은 과학 기술의 발전성과를 수용하여 새로운 상품과 시장을 창출할 수 있는 잠재적 가치를 가지고 있으므로, 농업의 성장을 위해서는 과학 기술의 문제점을 성찰하기보다는 과학 기술을 어떻게 활용할 수 있는지를 고민해보는 것이 적절하다. 따라서 과학 기술의 문제점을 성찰해야 한다는 내용은 적절하지 않다.

31 정답 ⑤

마지막 문단에 따르면 라이헨바흐는 '자연이 일양적일 수도 있고 그렇지 않을 수도 있음을 전제'하며, '자연이 일양적인지 그렇지 않은지 알 수 없는 상황에서는 귀납을 사용하는 것이 옳은 선택'이라고 한다. 그러나 귀납이 현실적으로 옳은 추론 방법임을 밝히기 위해 자연의 일양성이 선험적 지식임을 증명하고 있는 것은 아니다.

오답분석

① 라이헨바흐는 '어떤 방법도 체계적으로 미래 예측에 계속해서 성공할 수 없다는 논리적 판단을 통해 귀납은 최소한 다른 방법보다 나쁘지 않은 추론이라고 확인'한다. 하지만 이것은 귀납의 논리적 허점을 현실적 차원에서 해소하려는 것이므로 논리적 허점을 완전히 극복한 것은 아니라는 점에서 비판의 여지가 있다.

② 라이헨바흐는 '귀납의 정당화 문제로부터 과학의 방법인 귀납을 옹호하기 위해' '현실적 구제책'을 제시한다. 이것은 귀납이 과학의 방법으로 사용될 수 있음을 지지하려는 것이다.

③ 라이헨바흐는 자연이 일양적일 경우, '우리의 경험에 따라 귀납이 점성술이나 예언 등의 다른 방법보다 성공적인 방법이라고 판단'하며, 자연이 일양적이지 않다면, '어떤 방법도 체계적으로 미래 예측에 계속해서 성공할 수 없다는 논리적 판단을 통해 귀납은 최소한 다른 방법보다 나쁘지 않은 추론이라고 확인'한다. 따라서 라이헨바흐가 귀납과 다른 방법을 비교하기 위해 경험적 판단과 논리적 판단을 활용했음을 알 수 있다.

④ 라이헨바흐는 '자연이 일양적인지 그렇지 않은지 알 수 없는 상황에서는 귀납을 사용하는 것이 옳은 선택'이라고 본다. 따라서 라이헨바흐는 귀납과 견주어 미래 예측에 더 성공적인 방법이 없다는 판단을 근거로 귀납의 가치를 보여 주고 있다.

32 정답 ③

제시문은 애그테크의 정의와 효과, 적용되는 기술을 설명하는 글이다. 그러므로 애그테크에 대한 정의인 (다) 문단이 가장 앞에 와야 하고, 이어서 애그테크의 효과에 대한 (가) 문단이 와야 한다. 이후 애그테크에 적용되는 다양한 기술을 설명한 (나) 문단이 배치되어야 하고, 결론인 (라) 문단이 배치되어야 한다. 따라서 (다) – (가) – (나) – (라) 순으로 나열하는 것이 적절하다.

33 정답 ①

보기는 기존의 쌀 소득보전 직불제의 도입 배경과 한계점에 대한 내용이다. 따라서 공익직불제는 이러한 쌀 과잉공급 등 기존 직불제의 한계점을 해결하기 위해 시행된 제도라는 설명 앞인 (가)에 위치하는 것이 가장 적절하다.

34 정답 ③

네 번째 문단에 따르면 각 지자체는 정부 광고매체를 활용해 모금할 수 있지만, 지자체가 주최·주관·후원하는 행사에서 권유·독려를 금지하고 있으며 이를 위반했을 경우 최대 8개월까지 기부금 모금이 제한된다.

오답분석

① 기부자는 주민등록증·운전면허증 등 신분증을 가지고 농협 근무시간에 방문하여 현장에서 기부할 수 있다.

② 고향사랑e음은 국세청 연말정산시스템과 연계하여 자동으로 세액공제 혜택을 받을 수 있다.

④ 고향사랑e음을 통해 기부 시 기부금의 30%를 포인트로 받아 원하는 시기에 원하는 답례품을 선택할 수 있다.

35 정답 ④

제시문에 따르면 현대의 상류층은 다른 상류층 사이에 있을 때는 경쟁적으로 고가품을 소비하며 자신을 과시하고, 차별화해야 할 아래 계층이 있을 때는 소비하지 않기를 통해 서민들처럼 소박한 생활을 한다는 것을 과시함으로써 오히려 자신을 더 드러낸다.

오답분석

① 현대의 상류층은 서민들처럼 소박한 생활을 한다는 것을 과시함으로써 서민들에게 친근감을 주지만, 사실 이는 극단적인 위세의 형태로 이를 통해 오히려 자신을 한층 더 드러낸다.

② 겸손한 태도로 자신을 한층 더 드러내는 소비행태를 보이는 것은 현대의 서민이 아닌 상류층이며, 서민들은 상류층을 따라 사치품을 소비한다.

③ 현대의 상류층은 차별화해야 할 아래 계층이 없거나 경쟁 상대인 다른 상류층 사이에 있을 때 경쟁적으로 고가품을 소비하며 자신을 과시한다.

36 정답 ③

삼각형 ABC의 넓이는 $\frac{1}{2}\overline{AB}\times\overline{BC}\times\sin\theta$ 로 계산할 수 있다.

$3\sqrt{2}=\frac{1}{2}\times3\times4\times\sin\theta$

$\rightarrow \sin\theta=\frac{3\sqrt{2}}{6}=\frac{\sqrt{2}}{2}$

따라서 $\theta=\frac{\pi}{4}$ 이다.

37 정답 ②

진희의 집부터 어린이집까지의 거리를 $x$km라고 하면, 어린이집부터 회사까지의 거리는 $(12-x)$km이다.
어린이집부터 회사까지 진희의 속력은 10km/h의 1.4배이므로 14km/h이다.
집에서 회사까지 1시간이 걸렸으므로 다음과 같은 식이 성립한다.

$\frac{x}{10}+\frac{12-x}{14}=1$

$\rightarrow 7x+5(12-x)=70$

$\rightarrow 2x=10$

$\therefore x=5$

어린이집을 가는 데 걸린 시간은 $\frac{5}{10}=\frac{1}{2}$ 시간=30분이다.

따라서 어린이집에서 출발한 시각은 8시 30분이다.

38 정답 ④

(라) 문단에서 인도네시아 왐푸 수력발전소를 준공하였다는 내용을 확인할 수 있으나, 연간 순이익 377억 원 달성이라는 구체적인 내용은 확인할 수 없다. 따라서 ④는 (라) 문단의 주제로 적절하지 않다.

39 정답 ③

대표의 옆방에는 부장이 묵어야 하므로 대표는 오직 111호에만 묵을 수 있으며, 110호에는 총무팀 박부장이 배정받는다.
따라서 111호에 생산팀 장과장은 묵을 수 없다.

오답분석

① 두 번째 조건에 의해 같은 부서 임직원은 마주보는 방을 배정받을 수 없으므로 인사팀 유과장은 105호에 배정받을 수 없다.
② 만약 105호에 생산팀 장과장이 배정받으면, 인사팀 유과장은 102호 또는 107호에 배정받을 수 있으므로 104호는 빈방으로 남을 수 있다.
④ 111호에 대표가 묵는다고 했으므로 총무팀 박부장은 110호로 배정받는다.

40 정답 ④

ⅰ) 출금 : S은행 자동화기기 이용・영업시간 외 10만 원 이하 → 500원
ⅱ) 이체 : S은행 자동화기기 이용・다른 은행으로 송금・영업시간 외 10만 원 이하 → 800원
ⅲ) 현금 입금 : S은행 자동화기기 이용・영업시간 외 타행카드 현금입금 → 1,000원
따라서 지불해야 하는 총수수료는 2,300원이다.

41 정답 ③

작년 TV와 냉장고의 판매량을 각각 $3k$대, $2k$대, 올해 TV와 냉장고의 판매량을 각각 $13m$대, $9m$대라고 하자.

작년 TV와 냉장고의 총판매량은 $5k$대, 올해 TV와 냉장고의 총판매량은 $22m$대이다.

올해 총판매량이 작년보다 10% 증가했으므로 다음과 같은 식이 성립한다.

$$5k\left(1+\frac{10}{100}\right)=22m$$

$$\rightarrow \frac{11}{2}k=22m$$

$$\therefore k=4m$$

작년 냉장고 판매량은 $2\times4m=8m$대이다.

따라서 냉장고의 판매량은 작년보다 $\dfrac{9m-8m}{8m}\times100=12.5\%$ 증가했다.

42 정답 ④

ⅰ) 샌드위치 가게 창업 시
- 예상매출 : $6,000\times30\times28\times12=6,048$만 원
- 예상비용 : (월세)+(판매비용)+(대출이자)
  $=(900,000\times12)+(2,000\times30\times28\times12)+(30,000,000\times0.04)$
  $=(1,080+2,016+120)\times10,000$
  $=3,216$만 원
- 순수익 : $6,048-3,216=2,832$만 원

ⅱ) 무역회사를 계속 다닐 시
- 연봉 : 3,500만 원
- 자기자금 예금이자 : $50,000,000\times0.025=125$만 원
- 순수익 : $3,500+125=3,625$만 원

따라서 무역회사를 계속 다니는 경우가 $3,625-2,823=793$만 원 더 이익이다.

43 정답 ②

K씨가 원화로 환전했다고 했으므로 '현찰 팔 때'의 환율로 계산해야 한다.

엔화 환율 차이로 얻은 수익에 대해 다음과 같은 식이 성립한다.

$$(1,004.02-998)\times800,000\times\frac{1}{100}=6.02\times8,000=48,160원$$

미국 USD 달러도 똑같은 수익이 났다고 했으므로 2주 전 현찰 살 때의 환율을 x원/달러라고 하면 다음과 같은 식이 성립한다.

$(1,110.90-x)\times7,000=48,160$

$\rightarrow 1,110.90-x=6.88$

$\therefore x=1,104.02$

따라서 2주 전 미국 USD 환율은 1,104.02원/달러이다.

44 정답 ③

'어찌 된'의 뜻을 나타내는 관형사는 '웬'이므로, '어찌 된 일로'라는 함의를 가진 '웬일'이 옳은 표기이다.

오답분석
① 메다 : 어떤 감정이 북받쳐 목소리가 잘 나지 않다.
② 치다꺼리 : 남의 자잘한 일을 보살펴서 도와줌
④ 베다 : 날이 있는 연장 따위로 무엇을 끊거나 자르다.

45 정답 ④

먹고 난 뒤의 그릇을 씻어 정리하는 일을 뜻하는 단어는 '설거지'이다.

오답분석

① ~로서 : 지위나 신분 또는 자격을 나타내는 격조사
② 왠지 : 왜 그런지 모르게. 또는 뚜렷한 이유도 없이
③ 드러나다 : 가려 있거나 보이지 않던 것이 보이게 되다.

46 정답 ③

제시문은 모바일 앱 서비스인 'MG더뱅킹기업'의 출시에 대한 기사로서 앱의 주요 특징과 제공하는 서비스에 대해 간략히 소개하고 있다. 따라서 주제로 가장 적절한 것은 ③이다.

47 정답 ①

보기는 결국 쟁점이.되고 있는 두 입장에서 (나)의 손을 들어준 것이다. (나)의 기본 입장은 인간의 배아 연구는 많은 위험성을 내포하고 있기에 반대한다는 것이다. 이러한 입장에 따르면 앞으로 생명 공학 분야의 발전에는 상당한 제약이 따를 것이라 예상할 수 있으므로 해당 분야에서의 국가 경쟁력이 강화된다는 반응은 적절하지 않다.

48 정답 ①

중앙은행은 기준금리를 통해 경기 변동에 따른 위험을 완화하고 금융시장의 원활한 운영을 돕는 역할을 수행한다.

오답분석

② 경제가 성장하고 인플레이션이 심해지면 중앙은행은 기준금리 인상을 통해 소비와 투자를 저하시켜 경기 과열을 억제한다.
③ 중앙은행이 기준금리를 인상하면 자금이 제한되고 대출이 어려워지므로 소비와 투자를 저하시킨다.
④ 기준금리 설정 시에는 인플레이션 목표율, 경제 성장률 등 다양한 요소를 고려해야 하므로 이 중 어느 하나가 가장 중요한 요인이라고 할 수 없다.

49 정답 ③

C는 M사의 이익과 자사의 이익 모두를 고려하여 서로 원만한 합의점을 찾고 있다. 따라서 가장 바르게 협상한 사람은 C이다.

오답분석

① M사의 협상당사자는 현재 가격에서는 불가능하다고 한계점을 정했지만, A의 대답은 설정한 목표와 한계에서 벗어나는 요구이므로 바르게 협상한 것이 아니다.
② B는 합의점을 찾기보다는 자사의 특정 입장만 고집하고 있다. 따라서 바르게 협상한 것이 아니다.
④ D는 상대방의 상황에 대해서 지나친 염려를 하고 있다. 따라서 바르게 협상한 것이 아니다.

50 정답 ①

제시문은 아리스토텔레스의 목적론에 대한 논쟁을 설명하는 글이다. 따라서 (가) 근대에 등장한 아리스토텔레스의 목적론에 대한 비판 – (나) 근대 사상가들의 구체적인 비판 – (라) 근대 사상가들의 비판에 대한 반박 – (다) 근대 사상가들의 비판에 대한 현대 학자들의 비판 순으로 나열되는 것이 적절하다.

51 정답 ④

제시문은 임베디드 금융에 대한 정의, 장점 및 단점 그리고 이에 대한 개선 방안을 설명하는 글이다. 따라서 (라) 임베디드 금융의 정의 – (나) 임베디드 금융의 장점 – (다) 임베디드 금융의 단점 – (가) 단점에 대한 개선 방안 순으로 나열되는 것이 적절하다.

52 정답 ③

지로 / 공과금 자동이체 우대금리 조건을 보면 반드시 본인 명의의 입출금식 통장에서 지로 / 공과금 자동이체 실적이 3개월 이상이어야 한다.

오답분석

① 매월 납입한도는 100만 원 이하이고 계약기간은 1년제이므로 신규금액을 제외한 최대 납입 가능 금액은 $100 \times 12 = 1,200$만 원이다.
② 에너지 절감 우대금리 적용을 위해 "아파트아이"에 회원가입을 해야 하며, 주소변경 시 아파트아이에서 주소변경을 완료해야 하므로 해당 사이트의 계정이 필요하다.
④ 최대 이율을 적용받는 사람의 금리는 약정이율에 우대금리를 더한 값인 $3.0 + 4.0 = 7.0\%$이다. 하지만 중도해지 시에는 우대금리가 아닌 중도해지금리를 적용하므로 납입기간 50%를 경과하고 중도해지할 경우 적용받는 금리는 $3.0 \times 0.4 = 1.2\%$이다. 따라서 중도해지 시 적용받는 금리는 만기 시보다 $7.0 - 1.2 = 5.8\%$p 적다.

53 정답 ①

먼저 A고객이 적용받는 우대금리를 계산하면 다음과 같다.
• 적금가입월(22.5)부터 10개월 동안(23.2 이내) 적금가입월의 전기사용량(kWh) 대비 월별 전기사용량(kWh)이 절감된 횟수는 22년 6월, 9월, 10월과 23년 2월로 총 4회이므로 적용되는 우대금리는 연 1.0%p이다.
• 최초거래고객 우대금리 요건을 만족하므로 적용되는 우대금리는 1.0%p이다.
• 지로 / 공과금 자동이체 우대금리 요건을 만족하므로 적용되는 우대금리는 1.0%p이다.
이에 A고객이 적용받는 우대금리는 총 3%p이고 A고객은 만기해지하였으므로 계약기간 동안 적용되는 금리는 약정이율에 우대금리를 더하여 $3 + 3 = 6\%$이다. 그러므로 가입금액에 따른 이자를 계산하면 다음과 같다.
• 최초 납입금액 : 30만$\times 6\% = 18,000$원

• 추가 납입금액 : 70만$\times 6\% \times \dfrac{6}{12} = 21,000$원

• 만기 후 이율 : 100만$\times 3\% \times 30\% \times \dfrac{6}{12} = 4,500$원(만기일 경과 6개월 이후 해지)

따라서 A고객이 지급받을 이자는 $18,000 + 21,000 + 4,500 = 43,500$원이다.

54 정답 ③

• 자택에서 인근 지하철역까지 도보로 가는 데 걸리는 시간 : 3분
• 자택 인근 지하철역에서 환승역까지 가는 데 걸리는 시간 : $2 \times 2 = 4$분
• 환승하는 데 걸리는 시간 : 2분
• 환승역에서 사무실 인근 지하철역까지 가는 데 걸리는 시간 : $2 \times 4 = 8$분
• 사무실 인근 지하철역에서 사무실까지 도보로 가는 데 걸리는 시간 : 2분
따라서 김대리가 지하철을 이용하여 자택에서부터 사무실을 갈 때 걸리는 시간은 $3 + 4 + 2 + 8 + 2 = 19$분이다.

55 정답 ②

- 버스의 편도 이동시간 : $1+(4\times4)+3=20$분
- 지하철의 편도 이동시간 : $3+(2\times2)+2+(2\times4)+2=19$분
- 자가용의 편도 이동시간 : $19+2=21$분

따라서 편도 이동시간이 짧은 순서대로 이동수단을 나열하면 '지하철 – 버스 – 자가용'이다.

56 정답 ③

정규근로시간 외에 초과근무가 있는 날의 시간외근무시간을 구하면 다음과 같다.

구분	초과근무시간			1시간 공제
	조기출근	야근	합계	
1 ~ 15일	–	–	–	770분
18일(월)	–	70분	70분	10분
20일(수)	60분	20분	80분	20분
21일(목)	30분	70분	100분	40분
25일(월)	60분	90분	150분	90분
26일(화)	30분	160분	190분	130분
27일(수)	30분	100분	130분	70분
합계	–	–	–	1,130분

$\therefore$ 1,130분$=$18시간 50분

따라서 월 단위 계산 시 1시간 미만은 절사하므로 시간외근무수당은 $7,000\times18=126,000$원이다.

57 정답 ③

레저업종 카드사용 실적인정 기준 중 3번째 조건에 따르면 당일자, 당일가맹점 사용실적은 건수는 최대 1회, 금액은 최대금액 1건이 인정된다고 하였다. 따라서 당일에 동일 가맹점에서 나눠서 결정하더라도 그 횟수는 1회만 반영되고, 그 금액도 가장 큰 금액 1건만 반영된다. 그러므로 한 번에 결제하는 것이 우대금리 적용에 더 유리하다.

오답분석
① 제시된 상품에서 적용 가능한 최대금리는 계약기간이 최대이며 우대금리를 만족한 $3.65+2.4=6.05\%$이고, 최저금리는 계약기간이 최소이며 우대금리를 적용받지 못한 3.40%이다. 따라서 만기해지 시 상품에서 적용 가능한 최대금리와 최저금리의 차이는 $6.05-3.40=2.65\%$p이다.
② 우대금리 항목에 따르면 금액 조건은 온누리상품권 구매금액과 레저업종 카드사용금액 모두 포함되는 반면, 건수 조건에는 레저업종 카드사용금액만 포함된다. 따라서 우대금리 적용에 있어서는 온누리상품권을 구입하는 것보다는 레저업종에 카드를 사용하는 것이 더 유리하다.
④ 계약기간이 1년이므로 만기일 당시 IBK 적립식중금채의 계약기간별 고시금리는 만기 후 1개월 이내 해지 시나 만기 후 6개월 초과 후 해지 시에 같으므로 만기 후 1개월 이내 해지 시 적용되는 만기 후 이율은 만기 후 6개월 초과 후 해지 시 적용되는 만기 후 이율의 $\frac{50}{20}=2.5$배이다.

58 정답 ④

A고객의 계약기간은 2년이므로 적용되는 약정이율은 3.50%이다. 우대금리 적용을 위해 금액 조건을 계산하면 다음과 같다.

• 매 짝수 월 초 30만 원 헬스클럽 결제 : $30 \times 12 = 360$만 원
• 매월 초 20만 원 골프연습장 결제 : $20 \times 24 = 480$만 원
• 매 연말 본인 명의 온누리상품권 100만 원 구매 : 200만 원 인정
• 매 연초 가족 명의 온누리상품권 100만 원 구매 : 본인 명의가 아니므로 불인정
• 매년 3, 6, 9, 12월 월말 수영장 이용료 30만 원 결제 : $30 \times 8 = 240$만 원

총이용금액은 1,280만 원이고, 이를 평균하여 계산하면 월 결제금액은 $1,280 \div 24 ≒ 53.3$만 원이므로 우대금리는 1.70%p가 적용된다. 그러므로 납입금액별 금리는 다음과 같다.

• 최초 납입금액 : $50만 \times (3.5+1.7)\% \times \dfrac{24}{12} = 52,000$원

• 추가 납입금액(21.8.1) : $100만 \times (3.5+1.7)\% \times \dfrac{12}{12} = 52,000$원

• 추가 납입금액(22.2.1) : $100만 \times (3.5+1.7)\% \times \dfrac{6}{12} = 26,000$원

• 만기 후 금리 : $250만 \times (3.5 \times 0.3)\% \times \dfrac{3}{12} = 6,562.5$원

따라서 A고객이 지급받을 총금리에서 10원 미만을 절사하면 136,560원이다.

59 정답 ④

규정에 따르면 여비를 운임·숙박비·식비·일비로 구분하고 있으므로 이에 따라 분류해 보면 다음과 같다.
• 운임 : 철도·선박·항공운임에 대해서만 지급한다고 규정하고 있으므로, 버스 또는 택시요금은 지급되지 않는다. 그러므로 철도 운임만 지급되며 일반실 기준 실비로 지급하므로 여비는 $43,000 + 43,000 = 86,000$원이다.
• 숙박비 : 1박당 실비로 지급하되, 그 상한액은 40,000원이다. 그러나 출장기간이 2일 이상인 경우에는 출장기간 전체의 총액 한도 내에서 실비로 지급한다고 하였으므로, 3일간의 숙박비는 총 120,000원 내에서 실비가 지급된다. 그러므로 A과장이 지출한 숙박비 $45,000 + 30,000 + 35,000 = 110,000$원 모두 여비로 지급된다.
• 식비 : 1일당 20,000원으로 여행일수에 따라 지급된다. 총 4일이므로 80,000원이 지급된다.
• 일비 : 1인당 20,000원으로 여행일수에 따라 지급된다. 총 4일이므로 80,000원이 지급된다.
따라서 A과장이 정산받은 여비의 총액은 $86,000 + 110,000 + 80,000 + 80,000 = 356,000$원이다.

60 정답 ③

• 5월 3일 지인에게 1,000만 원을 달러로 송금
  : $1,000만 원 \div 1,140.20 = 8,770$달러(∵ 소수점 절사, 환전수수료 없음)
• 5월 20일 지인으로부터 투자수익률 10%와 원금을 받음
  : $8,770 \times (1+0.1) = 9,647$달러
• 5월 20일 환전함
  : $9,647 \times 1,191.50 ≒ 11,494,400$원(∵ 소수점 절사, 환전수수료 없음)
• 투자수익률 계산
  : $\dfrac{11,494,400 - 10,000,000}{10,000,000} \times 100 ≒ 15\%$

따라서 K씨는 약 15%의 투자수익을 달성하였다.

2022년 주요 금융권 NCS 기출복원문제

01	02	03	04	05	06	07	08	09	10	11	12	13	14	15	16	17	18	19	20
②	④	③	②	①	⑤	⑤	①	①	④	①	③	②	④	⑤	③	⑤	④	③	②
21	22	23	24	25	26	27	28	29	30	31	32	33	34	35	36	37	38	39	40
③	④	③	①	③	④	④	②	②	③	④	③	②	②	①	④	③	④	④	④
41	42	43	44	45	46	47	48	49	50	51	52	53	54	55	56	57	58	59	60
③	②	③	③	①	②	④	②	①	②	②	①	①	②	①	①	④	③	②	②

01   정답 ②

제시된 문단은 인터넷이 우리의 삶에서 중심적인 역할을 하고 있는 가운데 팬데믹의 여파로 인터넷 플랫폼으로의 전환이 더욱 가속화되었으며, 금융 서비스 또한 마찬가지라는 내용이다. 이때 마지막 부분에서 '임베디드 금융'을 언급하며 '디지털 플랫폼에서 금융 서비스에 원활하게 액세스할 수 있도록 기존 금융회사 및 핀테크와 협력하기 시작'한 상황을 제시하고 있으므로 이에 곧바로 이어지는 내용으로는 기존 금융회사 및 핀테크와 협력한 '임베디드 금융'의 예를 들고 있는 (가) 문단이 적절하다. 다음에는 '임베디드 금융' 앞에서 전통적인 금융기관의 영향력이 달라졌음을 이야기하는 (다) 문단이 오는 것이 자연스럽고, 전통적인 금융기관이 어떻게 반응하고 있는지를 살펴보는 (나) 문단이 뒤를 이어야 한다. 그리고 마지막으로 '또한'이라는 접속어를 통해 앞선 내용에 덧붙이고 있는 (라) 문단이 와야 한다. 따라서 (가) – (다) – (나) – (라) 순서로 나열하는 것이 적절하다.

02   정답 ④

세 번째 문단에 따르면 오히려 마이데이터 사업자와의 협력과 직접진출 등이 활발하게 나타남으로써 금융업 간 경쟁심화는 필연적일 것으로 전망된다.

오답분석

① 모바일(Mobile), SNS(Short Networking Service), 빅데이터(Big Data) 등을 활용하여 기존의 금융기법과 차별화된 서비스를 제공하는 것이 대표적인 핀테크 사례이다.
② 금융위원회는 핀테크 산업 발전을 위해 규제완화와 이용자보호 장치마련에 대한 디지털 금융의 종합혁신방안을 발표하였다.
③ 개인이 정보이동권에 근거하여 본인의 데이터에 대한 개방을 요청하면 기업이 해당 데이터를 제3자에게 개방하도록 하는 것이 마이데이터 개념이다.
⑤ 데이터 3법 개정에 따라 핀테크 산업 진출이 활발해지면 그만큼 금융권 클라우드나 바이오 정보에 대한 공격이 증가한다. 이를 막기 위해서는 반드시 보안기술 시스템을 구축해야 한다.

03   정답 ③

다른 상품 홍보행사 또는 사내행사와 겹치지 않으며, 설 연휴 전 홍보할 수 기간으로 적절하다.

오답분석

① 5일에 N은행 단합대회로 사내행사가 있으므로 홍보행사를 진행할 수 없다.
② 10일은 가래떡 데이 홍보행사가 있는 날이므로 홍보행사를 진행할 수 없다.
④ 21일에 1인 가구 대상 소포장 농산물 홍보행사가 있으므로 홍보행사를 진행할 수 없다.
⑤ 명절선물세트 홍보는 설 연휴 전에 마쳐야 하므로 적절하지 않다.

04 정답 ②

1월 8일에는 행사도 없고 행사 및 공휴일 전날이나 다음날이 아니므로, 공고가 가능하다.

오답분석

① 단합대회 다음날이므로 진급공고를 낼 수 없다.
③ 명절선물세트 홍보기간이므로 진급공고를 낼 수 없다.
④ 설 연휴 전날이므로 진급공고를 낼 수 없다.
⑤ 대체공휴일 다음날이므로 진급공고를 낼 수 없다.

05 정답 ①

1월 7일은 다른 직원들과 연차가 겹치지 않고, 행사도 없으므로 가능한 날짜이다.

오답분석

② 가래떡 데이 홍보행사가 있으므로 연차를 쓸 수 없다.
③ 명절선물세트 홍보행사가 있으므로 연차를 쓸 수 없다.
④ · ⑤ 설 연휴를 포함하는 주 이전에 연차를 사용해야 하므로 연차를 쓸 수 없다.

06 정답 ⑤

승진자 선발 방식에 따라 승진후보자별 승진점수를 계산하면 다음과 같다.

(단위 : 점)

구분	가점을 제외한 총점	가점	승진점수
A주임	29+28+12+4=73	1	74
B주임	32+29+12+5=78	2	80
C주임	35+21+14+3=73	5(가점상한 적용)	78
D주임	28+24+18+3=73	–	73
E주임	30+23+16+7=76	4	80

승진점수가 80점으로 가장 높은 승진후보자는 B주임과 E주임인데, 이 중 분기실적 점수와 성실고과 점수의 합이 B주임은 32+12=44점, E주임은 30+16=46점이다. 따라서 E주임이 승진한다.

07 정답 ⑤

변경된 승진자 선발 방식에 따라 승진후보자별 승진점수를 계산하면 다음과 같다.
가점상한이 10점으로 상승하여 C주임은 종전에 비해 가점을 2점 더 받게 되었으며, 혁신기여 점수가 삭제되고, 성실고과 점수의 비중이 50% 증가하였다.

(단위 : 점)

구분	가점을 제외한 총점	가점	승진점수
A주임	29+28+12×1.5=75	1	76
B주임	32+29+12×1.5=79	2	81
C주임	35+21+14×1.5=77	7	84
D주임	28+24+18×1.5=79	–	79
E주임	30+23+16×1.5=77	4	81

승진점수가 가장 높은 후보자는 C주임이며, 그다음으로 높은 후보자는 동점인 B주임과 E주임이다. 이 중 동점자 처리 기준에 따라 분기실적 점수와 성실고과 점수의 합이 더 높은 E주임이 C주임과 함께 승진한다.

08 정답 ①

- A태양광발전의 설치비용 회수기간 : $\dfrac{1,000}{250}=4$년

- B태양광발전의 설치비용 회수기간 : $\dfrac{5,000}{1,500-(1,500\times 0.35)}=\dfrac{5,000}{1,500-525}=\dfrac{5,000}{975}≒5.1$년

따라서 A, B태양광발전을 동시에 설치할 때, 설치비용을 회수하는 데 걸리는 최소기간은 6년이다.

09 정답 ①

- A태양광발전의 감가상각비 : $(1,000-20)÷10=98$만 원
- B태양광발전의 감가상각비 : $(5,000-50)÷15=330$만 원
- 감가상각한 장부가액 : $6,000-(98+330)\times 6=3,432$만 원

따라서 C기업에게 1,000만 원에 판 것은 감가상각한 장부가액에 따라 처분할 때보다 2,432만 원 손해이다.

10 정답 ④

$(540\times 1.2\times 1,128)+(52\times 1,128)+(30,000\times 2)=(540\times 1.2+52)\times 1,128+60,000=700\times 1,128+60,000$
$=789,600+60,000=849,600$

따라서 원화로 낼 총금액은 849,600원이다.

11 정답 ①

B는 보이스피싱 범죄의 확산에 대한 일차적 책임이 개인에게 있다고 했으며, C는 개인과 정부 모두에게 있다고 말하였다.

오답분석

② B는 개인의 부주의함으로 인한 사고를 은행이 책임지는 것은 문제가 있다고 말하며 책임질 수 없다는 의견을 냈고, C는 은행의 입장에 대해 언급하지 않았다.
③ B는 근본적 해결을 위해 개인의 역할, C는 정부의 역할을 강조하고 있다.
④ B는 제도적인 방안의 보완에 대해서는 언급하고 있지 않으며, C는 정부의 근본적인 해결책 마련을 촉구하고 있다.
⑤ B와 C는 개인에게 보이스피싱 범죄 확산에 대한 책임이 있다는 것에 동의하지만, 정부와 은행의 책임에 대해서는 의견이 다르다.

12 정답 ③

질소가 무조건 많이 함유된 것이 좋은 비료가 아니라 탄소와 질소의 비율이 잘 맞는 것이 중요하다.

오답분석

① 커피박을 이용해서 비료를 만들면 커피박을 폐기하는 데 필요한 비용을 절약할 수 있기 때문에 경제적으로도 이득이라고 할 수 있다.
② 비료에서 중요한 요소로 질소를 언급하고 있고, 유기 비료이기 때문에 유기물의 함량 또한 중요하다. 그리고 제시문에서도 질소와 유기물 함량을 분석하고 있기에 중요한 고려 요소라고 할 수 있다.
④ 비료를 만드는 데 발생하는 열로 유해 미생물을 죽일 수 있다고 언급하였다.
⑤ 부재료로 언급된 것 중에서 한약재 찌꺼기가 가장 질소 함량이 높다고 하였다.

13 　정답　②

제시문에 있는 수출가격을 구하는 계산식을 통해 확인할 수 있다. 환율이 1,000원/$일 때 국내 시장에서 가격이 1만 원인 국산품의 수출가격이 $10라면, 환율이 상승한 2,000원/$일 때 수출가격은 $5가 된다.

오답분석

① 수입 증가는 환율 상승의 원인으로 볼 수 있다.
③ 외국인들의 한국 여행은 환율 하락의 원인으로 작용한다.
④ 제시문에 있는 수입가격을 구하는 계산식을 통해 확인할 수 있다. 환율이 1,000원/$일 때 국제 시장에서 가격이 $100인 수입품의 수입가격이 100,000원이라면 환율이 900원/$일 때 수입가격은 90,000원이 된다. 따라서 환율이 하락하면 수입가격도 하락한다.
⑤ 외화를 많이 보유하게 되면 환율이 하락하면서 우리 돈의 가치가 증가한다고 볼 수 있다.

14 　정답　④

JJ은행의 당기순이익 대비 사회공헌금액 비중은 13.5%로 N은행의 12.2%보다 높다.

오답분석

① 5대 시중은행 중 N은행을 제외하고 당기순이익 대비 사회공헌금액 비중이 가장 높은 은행은 S은행이며 그 비중은 6.7%이다.
② 제시문은 전국은행연합회의 사회공헌활동 보고서를 기초로 분석한 결과에 대한 기사이다.
③ 5대 시중은행 중 사회공헌금액이 가장 작은 W은행의 액수는 1,354억 원이다.
⑤ 2019 ~ 2021년 동안 사회공헌금액이 가장 많았던 해는 2019년이다.

15 　정답　⑤

신용등급이 6등급인 L씨가 대출을 받을 경우 기준금리는 8.99%이고, 대출 후에 매월 원금에 대한 이자를 납입하고 최종 상환일에 원금을 납입하는 방법인 만기 일시상환 방법으로 대출을 하였으므로 첫 달에 지불하는 상환액은 5백만 원에 대한 이자만 고려하면 된다.

따라서 총대출이자는 $5,000,000 \times 0.0899 \times \frac{6}{12} = 224,750$원이며, 첫 달에 지불하는 상환액은 $224,750 \div 6 = 37,458$원이다.

16 　정답　③

2018 ~ 2021년 가계대출과 기업대출의 전년 대비 증가액은 다음과 같다.

(단위 : 조 원)

구분	2018년	2019년	2020년	2021년
가계대출	583.6−535.7=47.9	620−583.6=36.4	647.6−620=27.6	655.7−647.6=8.1
기업대출	546.4−537.6=8.8	568.4−546.4=22	587.3−568.4=18.9	610.4−587.3=23.1

따라서 2021년 기업대출의 전년 대비 증가액은 가계대출 증가액보다 높다.

오답분석

① 2017년 대비 2021년 부동산담보대출 증가율은 $\frac{341.2-232.8}{232.8} \times 100 = 46.6\%$이며, 가계대출 증가율은 $\frac{655.7-535.7}{535.7} \times 100 =$ 22.4%이므로 부동산담보대출 증가율이 가계대출 증가율보다 높다.

② 주택담보대출이 세 번째로 높은 해는 2019년이며, 이때 부동산담보대출(284.4조 원)은 기업대출의 50%인 $\frac{568.4}{2} = 284.2$조 원보다 많다.

④ 2015년 은행대출은 459+462=921조 원이며, 2018년 은행대출은 583.6+546.4=1,130조 원이므로 2015년 은행대출은 2018년 은행대출의 $\frac{921}{1,130} \times 100 = 81.5\%$이다.

⑤ 2014 ~ 2021년 주택담보대출의 전년 대비 증가액은 다음과 같다.

(단위 : 조 원)

구분	2014년	2015년	2016년	2017년
증가액	300.9−279.7=21.2	309.3−300.9=8.4	343.7−309.3=34.4	382.6−343.7=38.9
구분	2018년	2019년	2020년	2021년
증가액	411.5−382.6=28.9	437.2−411.5=25.7	448−437.2=10.8	460.1−448=12.1

따라서 전년 대비 주택담보대출이 가장 크게 증가한 해는 2017년이다.

17 정답 ⑤

기업 대표이지만 VIP고객이므로 고객은 ㄷ, 대출신청을 하였으므로 업무는 Y, 업무내용은 B가 적절하며, 접수창구는 VIP실인 00이 된다.

18 정답 ④

• A, B : 대출상담과 대출신청을 나타내는 코드
• Y : 대부계 업무를 나타내는 코드
• ㄴ : 기업고객을 나타내는 코드
• 04 : 4번 창구를 나타내는 코드

19 정답 ③

if(i%4==0)에서, i가 4의 배수일 때, sum=sum+1이 수행된다.
i가 1부터 110까지 1씩 증가될 때 4의 배수가 나오면 sum에 +1이 되기 때문에 110 이하의 4의 배수의 개수를 구하면 sum을 알 수 있다.
∴ 110÷4=27

20 정답 ②

제시문은 음악을 쉽게 복제할 수 있는 환경을 비판하는 시각에 대하여 반박하며 미래에 대한 기대를 나타내는 내용을 담고 있다. 따라서 (다) 음악을 쉽게 변모시킬 수 있게 된 환경의 도래 − (가) 음악 복제에 대한 비판적인 시선의 등장 − (라) 이를 반박하는 복제품 음악의 의의 − (나) 복제품으로 새롭게 등장한 전통에 대한 기대의 순서대로 연결하는 것이 적절하다.

21 정답 ③

ㄷ. 2018 ~ 2020년에 사망자 수는 1,850명 → 1,817명 → 1,558명으로 감소하고 있고, 부상자 수는 11,840명 → 12,956명 → 13,940명으로 증가하고 있다.
ㄹ. 각 연도의 검거율을 구하면 다음과 같다.

• 2017년 : $\frac{12,606}{15,280} \times 100 = 82.5\%$　　　　　• 2018년 : $\frac{12,728}{14,800} \times 100 = 86\%$

• 2019년 : $\frac{13,667}{15,800} \times 100 = 86.5\%$　　　　　• 2020년 : $\frac{14,350}{16,400} \times 100 = 87.5\%$

따라서 검거율은 매년 증가하고 있다.

ㄱ. 사고건수는 2018년까지 감소하다가 2019년부터 증가하고 있고, 검거 수는 매년 증가하고 있다.

ㄴ. 2018년과 2019년의 사망률 및 부상률은 각각 다음과 같다.

- 2018년 사망률 : $\dfrac{1,850}{14,800} \times 100 = 12.5\%$, 부상률 : $\dfrac{11,840}{14,800} \times 100 = 80\%$

- 2019년 사망률 : $\dfrac{1,817}{15,800} \times 100 = 11.5\%$, 부상률 : $\dfrac{12,956}{15,800} \times 100 = 82\%$

따라서 사망률은 2018년이 더 높지만 부상률은 2019년이 더 높다.

22 정답 ④

한 분야의 모든 사람이 한 팀에 들어갈 수는 없다는 조건이 있으므로 가와 나는 한 팀이 될 수 없다.

① 갑과 을이 한 팀이 되는 것과 상관없이 한 분야의 모든 사람이 한 팀에 들어갈 수는 없기 때문에 가와 나는 반드시 다른 팀이어야 한다.

② 두 팀에 남녀가 각각 두 명씩 들어갈 수도 있지만 (남자 셋, 여자 하나), (여자 셋, 남자 하나)의 경우도 있다.

③ a와 c는 성별이 다르기 때문에 같은 팀에 들어갈 수 있다.

⑤ 주어진 조건에 따라 배치하면 c와 갑이 한 팀이 되는 경우에는 한 팀의 인원이 다섯 명이 된다.

23 정답 ③

시행기업당 참여직원 수를 구하면 다음과 같다.

- 2018년 : $\dfrac{3,197}{2,079} \fallingdotseq 1.54$명
- 2019년 : $\dfrac{5,517}{2,802} \fallingdotseq 1.97$명
- 2020년 : $\dfrac{10,869}{5,764} \fallingdotseq 1.89$명
- 2021년 : $\dfrac{21,530}{7,686} \fallingdotseq 2.80$명

따라서 시행기업당 참여직원 수가 가장 많은 해는 2021년이다.

① 직접 계산을 하지 않고 눈으로도 판단이 가능한 선택지이다. 2019년 이후 전년 대비 참여직원 수가 가장 많이 증가한 해는 2021년인 반면, 시행기업 수가 가장 많이 증가한 해는 2020년이므로 둘은 동일하지 않다.

② 2021년 남성육아휴직제 참여직원 수는 21,530명이며, 2018년은 3,197명이므로 2021년의 참여직원 수는 2018년의 약 6.7배이다.

④ 2019년 대비 2021년 시행기업 수의 증가율은 $\dfrac{7,686-2,802}{2,802} \times 100 \fallingdotseq 174.30\%$이고, 참여직원 수의 증가율은 $\dfrac{21,530-5,517}{5,517} \times 100 \fallingdotseq 290.25\%$이므로 시행기업 수의 증가율이 더 낮다.

⑤ 2021년 참여직원 수는 2018년 대비 18,333명 증가하였으므로 3년간 증가인원의 평균은 6,111명으로 6,000명을 넘는다.

24 정답 ①

인맥을 활용하면 각종 정보와 정보의 소스를 주변 사람으로부터 획득할 수 있다. 또한 '나' 자신의 인간관계나 생활에 대해서 알 수 있으며, 이로 인해 자신의 인생에 탄력을 불어넣을 수 있다. 게다가 주변 사람들의 참신한 아이디어를 통해 자신만의 사업을 시작할 수도 있다. 따라서 A사원의 메모는 모두 옳은 내용이다.

25 정답 ③

일반적으로 사탕을 선물하는 화이트데이에 사탕 대신 꽃을 선물하도록 하여 침체된 화훼농가를 돕고자 하는 농협의 '화(花)이트데이'에 대한 기사 내용이므로 제목으로 ③이 적절하다.

26 정답 ④

㉠ 탐색형 문제는 현재의 상황을 개선하거나 효율을 높이기 위한 문제이다. 눈에 보이지 않는 문제로, 이를 방치하면 뒤에 큰 손실이 따르거나 결국 해결할 수 없는 문제로 확대되기도 한다.

㉡ 발생형 문제는 우리 눈앞에 발생되어 당장 걱정하고 해결하기 위해 고민하는 문제이다. 눈에 보이는 이미 일어난 문제로, 어떤 기준을 일탈함으로써 생기는 일탈 문제와 기준에 미달하여 생기는 미달문제로 대변되며 원상복귀가 필요하다.

㉢ 설정형 문제는 미래상황에 대응하는 장래 경영전략의 문제로 '앞으로 어떻게 할 것인가'에 대한 문제이다. 지금까지 해오던 것과 전혀 관계없이 미래 지향적으로 새로운 과제 또는 목표를 설정함에 따라 일어나는 문제로서, 목표 지향적 문제이기도 하다.

27 정답 ④

'경위'를 A, '파출소장'을 B, '30대'를 C라고 하면, 전제1과 결론은 다음과 같은 벤다이어그램으로 나타낼 수 있다.

1) 전제1

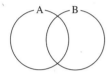

2) 결론

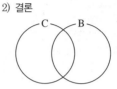

결론이 참이 되기 위해서는 B와 공통되는 부분의 A와 C가 연결되어야 하므로 A를 C에 모두 포함시켜야 한다. 그러므로 다음과 같은 벤다이어그램이 성립할 때 마지막 명제가 참이 될 수 있다. 따라서 빈칸에 들어갈 명제는 '모든 경위는 30대이다.'이다.

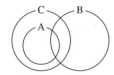

오답분석

①·② 다음과 같은 경우 성립하지 않는다.

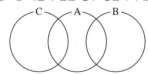

③ 다음과 같은 경우 성립하지 않는다.

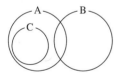

28 정답 ②

ⓑ 고객이 당장 오늘 내로 문제 해결 방법을 알려달라는 강한 불만을 제기했으므로 긴급하면서도 중요한 문제이다. 그러므로 제1사분면에 위치하는 것이 가장 적절하다.

ⓓ 다음 주에 상부에 보고해야 하는 업무는 중요하지만, 아직 시간이 조금 남아있는 상태이므로 긴급한 업무는 아니다. 그러므로 제2사분면에 위치하는 것이 가장 적절하다.

ⓒ 친구와의 약속은 업무에서 중요하지 않고 긴급한 일이 아니다. 그러므로 제4사분면에 위치하는 것이 가장 적절하다.

29 정답 ②

중도해지 시 받을 수 있는 중도해지이율은 36개월 미만으로 $2.5 \times 0.6 = 1.5\%$이다.

따라서 중도해지 환급금은 $15,000,000 \times \left(1 + 0.015 \times \dfrac{30}{12}\right) = 15,562,500$원이다.

30 정답 ③

리스크 관리 능력의 부족은 기업 내부환경의 약점 요인에 해당한다.

위협은 외부환경 요인에 해당하므로 위협 요인에는 회사 내부를 제외한 외부에서 비롯되는 요인이 들어가야 한다.

> **SWOT 분석**
> 기업의 내부환경과 외부환경을 분석하여 강점(Strength), 약점(Weakness), 기회(Opportunity), 위협(Threat) 요인을 규정하고, 이를 토대로 경영전략을 수립하는 기법
> • 강점(Strength) : 내부환경(자사 경영자원)의 강점
> • 약점(Weakness) : 내부환경(자사 경영자원)의 약점
> • 기회(Opportunity) : 외부환경(경쟁, 고객, 거시적 환경)에서 비롯된 기회
> • 위협(Threat) : 외부환경(경쟁, 고객, 거시적 환경)에서 비롯된 위협

31 정답 ④

친환경 차량을 이용하고 있거나 노후 경유차 저감장치 부착을 이행한 경우에는 별도의 서류를 제출해야 하지만, 대중교통 이용 우대금리를 적용받기 위해서는 IBK기업은행 입출금 계좌에 연결된 교통카드를 사용하면 별도의 서류 제출이 필요하지 않다.

오답분석

① 친환경 차량을 보유하지 않더라도 노후 경유차 저감장치 부착을 이행하고 있거나 대중교통을 이용하고 있으면 우대금리를 적용받을 수 있다.
② 계약금액을 1,000만 원 이상으로 가입한 경우에 한해서만 제공되는 혜택이다.
③ 만기 후에는 기본금리가 아닌 만기 후 이율이 적용된다.

32 정답 ③

C씨는 본인이 사용하는 교통카드의 결제계좌를 IBK기업은행의 입출금 계좌에 연결해두는 것으로 우대금리를 적용받을 수 있다.

오답분석

① A씨는 개인사업자로 본 상품 가입대상이 아니다.
② B씨가 이용하는 전기차의 소유주는 본인이 아니고, 운전 또한 본인이 직접하지도 않으므로 본인 명의의 자동차등록증이나 보험 가입증서를 발급받을 수 없다.
④ 노후 경유차 폐차는 계약기간 이전의 일이며, D씨는 현재 친환경 차량을 이용하고 있지 않으므로 우대금리 적용 대상이 아니다.

33 정답 ②

i-ONE Bank를 통한 가입 시에는 국민건강보험공단의 재직정보를 통해 우대금리 적용대상 여부를 판단한다.

오답분석

① 납입금액의 상한이 월 20만 원이므로 가입기간 동안 저축할 수 있는 최대 금액은 240만 원이다.
③ 가입기간 내내 동의를 유지하였더라도 만기일 전일까지 유지하지 않으면 우대금리 적용 자격이 소멸한다.
④ 만기 후 1개월 이내에는 만기일 기준 고시금리의 50%를 적용하지만, 1개월이 지나면 만기일 기준 고시금리의 30%만을 적용한다.

34 정답 ②

이 상품의 기본금리는 연 3.2%이며, A씨는 직장인이므로 우대금리 0.3%p를 적용받는다. 또한 급여이체 실적과 카드 이용실적이 모두 만족되므로 주거래 우대금리인 0.7%p를 모두 적용받으나, 마이데이터 동의는 하지 않아 이에 대한 0.5%p의 우대금리는 받지 못한다.

따라서 A씨에게 적용되는 최종 금리는 $3.2+0.3+0.7=4.2\%$이므로, 만기해지 시점에 받게 되는 이자는 $100,000\times\dfrac{0.042}{12}\times\dfrac{12(12+1)}{2}=27,300$원이다.

35 정답 ①

기업여신 자동심사 시스템은 심사 담당자 개개인의 능력에 의존하지 않도록 하는 시스템이다.

오답분석
② 미래 성장성을 반영하여 채무상환능력을 평가한다.
③ 기업들은 표준화된 심사기준을 적용받는다.
④ 기술보증기금 등 공공기관의 기술가치평가 결과를 참조하지 않아도 시스템 자체적으로 기술평가를 진행하여 반영하게 된다.

36 정답 ④

세레나데 & 봄의 제전은 55% 할인된 가격인 27,000원에서 10%가 티켓 수수료로 추가된다고 했으니 2,700원을 더한 29,700원이 결제가격이다. 따라서 티켓 판매 수량이 1,200장이므로 총수익금은 35,640,000원이다.

오답분석
① 판매자료에 티켓이 모두 50% 이상 할인율을 가지고 있어 할인율이 크다는 생각을 할 수 있다.
② 티켓 판매가 부진해 소셜커머스에서 반값 이상의 할인을 한다는 생각은 충분히 할 수 있는 생각이다.
③ 백조의 호수의 경우 2월 5일 ~ 2월 10일까지 6일이라는 가장 짧은 기간 동안 티켓을 판매했지만 1,787장으로 가장 높은 판매량을 기록하고 있다. 설 연휴와 더불어 휴일에 티켓 수요가 늘어날 것을 예상해 일정을 짧게 잡아 단기간에 빠르게 판매량을 높인 것을 유추할 수 있다.

37 정답 ③

오답분석
• B : 사장 직속으로 4개의 본부가 있다는 설명은 옳지만, 인사를 전담하고 있는 본부는 없으므로 옳지 않다.
• C : 감사실이 분리되어 있다는 설명은 옳지만, 사장 직속이 아니므로 옳지 않다.

38 정답 ④

A, B사원은 모두 6급이므로 국내여비 정액표에 따라 다군에 속한다.
• (교통비 왕복 총액)=105,200원
• (일비)=$2\times200,000\times3=120,000$원
• (식비)=$2\times200,000\times3=120,000$원
• 숙박비
 - 첫째 날 : 2명 이상이 공동 숙박하고, 기준금액(남원시, 5만 원)을 넘었으므로 50,000원
 - 둘째 날 : 2명 이상이 공동 숙박하고, 기준금액(5만 원) 이하로 지출했으므로 '4-나'를 적용하면,
 $\left(2-\dfrac{40,000}{50,000}\right)\times20,000\times2=48,000$원

따라서 $105,200+120,000+120,000+50,000+48,000=443,200$원이다.

39 정답 ④

예치기간에 따라 차등적인 차감율을 적용하여 중도해지이율을 산출하는데, 산출값이 연 0.1% 미만인 경우에는 0.1%의 중도해지이율을 적용한다.

오답분석

① 신한 쏠(SOL)을 통해 신청 가능하다고 명시된 부분은 만기일연장 서비스에 관한 것이다.
② 만기일연장은 최장 3개월까지만 가능하다.
③ 만기 후에는 기본금리가 아닌 만기 후 이율이 적용된다.

40 정답 ④

이 상품의 가입기간은 1 ~ 60개월로, 1년은 이 기간 내에 해당하므로 D씨에게 적절하다.

오답분석

① 쏠편한 정기예금은 거치식 상품으로 정기적인 납입을 위한 상품이 아니다.
② 이 상품의 최대 가입기간은 60개월(5년)로 B씨의 저축 목적에 맞지 않는다.
③ 이 상품은 원금이 보장되고 정액의 이자를 지급하는 상품으로 높은 수익률을 원하는 C씨에게는 적합하지 않다.

41 정답 ③

A씨는 월평균 지출이 40만 원이고 B씨는 연회비 3만 원 이하의 카드를 원하므로 신한카드 Air One은 두 사람 모두의 선택 대상에서 제외된다. 두 사람에게 각각 다른 카드를 추천하였기 때문에, 간편결제의 활용 빈도가 높은 A씨에게 #Pay 신한카드를, 차량을 보유하고 외식을 선호하는 B씨에게 신한카드 Mr. Life를 추천하는 것이 합리적이다.

42 정답 ②

국내 사용금액의 경우 일시불과 할부 모두 마일리지 적립 대상이나, 해외 사용금액의 경우 일시불만 마일리지 적립 대상이라는 점에 유의해야 한다. 국내 사용금액 100만 원 전체에 대해 1천 원당 1마일리지, 해외 사용금액 중 일시불 50만 원에 대해 1천 원당 1마일리지가 적립된다. 문제에 언급된 내용만으로는 항공 / 면세업종에서 사용된 금액을 알 수 없으므로, 항공 / 면세업종에서 사용한 금액이 0원인 경우를 기준으로 예상 적립 마일리지를 구하면, 적립되는 항공마일리지의 최솟값이 된다.
(100만 원÷1,000원×1마일리지)+(50만 원÷1,000원×1마일리지)=1,500마일리지
따라서 Air One 카드를 보유한 고객에게 적립되는 항공마일리지는 최소 1,500마일리지이다.

43 정답 ③

작년 A제품의 생산량을 a개, B제품의 생산량을 b개라고 하면 다음과 같다.
$a+b=1,000$
$\rightarrow a=1,000-b \cdots \bigcirc$
올해 A제품의 생산량을 2%, B제품의 생산량을 3% 증가시켜 총 1,024개를 생산하면 다음과 같다.
$(a\times1.02)+(b\times1.03)=1,024 \cdots \bigcirc$
$\bigcirc$과 $\bigcirc$을 연립하면 다음과 같다.
$\{(1,000-b)\times1.02\}+(b\times1.03)=1,024$
$1,020-1.02b+1.03b=1,024$
$\rightarrow 0.01b=4$
$\therefore b=400$
따라서 올해 생산하는 B제품의 수량은 $400\times1.03=412$개이다.

44 정답 ③

2022년 X지역과 Y지역의 매출합계는 3,396억 원이므로 그의 65%를 구하는 식은 다음과 같다.

$(1,795+1,601)\times0.65=2,207.4$억 원

따라서 2022년 Z지역의 매출은 동년 X지역과 Y지역 매출합계의 65% 이상이다.

오답분석

① X지역의 2022년 매출은 1,795억 원이고, 2021 매출은 2,001억 원이므로 증감률을 구하면 다음과 같다.

$\dfrac{1,795-2,001}{2,001}\times100 ≒ -10.29\%$

따라서 2022년 매출은 전년 대비 10% 이상 감소하였다.

② 연도별 X지역의 증감률을 구하면 다음과 같다.

• 2019년 : $\dfrac{1,680-1,751}{1,751}\times100 ≒ -4.05\%$

• 2020년 : $\dfrac{2,121-1,680}{1,680}\times100 = 26.25\%$

• 2021년 : $\dfrac{2,001-2,121}{2,121}\times100 ≒ -5.66\%$

• 2022년 : $\dfrac{1,795-2,001}{2,001}\times100 ≒ -10.29\%$

따라서 전년 대비 증감률이 가장 적은 연도는 2019년이다.

④ Z지역의 2018년 매출은 1,947억 원이고, 2022년 매출은 2,412억 원이다.

$2,412\times0.7=1,688.4$억 원

따라서 2018년 매출은 2022년 매출의 70% 이상이다.

45 정답 ①

화요일은 재무팀 소속인 C의 출장이 불가하며, 수요일은 영업팀의 정기 일정으로 A, B의 출장이 불가하다. 또한 목요일은 B가 휴가 예정이므로, 세 사람이 동시에 출장을 갈 수 있는 날은 월요일뿐이다.

오답분석

② 회계감사로 인해 재무팀 소속인 C는 본사에 머물러야 한다.

③ 영업팀의 정기회의가 있다.

④ B가 휴가 예정이므로 세 사람이 함께 출장을 갈 수 없다.

46 정답 ②

'회의장 세팅'을 p, '회의록 작성'을 q, '회의 자료 복사'를 r, '자료 준비'를 s라고 했을 때, 제시된 조건을 정리하면 $p \rightarrow \sim q \rightarrow \sim s \rightarrow \sim r$이 성립한다.

따라서 항상 참인 진술은 '회의록을 작성하지 않으면 회의 자료를 복사하지 않는다.'이다.

47 정답 ④

B를 거치는 A에서 C까지의 최단 경로는 A에서 B까지의 경로와 B에서 C까지의 경로를 나눠서 구할 수 있다.

ⅰ) A에서 B까지의 최단 경로의 경우의 수 : $\dfrac{5!}{3!\times2!}=10$가지

ⅱ) B에서 C까지의 최단 경로의 경우의 수 : $\dfrac{3!}{1!\times2!}=3$가지

따라서 B를 거치는 A에서 C까지의 최단 경로의 경우의 수는 $3\times10=30$가지이다.

48 정답 ②

전체 12명에서 2명을 뽑는 경우의 수는 $_{12}C_2 = \dfrac{12 \times 11}{2} = 66$가지이고, 여자 7명 중에서 2명이 뽑힐 경우의 수는 $_{7}C_2 = \dfrac{7 \times 6}{2} = 21$가지이다.

따라서 대표가 모두 여자로 뽑힐 확률은 $\dfrac{21}{66} \times 100 = 32\%$이다.

49 정답 ①

같은 부서 사람이 옆자리로 함께 앉아야 하므로 먼저 같은 부서 사람을 한 묶음으로 생각하고 세 부서를 원탁에 배치하는 경우는 $(3-1)! = 2$가지이고, 각 부서 사람끼리 자리를 바꾸는 경우의 수는 $2! \times 2! \times 3! = 2 \times 2 \times 3 \times 2 = 24$가지이다.
따라서 조건에 맞게 7명이 앉을 수 있는 경우의 수는 $2 \times 24 = 48$가지이다.

50 정답 ②

(나) 문단에서는 주택청약종합저축에 가입된 사람도 가입요건을 충족하면 청년 우대형 청약통장으로 전환하여 가입할 수 있음을 설명하고 있다.
따라서 '기존 주택청약종합저축 가입자의 청년 우대형 청약통장 가입 가능 여부'가 (나) 문단의 핵심 화제로 적절하다.

51 정답 ②

금융부실관련자 책임추궁에 따르면 금융회사 부실의 부분적인 원인을 제공한 경우에도 조사 대상이 된다.

오답분석
① 금융부실관련자에 대한 예금보험공사의 책임추궁은 예금자보호법에 근거하므로 적절한 설명이다.
③ 예금보험공사는 검찰과 협조하여 금융부실책임조사본부를 발족하여 부실채무기업에 대해 조사를 수행하고 있으므로 적절한 설명이다.
④ 예금보험공사는 2013년에 부실채무기업의 증가에 따라 전담조직인 조사2국을 신설하여 대응하였으므로 적절한 설명이다.

52 정답 ①

(라)에서 금융상품의 종류를 분류하고, (나)에서 금융상품의 하위분류 중 주식과 예금의 대조적인 특징을 설명한 후, (나)의 결과로 사람들이 성향에 따라 각기 다른 금융상품을 선호한다는 사실을 (가)에서 설명한다. 다음으로 (가)의 고객의 성향에 따라 금융회사들이 고객에게 최적의 상품을 추천한다는 내용의 (마), (가)에서 언급한 고객의 투자 성향 판단 기준에 대한 질문을 도입하는 (다), 투자 기대 효용에 대한 고객들의 태도 차이를 고객 분류의 기준으로 삼는다는 내용의 (바)의 순서로 이어진다.
따라서 (라) – (나) – (가) – (마) – (다) – (바) 순으로 나열하는 것이 가장 적절하다.

53 정답 ①

9개의 숫자에서 4개의 숫자를 뽑아 나열할 수 있는 방법은 $_{9}P_4 = 9 \times 8 \times 7 \times 6 = 3,024$가지이다.
여기서 5와 6을 제외하고, 1과 8이 포함된 4자리 숫자를 만들 수 있는 방법은 9개의 숫자에서 제외할 숫자와 포함될 숫자를 빼고, 남은 숫자 중에서 2개의 숫자를 뽑아 1과 8을 포함한 4개 숫자를 나열하는 것이다.

그러므로 계산하면 $_{(9-4)}C_2 \times 4! = {}_{5}C_2 \times 4! = \dfrac{5 \times 4}{2} \times 4 \times 3 \times 2 \times 1 = 240$가지이다.

따라서 한별이가 5와 6을 제외하고 1과 8을 포함하여 비밀번호를 만들 확률은 $\dfrac{240}{3,024} = \dfrac{5}{63}$이다.

54 정답 ②

두 번째 문단의 '시장경제가 제대로 운영되기 위해서는 국가의 소임이 중요하다.'라고 한 부분과 세 번째 문단의 '시장경제에서 국가가 할 일은 크게 세 가지로 나누어 볼 수 있다.'라고 한 부분에서 '시장경제에서의 국가의 역할'이라는 제목을 유추할 수 있다.

55 정답 ①

일반 시민들이 SNS를 통해 문제를 제기하면서 전통적 언론에서 뒤늦게 그 문제에 대해 보도하는 현상이 생기게 된 것이다.

오답분석

ㄱ·ㄷ 현대의 전통적 언론도 의제설정기능을 수행할 수는 있지만, 과거 언론에 비해 의제설정기능의 역할이 약화되었다.
ㄹ. SNS로 인해 역의제설정 현상이 강해지고 있다.

56 정답 ①

임의로 전체 신입사원을 100명이라 가정하고 성별과 경력 유무로 구분하여 표로 정리하면 다음과 같다.

(단위 : 명)

구분	여성	남성	합계
경력 없음	$60-20=40$	20	60
경력 있음	$100\times0.2=20$	20	$100\times0.8-60+20=40$
합계	$100\times0.6=60$	40	100

따라서 신입사원 중 여자 1명을 뽑았을 때 경력자가 뽑힐 확률은 여자 60명 중 경력자가 20명이므로 $\frac{20}{60}=\frac{1}{3}$이다.

57 정답 ④

과일 한 상자의 가격을 사과 x원, 배 y원, 딸기 z원이라고 하면 다음과 같은 식이 성립한다.

$x=10,000, \ y=2z, \ x+z=y-20,000$
→ $10,000+z=2z-20,000$
→ $z=30,000$
∴ $x+y+z=x+3z=10,000+90,000=100,000$

따라서 10명의 동네 주민들에게 선물을 준다고 했으므로 지불해야 하는 총비용은 $100,000\times10=1,000,000$원이다.

58 정답 ③

'1권 이상'의 성인 독서율은 2019년 대비 2021년 사례수 증가율만큼 증가한다.

빈칸 (가)의 50대 성인 독서율의 경우, 2019년 대비 2021년 사례수가 $\frac{1,200-1,000}{1,000}\times100=20\%$ 증가하였다.

따라서 '1권 이상'의 성인 독서율 (가)에 들어갈 수치는 $60\times1.2=72$이다.

59 정답 ②

연도별 누적 막대 그래프로, 각 지역의 적설량이 바르게 나타나 있다.

오답분석

① 적설량의 단위는 'm'가 아니라 'cm'이다.
③ 수원과 강릉의 2019 ~ 2020년 적설량 수치가 서로 바뀌었다.
④ 그래프의 가로축을 지역으로 수정해야 한다.

60 정답 ②

각각의 조건에서 해당되지 않는 쇼핑몰을 체크하여 선택지에서 하나씩 제거하는 방법으로 푸는 것이 좋다.

• 철수 : C, D, F쇼핑몰은 포인트 적립이 안 되므로 해당 사항이 없다(③, ④ 제외).

• 영희 : A쇼핑몰에는 해당 사항이 없다.

• 민수 : A, B, C쇼핑몰은 주문 후 7일 또는 10일 내 취소가 가능하므로 해당 사항이 없다(① 제외).

• 철호 : 환불 및 송금수수료, 배송료가 포함되었으므로 A, D, E, F쇼핑몰에는 해당 사항이 없다.

2024 최신판 시대에듀 기출이 답이다
하나은행 필기전형 6개년 기출 + 무료NCS특강

초 판 발 행	2024년 08월 30일 (인쇄 2024년 07월 22일)
발 행 인	박영일
책 임 편 집	이해욱
편 저	SDC(Sidae Data Center)
편 집 진 행	안희선 · 김내원
표 지 디 자 인	김도연
편 집 디 자 인	장하늬 · 장성복
발 행 처	(주)시대고시기획
출 판 등 록	제10-1521호
주 소	서울시 마포구 큰우물로 75 [도화동 538 성지 B/D] 9F
전 화	1600-3600
팩 스	02-701-8823
홈 페 이 지	www.sdedu.co.kr

I S B N	979-11-383-7540-5 (13320)
정 가	23,000원

금융권 필기시험 "기본서" 시리즈

최신 기출유형을 반영한 NCS와 직무상식을 한 권에! 합격을 위한
Only Way!

금융권 필기시험 "봉투모의고사" 시리즈

실제 시험과 동일하게 구성된 모의고사로 마무리! 합격으로 가는
Last Spurt!

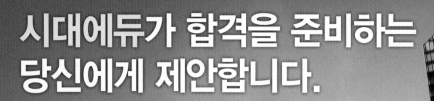

시대에듀가 합격을 준비하는
당신에게 제안합니다.

결심하셨다면 지금 당장 실행하십시오.
시대에듀와 함께라면 문제없습니다.

성공의 기회!
시대에듀를 잡으십시오.

NEXT STEP!

기회란 포착되어 활용되기 전에는 기회인지조차 알 수 없는 것이다. — 마크 트웨인 —